◎ 孙江 主编

亚洲概念史研究

第7卷

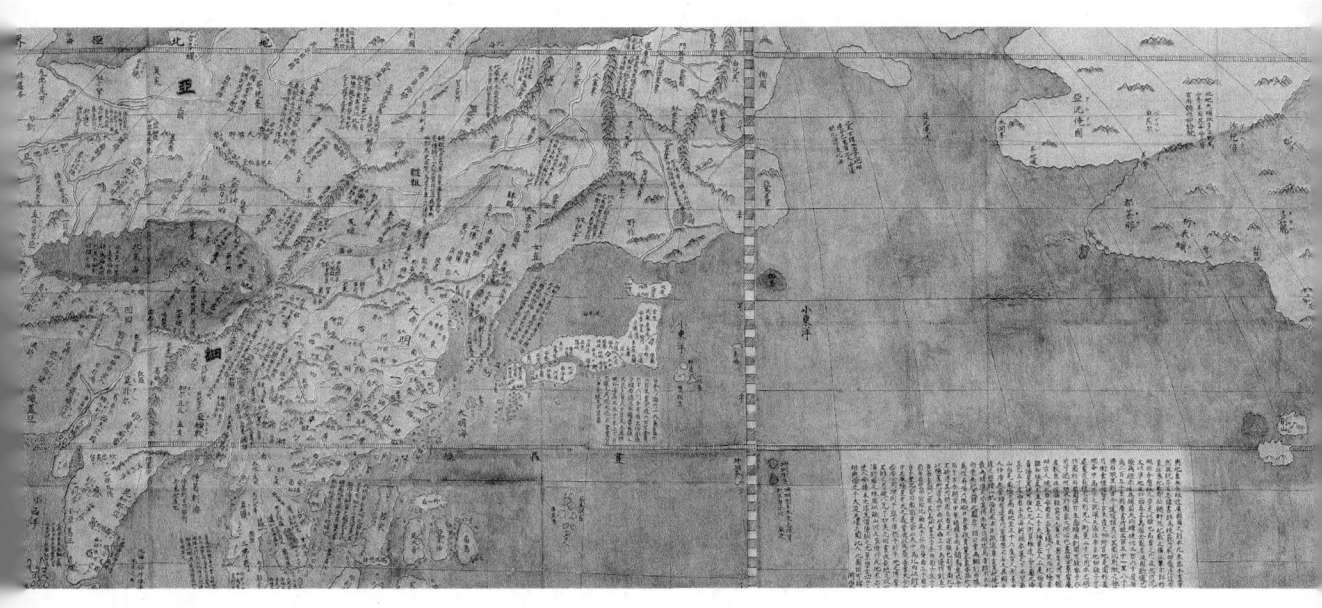

图书在版编目（CIP）数据

亚洲概念史研究. 第7卷/孙江主编. —北京：商务印书馆，2021
ISBN 978-7-100-19720-5

Ⅰ.①亚… Ⅱ.①孙… Ⅲ.①亚洲—历史—研究—丛刊 Ⅳ.① K300.7-55

中国版本图书馆CIP数据核字（2021）第048401号

南京大学"双一流"经费和人文基金资助项目

权利保留，侵权必究。

亚洲概念史研究
第7卷
孙江 主编

商 务 印 书 馆 出 版
（北京王府井大街36号 邮政编码100710）
商 务 印 书 馆 发 行
江苏凤凰数码印务有限公司印刷
ISBN 978-7-100-19720-5

2021年6月第1版　　开本 787×1092 1/16
2021年6月第1次印刷　　印张 24¼

定价：98.00元

《亚洲概念史研究》

主 办 方：南京大学学衡研究院
学术委员会（以姓氏字母为序）：

阿梅龙	德国法兰克福大学汉学系
陈力卫	日本成城大学经济学部
陈蕴茜	南京大学历史学院
方维规	北京师范大学文学院
冯　凯	德国汉堡大学汉学系
韩东育	东北师范大学历史文化学院
胡传胜	江苏省社会科学院《学海》编辑部
黄东兰	日本爱知县立大学外国语学部
黄克武	台湾"中央研究院"近代史研究所
黄兴涛	中国人民大学历史学院
李　帆	北京师范大学历史学院
李恭忠	南京大学历史学院
李坰丘	韩国翰林大学翰林科学院
李里峰	南京大学政府管理学院
李雪涛	北京外国语大学历史学院
梁一模	韩国首尔国立大学自由研究学院
林少阳	香港城市大学中文及历史学系
刘建辉	日本国际日本文化研究中心
闾小波	南京大学政府管理学院
潘光哲	台湾"中央研究院"近代史研究所
彭南生	华中师范大学中国近代史研究所
沈国威	日本关西大学外国语学部

石　斌　南京大学中美文化研究中心
史易文　瑞典隆德大学中文系
孙　江　南京大学学衡研究院
王宏志　香港中文大学翻译系
王马克　德国埃尔朗根-纽伦堡大学汉学系
王晴佳　美国罗文大学历史系
王月清　南京大学哲学系
王中忱　清华大学中文系
杨念群　中国人民大学清史研究所
张凤阳　南京大学政府管理学院
章　清　复旦大学历史学系
朱庆葆　南京大学中华民国史研究中心

编辑委员会：
　　主　　编：孙　江
　　编　　辑：王　楠　于京东　石坤森
　　助理编辑：徐天娜　闵心蕙　王瀚浩　宋逸炜

开卷语

名不正,则言不顺。言不顺,则事不成。

历经"语言学的转变"之后,由不同学科条分缕析而建构的既有的现代知识体系受到质疑,当代人文社会科学正处在重要的转型期。与此同时,一项名为"概念史"的研究领域异军突起,越来越多的学者注意到,概念史是反求诸己、推陈出新的必经之路。

"概念史"(Begriffsgeschichte/conceptual history)一语最早见诸黑格尔《历史哲学》,是指一种基于普遍观念来撰述历史的方式。20世纪中叶以后,概念史逐渐发展为一门关涉语言、思想和历史的新学问。从概念史的角度来看,概念由词语表出,但比词语含有更广泛的意义;一定的社会、政治经验和意义积淀于特定的词语并被表征出来后,该词语便成为概念。概念史关注文本的语言和结构,通过对历史上主导概念的研究来揭示该时代的特征。

十年前,本刊部分同仁即已涉足概念史研究,试图从东西方比较的角度,考察西方概念如何被翻译为汉字概念,以及汉字圈内不同国家和地区之间概念的互动关系,由此揭示东亚圈内现代性的异同。当初的设想是,从"影响20世纪东亚历史的100个关键概念"入手,梳理概念的生成历史以及由此建构的知识体系,为展开进一步的研究奠定基础。但是,阴差阳错,力小而任重,此一计划竟迟迟难以付诸实行。

十年后,缘起石城,南京大学人文社会科学高级研究院先后于2010年和2011年主办两次"东亚现代知识体系构建"国际学术研讨会,来自各国的学者围绕概念史的核心问题展开了热烈讨论。本刊编委会急切地认识到,要想推进概念史研究,必须进行跨文化、跨学科的努力。

本刊是通向概念史研究的一条小径,举凡讨论语言、翻译、概念、文本、分科、制度以及现代性的论文及评论,皆在刊登之列。通过出版本刊,我们希望达到如下目标:首先梳理中国现代知识体系的生成与演变,继而在东亚范围内进行比较研究,最后在全球史(global history)视野下,从中国和东亚的视角与欧美学界进行理论对话。

本刊将本着追求学术、献身学术的宗旨,为推动撰写"影响20世纪东亚历史的100个关键概念"做知识和人力准备,诚恳欢迎学界内外的朋友给予关心和支持。我们不敢自诩所刊之文篇篇珠玑,但脚踏实地、力戒虚言,将是本刊一以贯之的态度。

Verba volant, scripta manent(言语飞逝,文字恒留)。

《亚洲概念史研究》编委会

目　录

代序:概念史与历史教科书 ……………………… 孙江(1)

概念

赫胥黎的 evolution 与严复的"天演" ……………… 沈国威(9)
 一、小引 …………………………………………………… (9)
 二、伦理学史脉络中的赫胥黎 …………………………… (11)
 三、赫胥黎的 evolution 与 process:定义及使用 ……… (18)
 四、严复邂逅进化论(evolution) ………………………… (30)
 五、从"运会"到"天演":严复如何移译 evolution? ……… (35)
 六、为何是"天演"? 关于严复的翻译资源 …………… (43)
 七、《天演论》中的"天行"与"治化" …………………… (51)
 八、《天演论》之后的"天演" …………………………… (56)
 九、结语 …………………………………………………… (61)

近代中国"社会"概念的早期生成 ………………… 李恭忠(63)
 一、旧式"社会"及其观感 ………………………………… (65)

二、用"会""社"翻译 society ……………………………………（70）
　　三、新式"社会"概念之确立 …………………………………（77）
　　四、结语 …………………………………………………………（86）

"半边天"的政治现象学反思：兼论新中国女性地位与角色的再构
　………………………………………………………… 王海洲（88）
　　一、为何是"半边天"："新中国女性"的政治现象学直观 ……（89）
　　二、引号：象征的政治力量 ……………………………………（93）
　　三、"半边"：男女平等的政治比例 ……………………………（95）
　　四、"天"：妇女解放的政治空间 ……………………………（100）
　　五、结语 ………………………………………………………（104）

特约稿

"国民性"话语的建构
　　——以鲁迅与《支那人气质》之关系为中心 ………… 李冬木（109）
　　一、前言 ………………………………………………………（109）
　　二、"国民性"话语建构当中的"许寿裳问题" ……………（110）
　　三、明治时代的博文馆 ………………………………………（133）
　　四、关于涩江保 ………………………………………………（156）
　　五、涩江保译《支那人气质》 ………………………………（179）
　　六、关于文本关系的探讨 ……………………………………（207）
　　七、"国民性"问题的本质是"人"的灵魂问题 ……………（271）

比较

语词概念研究中的古典追溯有何意义？
　　——以《四库全书》电子版为例 ………………… 陈力卫（279）
　　一、《四库全书》及其电子版 ………………………………（280）
　　二、如何用《四库全书》来从事日本汉语词的研究？ ………（281）

三、用《四库全书》来诊断是否为和制汉语 …………………… (286)

四、从"十年一词"到"一年一词" …………………………………… (294)

皮埃尔·拉鲁斯的"大词典"
　　——共和国的字母表 …………………………… Pascal Ory(296)

一、引言 ……………………………………………………… (296)

二、句法(Syntaxe) …………………………………………… (300)

三、方言(Idiome) ……………………………………………… (302)

四、词汇(Vocabulaire) ……………………………………… (305)

晚清中国对日本明治佛教的认识
　　——近代中国佛教形成的又一途径 …………………… 陈继东(309)

一、对异质性的明治佛教的批判 …………………………… (312)

二、对明治佛教学的吸收与评价 …………………………… (317)

三、对日本佛教的社会性质的批判：以黄遵宪为例 ……… (320)

四、章炳麟的明治佛教批判 ………………………………… (322)

五、结论 ……………………………………………………… (324)

礼仪之争的伏线
　　——多明我会士黎玉范《圣教孝亲解》新考 ………… 闵心蕙(326)

一、被遗忘的声音 …………………………………………… (326)

二、黎玉范的一封书信 ……………………………………… (328)

三、成书年代与版本考证 …………………………………… (332)

四、"孝亲"观念的格义 ……………………………………… (336)

五、结语 ……………………………………………………… (340)

论衡

晚清时期"封建"与"自治"的思想勾连 ……………………… 祁梁(343)

一、前言 ……………………………………………………… (343)

二、《皇朝经世文编》与"封建"论的复出 ………………… (345)

三、清末"封建"与"自治"的思想勾连 …………………… (348)

四、"封建"与"自治"思想勾连的历史误区 ……………………（352）

五、余论：20世纪20年代"封建"与"自治"的污名化 ………（356）

中华民族的现代时刻

——评黄兴涛《重塑中华：近代中国"中华民族"观念研究》

………………………………………… 孙　江（358）

一、问题所在 ……………………………………………（358）

二、标准化 ………………………………………………（361）

三、大众化 ………………………………………………（364）

四、政治化 ………………………………………………（367）

五、结语 …………………………………………………（369）

"中国概念史大辞典编纂暨概念研究学术研讨会"纪要

………………………………………… 闵心蕙（371）

孙江：概念史如剥洋葱 …………………………………（371）

方维规：概念史在南京 …………………………………（372）

解剖东亚现代性的秘密 …………………………………（374）

征稿启事 ………………………………………………（376）

代序:概念史与历史教科书

孙 江

一

概念史业已成为中国学界的香饽饽,其方法被运用于人文社会科学的诸多领域。扬州大学主办的"学校历史教育"学术研讨会邀请我做主旨演讲,并给我出了一道命题作文:概念史与历史教科书。作为研究历史的人,不消说对历史教育的重要性感同身受。犹记初中一年级正当历史转折前夕,《社会发展史》教科书扉页上印着这样一句话:"阶级斗争,一些阶级胜利了,一些阶级消灭了。这就是历史,这就是几千年的文明史。"阶级斗争概念曾覆盖一切,影响了几代中国人看历史的角度。这句出自毛泽东《丢掉幻想,准备斗争》的话,堪称我涉足历史的第一课。那么,概念史与历史教科书有关系吗?有。所谓历史,是被表象(representation)的过去发生的事情,书写于教科书里的过去发生的事情乃是基于表象的再表象(re-representation),读者通过再表象了解表象,进而接近历史的本真(reality)。作为再表象的历史教科书是基于一定宗旨和方法编纂而成的,如果没有概念做支撑,叙事就会平淡无奇,形同 VENI, VIDI, VICI——我来,我看,我征服,是大事记。反过来说,如欲了解历史教科书这一知识装置的内部结构,也需要从解析其中的概念入手。

历史教科书里被再表象化的知识可以一分为三:第一是公共知识(public knowledge)。历史教科书呼应国家对"历史"的需求,书写于其中的"历史"理应求同存异,体现国民最大公约数的要求。当然,要让每个人都接受教科书里的公共知识绝无可能。第二是官方知识(official knowledge)。官方知识与公共知识是有交叉的,我之所以分而谈之,乃是要强调二者之间的差异。为了使绝大多数人都能接受,公共知识必须超越党派和时代的制约;而官方知识则反其道而行之,试图在教科书中贯彻自身的意志。第三是普遍知识(general knowledge)。普遍知识不只是全球史学(global history)所张扬的超越"我族中心"的历史叙述,还指以促进相互理解与和解为旨归的历史叙述。比照这三点,中国的历史教科书是第一点和第二点的混合,如果第二点完全笼罩第一点,教科书里的"历史"就如同克罗齐名言的翻版:一切历史都是政治史。

历史教科书里有很多概念,可以运用概念史的方法进行研究。关于概念史的方法,科塞雷克(Reinhart Koselleck)有道:"历史性基础概念既是历史转折的标志(Indikator),也是影响历史进程的要素(Faktor)。"概念有大有小,一些概念之所以成为历史性基础概念,乃是因为其所积淀的"历史"不仅反映了以往历史变迁,还预示了其后历史的走向。科塞雷克认为,历史性基础概念大都经历过民主化、时间化、政治化和意识形态化。根据中国的近代经历,我提出衡量中国历史性基础概念的四个标准——标准化、大众化、政治化和衍生化,似亦可用以概观历史教科书在概念史研究中的位置。

二

初涉清末民初中国历史教科书的人一定会心生疑问:何以中国历史教科书的底本很多来自日本?从翻刻那珂通世的《支那通史》到翻译桑原骘藏的《中等东洋史》,再到自编的各种历史教科书,细数起来,确实不在少数。追根究底,是因为日本编者浸淫汉文化,熟谙中国历史,和晚清知识人拥有同样的历史知识体系。而日本编者编纂的"现代"历史教科书,恰为晚清知识人求之不可多得的参照物。罗振玉(王国维代笔)在给翻刻本《支那通史》所写的序文里,字里行间透出赞叹和沮丧:"所谓持今世之识以读古书者欤?以校吾土之作者,吾未见其比也,岂今人之果胜于古人哉?抑时使然欤?呜呼!以吾国之史,吾人不能作,而他人作之,是可耻也。"当然,晚清知识人在接受来自日本的历史教科书时不无理解上的错觉,被其视为体现现代国家特质的新史学还仅止于形式,几乎没有人能分清日本的"支那史"和"东洋史"的区别——前者继袭江户时代流行的曾先之《十八史略》书写传统,以汉文化为中心;后者把"支那史"置于"东洋"的框架中,叙述的是族群之间的关系史。这种情况得到根本改变是在中华民国成立若干年之后。

尽管存在认识上的歧义,这并不妨碍现代国家概念进入历史教科书。1904年,商务印书馆在推介蒋维乔等编《最新国文教科书》的广告词中有爱国、宪政、国粹、合群、进化、自立等新名词,这类源自欧美的翻译名词皆为概念,它们在经过译名的"标准化"作业后,进入各种教科书中。《修身教科书》《国民读本》展示了国民应有的品格,《地文教科书》《地理教科书》演示了身体化的空间,《国文教科书》有百科全书般的"现代化"知识,而《历史教科书》旨在强化国民的自我同一性(self-identity)。根据历史书写的一般原则——书写特定时空中的人和事,历史教科书在诸多方面涉及概念史问题。教科书把以往由自然时间(干支纪年)和帝王时间(年号)支配的"历史"置于公历纪年中并加以等级化,分为古代、中世、近代,古代还可细分为上古、中古、近古等,近代则分为近世和近代,恰如康德在《实用人类学》(*Anthropologie in pragmatischer Hinsich*)中所说,从前历史服从纪年(自然时间),而今纪年服从历史。"溥天之下,莫非王土。"这种暧昧的广域空间是疆域,在教科书里被明确界定为行使主权的领土。居住在等级化时空中的族群,不分畛域,无论是否有过仇怨,统统被归入一个集合单数——nation。nation一词在19世纪的中国至少有三种译法:那逊、国民和民族。窃以为,作为政治化单位的"国民"最能反映这一集合单数的本质,而"民族"一词因为带有血缘和出自色彩,在由多族群构成的统一国家中容易在理解上引起歧义。为了使"国民"这一实际的和象征的共同体趋于匀质化,拥有共同的历史认识是不可或缺的,因之主导叙事(master narrative)呼之而出,人们在主导叙事建构的共同记忆中想象彼此之间的同一性。

历史教科书一旦出版并为学校教育所采用,就成为推动书写于其中的概念"大众化"的装置。在此过程中,历史教科书的功用在于把外在的、过去的知识转化为内在的、当下的知识,把作为"智"的知识转换为作为"信"的知识,在死者与生者、他者和自者之间搭建一条想象的链接。比照前述历史书写的四个方面,当时间等级化后,"文明"概念被泛用了,晚清知识人慨叹西方入侵后遭遇的"三千年未有之变局",后人则谓有绵延不绝的五千年的文明。而且,当这种时间被"政治化"后,文明被分节为五个阶段:原始社会、奴隶社会、封建社会、资本主义社会和社会主义社会。领土空间被自古、神圣、不可分割等修饰,"自古"隐喻本真性,"神圣"强调超越性,而"不可分割"具有拟人性。复数的人群或族群所拥有的"国民"这一集合单数符号被具象为"中华民族"。最后,描述历史展开过程的诸如阶级、封建、革命、共和等概念也通过历史教科书普及开来了。

历史教科书里的概念的"大众化"和"政治化"是同时进行的。在经历了革命和战争后,历史教科书里还出现了许多"衍生化"概念,如与阶级概念有关的民族资产阶级、地主等,与革命概念有关的中华苏维埃、反革命等,均含有中国革命的特征。超越党派意识形态对立的最大的"衍生化"概念当属"中华民族",这个概念原本是从上位概念"民族"派生而来的,但在中国历史的进程中,它由下位概念变为上位的历史性基础概念。中华民族概念是梁启超的发明,最早指汉人族群,历史教科书里的中华民族自始就是包含所有族群的集合单数。约略同时,梁启超还发明了另一个概念——中国民族。与中华民族概念相较,中国民族概念中的"中国"指 state,"民族"为 nation,二者相加,就是 nation state(国族),这个表述与西文对应。

三

正因为历史教科书与现代国家具有紧密的关系,每一个时代的政治权力都试图把控历史教科书的叙述。晚清有学部审阅教科书,国民政府时期有教育部审阅教科书,中华人民共和国则有统编历史教科书,在如何反映党派意志上,历史教科书的编纂者虽然有官方制定的原则依循,但仍须面对事实与叙述、表象与再表象之间的紧张。

1905 年,出身浙江的文人宋恕在山东学务处担任审阅教科书之职时,发现下属提交的 17 种待审阅的历史和地理教科书"显犯大不敬",有三种历史教科书甚至"皆直书我太祖庙讳,肆无忌惮"。"近来历史教科书""最多趋重民族主义,甚或显露革命排满之逆意"。宋恕所说的历史教科书是由商务印书馆和文明书局刊行的,无论是编者,还是发行者,既然要推广教科书,主观上并无必欲"犯大不敬""革命排满"之意,是不自觉地受原教科书叙述(如其中周国愈的教科书译自桑原《中等东洋史》)和时代风潮的影响,在字面上触犯了政治禁忌。如果说这种编与审之间的紧张可以规避的话,那么20年后南京国民政府教育部查禁顾颉刚等编教科书则凸显出二者——根本上是历史研究与历史教育之间无法避免的矛盾。顾颉刚和王钟麒编、胡适校《现代初中教科书本国史》(全三册)由商务印书馆于1923年陆续刊出,是一部常年畅销的历史教科书,该教科书关于三皇五帝的看法沿袭了顾颉刚"古史辨"的立场,视其为传疑时代。1929年南京国民政府在推行党国意识形态的同时,强化了在学校进行民族认同的教育,结果这部历史教科书被山东曹州重华书院举报,教育部长戴季陶命令查禁,其理由是:学者的讨论是可以的,但不能在教科书上这样说,否则动摇了民族的自信力,必于国家不利。国民政府教育部把历史教育视为与国家关系更为密切的领域,同关系相对较远的历史研究区别开来。与《现代初中教科书本国史》同年出版的吕思勉《白话中国史》是为读者"自修历史"撰写的,书中随处可见作者的个人见解。1935年,在抗日民族主义高涨的情景下,应商务印书馆的要求,作者订正了其中褒秦桧、贬岳飞的叙述,即使如此,其1933年版仍被人举报,酿成了一桩学术事件。《白话中国史》不是教科书,但围绕该书的事件颇具象征意义,在一个由多族群构成的统一国家,由于历史教科书被赋予了过多的现实负荷,最应体现公共知识的内容往往最易引起意见分歧。

"教科书塑造了日本人。"研究教科书的日本著名学者唐泽富太郎如是说。回顾清末民国的中国历史教科书,似乎也可以说历史教科书型塑了中国人的历史意识。当然,型塑的过程并非单方面的,也未必尽能达到编纂者,特别是审阅者的预期目的。笔者阅读过一部盖有"刘松秉"印章的姚祖义著《中国历史教科书》(1906年版),刘松秉对三皇五帝的记述一无兴趣,而对南宋以降的历史情有独钟,将原书"本朝"改为"清朝"、"我大清"涂作"清兵",空白处写满密密麻麻的眉批。这似乎印证了顾颉刚所说的,三皇五帝是很少数精英执着的对象,"同一班民众"并无关系。这涉及历史教科书为谁编纂的问题。历史教科书对过去发生的事情可以"吾不言",但不能信马由缰,把悲剧写成喜剧,否则最受伤害的必是历史教科书本身。

概 念

赫胥黎的 evolution 与严复的"天演"

沈国威*

一、小引

严复将赫胥黎的罗马尼斯讲演"Evolution and Ethics"(1893)和其后撰写的"Prolegomena"(1894)合译为《天演论》,于甲午大败之后3年的1898年刊行。其中既使用了"天演"也使用了"进化",如书名所示,前者对译evolution应无疑义;至于后者,笔者认为应理解为"伦理的演进"[①],而非现代汉语的"生物的进化"及其派生用法。转观日本,evolution、ethics分别用"进化(论)"和"伦理(学)"来对译。如此严译与日译两个"进化"形同而义不同。现代汉语最终选择了日本译词,严复的"天演"和"进化"都已成为历史词汇,但是,严复译词创造的过程及其使用意图等尚有一些需要廓清的问题。

---

* 沈国威,日本关西大学教授。
① 即赫胥黎本人所谓的 ethics of evolution,现在更多地使用 evolutionary ethics 或 evolutional ethics。

接受异文化中的概念大凡有两种方法:"译"与"移"。"译"就是翻译,用本族语言的各种成分转述外语的意义;"移"是指将外语的音移入本语言中,又称"借"①。严复借助于佛经汉译的知识及自己的翻译实践,意识到了两者的区别,"所有翻译名义,应分译、不译两种:译者谓译其义,不译者则但传其音"②。所谓"不译"即指借音词,借音词并不同步伴随意义的导入,故称之为"不译"。"译"又有"直译"和"意译"之分,直译即王力称之为"摹借"(calque)的语素对译词,王力说:

> "摹借"是把外语中的一个词(或一个成语),用同样的构成方式搬到自己的语言里来。这种词往往有两个以上的构成部分,摹借的时候就按照这些构成部分进行意译,然后拼凑成词。③

可分解的复合词适合直译,直译由于其中有"借"的成分,在译词创造上要容易一些;同时,也正是由于有"借"的成分,源语言中的意义模式得以直接进入目的语言。这种异质的思维方式可以造成混乱,也可以带来崭新的修辞形式。日本兰学家将荷兰语 volkplanting(当时的拼写法)译为"植民"就造成了这样的困惑。除了"植民"以外,"盲肠""十二指肠"等也都是日本兰学译词中直译的好例子。④ 将荷兰语 zenuw 译为"神经"是意译的例子⑤,"意译"的对象多为不可分解的单纯词。直译反映的是外部理据;意译则体现了译者理据,反映了译者对外域概念的理解和把握,其中信息对概念接受史研究极为重要。直译容易,意译难。意译常常是苦心孤诣的,严复说"一名之立旬月踟蹰",所指应该是意译词。严复又说:"大抵取译西学名义,最患其理想本为中国所无,或有之而为译者所未经见。若既已得之,则自有法想。在己能达,在

---

① "借"即借词,可分为"借音"与"借形"。借音即音译词,而借形如汉字文化圈内的语词借代。译词的创制费时、费事;相反借词简单、迅速,但是在概念的移入上有其独特的问题。参见拙著《新语往还:中日近代语言交涉史》(社会科学文献出版社2020年版)"导论编"。
② 严复:《京师大学堂译书局章程》,见王栻编:《严复集》第1册,中华书局1986年版,第128页。
③ 王力:《汉语史稿》,中华书局1980年版,第517页。
④ 将"植民"改成"殖民"就是追求理据所使然。20世纪初,源语言主义回潮,日本又改回了"植民"。参见沈国威:《新语往还:中日近代语言交涉史》,第33页。
⑤ 参见沈国威:《新语往还:中日近代语言交涉史》,第84—87页。

人能喻,足矣,不能避不通之讥也。"有无可奈何之慨,但是同时,他也曾说:"盖翻艰大名义,常须沿流讨源,取西字最古太初之义而思之,又当广搜一切引申之意,而后回观中文,考其相类,则往往有得,且一合而不易离。"①严复似认为概念可分为"艰大名义"和其他的两类。后者只要有一个可以使用的译名,读者能够理解就是达到了初步的目的,再好的译名也不能避免各种批评。概念本身是否有轻重大小之别还有进一步探讨的余地,但可以断言那些被称之为"关键词"所表示的概念处于意义网络的节点(node)位置,对其他概念纲举目张的同时,也受其他概念的支撑,evolution 就是这样的一个概念。process、progress、development、heredity、struggle、existence、natural、selection 等都是理解 evolution 不可或缺的基本概念。笔者曾提出"关键词读书法",并据此对严复的科学思想进行了梳理。② 所谓"关键词读书法",即指在特定的文本群内,对表示某一核心概念的词语进行追踪、梳理,由此解读作者,在此则为译者命名之意图、理解之变迁及表达上的特色。那么赫胥黎的原著中有哪些关键词,表述了哪些重要概念;对于原著的关键词,严复又是如何译出的,忠诚度如何,为什么会叛离;之所以如此,是缘于思想上的动机,抑或仅仅是语言上的无奈?全面讨论严复《天演论》的译词远远不是一两篇论文所能完成的工作,本文以严复创制的"天演"为中心,考察 evolution 是如何被译成"天演"的,翻译过程中发生了哪些需要加以关注的事态;本文的基本视角是译词的获得以及背后的资源问题,试图回答单纯词 evolution 被译成复合词"天演"时,译者理据是什么,在接受层面读者解读的可能性如何。为了使问题点更加清晰,本文还对 process 和 ethics 的译词做了最低限度的溯源。

二、伦理学史脉络中的赫胥黎

在严复研究中常常有"严复为什么翻译赫胥黎"之问,对严复翻译的动机,历来多有探讨。在回答这个问题之前,或许应该先问赫胥黎为什么要做

---

① 严复:《与梁启超书》,见王栻编:《严复集》第 3 册,第 518 页。
② 参见沈国威:《严复与科学》,凤凰出版社 2018 年版。

这样一场讲演。故在展开讨论之前，笔者认为有必要先梳理一下赫胥黎原著的主旨及其在学术史上的定位。

赫胥黎于1893年5月18日在牛津谢尔登剧院（Sheldonian Theatre）的罗马尼斯讲座上做了一场题为"Evolution and Ethics"的著名讲演。讲演结束后，讲演稿以单行本出版①，赫胥黎还为讲演加上了几乎四分之三篇幅（9000单词）的注释。一年后的1894年，赫胥黎又为讲演稿写了一篇导论，并将导论、讲演稿和另外几篇论文一起结集出版，即《赫胥黎论文集》（Collected Essays）第9卷：Evolution & Ethics and Other Essays（1894）。原著不是系统地介绍生物进化学说的专书是无可置疑的，严复对此亦有清醒的认识。例如《天演论》刊行10余年后，严复在讲演中说，"但其原书，乃英人赫胥黎零编小识，不甚经意之作，并非成体专书……而于天演全体精义，少所发明"②。俞政在其著作《严复著译研究》中说：

> 应当强调的是，Evolution and Ethics 绝不是讲生物进化论的科普读物，而是提倡美德、调和人际关系的伦理学著作。尽管书中列举了不少生物界的事例，但它们只是一些通俗的比方，是为了让读者容易理解并接受自己的社会伦理思想。由此推论，严复之所以翻译赫胥黎的著作而不去翻译达尔文的《物种起源》，其用意就是为了引进这种新型的伦理思想。只是由于赫胥黎的社会伦理思想建立在进化论的基础之上，因此在引进这种伦理思想的同时，必须要做普及进化论的工作。简言之，赫胥黎主张以"自我约束"取代"自行其是"，以求得社会内部的和谐；而严复

---

① 宋启林在《进化论与伦理学（全译本）》（北京大学出版社2010年版）的导读中指出：讲演稿单行本发行了3000册。王道还在为《天演论》（文景书局2013年版）写的导读中指出，讲演前已经印行1000册，讲演结束后，书商报告至1894年6月16日销售了2673册（第23页）。笔者经眼的单行本的版权页上记录着："Evolution and Ethics. First edition printed 1893; reprinted 1893(three times); second edition, 1893; third edition,1893; reprinted 1894."可知在收入论文集之前，单行本曾再版多次。G. 威廉姆斯（G. Williams）和 J. 帕拉迪斯（J. Paradis）在 Evolution and Ethics：T. H. Huxley's Evolution and Ethics with New Essays on Its Victorian and Sociobiological Context（Princeton University Press，1989）中说"讲演"编入论文集时加上了"19""20""21"3个注释，但对内容并无实质性的影响（第249页）。
② 严复：《进化天演》，见孙应祥、皮后锋编：《〈严复集〉补编》，福建人民出版社2004年版，第134页。

则企图通过文字宣传,使这种思想深入人心,以求得全民团结、共同对抗外来强敌的良好效果。①

黄克武则说:

> 严复译《天演论》以《易经》等传统观念阐释天演过程中伦理的重要性,……反对斯宾塞的"任天为治",肯定赫胥黎的"胜天为治",并指出天演过程中,人为努力可对抗"物竞天择,适者生存",其目的不在竞争,而是依赖伦理原则达"以物不竞为的"。据天演之学,严复主张"群己并重""舍己为群";国内政治上,建立融合传统价值,并肯定自由民主与资本主义之体制;国际关系上,反对殖民主义,尊重"公理""公法""公论",即"有权而不以侮人,有力而不以夺人"。严复以伦理为中心,统合宇宙观、历史观与政治社会发展的完整体系,与鲁迅诠释"进化论"有类似处。②

以上两者均指出了原著的伦理学因素,并认为严复对此首肯。赫胥黎在原著中主张了什么,而《天演论》又到底是一本什么样的"译著"? 真如俞氏所说严复的翻译动机是为了引介赫胥黎的某种"新型的伦理思想"吗? 那么这种"新型的伦理思想"具体又是什么? 抑或如黄克武所论严复意在反对斯宾塞,肯定赫胥黎吗?③ 赫胥黎的原著是讨论以进化论为代表的近代科学与伦理学的关系的书,这一点从论文集的整体内容上看也极为明白。④ 具体地讲,

---

① 俞政:《严复著译研究》,苏州大学出版社 2003 年版,第 1—2 页。
② 黄克武:《何谓天演? 严复"天演之学"的内涵与意义》,《"中央研究院"近代史研究所集刊》第 85 期,2014 年。
③ 严复本人对赫胥黎原著主旨也有一个逐渐认识的过程。在光绪丙申重九(1896.10.15)的《译〈天演论〉自序》中,严复认为:"赫胥黎氏此书之旨,本以救斯宾塞任天为治之末流,其中所论,与吾古人有甚合者,且于自强保种之事,反复三致意焉。"但在删改过程中,其态度大有变化,刊本里后加的案语中对赫胥黎多有微词。
④ 赫胥黎原著除了著名的演讲和为演讲所写的导论外,还收论文 3 篇。中译本参见宋启林等译《进化论与伦理学(全译本)》。

原著的主旨是讨论进化伦理学的书。① 达尔文的《物种起源》(1859)给人类带来了对未来的憧憬,但是进化论能否解答:人类是如何在漫长的进化过程中获得道德观念的? 如果进化论可以解释道德的话,那么任何道德理论都将是无足轻重了,因为时间能让一切都变得更完美。但是,我们能想象:一万年或十万年以后,这个世界上只有正人君子吗? 总之,进化论能否告诉我们应该如何生活? 这似乎就是赫胥黎其时缜密思索的问题。

进化伦理学是用进化论对人类道德观的获得及道德现象本身进行描述、说明和评价的学说,是一种道德进化论。西方进化伦理学是随着达尔文生物进化学说的兴起而发展起来的学说,其主要人物有斯宾塞、尼采、赫胥黎、皮尔逊、摩尔、杜威、克鲁泡特金等等。至19世纪末相关研究不断发表,赫胥黎的讲演就是其中重要的成果之一。但是进入20世纪后,社会达尔文主义的标签使进化伦理学的研究长期裹足不前,20世纪70年代以后,随着社会生物学的发展,进化伦理学的研究再度活跃起来。在伦理学史这一脉络中讨论赫胥黎的研究,除了舒远招以外,国内还不多见,而国外已经有数种较有影响的著作。在此略作介绍。

1. *Evolution and Ethics* T. H. Huxley's *Evolution and Ethics with New Essays on Its Victorian and Sociobiological*, Context by James Paradis & George C. Williams, Princeton University Press, 1989

本书重录了赫胥黎的 *Evolution and Ethics*(1894),并加了两篇长篇导读:詹姆斯·帕拉迪斯(James Paradis)的《维多利亚时代的〈进化与伦理〉》;

---

① 关于进化伦理学,舒远招在其著作《西方进化伦理学:进化论运用于伦理学的尝试》(湖南师范大学出版社2006年版)有详细的讨论。如该书副标题"进化论运用于伦理学的尝试"所示,这一学派是进化论诞生后出现的新学说。舒远招在另一篇论文中指出:"进化伦理学(英文evolutional ethics,德文evolutionaere Ethik)并不是一个新的名称。早在1893年,查尔斯·马洛里·威廉姆斯(Charles Mallory Williams)就出版了一本很厚的名叫《进化伦理学》的书。他在该书中编排了大量的伦理学纲要或构想,它们都建立在进化论的基础之上。同样是在1893年,赫胥黎在牛津大学由罗马尼斯创立的年度讲座上做了以《进化与伦理学》为题的著名讲演。而事实上,这个讲座的内容,实际上是对达尔文本人1871年《人类的由来》一书有关人的道德意识的进化的内容的一种回应,尽管达尔文本人尚未明确使用'进化伦理学'这个名称。"(《进化伦理学及其向西方传统伦理学的挑战》,《伦理学研究》2007年第3期)另参见舒远招的《西方进化伦理学的哲学收获和界限》(《哲学动态》2008年第9期)。日本近期有《进化伦理学入门》(Scott M. James原著,儿玉聪译,名古屋大学出版会2018年版)。

乔治·威廉姆斯(George C. Williams)的《〈进化与伦理〉的社会生物学的展开》。日本学者小林传司等将本书译成日语,以《進化と倫理:トマス・ハクスリーの進化思想》(进化与伦理:托马斯·赫胥黎的进化思想)为题,由东京产业图书于1995年出版。本书是西方赫胥黎研究的最新成果,原著者两篇导读性长文为日本的赫胥黎研究带来了新信息。小林传司在此基础上撰写了卷末的"解说"。小林在"解说"中对赫胥黎的思想做了精确的梳理(第253—263页),现节译如下:

> 赫胥黎对于宗教与科学关系的立场,一言以蔽之就是"不可知论"。他是这一术语"agnosticism"的创造者。对于赫胥黎,这个词意味着:有神论者、无神论者、唯物主义论者所主张的绝对知识的获得是极为可疑的。也就是说,主张超自然力量存在的是有神论者,不承认其存在的是无神论者;而不可知论的立场是存在与不存在都是无法知晓的。赫胥黎试图将不可知论作为一种科学的方法,使之与宗教性的思考截然区分开。可以说这就是科学哲学所谓的"划界问题"(demarcation problem)。19世纪下半叶,以科学研究为职业的科学家开始出现,赫胥黎的不可知论可以被看作恰逢其时的自然科学主义的宣言。然而赫胥黎同时还是具有欧洲知识分子传统的人,他并不满足仅仅把科学研究的领域与宗教分离开,自身也参与进化论的讨论,并将进化论作为一种与人类社会的各种问题密切相关的世界观。赫胥黎采取了一种与宗教一刀两断的自然科学主义的立场,想从科学研究的成果里引出社会进步、人类伦理。
>
> 18世纪的英国,从自然中寻找伦理规范这一伦理学自然主义学派,有两条谱系。一条是上汲斯多葛学派顺从自然的古典主义系统;另一条是通过探索自然证明造物主之伟大的自然神学的系统。进入19世纪以后,又出现了马尔萨斯的物质主义主张。这种主张认为人是为欲望和情感所驱动的。这时,自然对马尔萨斯来说就成了万恶之源,向自然寻求伦理的规范成了一种禁忌。而社会进化主义者,如斯宾塞,认为产生邪恶、引人争斗不已的自然也是人类完全升华的必要条件。
>
> 赫胥黎晚年在《进化与伦理》里所要解决的正是这些问题。因贯穿进化原则的自然既没有目的性,又不讲伦理,他在导论中将其称作"邪恶

的过程",名之为"宇宙过程",而将人类形成社会,将道德的连带体系化的过程称为"伦理过程"。就像在野生的自然中造出庭园,或者在荒蛮之地"文明"人开辟殖民地一样,这是与宇宙过程针锋相对的人为状态。也就是说,从毫无目的的"宇宙过程"中,人类无法发现伦理的规范。在此,赫胥黎似乎放弃了自然主义的立场,展示了某种二元论的倾向。而同时,人类显示的"伦理过程"所据为何?赫胥黎并没有刻意追求超越性的本源,也没有轻描淡写地诉诸伦理学的功利主义。而是从休谟、亚当·斯密那里找出了"同情"的观点,主张同情是人类与生俱来的性质,使之体系化的集团在与"宇宙过程"做斗争时处于有利的地位。从这一点上说,赫胥黎坚守了某种自然主义的立场。

在罗马尼斯讲座会场上,听众中有教会人士、神学家和其他知识分子,赫胥黎援引古印度和斯多葛学派等东西方学术思想阐述自己的观点。赫胥黎指出,古印度和斯多葛学派二者面临的问题都是:邪恶的"宇宙过程"和"伦理过程"的对立如何解决?二者给出的解答都是从"宇宙过程"的逃避。而赫胥黎依据自己所处时代关于自然知识的进步,尤其是进化论学说的进步,试图找出自己的答案。他的回答是:"社会的伦理进步并不依靠模仿宇宙过程,更不在于逃避它,而是在于同它做斗争。"①关于伦理的自然主义基础的问题,近年生物学等方面的研究成果促进了"利他性行为"的讨论。最新的研究成果认为,进化的过程(宇宙过程)就是遗传基因利己性最大化的过程,这一过程并不为伦理提供理论依据,所以人类所展现的伦理性,其实只是进化过程中偶然发生的副产品。赫胥黎指出,道德的感情发展进化的同时,不道德的感情也同样有了进展(第56页)。赫胥黎说:"宇宙的进化或可以告诉我们关于人的善和恶的倾向是怎样来的;但是,宇宙进化本身不能向我们提供比我们已有的更好的理由,来说明我们称为善的东西比我们称为恶的东西可取。"(第56页)

小林的分析显示,赫胥黎试图阐明的课题是:对于我们称之为伦理的现象,自然主义如何加以诠释,这种诠释对于伦理学又具有何种意义。

---

① 译文引自《进化论与伦理学》,科学出版社1971年版,第58页。以下引用页码或随文标出。

2.《進化論と倫理》,内井惣七著,世界思想社 1996 年版

内井惣七(1943—),京都大学教授,有数种逻辑学的著作。他的著作《進化論と倫理》(京都世界思想社 1996 年版)介绍了达尔文在《人类的由来》中讨论了道德的起源,认为进化论有助于解决这一问题。此书属于英国经验论传统的伦理学,而道德起源论则是伦理学的一个重要部分。道德起源论中进化论和传统的伦理学具有重要的连接点。遵循生存斗争原则的自然淘汰,被达尔文视作进化的基本原理,既然如此,如何解释人的道德的利他行为就是一个绕不过去的问题。内井的书主要讨论科学知识与伦理思想的关系,为此绵密地梳理了自达尔文以来的进化论、哲学、伦理学等各个领域学者的讨论。在该书第二部"19 世纪的进化论伦理学"一章中,内井分析了斯宾塞和赫胥黎等的伦理观(第 102—123 页)。内井指出,赫胥黎的导论是从宇宙过程和人为状态的对比开始的。宇宙过程是变化的源泉,人为状态是与之抗衡的力量。要维持人为状态必须尽可能地排除宇宙过程,如果没有人为介入,一切早晚都会恢复宇宙过程支配的原状。这是赫胥黎把握进化与伦理二者关系的基本框架。进化理所当然地站在宇宙过程一侧,伦理则被归属于人为状态。内井指出,站在 20 世纪末的时间点回眸赫胥黎以后的一个世纪,赫氏的先见之明令人钦佩。对于达尔文的"自然淘汰说",赫胥黎的理解存在着某些问题,对此已有多人指出。但是用人类亲自而为的人为淘汰去替换自然淘汰,更加危险,对此赫胥黎及早敲响了警钟。赫胥黎身后几十年,文明社会的所作所为证明了赫氏绝非杞人之忧。

赫胥黎将伦理过程看作宇宙过程的对立面,其出发点是采用伦理的立场来思考社会的进步。对赫胥黎来说,"社会进步意味着对宇宙过程每一步的抑制,并代之以另一种可以称为伦理的过程"(第 57 页),这一伦理过程的目的为"并不是那些碰巧最适应于已有的全部环境的人得以生存,而是那些伦理上最优秀的人得以继续生存"(第 57 页)。这一切都是赫胥黎预设立场自然而然的结论。内井进一步指出了斯宾塞和赫胥黎的异同:

斯宾塞:"进化"是有方向性的进步;利己性和利他性的协调的关键在于进化;进化论的知识和规范伦理学的关系不明。

赫胥黎:对进化伦理和优生思想发出了警告;没有具体讨论伦理本身,认为进化论的知识与伦理学无关;宇宙过程和伦理过程的对比不清晰;在思考进化与伦理关系时,具有与斯宾塞相反的意义。

3.《西方进化伦理学》,舒远招著,湖南大学出版社 2006 年版

舒远招书的副标题是"进化论用于伦理学的尝试",此书被称为中国学界"第一部系统评价进化伦理学的著作"。第一章"达尔文:进化伦理学的创立",详细地介绍了进化伦理学的发生史;第二章"早期进化伦理学诸形态",阐述了斯宾塞社会进化学说的实质,在此基础上讨论了赫胥黎的进化伦理学,对赫胥黎价值立场和理论上的得失都有很精当的分析;第三章"进化论对伦理学研究的广泛影响",专设一节,对弗洛伊德的道德进化论和达尔文、赫胥黎的进化伦理学进行了比较分析。

赫胥黎是进化伦理学史链条上的重要一环,随着研究的深入,赫氏 *Evolution and Ethics* 的历史定位和意义将更加清晰。但是无论是国外的学者(也许是理所当然),还是国内的学者,都还没有将进化伦理学史中的赫胥黎与严复联系起来。赫胥黎的原著定位为"进化伦理学"的著作,必将带来如何重新审视《天演论》的问题。

三、赫胥黎的 evolution 与 process:定义及使用

赫胥黎先做讲演,其后又为了补充阐释讲演的内容撰写了导论,本节的考察也按照文本实际生成的时间顺序进行。赫胥黎的讲演文字化以后以空一行的形式分为九大段落,在此姑且称之为"节",原著的节并没有标题。① 但 1893 年讲演稿由 Macmillan 出版单行本时,奇数页的页眉上列有以下的小标题(译文为引用者所加),这些小标题在导论、讲演合订本上被删除。

The Evolution of Suffering(痛苦的进化)
Evolution in Antiquity(古代的进化学说)
The Nemesis of Culture(文化的复仇)
Ethics and the Cosmos(伦理与宇宙)

---

① 现代汉语译本为了帮助读者理解,目次页加了七个小标题,似乎译者认为原著可以归纳为七个部分。本文译文均引自《进化论与伦理学》(科学出版社 1971 年版);同时参考了宋启林等译《进化论与伦理学》(全译本·附《天演论》)。根据情况个别字句有所调整。

Theodicies and Cosmodicies(神正论与宇宙正论)

The Transmigration of Character(气质的轮回)

Salvation by Self-Abnegation(自我放弃的救赎)

Buddhist Metaphysics(佛教玄学)

Evolution in Greece(希腊的进化学说)

Transcendental Theism of the Stoa(斯多葛学派的先验有神论)

Whatever Is, Is Right(凡是存在的都是正确的)

Stoical Ethics and Evolution(斯多葛学派的伦理与进化)

Modern Pessimism and Optimism(现代悲观主义与乐观主义)

The Fallacy of the Fittest(适者谬论)

The Claims of the State(国家的要求)

The Battle with Cosmic Nature(与宇宙自然的斗争)

赫胥黎以童话"杰克和豆秆"作为讲演的开场白:一粒豆子长成参天大"树","如此巧夺天工建立起来的大厦一旦全部完成,它就开始倒塌。……只剩下一些表面上看去毫无生气的或多或少的简单物体,恰如它由之生长出来的那个豆子一样;而且也像豆子那样拥有产生相似的循环表现的潜在能力"。一粒豆种在适当的条件下最后回归为一粒粒豆子,赫胥黎指出这种由简至繁再由繁至简的周而复始的现象正是生物进化的结果,并由此引入了"发展"和"进化"的概念。赫胥黎如是说:

① 不必用有诗意的或科学的想象来寻求与这种向前进展又好像是回复到起点的过程的类比。……或者可能更恰当的是,将胚芽扩展成为成长的植物比作打开一把折扇或者比作向前滚滚流动和不断展宽的河流,而由此达到"发展"或"进化"的概念。①(中译本第 34 页)

这是讲演中第一次出现 evolution 这一术语,并与 development 并列使用。"一把打开的折扇"这一形象的比喻来自 evolution 的动词形式 evolve 的

---

① 为了方便在下面的章节里与严复译文进行对比,赫胥黎原著的引文做了编号处理。

词义：打开、展开。其另一种名词形式 evolute 表达的是几何学上的意义，又称 evolute curve，今译为“渐屈线、渐伸线”。作为生物学术语 evolution 的“发展、进化”的意义就是由此派生而来的。1884 年版的韦伯英语辞典展示了词族 evolve 的意义和形象（参见图 1）。① 接着，赫胥黎写道：

② 当前的这一事实是永远重复的过程。在这一过程中，有生命并在成长中的植物从种子的比较简单和潜伏的状态过渡到完全显现为高度分化的类型，然后又回复到简单和潜伏状态。……

在动物界，也和在植物界中一样，从非常低级的类型到最高级的类型，生命过程表现出同样的循环进化。（中译本第 34 页）

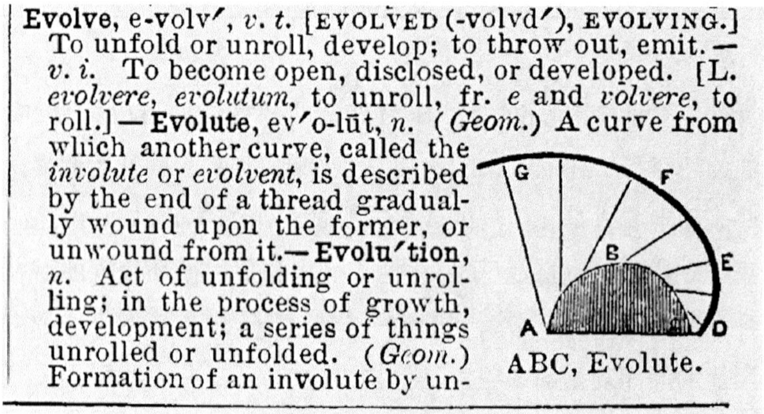
Evolve, e-volv′, *v. t.* [EVOLVED (-volvd′), EVOLVING.] To unfold or unroll, develop; to throw out, emit. — *v. i.* To become open, disclosed, or developed. [L. *evolvere*, *evolutum*, to unroll, fr. *e* and *volvere*, to roll.] — **Evolute**, ev′o-lūt, *n.* (*Geom.*) A curve from which another curve, called the *involute* or *evolvent*, is described by the end of a thread gradually wound upon the former, or unwound from it. — **Evolu′tion**, *n.* Act of unfolding or unrolling; in the process of growth, development; a series of things unrolled or unfolded. (*Geom.*) Formation of an involute by un-

图 1　1884 年版《韦伯英语辞典》中的“evolve”条目

在讲演稿单行本中，赫胥黎在此处加了一段数百字的注释，说明这种循环并不是原地踏步，而是包含着微小的改变（严复将这段注释的内容直接写入了案语，详后）。此时，遗传学的基因理论还没有确立。在接下来的段落里，赫胥黎进一步用古希腊哲人赫拉克利特“人不能两次走进同一条河流”的比喻，阐述变化的永恒性（和单方向性）。赫胥黎指出：

① 参见 Noah Webster, *Condensed Dictionary of the English Language*, Springfield, Massachusetts: G. & C. Merriam & Co.，1884。

③ 自然知识越来越导致这样的结论:"天上的列星和地上的万物"都是宇宙物质的部分过渡形式,在沿着进化道路前进,……宇宙的最明显的属性就是它的不稳定性。它所表现的面貌与其说是永恒的实体,不如说是变化的过程。(中译本第 35 页)

宇宙的根本属性是一个变化的过程,至此"宇宙过程"作为讲演的关键概念呈现在听众和读者面前。

④ 宇宙过程,像机械结构那样完整,像一件艺术品那样美好,然而,却还有另外的一面的表现。当宇宙创造力作用于有感觉的东西时,在其各种表现中间就出现了我们称之为痛苦或者忧愁的东西。(中译本第 35 页)

经过一番探索之后,杰克回到了地面,回到了普通世界里。这里,生活与工作都同样充满了艰苦,而且这种痛苦随着社会的文明进程日益增大,人类与私心展开着胜率极低的持久战。赫氏指出:"以进化论观念占主要地位的宇宙理论,在公元前至少已存在了 6 个世纪。"古代哲人已经认识到:

⑤ 宇宙过程就是进化,其间充满了神奇、美妙,同时也充满了痛苦。他们试图发现这些重大事实在伦理学上的意义,找出是否有关于宇宙行径的道德制裁。(中译本第 37 页)

宇宙间的森罗万象无一不处于变化的过程之中,这一过程就是 evolution。赫胥黎把本次讲演的主题设定在进化论与伦理学关系的讨论上,在分别介绍了古希腊和古印度伦理学的发生史之后,他把听众引向了进化论发生以后的 19 世纪的伦理学。在讲演中,针对"由于生存斗争和因之而来的'适者生存',动物与植物进展到结构上的完善;所以在社会中,人们作为伦理的人,必须求助于或寻求同样的方法来帮助他们趋于完善"这种进化伦理学的主张,赫胥黎表达了鲜明的反对态度。赫氏指出,因为"宇宙的进化或可以告诉我们关于人的善和恶的倾向是怎样来的;但是宇宙进化本身不能给我们提供比我们以前所有的更好的理由,来说明我们称为善的东西比我们称为恶的东西可取"。他"怀疑这种错误是从'适者生存'这一词的词义上的不幸的含糊不清引起的。'适者'含有'最好'的意思;而'最好'又带有一种道德的意味。可是在宇宙自然界,什么是'最适应的'有赖于各种条件"(中译本第57—58页)。赫胥黎的"最好"(best)意味着"活力、勤勉、智力、意志、同情心"(energy、industry、intellectual capacity、tenacity of purpose、sympathy)(中译本第29页),而"最适"(fittest)不过是"某一个时期所存在的环境条件"。赫胥黎一以贯之的主张是进化论的知识与伦理判断无关。作为宇宙过程的对立项,赫胥黎设定了一个"伦理过程"的概念,他认为:

⑥ 社会的文明越幼稚,宇宙过程对社会进化的影响就越大。社会进展意味着对宇宙过程每一步的抑制,并代之以另一种可以称为伦理的过程;这个过程的结局,并不是那些碰巧最适应于已有的全部环境的人得以生存,而是那些伦理上最优秀的人得以继续生存。(中译本第57页)

讲演稿的单行本中,赫胥黎在这段话后追加了一段长长的注释:

当然,严格说来,社会生活以及社会生活赖以日趋完善的伦理过程,是进行总过程的重要部分,就像成群生活的习性对无数植物和动物大有益处那样。一巢蜜蜂是一个官能上的组织或社会,其中每个成员应尽的职责是由官能上的需要来确定的。蜂后、工蜂和雄蜂,可以这么说,是等级地位,由明显的生理壁垒来划分的。在鸟类和哺乳类中间也形成许多社会,它们的结合在许多情况下似乎纯粹是心理性的;那就是说,似乎是依靠个体之间对彼此结成伙伴的意愿。对个体的过分的"自行其是"的倾向是用战斗来进行抑制的。即或在这种初级形式的社会中,爱和怕起了作用,并且强迫在或大或小的程度上放弃执拗。在此范围之内,总的宇宙过程开始受到一种初步的伦理过程的抑制,这个伦理过程,严格地说来,也是宇宙过程的一部分,就像蒸汽机中的"调节器"是发动机的机构的一部分一样。(中译本第78—79页)

在注释中赫胥黎对伦理过程和总过程(即宇宙过程)的关系做了不厌其

烦的说明,其中的主要观点,在后来的"导论"中都曾加以详细的论述。除了这段注释以外,词组"伦理过程"(ethical process)在"讲演"中只出现了一次。最后赫胥黎断言:

⑦ 倘若我所主张的是正确的,倘若宇宙过程与道德目的没有什么关系,倘若人对宇宙过程的模仿与伦理学的基本原理并不一致,那么,这个惊人的理论(进化伦理学——引者注)将会变成了什么呢?……社会的伦理进展并不依靠模仿宇宙过程,更不在于逃避它,而是在于同它做斗争。(中译本第56页)

赫胥黎宣布:自然知识的新近进展,特别是在进化论方面这种进展的所有成果都应该服务于人类互助这一伟大事业(中译本第56页)。

赫胥黎讲演的主旨可以归纳为:道德原本是自然秩序的一部分,但是伦理原则与自然原则相反;社会是自然界的一部分,而人与人之间如果进行如同自然界的斗争,社会就会崩溃。因此,认为伦理体系遵循的是自然进化法则的主张是错误的。伦理和进化的关系是赫胥黎持续了相当长一段时间的研究课题,讲演中所开陈的主要观点甚至与1871年10月他于伯明翰做的讲演(Administrative Nihilism)在主旨根本上是一致的。① 堀正人和宋启林也先后指出,收入论文集第五部分"社会疾病与糟糕疗方"(Social Diseases and Worse Remedies,1891)的导论部分"人类社会中的生存斗争"(The Struggle for Existence in Human Society,1888)在主旨上与"讲演"是完全一致的。② 尽管赫胥黎做了精心的准备,但是他的讲演并不算十分成功,他只是照本宣科地朗读了事先准备好的印刷小册子,而且声音低沉,两千人的听众之中,几

---

① 参见堀正人:《T. H. ハックスレイの進化と倫理をめぐって:その一》,《东西学术研究所纪要》1974年第7号;Cyril Bibby, ed., *The Essence of T. H. Huxley*, London: Macmillan, 1967, p. 158; Leonard Huxley, *Life and Letters of Thomas Henry Huxley*, Vol. I, New York: D. Appleton, 1900, p. 357。
② 参见堀正人:《T. H. ハックスレイの進化と倫理をめぐって:その一》;宋启林:《进化论与伦理学》(全译本·附《天演论》),第4—5页。

乎有一半以上没有听清他的讲演。① 赫胥黎的讲演在时间、空间,乃至话题上都存在着种种限制,他还担心会伤害了基督徒听众的感情,这些都妨碍了赫胥黎直截了当地将自己的主张告诉听众。讲演之后,赫胥黎受到了来自保守和进化论阵营两方面的责难,甚至连他妻子也认为他的讲演中存在着矛盾。②为了解消这种状态,赫胥黎写了"导论",来补充讲演中没有说明白的地方。在论文集的序言中,赫胥黎解释说,需要向听众提供更多的背景知识。研究者认为,"导论"与"讲演",二者相结合可以看作罗马尼斯讲演的改订版。下面我们来看一看赫胥黎在"导论"里增加了哪些内容,"导论"与"讲演"是如何互相补充的。

赫胥黎原著的导论用数字分为 15 节,没有小标题。中译本在目录页加了 15 个小标题。第一节共 11 个自然段,与"讲演"的第一、二小节相呼应,陈述了赫胥黎的主要观点。赫胥黎首先从书斋窗外的自然景观下笔,引入"变"是宇宙常态的观点:"与这种下等植物漫长的过去相比,文明人类的全部历史只不过是一个插曲而已。""可以完全肯定地说,若用宇宙计时的巨大尺度来衡量,目前这种自然状态,尽管像是长期演变而来,并将永远演变下去,其实不过是无穷变化中的一瞬,不过是地球表面在其存在的亿万年中业已经历的一系列变化的目前阶段。"赫胥黎将宇宙的这种永恒的演变称之为"宇宙过程",赫氏写道:

> ⑧ 植物界自然状态,决非具有永久不变的属性。更确切地说,它的真正本质就是不稳定性。……能够持久存在的,不是生命形式的这种或那种结合,而是宇宙本身产生的过程,而各种生命形式的结合,不过是这个过程的一些暂时表现而已。在生物界,这种宇宙过程的最大特点之一

---

① 参见堀正人:《T. H. ハックスレイの進化と倫理をめぐって:その一》;Leonard Huxley, *Life and Letters of Thomas Henry Huxley*, Vol. I, p. 356。另,现在该剧场的定员为 1000 人。
② 参见堀正人:《T. H. ハックスレイの進化と倫理をめぐって:その一》;Ronald W. Clark, *The Huxleys*, New York: McGraw-Hill, 1968, p. 118。王道还在《天演论》"导读"中写道:大家都误会了"演化与伦理"的主旨。评论者都聚焦于"以人文对抗自然"的说法,甚至认为赫胥黎在控诉达尔文揭露的自然不公不义,不再相信演化了。他被迫写了一篇篇幅相当的"导言"(第 28 页)。

就是生存斗争,每一物种和其他所有物种的相互竞争,其结果就是选择。(中译本第3页)

需要引起注意的是,赫胥黎在首次介绍这门由达尔文开创的新学说时使用的是 cosmic process 这一词组,而不是单纯词 evolution,并将对象限定在"生物界"。赫氏继续写道:

⑨ 那些生存下来的生命类型,总的说来,都是最适应于在某一个时期所存在的环境条件的。因此,在这方面,也仅仅在这方面,它们是最适者。(中译本第3页)

将"最适应"局限在"某一时期"内,这是赫胥黎在 1893 年讲演的结论部分着重加以强调的。在这里赫胥黎加了一条注释:任何一种进化的理论(every theory of evolution),不仅必须与前进(progressive)发展相一致,而且必须与同一条件下的恒久持续性以及与倒退(retrogressive)变化相一致。赫氏说这是 1862 年以来他一直反复言及并加以坚持的。这两个英语词现在分别被译为"进化"与"退化"。书名中使用的 evolution 就是在这条注释里第一次出现的。赫胥黎接着指出:古代哲学家们错误地假定,变化是在依次替换中形成一个丝毫不变地重复过去,丝毫不变地预示未来的循环。但是今天的古生物学家使我们确信——如果倒转时钟,生物系统就会表现为一系列复杂性逐渐减小的趋同类型,一直到比我们已发现过生物遗骸的任何时代还要遥远的地球史上的某一时期时,它们会消融在动物和植物的界限还不分明的那些低等类群之中。在讨论了演化的两个方向之后,紧接着从第七自然段开始,赫胥黎对 evolution 的定义做了介绍:

⑩ 现在一般应用于宇宙过程的 evolution 一词,有它独特的历史,并被用来表示不同的意义。就其通俗的意义来说,它表示前进的发展,即从一种比较单一的情况逐渐演化到一种比较复杂的情况;但其含义已被扩大到包括倒退蜕变的现象,即从一种比较复杂的情况进展到一种比较

单一的情况的现象。①（中译本第4页）

即evolution就是宇宙过程，但是出于上文所述的词源上的原因，一般被理解为"前进的发展"，虽然在生物进化的学说里，"其含义已被扩大到包括倒退蜕变的现象"了。赫胥黎在"讲演"的结论部分已经强调指出：宇宙过程并没有特定的方向，生物的演化是由各种条件决定的。赫胥黎设想了气候不断变冷和变热两种情况，而不管在哪种情况下，这个地球上大多数生物都将灭绝。

赫胥黎作为术语"不可知论"的发明者，明确地否定了"宇宙"的人格性：

⑪ 作为一种自然过程，……进化排除了创世及其他各种超自然的干涉。作为一个固定秩序的体现，其每一阶段都是依据一定规律而起作用的一些原因造成的结果，进化这个概念也同样排除了偶然性的概念。如果有证据表明宇宙过程是由什么动力推动的话，那么这种动力就会是它及它的一切产物的创造者，不管是否存在着造物主，"超自然的干涉仍然可以严格地被排除在其以后（宇宙诞生后——引者注）的进程之外"。整个宇宙中的一切"都在努力完成它们进化的预定过程"。（中译本第4—5页）

进化的过程为何会发生？赫胥黎给出的解释是：第一，所有生物都有变异的趋向，尽管其原因尚需考查；第二，在特定时间内的生存条件总是有利于最适应这一条件的变种的生存，即选择的发生；第三，所有生物都有无限繁殖的倾向，最适应生存条件的变种得以延续，反之将消失，即生存竞争。至此原著的第一节结束。从第二节开始，赫胥黎依次补充了作为人为状态的园圃、马尔萨斯人口学说、自然状态与人为状态的对抗、作为园圃比喻的殖民地、殖民地管理的困境、蜂群社会与人类社会的异同等内容。第十三节以后是对讲演结论部分的阐释和发展。

---

① 商务印书馆版《天演论》解题注脚指出："赫胥黎于本书'导言二'中，实尝有一节立evolution之界说，谓为初指进化而言，继则兼包退化之义。严氏于此节，略而未译，然其用天演二字，固守赫氏之说也。"（第1页）

以上就是赫胥黎"导论"和"讲演"的主旨。赫胥黎在这里同时使用了 evolution 和 cosmic process 两种表达。那么两者之间有何不同,仅仅是相同概念的不同说法还是必须加以区分的不同概念的能指?

cosmic process 是由赫胥黎首创并集中使用的词组,意义如字面。cosmos(宇宙)是包括人的精神意识在内的一切,生物、非生物概莫能外。赫胥黎指出:"虽然佛教承认有许多神灵、许多主宰,但他们都只是宇宙过程的产物;无论能持续多久,总是宇宙过程永恒活动的暂时表现。"(中译本第42页)宇宙本身无时无刻不处于变化之中,是自然的一系列事件;process(过程)是变化的持续,词源上暗含向前的意义。宇宙过程的本质是"自行其是",生存斗争即由此引发,赫胥黎认为这是因为生物都有无限繁殖倾向。故宇宙过程与道德判断无关,但是会给有感觉的生物带来痛苦,痛苦"在数量和强度上都随着动物机体等级的提高而增加,而到人类,则达到了它的最高水平"。对于赫胥黎而言,宇宙过程作为上位概念,统辖着"伦理过程、生命过程、选择过程、园艺过程、人为过程、殖民地过程"等下位概念。其中"伦理过程、园艺过程、人为过程"来源于宇宙过程,但又与宇宙过程相对抗。这一主张被视为赫胥黎一系列言说中的矛盾之处。对此,赫胥黎回应说:"对此我只能这样回答:倘若说这两个过程是对抗性的这种结论在逻辑上是荒谬的,那么我只能对逻辑感到遗憾,因为我们所看到的事实就是如此。"(中译本第8页)

对于宇宙过程,人类应该持何种态度?赫胥黎辛辣地批评了斯多葛学派的以宇宙过程为榜样、顺应自然的态度。讲演的结尾,赫胥黎号召人类"珍惜在我们前进道路上降临的善,忍受我们之中和周围的恶,并下决心消除它"(中译本第61页)。

宇宙按照自己的规律运行,人类对这种规律的认知就是 theory of evolution,也称为 evolution。如前所述,evolution 的普及得益于斯宾塞的一系列著述,韦伯英语辞典系列直至1884年才开始记录 evolution 生物学的意义(参见表1)。

表1　韦伯英语辞典系列对"evolution"的释义(1862—1898)

版次①	释义
1862；1865；1867；1881；1886；1887；1892；1893	Evolution, n. 1. Act of unfolding or unrolling; hence, in the process of growth, development. 2. A series of things unrolled or unfolded. 3. (*Geom.*) Formation of an involute by unwrapping or unwinding a thread from another curve as an evolute. 4. (*Arith.* &*Alg.*) The extraction of roots. 5. (*Mil.* &*Naval.*) A prescribed or regular movement of a body of troops, or of a vessel or fleet. 6. (*Physiol.*) That mode of generation in which the germ is held to pre-exist in the parent, and its parts to be developed, but not actually formed, by the procreative acts.
1884	(Biology.) History of the steps by which any living being has acquired its distinguishing morphological and physiological characteristics.
1898	6. (*Biol.*) (*a*) The process by which any living organism has acquired the morphological and physiological characters which distinguish it. (*b*) That theory of generation which supposes the germ to preëxist in the parent, and its parts to be developed, but not actually formed, by the procreative act.

在赫胥黎的文本中对1898年版韦伯辞典所示的evolution的这两个词义并没有做严格的区别，义项的选择依语境而定。② 赫胥黎说:以进化论观念占主要地位的宇宙理论，在公元前至少已存在了6个世纪。不可能找到比赫拉克利特的一些简练的格言和有力的比喻更好的对近代进化论学说的精义的表达了。所指的是"没有人在涉过急流时能在同一水里落脚两次"的比喻，放在汉语的语境中就是"大江东去，一去不复返"。但是赫拉克利特以后，人们更习惯把事情看成一粒豆种，长出豆秸，又结出豆子，周而复始，循环不已。直到达尔文的新学说诞生，轮回的怪圈才被冲破。赫胥黎一方面说"除了那些居住在地球上的以生命的种种形式表现出来的那种进化过程之外，我对其他的那些进化过程不准备加以讨论"(中译本5页)，试图把讨论限定在生物

---

① *An American Dictionary of the English Language* (1862、1865、1867、1881、1886、1887、1892、1893、1898)等美国辞典系列和简明辞典系列的 *Condensed Dictionary of the English Language* (1884)。

② 严复在学习和翻译的过程中使用了哪些英文原文的辞典是一个饶有兴味的问题，但还不见详细的讨论。日本早川勇有《ウェブスター辞書の系譜》(东京辞游社2004年版)、《ウェブスター辞書と明治の知識人》(横滨春风社2007年版)等实证性的研究。关于严复英语辞典史方面的知识及对辞典作用等的主张，参见沈国威:《一名之立旬月踟蹰:严复译词研究》(社会科学文献出版社2019年版)第七章"严复与辞典"。

进化论的范围内；另一方面又使用了"情感的进化""社会的进化"等言辞。这样赫胥黎的 evolution 就同时指称了宇宙过程（自然状态）、园艺过程（人为状态）、伦理过程（社会进步）三种不同的进化（中译本 26 页），而后两者又是与宇宙过程相抗衡的存在，逻辑上的龃龉也就在所难免了。

赫胥黎强调"进化不是对宇宙过程的解释，而仅仅是对该过程的方法和结果的综述"，即 evolution 只是一种记述性的学说，如此，不同的记述者，就会有不同的 evolution，而记述的对象，cosmic process 只有一个。

通过上面的讨论可知 evolution 与 cosmic process 的区别是赫胥黎展开独自学说所必需的，但另一方面，由于 evolution 的歧义性，加之 process 同时也是一个普通词语，具体所指的是什么就需要认真辨别了。

为了下面关于严复的讨论，我们在这里简单归纳一下 evolution、cosmic process 与另一个关键词 ethics 的关系。与 cosmic process 相对，赫胥黎提出了 ethics process 的概念，即"伦理过程"。赫胥黎给出的定义是：

- 社会的文明进步意味着对宇宙过程的抑制，社会结合的逐渐强化，虽然在社会内部制止了生存斗争，但在宇宙过程斗争中却在一定程度上增进了社会作为一个共同体的生存机会。这种社会结合的逐渐强化就是伦理过程。
- 原始结合的情感，进化成为我们叫作良心的这种有组织的和人格化了的同情心，这种情感的进化叫作伦理过程。

在赫胥黎的论文中"伦理"和"原则""科学""生活""体系""法则"等词语搭配使用，赫胥黎认为伦理学是提供理性的生活准则的科学，道德是与法律相对的个人实践。生存斗争与伦理原则是不可调和的，进化的过程与公正和善的伦理观念也格格不入。如果宇宙过程的本质是生存斗争，那么伦理就是对宇宙的道德审判。现代伦理观经历了从依据行为进行赏罚到依据动机进行赏罚的进步。赫胥黎力图证明如果这种伦理过程进展到能保证社会中每个成员都获得生存资料的程度，那么在那个社会中人与人之间的生存斗争事实上就结束了。赫胥黎指出，伦理过程的要素是"自我约束"。在注释中引用哈特利的话，称之为"我们从利己到献身的进步过程"。就其有助于促使人类的每一个社会更有效地同自然状态或同其他社会进行生存斗争来看,伦理过程所起的作用与宇宙过程形成了和谐的对照。但是,同样真实的是,由于法律和道德是对社会中人们之间生存斗争的约束,因此伦理过程就与宇宙过程的原则发生了对抗。两者之间,赫胥黎站在了伦理一边。

四、严复邂逅进化论(evolution)

严复留英期间是否接触到了达尔文的生物进化理论,以及由此引发的一些关于将生物进化论运用于人类社会的讨论?我们知道严复在伦敦留学期间就阅读了培根的著作,接受了英国经验哲学的洗礼①,斯宾塞的著作也是在这段时间涉猎的②,但到目前为止没有任何严复留英期间阅读达尔文或赫胥黎著作的确证。与200多年前培根的经验哲学相比,生物进化论显然是一个更具冲击力的学说,如果它竟没能引起严复的注意,那说明了什么?赫胥黎观点的蛛丝马迹在严复文字中的首次出现是在严复的第一篇时论《论世变之亟》③中,严复开宗明义地写道:

> 呜呼!观今日之世变,盖自秦以来未有若斯之亟也。夫世之变也,莫知其所由然,强而名之曰运会。运会既成,虽圣人无所为力,盖圣人亦运会中之一物。既为其中之一物,谓能取运会而转移之,无是理也。

"世变"意为人类社会的变化,其理由(由然)虽然不明,严复勉为其难地名之曰"运会",《汉语大词典》解释为"时运际会;时势"。严复的这段话可以作为中国传统的王朝更替的解释,但如果与赫胥黎《导论》中的"作为一种自然过程,……进化排除了创世及其他各种超自然的干涉",不管是否存在着造物主,宇宙诞生之后"超自然的干涉仍然可以严格地被排除在其以后的进程之外"的言说互参,说其间有赫胥黎的影子是笔者的过度解读吗?只不过严

---

① 参见沈国威:《严复与科学》,第1章。
② 严复在1903年前后写的《译群学肄言序》中说:"二十年以往,不佞尝得其书而读之。"(《群学肄言》卷首第vii页。)
③ 参见王栻编:《严复集》第1册,第1—5页。本文发表于1895年2月4—5日的天津《直报》上。

复并没有将议论深入下去,而是立即将笔锋转向了西学接受的问题。《论世变之亟》之后月余,严复发表了第二篇时论《原强》①。在这篇文章的开头,严复开门见山地批评了国人在近代科学知识上的孤陋寡闻:"今之扼腕奋舌,而讲西学,谈洋务者,亦知五十年以来,西人所孜孜勤求,近之可以保身治生,远之可以利民经国之一大事乎?"接着简略介绍了达尔文的进化论以及斯宾塞的著作。关于达氏的《物种起源》(严复原文为《物类宗衍》),严复介绍说道:

> 大旨谓:物类之繁,始于一本。其日纷日异,大抵牵天系地与凡所处事势之殊,遂至阔绝相悬,几于不可复一。然此皆后天之事,因夫自然,而驯致若此者也。书所称述,独二篇为尤著,西洋缀闻之士,皆能言之。其一篇曰《争自存》,其一篇曰《遗宜种》。所谓争自存者,谓民物之于世也,樊然并生,同享天地自然之利。与接为构,民民物物,各争有以自存。其始也,种与种争,及其成群成国,则群与群争,国与国争。而弱者当为强肉,愚者当为智役焉。迨夫有以自存而克遗种也,必强忍魁桀,矫捷巧慧,与一时之天时地利泊一切事势之最相宜者也。(下波线为引用者所加)

严复用"物类之繁,始于一本"表达了"地球上的所有生物物种是由少数共同祖先,经过长时间的自然选择过程后演化而成"的达尔文进化论的"大旨",以"牵天系地"寓意自然状态,即今天的"环境"。严复第一次尝试着将达氏著作第三章、第四章的标题"Struggle for Existence""Natural Selection"置换成汉语:"争自存""遗宜种"。唯需要指出的是"民民物物,各争有以自存。其始也,种与种争,及其成群成国,则群与群争,国与国争",弱肉强食的言辞既不是达尔文的,也不是赫胥黎的学说,而是来自斯宾塞的主张(详后)。不过在《原强》中严复虽然提到了斯宾塞(此文中音译为"锡彭塞"),但介绍的是斯氏的"群学",而不是进化论。② 由上大致可知,直至《原强》执笔的1895年3月,严复关于进化论的知识直接来自达尔文的《物种起源》,同时对斯宾塞也有了广泛的涉猎。《原强》第一次明白无误地向国内知识界传递了达尔文学

---

① 参见王栻编:《严复集》第1册,第5—15页。本文发表于1895年3月4—9日的天津《直报》上。
② 《原强》的主旨是科学与富强的问题,达尔文、斯宾塞是作为西方学术代表性的例子引入的。参见沈国威《严复与科学》。

说的大旨,但还没有为达尔文的学说准备一个专指的名称,文中不独不见"天演",而且也没有"物竞""天择"等后来风靡一时的词语。① 同年5月1日至8日严复在天津《直报》上连载了时论《救亡决论》,在文中强烈批判了科举制度的种种弊病。这是一篇问答形式的文章,主客互相辩难,听了主人的慷慨陈词,最后"客言下大悟,奋袖低昂而去",文章应该画上句号了。但严复笔锋一转继续写道②:

> 建言有之:天不变,地不变,道亦不变。此观化不审似是实非之言也。夫始于涅菩,今成椭轨;天枢渐徙,斗分岁增;今日逊古日之热,古暑较今暑为短,天果不变乎? 炎洲群岛,乃古大洲沉没之山尖;萨哈喇广漠,乃古大海浮露之新地;江河外啮,火山内晡,百年之间,陵谷已易;眼前指点,则勃澥旧界,乃在丁沽,地果不变乎? 然则,天变地变,所不变者,独道而已。虽然,道固有其不变者,又非俗儒之所谓道也。请言不变之道:有实而无夫处者宇,有长而无本剽者宙;三角所区,必齐两矩;五点布位,定一割锥,此自无始来不变者也。两间内质,无有成亏;六合中力,不经增减,此自造物来不变者也。能自存者资长养于外物,能遗种者必爱护其所生。必为我自由,而后有以厚生进化;必兼爱克己,而后有所和群利安,此自有生物生人来不变者也。此所以为不变之道也。若夫君臣之相治,刑礼之为防,政俗之所成,文字之所教,吾儒所号为治道人道,尊天柱而立地维者,皆譬诸夏葛冬裘,因时为制,目为不变,去道远矣! 第变者甚渐极微,固习拘虚,末由得觉,遂忘其变,信为恒然;更不能与时推移,进而弥上;甚且生今反古,则古昔而称先王,有若古之治断非后世之治所可及者,而不知其非事实也。(第50—51页)

大意为:所谓的"天不变,地不变,道亦不变"是似是而非之言,近两个世纪以来的天文地理方面的科学知识显示,天在变,地也在变,唯一不变的是道。但这个"道"不是俗儒所说的"道",而是宇宙的规律。"自造物来不变者"

---

① 参见黄克武:《何谓天演? 严复"天演之学"的内涵与意义》,第152页。
② 《严复集》的编者在此有如下注脚:自"建言有之"至本文完,为《救亡决论》第三,《直报》原有这段文字,而他本皆未转载。见王栻编:《严复集》第1册,第50页。

是生物适应环境、遗传后代。为此先有自由竞争，后有道德进化，先有限制自私，后有社会和谐。俗儒所谓的"道亦不变"实则"去道远矣"；人类社会在不断地文明进化，所以今不如昔之类的论调也有违事实。这段唐突加上去的文字与《天演论》"导言一 察变"的后半部分意旨、修辞完全一样。据此可做定论，严复于1895年5月前已经阅读了赫胥黎的原著。需要注意的是，一直到手稿本"卮言一"为止，严复还没有为他所说的"道"准备一个新名称。（详后）

1895年5月之后，严复公开的执笔活动有一个小休止，直至1897年10月26日《国闻报》创刊后才再次活跃起来。在这两年多时间里，严复完成了《天演论》的翻译，并为此阅读或重温了大量相关文献。《天演论》的翻译始于何时，终于何时似乎还是一宗未了的公案。严复在《赫胥黎治功〈天演论〉序》中写道："夏日如年，聊为移译。"① 这篇自序写于"光绪丙申重九"，即1896年10月15日，那么这个"夏日"就应该是刚刚过去的1896年夏。从时间上看，这篇自序是最早出现"天演"一词的文字。

> （牛顿）后二百年而斯宾塞氏出，以天演自然言化著书，贯大地人而一理之。欧美二洲学术政教群然趋之，法制大变。其为天演界说曰："天演者，翕以合质，辟以出力。"而《易》则曰："夫坤其静也翕，其动也辟。"②

如上所述，严复阅读赫胥黎是在1895年5月之前的某一个时间，同年5月以后的辍笔是否意味着开始为《天演论》的翻译做准备？总之可以断定的是，翻译初稿在1896年夏秋完成，然后进入修改润色阶段。现存手稿上有丙申(1896)重九、丁酉(1897)四月、六月三个修订节点的记录。1896年10月中完成的《原强修订稿》也反映了译稿修改的某些消息。③《原强修订稿》中第一次出现了"柏庚"（即培根），介绍了斯宾塞对进化论的贡献，更重要的是除了

---

① 严复：《〈天演论〉自序》，见王栻编：《严复集》第5册，第1321页。
② 严复：《〈天演论〉自序》，见王栻编：《严复集》第5册，第1411页。1898年慎始基斋本作："后二百年，有斯宾塞尔者，以天演自然言化，著书造论，贯大地人而一理之。此亦晚近之绝作也。其为天演界说曰：'翕以合质，辟以出力，始简易而终杂糅。'"见王栻编：《严复集》第5册，1320页。
③ 严复1896年10月19日致梁启超的信中有"容十许日后续呈法鉴何如?"之语。关于修改稿的情况可参见沈国威：《严复与科学》，第63—68页。

"天演(之学)"以外还完成了对于进化论至关重要的关键概念的命名:"物竞""天择"。《原强》及修订稿二者异同如表2:

表2 《原强》及修订稿二者异同

《原强》(1895.3)	《原强修订稿》(1896.10—12)
达氏总有生之物,而标其宗旨,论其大凡。(第6页)	达氏总有生之物,标其宗旨,论其大凡如此。至其证阐明确,犁然有当于人心,则非亲见其书者莫能信也。此所谓以天演之学言生物之道者也。(第16页)
书所称述,独二篇为尤著,西洋缀闻之士,皆能言之。其一篇曰《争自存》,一篇曰《遗宜种》。所谓争自存者,谓民物之于世也,樊然并生,同享天地自然之利。……习于安者,使之处劳,狃于山者,使之居泽,不再传而其种尽矣。争存之事,如是而已。(第5—6页)	其书之二篇为尤著,西洋缀闻之士,皆能言之,谈理之家,撼为口实,其一篇曰物竞,又其一曰天择。物竞者,物争自存也;天择者,存其宜种也。意谓民物于世,樊然并生,同食天地自然之利矣。……习于安者,使之为劳,狃于山者,使之居泽,以是以与其习于劳、狃于泽者争,将不数传而其种尽矣。物竞之事,如是而已。(第16页)
而又有锡彭塞者,亦英产也,宗其理而大阐人伦之事,帜其学曰"群学"。(第6页)	斯宾塞尔者,亦英产也,与达氏同时。其书于达氏之《物种探原》为早出,则宗天演之术,以大阐人伦治化之事。号其学曰"群学"。(第6页)
往者中国之法与无法遇,故中国常有以自胜;今也彼亦以其法与吾法遇,而吾法乃颓堕蠹朽膣〔膛〕乎其后也,则彼法日胜而吾法日消矣。此曩者所以有四千年文物倏然不终日之叹也,此岂徒客之所甚恨!(第12页)	往者中国之法与无法遇,故虽经累胜而常自存;今也彼亦以其法以与吾法遇,而吾法乃颓隳朽蠹如此其敝也,则彼法日胜而吾法日消矣。何则?法犹器也,犹道涂也,经时久而无修治精进之功,则格扞芜梗者势也。以格扞芜梗者与修治精进者并行,则民固将弃此而取彼者亦势也。此天演家言所谓物竞天择之道固如是也。此吾前者所以言四千年文物俛然有不终日之势者,固以此也。嗟乎!此岂徒客之甚恨哉?(第23页)

也就是说从《原强》初稿到修订稿的一年半多的时间里,严复完成了"天演"以及"物竞、天择"等生物进化学说不可或缺的关键概念的译词创制。毫无疑问,这是在《天演论》的翻译过程中实现的。还有一点需要指出的是,严复提到了自序中没有出现的斯宾塞的第一部学术著作,《社会静力学》(*Social Statics*),本书初版于1850年12月刊行,1890年又出版了删节修订本。这本书集中反映了斯宾塞进化伦理学的基本思想①,其对严复的影响不可轻视。

---

① 参见舒远招:《西方进化伦理学》,第81—91页。

《原强修订稿》完成前后,严复将赫胥黎的书初步命名为《治功天演论》,最终缩略为《天演论》。① "天演"与 evolution 成为对译(关于"治功"详后)。《天演论》以后,"天演"大量出现在《群学肄言》和《穆勒名学》中,但严复自己的文章中"天演"的用例并不多,只是在一些序跋、信函中偶有使用。集中涉及进化论的只有《政治讲义》(1906.1)、《述黑格儿惟心论》(1906.7)、《进化天演》(1913)三篇。

五、从"运会"到"天演":严复如何移译 evolution?

赫胥黎原著 *Evolution and Ethics* 严复先译作"治功天演论",后又改为"天演论",现在通行的译名是《进化论与伦理学》。现代汉语中的"进化"是借自日语的新词,不见于汉语典籍,现在这个词更多地具有包括社会进化等在内的"广义进化论"的意味,与赫胥黎及其时代的用法不完全相同,需要加以注意。② "伦理"是汉语古典词,但是严复没有用来做 ethics 的译词,这是因为当时汉语中"伦理"这个词主要意义是人伦,达尔文和斯宾塞著作中的关于 ethics of animals 等的讨论给严复带来了困惑。《天演论》中没有"伦理",但"导论"中有"动植之伦;含生之伦;夫妇之伦;常伦","讲演"中有"伦纪;伦纪法制"等词语。如果说赫胥黎罗马尼斯讲演的重点是"伦理过程"的话,那么严复如何翻译、表述这一概念就是一个绕不过去的根本性问题了。关于这个问题将在第六节中讨论。本节首先尝试复原"天演"诞生的过程。

作为文本生成的时间序列,赫胥黎的"讲演"在前,"导论"在后,后者补充前者,引介前者,而结集出版时,"导论"在前,"讲演"在后。这是否也应该是严复阅读和翻译的顺序?严复如何阅读、理解赫胥黎,为翻译此书做了哪些准备?严复在《天演论》中介绍了斯宾塞的一系列著作,还提到了赫胥黎的另

---

① "治功""天演"分别与 ethics、evolution 相对应。原著书名为 *Evolution and Ethics*,书中赫胥黎又有 evolution of ethics 和 ethics of evolution 的说法。但严复的"治功""天演"之间,既没有"与",也没有"之",二者意义关系暧昧不明。
② 王道还译为《演化与伦理》。原著的主旨是讨论进化的学说与伦理观的关系,似以"进化论与伦理"较好。同时我们还需注意到二者的作为"学"的科学史背景。参见拙著《严复与科学》。

一个论文集《化中人位论》(*Man's Place in Nature*,1863)①,这些都是严复关于赫胥黎以及进化论的背景知识。严复以其长期的知识积累,对原著一读即懂的可能性不能否定,但边读,边思索,边译,同时根据需要补充相关知识的可能性是否更大?

严复将赫胥黎的 Prolegomena 译为"导言"十八篇,并根据吴汝纶的建议为每一篇添加了小标题。② 原著导论的第一节是关于 evolution 的说明和定义的部分,这一节被严复分为三篇,分别名之曰"察变""广义""趋异",并加了三段案语。下面我们来看一下严复是如何理解、移译 evolution 和 cosmic process 的。

开头的三个自然段,赫胥黎从书房窗外的景色起笔,回想两千年前的"自然状态"(the state of nature),指出,若用宇宙计时的巨大尺度来衡量,眼前这种自然状态,其实不过是无穷变化中的一瞬,并将永远演变下去。而与这种下等植物漫长的过去相比,文明人类的全部历史只不过是一个插曲而已。

对于原著这三个自然段,严译《天演论》以"赫胥黎独处一室之中,……"这一当时脍炙人口的名句开篇,在这段文字优美的导入部之后,严复写道:"故事有决无可疑者,则天道变化,不主故常是已。特自皇古迄今,为变盖渐,浅人不察,遂有天地不变之言。实则今兹所见,乃自不可穷诘之变动而来。""天道变化"相当于今天的自然的变化,当时汉语的"自然"还没有"大自然"的用法。接着严复引用地质学中化石的例子,说"地学之家,历验各种僵石,知动植庶品,率皆递有变迁。特为变至微,其迁极渐",虽不易感觉到,但此事"决无可疑",对此"以不变名之,真瞽说也"。除了原著中的"自然状态"没有译出外,大致传达了原著的内容。

原著第四至第五自然段接着写道:漫长的、不断变化的过程中很容易追溯出生物相互竞存的生死斗争的痕迹。能够持续下来的并不是生命形式的这种或那种结合,而是产生宇宙本身的过程。在生物界,这种宇宙过程的最大特点之一就是生存斗争,每一物种和其他所有物种的相互竞争,其结果就是选择。那些生存下来的生命类型,都是最适应于在某一个时期所存在的环

---

① 今译《人在自然界中的地位》。中译本有科学出版社 1971 年版、北京大学出版社 2010 年全译本、北京理工大学出版社 2017 年版等等。
② 参见《天演论》吴汝纶、严复等的序。

境条件的。在这方面,也仅仅在这方面,它们是最适者。在此正文中第一次出现 struggle for existence、cosmic process,在注释中则出现了 theory of evolution、progressive development 等词语。上述内容,严复译文如下,但请注意,手稿本和刊本有所不同。

表3 《天演论》手稿本与慎始基斋本之对照

"卮言一"手稿本(1896)	"导言一"慎始基斋本(1898)
夫当前之所见,经二十年卅年而革焉可也,历二万年三万年而后革焉亦蔑不可。但据前事以推将来,则知此境既由变而来,此境亦将恃变以往。顾唯是常变矣,而有一不变者行乎其中。六合所呈,是不变者与时偕行之功效;万化陈迹,是不变者循业发见之前尘也。此之不变者谓何?非如往者谈玄之家,虚标其名:曰道,曰常,曰性而已。今之所谓不变有可以实指其用者焉。盖其一曰物竞,其二曰天择。万物莫不然,而于动植之类为尤著。物竞者,物争自存也。以一物以与物物争,或存或亡,而其效则归于天择。天择者,物争焉而独存。则其存也,必有其所以存,必其所得于天之分,自致一己之能与其所遭之时与境,及凡周身以外之物力,有其相谋相剂者焉。夫而后独免于亡,而足以自立也。而自其效观之,若是物特为天之所厚而择焉以存也者,夫是之谓天择。天择者,择于自然,虽择而莫之择,犹物竞之无所争,而实天下之至争也。达尔文曰:"天择者,存物之最宜者也。"夫物既争存矣,而天又其宜者而存之。一争一择,而变之事起矣。	是当前之所见,经廿年、卅年而革焉可也,更二万年、三万年而革亦可也,特据前事推将来,为变方长,未知所极而已。虽然天运变矣,而有不变者行乎其中。不变惟何?是名"天演"。以天演为体,而其用有二:曰物竞,曰天择。此万物莫不然,而于有生之类为尤著。物竞者,物争自存也,以一物以与物物争,或存或亡,而其效则归于天择。天择者,物争焉而独存。则其存也,必有其所以存,必其所得于天之分,自致一己之能,与其所遭值之时与地,及凡周身以外之物力,有其相谋相剂者焉。夫而后独免于亡,而足以自立也。而自其效观之,若是物特为天之所厚而择焉以存也者,夫是之谓天择。天择者择于自然,虽择而莫之择,犹物竞之无所争,而实天下之至争也。斯宾塞尔曰:"天择者,存之最宜者也。"夫物既争存矣,而天又从其争之后择之,一争一择,而变化之事出矣。

对于原著中首次出现的"宇宙过程""生存斗争则是宇宙过程最大特点之一"等表述,严复既没有使用"宇宙"也没有使用"过程",而是代之以"天道""天运""天地"。严复似乎想用"天道""天"表示 cosmos,用"运"字表达 process 的意思。作为汉籍词的"天运"意为"天命;天体的运转"(《汉语大词典》)。严复解释说:"天道"变化不息,"故知不变一言,决非天运,而悠久成物之理,转在变动不居之中"。"天道"是变化的主体,而"天运"则是变化的过程。接着严复诠释道:"天运变矣,而有不变者行乎其中。"天道中有永恒"不变"的东西,这种永恒的本质具体指的是什么?严复在《天演论》的手稿本中

说:"非如往者谈玄之家,虚标其名:曰道,曰常,曰性而已。"①但他并没有交代这种本质为何物,只是指出了具体的表现形式:"今之所谓不变有可以实指其用者焉。盖其一曰物竞,其二曰天择。"②"物竞""天择"出现了,但手稿本中此处并没有出现"天演"。在1898年的刊行本的"导言一 察变"中,这种非道、非常、非性的本质才被命名为"天演"。

在原著中,赫胥黎反复强调了:那些生存下来的生命类型,都是最适应于在某一个时期所存在的环境条件的。在这方面,也仅仅在这方面,它们是最适者的主张。严复译为:"则其存也,必有其所以存,必其所得于天之分,自致一己之能,与其所遭值之时与地,及凡周身以外之物力,有其相谋相剂者焉。"即原著中的"所存在的环境条件(condition)"被译为"所遭值之时与地,及凡周身以外之物力"(其时 condition 尚无固定的译词),而"某一个时期"在刊本中则被忽略不译。《原强》中(修订稿同)为"与一时之天时地利洎一切事势之最相宜者也",有"一时"做限定语。如前所述,这种限定是赫胥黎极为重视的,也是其理论的立脚点。最后,严复把手稿本中的"达尔文"改为"斯宾塞"——"斯宾塞尔曰:'天择者,存其最宜者也。'"其实,赫胥黎对这种观点是持反对意见的。(参见前文)在"导言一 察变"之后,严复添加了一段近700字的案语,对进化论的历史展开做了介绍,主要学者全数涉及,其中对斯宾塞尤为倾倒。称其著作《天人会通论》"精辟宏富",其中的第五书"乃考道德之本源,进化之公例"。第五书即斯氏《哲学》第5册 *Principles of Ethics*,1879,今译"伦理学原理"。③

原著第六至第九自然段与"导言二 广义"相对应(实际上与第5自然段也有重叠部分),小节名"广义"含有定义的意思。我们先来看一下原著的情况。

赫胥黎在第六自然段写道,在任何时候,自然状态都是经历无数世代的一种不断变化过程的暂时阶段,对此古代哲学家们提出过同样的学说,但是

---

① 王栻编:《严复集》第5册,第1414页。
② 王栻编:《严复集》第5册,第1414页。
③ 严复接着说:"不佞近译《群学肄言》书,即其第五书中之一编也。"恐为"第四书",即 *Principles of Sociology* 的笔误。见《天演论》,第4页。另,此处的"进化"显然与 ethics 有关,详后。另,如前注所示,严复对赫胥黎和斯宾塞二人的评价并非一成不变。

他们错误地假定这些阶段丝毫不变地重复过去,丝毫不变地预示未来的循环。而实际上变化是一个由简至繁的过程。(以现在为起点回望太古就是一个由繁至简的过程)。接着在第七自然段,赫胥黎解释说:现在一般应用于宇宙过程的"进化"一词,有它独特的历史(即词源——笔者),并被用来表示不同的意义。就其通俗的意义来说,它表示前进的发展,即从一种比较单一的情况逐渐演化到一种比较复杂的情况;但其含义已被扩大到包括倒退蜕变的现象,即从一种比较复杂的情况进展到一种比较单一的情况的现象。以上两个自然段集中反映了赫氏对进化论的基本把握,与斯宾塞的主张迥然不同。第八至第九自然段赫胥黎首先指出:进化排除了创世及其他各种超自然的干涉。进化这个概念也同样排除了偶然性的概念;接着说宇宙间的一切,都在努力完成它们进化的预定过程。

对于循环往复的变化,严复的译文是:

自递嬗之变迁,而得当境之适遇,其来无始,其去无终,曼衍连延,层见迭代,此之谓世变,此之谓运会。运者以明其迁流,会者以指所遭值,此其理古人已发之矣。但古以谓天运循环,周而复始,今兹所见,于古为重规;后此复来,于今为叠矩。此则甚不然者也。自吾党观之,物变所趋,皆由简入繁,由微生著,运常然也,会乃大异。假由当前一动物,远迹始初,将见逐代变体,虽至微眇,皆有可寻。迨至最初一形,乃莫定其为动为植。凡兹运行之理,乃化机所以不息之精。苟能静观,随在可察,小之极于跂行倒生,大之放乎日星天地;隐之则神思智识之所以圣狂,显之则政俗文章之所以沿革,言其要道,皆可一言蔽之,曰"天演"是已。此其说滥觞隆古,而大畅于近五十年,盖格致学精,时时可加实测故也。

这段话手稿本和刊本几乎相同。"递嬗"者依次更替、逐步演变之谓(《汉语大词典》),"当境之适遇"者一定环境之下也。这种"变迁"现象可以称之为"世变",也可以称之为"运会",即世运际会,与"世变"同义。如赫胥黎在讲演中所述,这样的道理古人已经有所阐发,称之为"大运循环,周而复始"。对这种古今重规、前后叠矩的现象,今天的进化论者认为"物变所趋,皆由简入繁,由微生著",现在种类繁多的生物追溯到远古,可以达到一个动植莫辨的共同源头,这一切都是进化的结果。种种变化,大到日月天地,小到草木昆虫,以及人类社会,随处可见。这就是"天演"。其学说古已有之,而近50年开始大流行。这是因为科学的发展使人们可以做更多的实验(加以验证)。译文与原文第六自然段旨趣大致相同。但是对于原著第七自然段的内容严复在译文中完全没有加以反映,只在案语中写道:"斯宾塞尔之天演界说曰:'天演者,翕以聚质,辟以散力。方其用事也,物由纯而之杂,由流而之凝,由浑而之画,质力杂糅,相剂为变者也。'"直接引用斯宾塞的星云凝固成星球的假说并详加解释,尤其对斯宾塞将进化论推广至人类社会大加赞赏:"天演之义,所苞如此,斯宾塞氏至推之农商工兵语言文学之间,皆可以天演明其消息所以然之故。"

然而,严复对原著第八、第九段则多有敷衍发挥:指出"伊古以来"的种种传说"之虚实,断不可证而知","用天演之说,则竺乾、天方、犹太诸教宗所谓神明创造之说皆不行"。即使"设宇宙必有真宰,则天演一事,即真宰之功能,惟其立之之时,后果前因,同时并具,不得于机械已开,洪钧既转之后,而别有设施张主于其间也"。这也就是赫胥黎所说的"超自然的干涉仍然可以严格地被排除在其以后的进程之外"的意思。关于进化论的射程,赫胥黎说:"不仅植物界,而且动物界;不仅生物,而且地球的整个结构;不仅我们的行星,而且整个太阳系;不仅我们的恒星及其卫星,而且作为那种遍及于无限空间并持续了无限时间的秩序的证据的亿万个类似星体。"而严复译作:"是故天演之事,不独见于动植二品中也,实则一切民物之事,与大宇之内日局诸体,远至于不可计数之恒星,本之未始有始以前,极之莫终有终以往,乃无一焉非天之所演也。"严复添加的"民物之事"四字如果是指人类社会,则显然是严复对斯宾塞主张的援引。在"导言二"后面严复所加的案语长达1000余字,用"其演弥浅""深演之秋"等字句表达了进化的过程。

原著第十、第十一自然段,赫胥黎首先声明除了地球上生物的进化过程以外其他都不在他讨论的范围之内。接着他指出所有的植物和动物都显示了一变异、二选择、三生存斗争的现象,其根本原因是无限制的繁殖和维持生命的手段有限的矛盾。《天演论》"导言三 趋异"对应原著第十、第十一自然段,译文简要地说明了进化发生的机理:"天演既兴,三理不可偏废,无异、无择、无争,有一然者,非吾人今者所居世界也。"在本节之后的大段案语中,严复对马尔萨斯的人口爆炸理论,列出算式加以介绍。严复说,如今物竞之烈,有识之士应该努力"保群进化",奢谈华夷之辨,于事无补。严复的"保群进化"就是赫胥黎所主张的:伦理的进化有助于社会结合的逐渐强化,在宇宙过程斗争中增进了社会作为一个共同体的生存机会(中译本第25页)。

"导论"第一小节所展示的赫氏对进化论的定义和基本态度与"讲演"的开头部分是遥相呼应的,或者说是对"讲演"的补充。对"讲演"中的言辞(前揭引文①),严复译述为:

> 不见小儿抛埍者乎?过空成道,势若垂弓,是名抛物曲线。……复还所由抛本处,……此以象生理之从虚而息,由息乃盈,从盈得消,由消反虚。故天演者如网如箑。……始以易简,伏变化之机,命之曰储能;后渐繁殊,极变化之致,命之曰效实。储能也,效实也,合而言之天演也。

"箑(shà)"即"扇","如网如箑"是对英语词典插图的形象理解。"复还所由抛本处"只是简单的循环,并没有表达出原著的"发展""进步"的意义。严复也未译出引文③原文中"过渡形式""变化的过程"的意思。但是严复加入了两个重要的概念,即"储能""效实",两者合起来表示天演。严复说这是自己的新造词①,但是原文中并没有与之相应的词语。"储能"按照现在的理解就是进化过程中的遗传信息的积累,"效实"则是遗传信息的具体显现。下面一段文字是原著注脚中的内容②,严复想借此表达与单纯循环有别的生物演化的渐进过程。

> 而官品一体之中,有其死者焉,有其不死者焉;而不死者,又非精灵魂魄之谓也。可死者甲,不可死者乙,判然两物。如一草木,根荄支干,

---

① 参见严复:《天演论·译例言》,见王栻编:《严复集》第5册,第1322页。
② "经过认真的检查,就会发现植物和动物的生命过程,不是用回复到它本身的一个周期图所能正确表示的。在所有生物中,最低级的除外,实际发生的情况是:正在生长的胚种的一部分(A)产生组织和器官;而另一部分(B)保持它的原始状态,或仅仅稍有改变。这一半A部分变为成年的躯体,并且或早或晚地死亡,而另一半B部分则分离成为延续这个物种生命的后代的起点。因此,如果我们沿着从它最早祖先开始的直系系统来追溯一种生物,从整体来看,B从来不遭受死亡;只是它的某些部分被丢掉并在每个个体代代中死去。"见中译本第62页。

果实花叶,甲之事也;而乙则离母而转附于子,绵绵延延,代可微变,而不可死。或分其少分以死,而不可尽死,动植皆然。

如上所述,《导论二 广义》是对进化加以定义的部分,严复最终依靠"天演"完成了对原著evolution概念的移译。严复后来说"天演西名'义和禄尚'"①,黄克武也指出:"'天演''进化'这两个词显然都是对'evolution'或'evolutionary theory'的翻译。"②evolution由严复译成"天演(论)"似已成定论,然而,严复真的是直接将这个单纯词译成"天演"的吗?

严复1895年2月撰写《论世变之亟》,此时或已经阅读了刚刚获得的赫胥黎原著。从一个月后发表的《原强》中可知此时严复已经阅读了达尔文和斯宾塞的著作,尤其对斯宾塞的社会进化论倾倒不已。只是苦于大部头,无法速成。正是赫胥黎的新著使严复有了借题发挥的机会。在赫胥黎的触动下,严复有了关于"世变"的思考。在《论世变之亟》中严复使用了"世变"和"运会",赫胥黎书名中的evolution已经隐含其中了,但对于evolution,严复似乎还没有准备好一个专指的名称,只是"强而名之曰运会"。对于赫胥黎的宇宙过程,严复称之为"世变""运会",但是这种古人所说的"大运循环,周而复始"的重规叠矩,显然与进化论的"物变所趋,皆由简入繁,由微生著,运常然也,会乃大异"的主旨不相符合,严复需要为之寻找更合适的译名。③ 而evolution的翻译似乎让严复颇感困惑。evolution是单纯词,没有外部理据,译者即使对某一概念有所把握,但要凝缩成一个译词也绝非易事。正如严复所言,一名之立,旬月踟蹰。在最初的译稿中evolution的候选译词或是"世变""运会""世运""天行""天运"等,但最终严复新造了"天演"。其中的缘由我们将在下一节分析。

"天演"首次见诸文字是在丙申重九(1896.10.15)前完成的手稿本"序言"和"卮言二"中,这时严复基本上放弃了"世变""运会""世运""天运",但是"天行"还与"天演"势均力敌。手稿本是我们现在能看到的最早的《天演论》

---

① 王栻编:《严复集》第2册,第309页。
② 黄克武:《何谓天演? 严复"天演之学"的内涵与意义》,第152页。
③ 手稿本中以下的字句在刊本中悉数删去,反映了严复对evolution的认知过程:"《易·大传》曰:乾坤其易之缊耶! 又曰:易不可见,则乾坤或几乎息矣。即此谓也。""《易·大传》曰:精义入神以致用也,利用安身以崇德也。""此其道在中国谓之易,在西学(谓之天演)。"见王栻编:《严复集》第5册,第1414—1415页。

译稿,这是严复为请吴汝纶修改润色而准备的誊本,已经初步完成,可以示人了。最初译稿上的译词情况不得而知,从中或可发现将 evolution 的译名统一成"天演"的蛛丝马迹。

手稿本"卮言二"以后"天演"频繁出现,一发而不可收,"物竞、天择"也随之广泛使用。手稿本的"卮言一"中虽然出现了"物竞、天择",但仍旧没有使用"天演"。笔者推测这是修改的遗漏,这一遗漏在1898年的刊本中被改正过来了。

六、为何是"天演"？关于严复的翻译资源

如上所述,"天演"一词首先出现在手稿本的序言中,正文则是"卮言二"。手稿本的"卮言二",在刊本中小节名改为"广义",是对 evolution 加以定义的部分。与"卮言二"中的"天演"相对应的原文不是 evolution,而是 cosmic process。也就是说,严复将 cosmic process 译成了"天演"。由原文"The word 'evolution', now generally applied to the cosmic process"可知二者是同义的,而词组 cosmic process 转换成汉语则容易许多。严复分别用"天"和"演"去对译 cosmos、process,"天演"也就应运而生了。

"天演"不见于中国典籍,是严复自创的词。复合词存在着理据,cosmic process 提供了外部理据；接下来的问题是,严复为何选择"天""演"进行对译？这里涉及一个翻译资源的问题。所谓"翻译资源"有两个方面,一个是思想上的,另一个是词语上的。本节的讨论以后者为主。词语是概念乃至知识传播的基础,表4是原著重要词语频次一览(括号内为复数等异形)。

表4 《天演论》原著重要词语频次一览

词条	讲演(1893)	导论(1894)
evolution	26	23
ethics	31(19)	7
cosmic process	20	24
ethical process	1	6
process	31	48
progress	8	11

续　表

词条	讲演(1893)	导论(1894)
civilization	14(5)	7(3)
culture	3	0
horticulture	0	1
conscience	2	4
personality	1	2
heredity(hereditary)	2(1)	6(5)
right	1	1
duty	4	1
colony	0	20(9)
society	8	52(5)
savage	4	3
struggle for existence	8	41
sympathy	0	13(6)
condition	15	39
justice	8	2

在《天演论》的翻译上，严复有什么可以利用的资源？英语辞典和英华字典是理解原著，进行翻译的基本工具。我们先来看一下在严复有利用可能性的辞典上，对原著中的词语是怎样释义的？以下是马礼逊 English and Chinese Dictionary(1822)；麦都思 English and Chinese Dictionary(1847—1848)；罗存德《英华字典》(1866—1869)三种英华字典中原词与译词对应情况：

Condition，马礼逊(1822)：形势、光景；罗存德(1866—1869)：境、境地、田地、光景、形势、情形、境遇、遭际、事情

Cosmos，本词条下3种辞典均不收"宇宙"，但是马礼逊《五车韵府》(1865年修订版卷2，第687页)作为 universe、world 的译词收录了"宇宙"；麦都思(1847—1848)：在 creation, universe 条下收"宇宙"；罗存德(1866—1869)在 creation、earth、universe、world 条下收"宇宙"。

Ethic，罗存德(1866—1869)：五常的；

Ethics，马礼逊(1822)：关圣帝君觉世真经；麦都思(1847—1848)：五常五伦之道、修行之道、修身齐家之箴规；罗存德(1866—1869)：the doctrines of morality 五常、五常之理、五常之道、修行之道、修德之理、修齐之理；

Evolution，罗存德(1866—1869)：the act of unfolding 展开者；evolution of troops 步武；

Existence，马礼逊(1822)：生、有、万有；

Process，罗存德(1866—1869)：前往者、法、历时之间、时过之间

Progress，马礼逊(1822)：长进；麦都思(1847—1848)：前程、前程远大、长进、前进、往前进、前进于善；罗存德(1866—1869)：前行、进、进前、前进、行、前往、迁进；

Selection，罗存德(1866—1869)：拣择、简择、选择；

上述辞典是19世纪最重要的英华辞典，但在严复着手翻译时已经很难见到实物了。① 而且从上面的检索结果看，即使严复能够翻检到这些出自传教士之手的辞典，对其转译赫胥黎也不会有什么实质性的帮助。② 严复对原著的理解不得不主要借助英文工具书完成。关于严复翻译的外语资源问题的探讨，还几乎是一个空白，有必要引起注意。严复实际参考了哪些工具书？尽管廓清这一切并不容易，但值得尝试一下。上文已经分析了evolution在当时流行的辞典上的收录及释义情况，下面是其他若干词语在1884年出版的韦伯英语辞典(*Condensed Dictionary of the English Language*)中的释义（括号中的译文为引用者所加）：

Cosmos, n. The universe,—so called from its perfect arrangement; the system of law, harmony, and truth combined within the universe.（宇宙，因其完美的秩序被称为宇宙；法律体系、和谐和真理在宇宙中结合在一起。）

Develop, v. t. To free from a cover or envelope, disclose or make known, unfold gradually, exhibit, detect. —Development theory. (Nat. Hist.) Doctrine that all existing forms of matter and spirit were developed by

---

① 参见沈国威：《近代英华字典环流：从罗存德，井上哲次郎到商务印书馆》，《思想史(7)专号：英华字典与思想史研究》，台湾联经出版社2017年版。另关于严复对当时英语辞典及其历史的知识、主张等参见沈国威《一名之立旬月踟蹰》（社会科学文献出版社2019年版）第7章"严复与辞典"。

② 英华辞典的释义更新要等到1908年出版的《英华大辞典》（颜惠庆编，商务印书馆）。而这本辞典的译词全面参照了《新译英和辞典》（三省堂1902年版）。参见沈国威编：《近代英华华英辞典解题》，关西大学出版部2011年版。

uniform laws from simpler forms, without creative act.(发展,成长:从覆盖物或封套中解脱出来,揭露或使人知晓,逐渐展开,展示,察觉。——发展理论。(博物史。所有存在的物质和精神形式都是由统一的法则从简单的形式发展而来的,并没有创造性的行为。)

Ethic, -ical, a. to manners or morals; treating of moral feelings or duties; containing precepts of morality.(礼仪或道德;道德情感或责任;含道德戒律。)

Ethics, n. Science of human duty; body of rules drawn from this science. — Ethology, n. Science of ethics, also of character, and of customs among different communities or in different stages of civilization.(人类道义的科学;从这门科学中得出的规则体系。动物行为学,伦理学,及不同社群或不同文明阶段的特征、习俗的科学。)

Process, n. Act of proceeding or moving forward; procedure; progress; advance; series of actions, motions, or occurrences; progressive actor transaction; normal or regular manner of activity.(进行或前进的行为,程序,进展,前进,一系列的动作,动作或事件,进行中的行为人事务,正常或有规律的活动方式。)

Progress, n. A moving or going forward, as, in actual space, etc.; or, in the growth of an animal or plant; or, in knowledge; or, in business of any kind; or, toward completeness or perfection; a journey of state, made by a sovereign through his own dominions.(前进,如在实际空间;或在动物、植物的生长过程中;或在知识上;或在所有类型的商业活动中;或朝着完整或完美的方向前进;君主在自己的领土进行旅行。)

由上可知,英语辞典完全有可能帮助严复解决词义的理解,至于如何用汉语,尤其是用一个词表达出来当然是另外一个问题。

1. 严复的"天"

大致可以断定严复是用"天"对译 cosmos,关于严复的"天""自然"与 cosmos 的关系,彭发胜曾做过详尽的讨论。[①] 彭发胜指出:

[①] 参见彭发胜:《翻译与中国现代学术话语的形成》,浙江大学出版社2011年版,第60—70页。

在《天演论》原文中,代替"evolution",更常用的是"cosmic process",可以认为这是概念的派生形式。因此,"天演"实际上与"cosmic process"对应,问题是,"cosmic"在原文中或者说在西方现代话语中意义是明确的,指外在的、物理性的自然,与人类文化相对,同时也与基督教意义上的上帝相对。它既缺少人间的温情,也不具有上帝的尊严,但是它具有不以人的意志为转移的强大力量。

根据前揭英语辞典中自然神学式的释义,彭发胜关于cosmos的定性似有不妥之处。彭发胜指出:严复在《群学肄言》中把"天"划分为三层含义:以人格化上帝而言的天;以形而下的自然而言的天;有现象呈现、但难以尽言的作为理智认知对象的天(第61页)。彭氏言及的严复注释如下:

> 中国所谓"天"字,乃名学所谓歧义之名,最病思理,而起争端。以神理言之上帝,以形下言之苍昊,至于无所为作而有因果之形气,虽有因果而不可得言之,适偶西文各有异字,而中国常语,皆谓之"天"。如此书天意"天"字,则第一义也,天演"天"字,则第三义也,皆绝不相谋,必不可混者也。①

"西文各有异字"似可理解为汉语的"天"与God、sky、cosmos、universe等对应。严复这段注释是加在下面译文之中的,这是全书仅有的两条案语之一,出现在最后一章"成章"即原著的终章里。

> 故是书言讨论群学之方,则首以天演为宗旨。盖群者天演最繁之物也,使天演之旨而有合,则于前人监临降观,昊天且明,与乎圣贤经世宰物之说,势不得以不分驰。盖彼方谓种族家国盛衰兴亡,一切皆本于天意(案语),抑名世应运者之所经纶,则其仰观俯察,所取一群事变而论之也,自与天演之说大有异。何则?天演者因果相承,质力交推,自古至今,有生长发达萎病老死之可言者也。彼所谓偶,此所谓常,彼谓无例之

---

① 严复:《群学肄言》,第298页。

可言,此谓有大通之公例。夫既无例,则无因果之可寻,而此则莫不有因,莫不有果,且有远因远果,众因杂果焉。其为不同如此,故今言治之异,若占验之异于今之律历,黄白之异于今之化学,真无往而不径庭者也。①

这段文字不是斯宾塞原著的逐字翻译,而是严复基于独自理解的归纳。②严复一方面用"天意"表达超自然力,另一方面说天演的"天"是第三义。这是因为虽有因果关系,但无法言说(笔者认为应该理解为,只能观察,无法印证③)。彭发胜关于《天演论》中"天"及其复合词的情况的讨论,对笔者极具启发。只是,严复在翻译《天演论》时是否已经有了如后来在《群学肄言》的案语中所反映出的,对"天"的多重含义的清醒认识?

"宇宙"是古典词,出自《淮南子》与《太玄经》。《淮南子》里说"上下四方叫作宇,古往今来叫作宙"。《千字文》开篇"天地玄黄 宇宙洪荒"更是广为人知。在罗存德的《英华字典》中"宇宙"被用于 earth、universe、world、creation 的译词。严复本人也在《论世变之亟》等时论和《天演论》中多次使用。但是严复还是选择了"天",而不是"宇"做 cosmos 的对应语素,原因或是后者的字义远不如前者清晰。④

2. 严复的"演"

用"天"对译 cosmos 有极大的必然性,因为"宇""乾"几乎没有被选中的可能性。但是为 process 找出一个对应语素就费一些周折了。process 今译"过程、历程","pro"为前缀,表示向前,"cess"为词根,表示行走。process 在韦伯英语词典上的释义如前所述,这个词表达的是两点之间的移动轨迹,而移动是直线向前的,由此派生出展开、发展、向前的持续性事态的含义,与

---

① 严复:《群学肄言》,第 298—299 页。
② 斯宾塞的主旨是,他不得不把有关社会学的研究表述成具有最复杂形式的进化论的研究。这是因为有一种观点把社会现象看作超自然力所为,或统治者个人意志的结果。而另一种观点认为这是持续了多个世纪的发展和成长过程,有其自身的科学发展规律,有必然的因果关系。见斯宾塞:《社会学研究》,张宏晖、胡江波译,华夏出版社 2001 年版,第 348 页。应该注意,斯宾塞在这里提到的是两种观点。
③ 参见沈国威:《严复与科学》,第 1 章。
④ 严复在《救亡决论》里说:"有实而无夫处者宇,有长而无本剽者宙。"

progress、development 等有词源和语义上的关联。汉语中并没有与之意义相同，或类似的词。今译"过程"是日语新词，《改订增补哲学字汇》(井上哲次郎、有贺长雄编，1884 年版)首见 process＝过程，但是并没有普及开来。1902 年有贺长雄参与的《新译英和辞典》中，process＝前行、进行；手续；处置；方法，不收"过程"，从这本辞典接受了大量译词的《英华大辞典》(颜惠庆编，1908 年版)也就未能收录(19 世纪的英华字典上的各种译法参见前文)。首次收录"过程"的工具书是赫美玲编纂的 English-Chinese Dictionary of the Standard Chinese Spoken Language(《官话》，1916 年版)，在汉语媒体上的使用与普及更在其后。对于 process 这个概念，可供严复选择的候补词有：征程、征途、程途、经过、行程等，其中程途、进程、经过、行程、征途等是汉语古典词。《天演论》中"程途""进程"各有一例，即"格致程途""人治进程"分别表达的是科学和社会的进步过程。严复最后选择了"演"。"天演"的"演"也是一个多义字，现代汉语中有 4 个义项：(1) 演变、演化(即变化，引用者)；(2) 发挥；(3) 依照程式(练习或计算)；(4) 表演技艺、扮演。《现代汉语词典》第 7 版)①严复使用的是义项 1，实例如下：

手稿本：

- 故以天演论化尚矣。然而善固演也，而恶又未尝不演。(《严复集》第 1469 页)
- 然则好丑者，其善恶之几乎？善恶者，其好丑之演乎？(《严复集》第 1469 页)
- 本天演以言治者，知人心之有善种，而忘其不能无恶根。善可演也，而恶亦未尝不可演，此其蔽固矣。(《严复集》第 1469 页)
- 而知人类为生物天演中之一境，且演且进，来者方长。(《严复集》第 1476 页)

刊本：

- 以天演言之，则善固演也，恶亦未尝非演。(《严复集》第 1392 页)
- 好丑者其善恶之萌乎？善恶者其好丑之演乎？(《严复集》第 1392 页)

---

① 《汉语大词典》的相关义项为：推广、传布、延及；推演、阐发；演习、练习；表演技艺、扮演角色；起草；迷惑；欺骗；缓步行进。

> 至谓善恶皆由演成,斯宾塞固亦谓尔。然民既成群之后,苟能无扰而公,行其三例,则恶将无从而演;恶无从演,善自日臻。(《严复集》第1393页)

以上几段引文在原著中意旨是"我从来没有听到有人怀疑恶可以这样地增加和减少。似乎也可以得出结论说善也必然能够同样得到增减"。可以或多或少地举出一些事实证明道德情感同其他自然现象一样是进化的,但不道德的情感也同样是发展的。宇宙过程与伦理过程无涉,这是赫胥黎的核心思想,与斯宾塞的主张大相径庭。对此严复在案语中说:"通观前后论十七篇,此为最下。盖意求胜斯宾塞,遂未尝深考斯宾氏之所据耳。"(《严复集》第1392页)但是"演"本身并没有发展、进步义,潘光旦早就指出:

> 严先生译的《天演论》一名词原是很好的,天字固然把演化的范围限于自然一方面,有不合用的地方;但"演"字是不错的。到了后来,不知如何我们偏要拾取日本人的牙慧,通用起"进化论"的名词来。就从这译名里,我们就可以知道我们并没有懂演化的现象。赫胥黎在《天演论》一文的注脚里说得很清楚,演化是无所谓进退的,一定要加以进退的判断的话,也是有进有退的。[①]

确如潘光旦所言,"演"没有方向,《天演论》里既有"且演且进",也有"演恶"(论十五的标题)。同时"演"也没有经过义,无法表达"递嬗"的意思。宇宙过程姑且不论,人类社会的伦理过程必然向好,所以严复没有用"德演""伦演",更多的情况下是用"化""治化""进化"对译 ethics process(伦理过程)的。(详下节)

这样,借助 cosmic process,严复得到了"天演",并通过等义传递与 evolution 建立了对译关系,时间大约是 1896 年夏秋。该年 10 月以后完成的《原强修订稿》并没有公开发表,"天演"以及"物竞、天择"等进入公众视野是

[①] 潘光旦:《演化论与几个当代的问题》(1947),见潘乃谷、潘乃和选编:《潘光旦选集》(2),光明出版社 1999 年版。参见皮后锋:《严复评传》,南京大学出版社 2006 年版,第 345 页。但是我们也要意识到,严复用"天演"谈论的不是"天"(即自然)而是社会。

在1897年。① 彭认为大致的对应关系为：天演＝evolution；天行、天运＝cosmic process（第69页），但并没有具体论述。笔者的结论是，cosmic process→世运（运会）→天演→evolution。"天演"与evolution形成固定关系后，天行（天运）成为cosmic process译词。也就是说，赫胥黎的evolution与cosmic process的对立在《天演论》中成为"天演""天行"的区别。（详下节）《天演论》之后，严复又倾向于用"演进"表示evolution、development、progress的意思。

七、《天演论》中的"天行"与"治化"

我们在前面已经讨论了赫胥黎的evolution与cosmic process的区别，那么，严复是否意识到了二者的区别，如何通过译词将二者的区别移译过来就是一个必须回答的问题了。而另一个关键概念ethics process与之处于何种张力关系之中也需要廓清。以下根据关键词频次表进行讨论。

表5 《天演论》手稿本、刊本中关键词频次

	手稿本	刊本
天演 evolution	57	78
天行 cosmic process	69	63
天运 cosmic process	2	5
道德 moral	5	7
进化 ethics process	3	8
治化 ethics process	30	24
进步 progress	1	3

"天演"与"天行"（含"天运"，下同）势均力敌的情况一目了然。"天行""天运"是古典词，《汉语大词典》所示词义如下：

- 天行：天体的运行；任自然而行；犹天命；
- 天运：犹天命，自然的气数；天体的运转；

---

① 参见《国闻汇编》（旬刊，天津）第2册（1897年12月18日）开始连载《天演论悬疏》（前9篇）。

下例显示,严复无疑是注意到了原著中 evolution、cosmic process 两者的区别,并试图旧词新用,以"天行"来对译 cosmic process,寓意"天道之行"①(括号中为相对应部分原著意旨及笔者注)。

- 信斯言也,人治天行,同为天演矣。(园艺过程严格说来,就是宇宙过程的一个重要部分。笔者注:人治即"人为状态"与自然状态相对,如园艺过程。)
- 然则天行人治之相反也,其原何不可同乎?(宇宙过程与同为宇宙过程的园艺过程相对抗。笔者注:但赫胥黎对这种逻辑上的矛盾不予介意。)
- 天行人治,常相毁而不相成固矣。然人治之所以有功,即在反此天行之故。(不仅是自然状态同园地的人为状态相敌对,而且用以创立和维持园地人为状态的园艺过程原理同宇宙过程原理也是对立的。)
- 天行之用,施于有情,而与知虑并著者也。(当宇宙创造力作用于有感觉的东西时,在其各种表现中间就出现了我们称之为痛苦或者忧愁的东西。)

但是很难说严复取得了成功,这是因为:(1)"天行"与"天演"的区别性太弱,从词汇学的角度看,前部成分的作用是区别,如白马、黑马;后部成分的作用是归类,如千里马、孺子生。"天演""天行",前部成分相同,后部成分相似,形式上、意义上都无法形成对应,而"伦演""德演"又都显得不伦不类。(2)赫胥黎的上位概念,宇宙过程与下位概念,园艺过程、伦理过程的对立本身就蕴含着矛盾。另外,"天行"没有方向性,讨论宇宙过程可以,但伦理过程就发生了问题。所以表示赫胥黎独自概念 cosmic process 的"天行"在《天演论》以后就销声匿迹了。

在《天演论》研究中,"伦理"的缺位是一个有趣的话题。伦理真的被舍弃了吗?如上文所述,当时"伦理"还没有成为 ethics 的译词。作为 ethics 译词的"伦理(学)"借自日语。用汉籍词"伦理"对译 ethics 的是井上哲次郎,首例

---

① 严复首次使用"天行"是在他的第一篇时论《论世变之亟》中:尝谓中西事理,其最不同而断乎不可合者,莫大于中之人好古而忽今,西之人力今以胜古;中之人以一治一乱、一盛一衰为天行人事之自然,西之人以日进无疆,既盛不可复衰,既治不可复乱,为学术政化之极则。见王栻编:《严复集》第1册,第1页。

见《哲学字汇》(1881)：

> Ethics，伦理学。按、礼乐记、通于伦理、又近思录、正伦理、笃恩义。

汉语工具书《英华大辞典》(1908)和《辞源》(1915)的释义分别如下：

> Ethics，The science of morals，or of conduct as right or wrong，伦理学，道德学，道义学，是非学；the system of moral principles，伦理
>
> 【伦理学】Ethics 以讲明发达人伦道德之法为本。大要分理论伦理学、实践伦理学二种。前者说明其根本原理。后者研究其实用。如商业道德、农业道德以及各种道德之修养法。

可以确认《英华大辞典》的译词来自《新译英和辞典》。尽管井上哲次郎列出了出典，但其实对汉籍中的原义并无拘泥。而严复就不同了，在汉语古典中，"伦"意为：类、等比、条理、道理、人与人之间的道德关系（人伦、五伦）。严复在《原富》中将 ethics 译为"德行之学"①；在《穆勒名学》中又改译作"义理之学"，苦于对译。《天演论》之后完成的两本译著都没有 ethics＝伦理学的译例。"伦理"一词在《穆勒名学》中被用来对译 relation，例如 relation name 译为"对待之名"，"其所涵之德即所谓伦理者耳"（第 40 页）。严复解释说"此'伦'字所名较广，不若旧义之专主于人也"（第 41 页）②。

社会的发展状态，严复在《天演论》里是用"治"来表达的。"治"是汉语典籍中的概念，与"乱"相对，一治一乱的循环往复是中国的基本思维方式，（见前引严复《论世变之亟》）而"化"是讨论社会发展的另一个关键字。在《天演论》中"化"具有，变化；教化；由乱向治；文明化等多重含义，而严复的"治化"是包含赫胥黎的伦理过程在内的"文明化"。严复早在《救亡决论》中就借西人之口指出："善夫西人之言曰中国自命有化之国也，奈何肉刑既除，宫闱犹

---

① "西名伊迪格思——译者注。又，伊迪格思 ethics——原编者注。"见《原富》，第 630 页。
② 商务印书馆 1981 年严译名著丛刊版。当时汉语的"关系"还不具备 relation 的意义。参见沈国威《近代日中语汇交流史》（笠间书院 1994 年版）、《汉语近代二字词研究》（华东师范大学出版社 2019 年版）。严复在译著中用"伦脊（基）对应"表示因果的关系。

用阉寺;束天下女子之足,以之遏淫禁奸;谳狱无术,不由公听,专事毒刑榜笞。三者之俗,蛮貊不如,仁义非中国有也。"(第54页)其后也多次将国家分为"有化之国"和"无化之国"。

以下是《天演论》中"治化"的释义(括号中为相对应部分现代汉语译文):

● 群之所以不涣,由人心之有天良。大良生于善相感,其端孕于至微,而效终于极钜,此之谓治化。治化者,天演之事也。(那些用以锻造出人类社会极大部分原始结合的情感,进化成为我们叫作良心的这种有组织的和人格化了的同情心。我曾把这种情感的进化叫作伦理过程。)

● 故治化进而天行消,即治化进而自营减。(由于法律和道德是对社会中人们之间生存斗争的约束,因此伦理过程就与宇宙过程的原则发生了对抗,并倾向于抑制在生存竞争中最适于取得成功的特质。)

关于"治化"的讨论集中在"导言十四 恕败",原著的第十一节,严复用"治化"和"天行"大致传达了赫胥黎以下的主张:

那些用以锻造出人类社会极大部分原始结合的情感,进化成为我们叫作良心的这种有组织的和人格化了的同情心。我曾把这种情感的进化叫作伦理过程。(中译本第21页)

社会结合的逐渐强化,虽然在社会内部制止了生存斗争,但在宇宙过程斗争中却在一定程度上增进了社会作为一个共同体的生存机会。我把这种社会结合的逐渐强化称作伦理过程。我曾力图证明如果这种伦理过程进展到能保证社会中每个成员都获得生存资料的程度,那末在那个社会中人与人之间的生存斗争,事实上就结束了。(中译本第25页)

《天演论》以后,严复在译著和政论文章中开始"伦理(学)",如下例所示:

1. 夫自由、平等、民主、人权、立宪、革命诸义,为吾国六经历史之不言固也,……彼中(西方,引用者)三尺童子皆知义务民直为何等物也。至于发明伦理治法之书,则于前数者之义为尤悉。《主客平议》,《严复

集》第 2 册)

2. 斯宾塞《伦理学说公》(*Justice in Principle of Ethics*)一篇,言人道所以必得自繇者,盖不自繇则善恶功罪,皆非己出,而仅有幸不幸可言,而民德亦无由演进。(《〈群己权界论〉译凡例》,《严复集》第 2 册)

3. 道德义利之行于社会,于何而见之? 曰:见于伦理也,见于礼俗也。伦理、礼俗之为用,将以会人人之志气而使之共从事于一涂。(《述黑格儿惟心论》,《严复集》第 2 册)

4. 伦理礼俗基于家,而为一切之基础。(《述黑格儿惟心论》,《严复集》第 2 册)

5. 故不佞谓居今言学,断无不先治旧学之理,经史词章,国律伦理,皆不可废。(论今日教育应以物理科学为当务之急,《严复集》第 5 册)

6. 即言孔子,纯用世法,似无迷信可言矣。而及言鬼神丧祭,以伦理学 Logic 言,亦有不通之处。(《与诸儿书之三》,《严复集》第 5 册)

7. 闻之西哲曰,西之言伦理也,先义而后仁,各有其所应得也。东之言伦理也,先仁而后义,一予之而后一得也。(《〈法意〉按语》,《严复集》第 5 册)

8. 举政治一门,而为之公例曰:凡是人群,莫不有治人、治于人之伦理。(《政治讲义》,《严复集》第 5 册)

例 5 的"伦理"是旧学,所指不明;例 6 好像是日语"论理学"(即逻辑学)的笔误。

讨论"伦理",还应该提及一个词:"进化"。如前所引,这个词第一次以"厚生进化"的形式出现于《论世变之亟》(1895.2)。严复在《天演论》中用"保种进化""保群进化""合群进化""善群进化"的形式,一方面演绎赫胥黎的主张,另一方面援引斯宾塞的学说加以批评。《天演论》中的"进化"基本上可作文明进化,即"化之进""治化之进"解。"进化"的这一用法一直贯穿了严复的著述活动,如晚年的《进化天演》(1902)亦是如此。

但是"治化"意义含混,又有太多的汉语语境的附着物,刊本较之手稿本更多地采用了"进化""进步",《天演论》以后严复又开始使用"演进"。限于篇幅在此不做展开。

八、《天演论》之后的"天演"

进入 20 世纪以后,随着留日学生的回国和日本书汉译的剧增,大量的日语词语进入汉语媒体,此前形成的本族译词在与"和制汉语"的竞争中败下阵来,严复的译词也受到了强烈冲击①,"天演"为"进化"所取代即是一例。下图是《申报》和《新民丛报》上二者词频消长的情况。

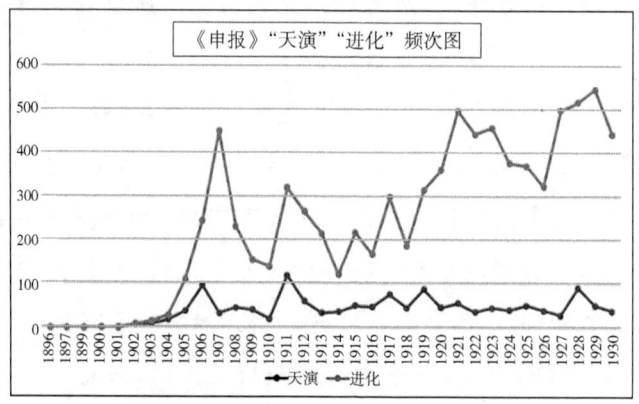

图 2 《申报》中"天演""进化"频次图

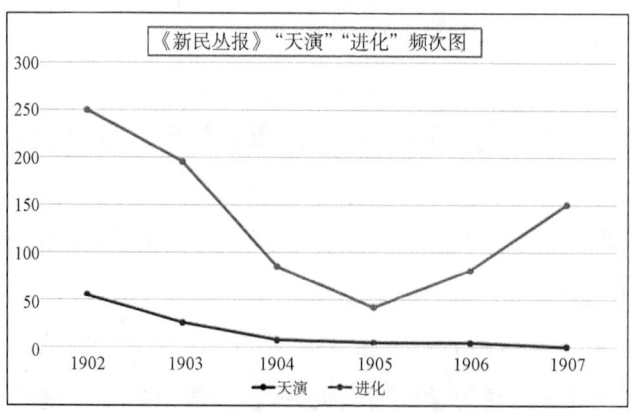

图 3 《新民丛报》中"天演""进化"频次图

---

① 参见黄克武:《新名词之战:清末严复译语与和制汉语的竞赛》,《"中央研究院"近代史研究所集刊》第 62 期,2008 年。

在这种外部环境中,严复本人的"天演"是否有意义、用法上的变化?《天演论》之后,在《群学肄言》(1903)和《社会通诠》(1904)中,"天演"是高频次的关键词,其后《政治讲义》(1906.1)、《述黑格儿惟心论》(1906.7)、《进化天演》(1913)①三篇也是集中出现"天演"的文章。以下的讨论以这三篇文章为对象,在进行个案分析之前,先统一列出关键词频次表:

表6 《政治讲义》《述黑格儿惟心论》《进化天演》中关键词频次表

	《政治讲义》 (约54 000字)	《述黑格儿惟心论》 (约5000字)	《进化天演》 (约8700字)
天演	29	11	24
进化	0	7	24
演进	16	0	0
进步	8	0	2
治化	0	0	0
社会	68	8	41
群学	5	0	4
群	75	11	17

(1)《政治讲义》②

《政治讲义》是严复于1905年夏初应中华基督教青年会干事,骆君维廉之请而做的连续讲座的记录稿。③ 根据戚学民的研究④,《政治讲义》是以英国历史学家约翰·西莱(J. R. Seeley,1834—1895)的著作 *Introduction to Political Science*(1885)为底本的翻译⑤。和其他译著的情况一样,严复在翻译过程中对原著有所增减取舍。就《政治讲义》而言,第三、四、七、八部分比

---

① 据孙应祥、皮后锋编《〈严复集〉补编》(第134页),本文原为1912年度教育部夏期讲演会讲稿(但文中数段案语应该是严复校正速记稿时加上的),1913年4月12日—5月2日北京《平报》分十二次连载。"严复集"第二册所收《天演进化论》即本此,但此版本脱漏讹误较多。"本文以下考察依据《〈严复集〉补编》,第134—147页。
② 关于《政治讲义》,参见沈国威《严复与科学》第6章;沈国威、郭玉红:《对译与解读:严复政治讲义(I-VIII)》,《或问》第29号、30号、31号、32号、34号、35号,2016—2019年。
③ 参见王栻编:《严复集》第5册,第1241—1316页。
④ 参见戚学民:《严复政治讲义研究》,人民出版社2014年版。
⑤ 关于西莱的生平等参见戚学民前揭书。另,本文考察使用的原著为 Seeley, Sir J. R. *Introduction To Political Science*, London: Macmillan, 1896。

较忠实于原著。而第一、二部分中关于政治学之所以为科学以及科学本身的性质、方法的论述,第五、六部分关于"自由"的讨论严复都加入了大量自己的观点、主张与诠释。

西莱的原著作为讲义录主要讨论了国家的起源与类型,以及政治制度中的自由问题。西莱并未涉及进化论,evolution全书仅有一例。而严复的"天演"主要用于第二讲和第三讲,大致有两种含义:一、作为方法的天演,严复说:研究政治学,西方最新最好的方法是"天演之涂术",除此以外还有历史的方法、比较的方法、归纳的方法。天演由简入繁,研究国家也必须从原始的社会状态开始,"不得以其未进文明而弃之也。""无脊之物,如欲进步而为有脊,于天演界中,不知当经几劫而后能。若夫宗法国家,欲进而为军国国家,固有经千载而未能。"二、西莱认为国家形态是不断发展的,将国家比附生物,但是并没有直接把进化论拿进来。西莱只在讨论动植物分类法时说"有机体有初步进化和完全进化"之别。而严复直接认定国家为天演之物,所以治学方法应该与动植物学相同。即"人类相合为群,由质而文,由简入繁,其所以经天演阶级程度,与有官生物,有密切之比例"。严复还发挥说:"一国之立,其中不能无天事、人功二者相杂。方其浅演,天事为多,故其民种不杂;及其深演,人功为重,故种类虽杂而义务愈明。"引入了"天事""人功""浅演""深演"等概念。尤其是后二者是理解严复进化观的关键词。

(2)《述黑格儿惟心论》(1906.7)

本文原载1906年7月《寰球中国学生报》第2期上,严复在文末说到了本文的缘起:

> 丙午夏日,鄙人自皖旋沪,适《寰球学生报》出,总理李君登辉等,踵门求文字,前后书七八通,殆不可已。则勉强挥汗,为发黑氏之蕴如右。所论止于主客观二心,尚有无对待心者,则未暇及也。

严复写道,黑格尔"其言化也,往往为近世天演家之嚆矢","已开斯宾塞天演学之先声"。这可能是他对黑格尔发生兴趣的原因。而文中的"天演",严复作如下阐述:

● 万物为天演所弥纶,而人心亦如此,故所谓知觉,所谓自由,当其滥觞,不可方物。天演之行既久,其德形焉。心德者,天演之产物也,而天演之迹,历史载之。

大意是:进化的作用涉及万物,也包括人的精神,所以在初始阶段,所谓的意识、所谓的自由都不可辨别。作为长期进化的结果,人的道德才逐渐得以形成。这其实是斯宾塞的主张。文中所使用的"主观""客观"以及"惟(唯)心论"等都是日本译词,除此以外,以下词语也来自日语,或受到了日语的影响。

伦理　社会　制限　历史　思想　观念　警察　现象　代表
民族　主义　文明　野蛮　先进　膨胀　专制　国民　共和　民主
哲学　空间　时间

但也有严复独自的造词,如"历史之相生名学"(dialectics of history)就没有采用日本的"历史辩证法"。

(3)《进化天演》(1913)

严复的讲演是针对一般听众的,严复说:

旧日拙著有《天演论》一书,颇为社会所不齐。但其原书,乃英人赫胥黎零编小识,不甚经意之作,并非成体专书。当时以其简约,姑为通译,而于天演全体精义,少所发明。故今欲为诸君演讲,必须将天演二字名义、历史,略加诠释讨论。(第134—135页)

文章前有讲演内容目次如下(序号为笔者所加):

1. 天演之学滥觞何代;
2. 近代天演学最先发明者何家;
3. 达尔文斯宾塞著论之异同;
4. 同时发明者尚有几辈;

5. 天演名义及其要旨；

6. 社会以何为起点；

7. 男女夫妇之进化阶级；

8. 女子在社会之地位；

9. 女权；

10. 女子教育；

在"女子教育"的内容之后，还有3个小标题：论社会为有机体；论民业贵贱之起点（即分工的历史，笔者）；论社会之宗教起点。

1—5节，严复在介绍了老庄、周易之后，说达尔文的《物种起源》印行于1859年："当是时，斯宾塞氏方运至深之思，著为《会通哲学》，言一切自然之变，名天演学，见达氏之说，翕然欢迎，而以最适者存，诠达氏'天择'之义。天演西名'义和禄尚'，最先用于斯宾塞，而为之界说。"6—10节谈论的内容是社会的形成及女性问题。严复说，"夫进化之事众矣，广而言之，则一切众生皆有进化之事。顾吾今日所欲诸君讨论者，乃人群社会之进化"。而讨论社会进化"不得不略及男女夫妇之进化"，"既言男女婚配之进化，则女子地位关于社会进化者亦有可得而言"。严复有言："是故新学家言：观一国进化程度之高下，观其女权之大小、其地位之贵贱而可知。"但严复同时又主张，男女体力之差是进化的结果，所以女子"自不能与男子竞于开物发业之场。其必骛此者，是谓违天，是谓丧其女性。夫以女而丧其女性，亦未必遂成男也"。"今日吾国所谓女权，无非与男子争权。既与男子争权，则不得不过于智育，过于智育，则女性必衰。女性之衰非他，一曰不事嫁娶，二曰不愿生育，此欧、美之已事。"

接着严复讨论"社会为有机体"的问题。严复称根据斯宾塞的学说，社会和生物一样是一个有机的整体。但是生物的组织成分（细胞）没有"觉性"（知觉），但整体有觉性；而社会的组织成分（个人）有觉性，但作为整体的社会没有觉性。所以斯宾塞主张"治国是者，必不能以国利之故，而使小己为之牺牲。盖以小己之利而后立群，而非以群而有小己，小己无所利则群无所为立"。严复认为这是"十八世纪以来纯粹民主学说"，古希腊、罗马"皆著先国家后小己为天下之公言,谓小己之存,惟以国故,苟利于国,牺牲小己,乃为公道"。严复指出这种主张"我中国旧义亦然。故独治之制得维持至六千年不废。必待二十世纪,外潮震荡,而所消共和国体始兴"。严复说或许有人认为"两者皆是,不可偏非",但"察古今历史之事实,乃往往毁无数众之权利安乐,为一姓一家之权利安乐,使之衣租食税,安富尊荣而已,此其说之所以不足存也"。

接下来的讲演内容是社会分工及阶级化的问题,严复认为"君臣一伦之起点"有先天的成分("一若哇哇坠地之始,即已划然分明者"),也有后天知识习得的原因。

在最后的部分,严复介绍了人类社会的宗教起源问题。严复说关于宗教的起源,有法国的孔德和斯宾塞的两种学说,他本人觉得斯宾塞的学说"尤胜"。因为"学术任何进步,而世间必有不可知者存。不可知长存,则宗教终不废。"

这个讲演是在1912年夏进行的,其时严复的执笔活动已接近尾声,而日语的影响日益强大。文中"天演"24例,"进化"亦24例,"社会"41例,用"进化"讨论天演势所必然。严复把讲演题目定为《进化天演》,似乎是想告诉听众:"进化"与"天演"同义。

严复的"天演"1896年夏秋出现在手稿本"序"之后,流行一时,但短短的10余年,无论是在媒体上,还是严复本人"天演"都被"进化"所取代。只是有一点我们需要注意,"天演"所讨论的对象始终是社会,也确实引发了中国社会的剧变。

九、结语

"天演"是世纪之交的流行词,但终于昙花一现,最终未能成为现代汉语词汇体系的一员。但其本身及相关词语:物竞、天择、适者生存、优胜劣败等仍成为时代的关键概念,左右了一批人的思想、言行。

从词汇学的角度看,如本文开头所述,合字成词必然有理据,理据反映了造词者对概念的理解,是思想史考察的重要线索,但理据的好坏(适当与否）并不决定新词、流行词的存亡。①"天演"是 cosmic process 的摹借译词，忠实地拷贝了赫胥黎的意旨，但终不敌来自日语的"进化"，其中语言社会的价值取向、译书风潮及读者的阅读兴趣等诸多方面的因素都需认真探讨。

对于西方的学术体系，严复是直接用外语接受的，中国当时既没有接受西学的环境，也不具备接受所需要的语言资源。对于先行者也存在着在字面上的读懂与在学术体系中把握的问题，探讨他们在当时语言条件的限制下如何传递新知识是不容轻视的视角。

《天演论》之后，严复译了《原富》《穆勒名学》《群学肄言》《群己权界论》《社会通诠》《法意》《群学浅说》（似乎还应该算上《政治讲义》）等作品。严复译著之间是否有一条连贯的线，或者说，严复是否有一个一以贯之的学术兴趣，如果有，又是什么？笔者以为，"科学""社会""自由"是理解严复的关键词。

科学，包括目的、方法、学科内容及次第；

社会，发生史、发展形态、社会与个人之关系；

自由，理念、本质与原则、权利与义务；

严复的翻译著述活动都是围绕此三项展开的，是他孜孜以求的"道"。在他看来，进化论作为一种历史观和方法论，是分析中国社会的最佳切入点。这一点似乎与日本的进化论接受情形有相同之处。② 进化论提供了改变东亚社会的路径与方法，严复最先、最敏感地意识到了这一点。

---

① 参照前揭潘光旦的主张。日本《哲学字汇》给出的译词是："化醇、进化、开化；化醇论、进化论"，最后定型于"进化、进化论"。evolution 所具有的展开、发展基本义是符合人的直觉的。
② 渡边正雄指出，日本 19 世纪 80 年代科技论文中与进化论相关的论文数量是同期欧美的 8 倍之多，而这些论文中社科领域的论文又远远多余自然科学领域。见渡边正雄：《日本人与近代科学》，岩波书店 1976 年版，第 105—111 页。

近代中国"社会"概念的早期生成

李恭忠*

从西文 society 到汉字"社会"的语词转换和概念传播,是近代中国和东亚知识史、思想史和文化史上的一个重要问题,颇受学术界关注。语言学专家陈力卫提出,中文古籍里"社会"偶尔作为一个独立的词使用,这对后来日本采用"社会"一词对译西方 society 概念起到了决定作用;1866—1869 年在香港出版、后来在日本广泛使用的罗存德《英华字典》,将 society 译作"会、结社",这也可能是促成明治时期日语中"社会"与 society 对译的原因之一。[①] 思想史和观念史的研究则表明,甲午之后数年间,与 society 对译的"群"字曾经风靡一时[②],但日语中的"社会"(shakai)这一新词传入中国以后,与 19 世纪末 20 世纪初的政治、社会变革潮流相互激荡,很快取代"群"字成为 society 概

---

* 李恭忠,南京大学历史学院暨学衡研究院教授。
① 参见陈力卫:《词源(二则)·社会》,见孙江、刘建辉主编:《亚洲概念史研究》第 1 辑,生活·读书·新知三联书店 2013 年版,第 194、198 页。
② 参见陈旭麓:《戊戌时期维新派的社会观——群学》,《近代史研究》1984 年第 2 期;王宏斌:《戊戌维新时期的群学》,《近代史研究》1985 年第 2 期。

念在汉语中的主导译语。① 还有学者着重从认知和实践的角度,讨论西方"社会"概念传入以后对中国现代性变革产生的影响。②

值得注意的是,近代中国新兴的"社会"概念,呈现出了含义模糊、观感暧昧的特征。比如赫美玲(Karl Hemeling)编纂于清末、正式出版于 1916 年的《英华官话辞典》,对 society 一词给出的释义和用例,既有"社会""一般社会""人群""上流社会""下流社会""会社""天足会""行仁会""勉励会""教育会""保畜会""爱护牲畜会""红十字会",也有"私会、密会""会党""会长""会首""会正"等等。③ 这些解释和用例可谓五花八门,乍一看令人难以捉摸。就连"社会"一词的流行,也跟其他新名词一道,曾经遭到非议,被认为"庸恶浅近,拾东人之唾余"④;"虽皆中国所习见,而取义与中国旧解迥然不同,迂曲难晓"⑤。作为新式"社会"概念之具象体现的结社集会,在官方眼里则往往被视为秩序的潜在威胁。

为何会出现这种情况? 这就涉及西方外来概念在华传播过程中如何与中国本土语境契合的问题。本文尝试在学界先行研究的基础上,结合社会史、文化史、辞典史和新闻传播史多个维度,进一步探讨 society 与"社会"的早期相遇过程,尤其是传统本土经验如何影响了近代西方 society 概念在中国的传播、理解和接受。

---

① 参见李博(Wolfgang Lippert):《汉语中的马克思主义术语的起源与作用》,赵倩、王草、葛平竹译,中国社会科学出版社 2003 年版,第 113—117 页;金观涛、刘青峰:《观念史研究:中国现代重要政治术语的形成》,法律出版社 2010 年版,第 180—214 页;黄克武:《新名词之战:清末严复译语与和制汉语的竞赛》,《"中央研究院"近代史研究所集刊》第 62 期,2008 年;黄克武:《晚清社会学的翻译——以严复与章炳麟的译作为例》,见孙江、刘建辉主编:《亚洲概念史研究》第 1 辑;冯凯:《中国"社会":一个扰人概念的历史》,见孙江、陈力卫主编:《亚洲概念史研究》第 2 辑,生活·读书·新知三联书店 2014 年版,第 99—137 页。
② 参见黄兴涛:《清末民初新名词新概念的"现代性"问题——兼论"思想现代性"与现代性"社会"概念的中国认同》,《天津社会科学》2005 年第 4 期;黄兴涛:《新名词的政治文化史——康有为与日本新名词关系之研究》,见黄兴涛主编:《文化史研究的再出发》(《新史学》第 3 卷),中华书局 2009 年版。
③ 参见 K. Hemeling, *English-Chinese Dictionary of the Standard Chinese Spoken Language and Handbook for Translators, Including Scientific, Technical, Modern and Documentary Terms*, Shanghai: Statistical Department of the Inspectorate General of Customs, 1916, p. 1352。
④ 《论近日学者喜用新名词之谬》,《申报》,1903 年 9 月 9 日,第 3 版。
⑤ 《三续新订学务章程》,《申报》,1904 年 4 月 15 日,第 1 版。

一、旧式"社会"及其观感

"社会"一词在古汉语中早已有之,指的是"社"日的迎神祭拜集会。① 所谓"社",古义为土地神、祭祀土地之所,延伸为春秋两季祭祀土地神的节日,具体日期原为立春、立秋之后的第五个"戊"日。② 根据儒家经典《礼记》中的构想,立"社"是统治集团的专利,自天子、诸侯、大夫以次,各有区别:"王为群姓立社曰大社,王自为立社曰王社。诸侯为百姓立社曰国社,诸侯自为立社曰侯社。大夫以下,成群立社,曰置社。"关于大夫以下,东汉郑玄注云:"大夫不得特立社,与民族居,百家以上则共立一社,今时里社是也。"唐代孔颖达进一步解释说:"大夫北面之臣,不得自专土地,故不得特立社。社以为民,故与民居百家以上,则可以立社……虽云百家以上,唯治民大夫,乃得立社。"③官府努力将"社会"置于自己的有效控制之下。《汉书·五行志》记载,西汉元帝建昭年间,兖州刺史曾禁止民间私自立社。唐玄宗开元十八年(730),"礼部奏请:'千秋节休假三日。及村闾社会,并就千秋节,先赛白帝,报田祖,然后坐饮。'从之"④。宋儒程颢担任晋城令,"俗始甚野,不知为学,先生择子弟之秀者,聚而教之。去邑才十余年,而服儒服者,盖数百人矣。乡民为社会,为立科条。旌别善恶,使有劝有耻。邑几万室,三年之间,无强盗及斗死者"⑤。此处所说的"社会",显然也还是土地神祭拜集会,而非近代

---

① 日本学者曾我部静雄 1962 年发表专题文章,初步梳理了中文古籍里"社会"一词的出现情况,德国学者李博的《汉语中的马克思主义术语的起源与作用》(第 105—111 页)在此基础上进行了扩展性讨论。
② 参见《康熙字典》午集下,康熙五十五年内府刊本,第 29—30 页。
③ 《礼记注疏》第 46 卷,"祭法第二十三",哈佛燕京图书馆藏明隆庆二年重修刊本,第 16 页。
④ 《旧唐书》第 8 卷,"本纪·玄宗上",中华书局 1975 年版,第 195 页。
⑤ 程颐:《明道先生行状》,见程颢、程颐撰:《二程文集》,中华书局 1985 年版,第 149 页。这段文字收入《宋史·程颢传》时,被删减为"择子弟之秀者,聚而教之。乡民为社会,为立科条。旌别善恶,使有劝有耻"。

以来那种"社会"。① 程颢为其"立科条",同样体现了官府的控制意图。

值得注意的是,"社会"逐渐突破了官方设定的土地神祭拜形式。随着中古时期佛、道两教和民间信仰活动的兴起,"社会"的依托对象不仅限于乡土性的里社,也扩展到各种地域性和跨地域性的信仰载体,比如城隍、山神②、东岳大帝③等等。"社会"的日期,不仅限于立春和立秋后第五个"戊"日,而是前后有所伸缩,并且容纳了更多的节庆日,比如上元日④、中元日和一些神佛诞日。"社会"的内容,也与形态各异的信仰活动和丰富多彩的集体娱乐结合在一起,发展为更加多样的酬神赛会。

"社会"的形式变得多样化的同时,也逐渐逸出了官府的控制范围,由此招致官绅阶层的鄙夷乃至不安。北宋末年李元弼的《作邑自箴》,记录了两份知县劝谕庶民榜文的范本,其中一份提到:"民间多作社会,俗谓之保田蚕、人口,求福禳灾而已。或更率敛钱物,造作器用之类,献送寺庙,动是月十日,有

---

① 陈旭麓先生早已指出过,"乡民为社会,为立科条"这句话中的"社会"一词,"显然不是后来所称的社会",见陈旭麓:《戊戌时期维新派的社会观——群学》,《近代史研究》1984年第2期,第163页。不过随后的学者仍旧对此有所误解。李博将程颢此处所言的"社会"误解为"一种教育团体"(《汉语中的马克思主义术语的起源与作用》,第111页)。金观涛、刘青峰也征引了程颢这几句话,并结合1982年修订版《辞源》第三册中"社会"词条的相关释义,得出论断:古汉语"社会"一词已经具有"志趣相同者结合的团体之义",因而"日本明治时代使用的'社会',正是中文的本来含义"(《观念史研究:中国现代重要政治术语的形成》,第181页)。这个解读同样有点牵强。《辞源》征引冯梦龙《醒世恒言》中的几句话"大张员外在日,起这个社会,朋友十人,近来死了一两人,不成社会",据此认为古汉语中的"社会"一词除了意指迎神赛会,还可指"志趣相同者结合的团体"(《辞源》1982年修订本,第2263页)。由于《辞源》一书的巨大影响力,这一释义又为不少学术论著和普及读物引以为据。甚至有人在此基础上进一步阐释说,古汉语中的"社会"这个名词,"早期的意义基本上符合我们现在所说的'社会'的含义……不能说是外来语"(王章留、张元福主编:《社会学概论》,中州古籍出版社2007年版,第17页);或者"与我们现在所说'社会'已相近似"(方文:《新方志〈社会〉标目质疑》,见李建英、杨俊科主编:《中国地方志探论》,中国社会出版社1991年版,第291页)。但实际上,《醒世恒言》中这几句话,来自宋元话本小说《郑节使立功神臂弓》:"大张员外在日,起这个社会,朋友十人,近来死了一两人,不成社会。如今这几位小员外,学前辈做作,约十个朋友起社,却是二月半,便来团社。"见程毅中辑注:《宋元小说家话本集·郑节使立功神臂弓》,齐鲁书社2000年版,第5页。通观整部小说的内容,大张员外所起的"社会",其实就是围绕泰山东岳庙进香活动而形成的香社,仍然不脱传统酬神赛会的性质,很难作为与现代"社会"一词内涵相通或者近似的证据。
② 参见陈宝良:《中国的社与会》,浙江人民出版社1996年版,第394页。
③ 参见叶涛:《泰山香社起源考略》,《东岳论丛》2004年第3期,第144—145页。
④ 参见陈宝良:《中国的社与会》,第396页。

妨经营……愚民无知,求福者未必得福,禳灾者未必无灾。汝辈但孝顺和睦,省事长法,不作社会献送,自然天神佑助,家道吉昌。"另一份也有类似的表述:"所在作社会,祈神祷佛,多端率敛,或为奇巧之物,贡献寺庙,动经旬月,奔走失业,甚则伤财破产,意在求福禳灾而已。"①

在官方看来,"社会"的活跃甚至隐然构成了对于秩序的威胁。北宋真宗大中祥符三年(1010),"诏:访闻关右民每岁夏首,于凤翔府岐山县法门寺为社会,游惰之辈昼夜行乐,至有奸诈伤杀人者,宜令有司量定聚会日数,禁其夜集,官司严加警察"。南宋孝宗淳熙三年(1176),"中书门下省言:'访闻乡民岁时赛愿迎神,虽系土俗,然皆执持真仗,立社相夸,一有忿争,互起杀伤,往往致兴大狱,理宜措置。'诏诸路提刑司行下所部州县,严行禁戢,如有违戾,重作施行"。淳熙八年(1181),"臣僚言:'愚民吃菜事魔,夜聚晓散。非僧道而辄置庵寮,非亲戚而男女杂处。所在庙宇之盛,辄以社会为名。百十成群,张旗鸣锣,或执器刃横行郊野间。此几于假鬼神以疑众,皆王制所当禁。'诏诸路提刑司严行禁戢,州县巡尉失于觉察,并寘典宪"。②南宋末年思想家、浙江慈溪人黄震担任广德军通判,也留下了一份关于禁止"社会"的公文:"照得本军有祠山春会,四方毕集,市井虽赖之稍康,风俗实由之积坏……起四月,止八月,尽用枪刀为社,自安吉暨宜兴,率以千百为群……盖千百其人者,扰之端;枪刀其器者,凶之事。宜兴安吉相连而至者,又皆江湖出没之徒,蔓则难图,渐不可长。"③

明清时期,民间的社祭、赛社活动不断见诸史籍记载,源于社祭的庙会活动则更加兴盛。④ 直至19世纪末20世纪初新的"社会"一词从日本回流中国之前,旧式"社会"一词更加频繁地见诸新式中文媒体,并且往往跟奢靡、色情、赌博、盗窃、抢劫等众多负面意象相连。作为新式媒体之代表,1872年创

---

① 李元弼:《作邑自箴》,见《四部丛刊续编(四八)》,上海书店1984年影印版,第6卷,第31页;第9卷,第46页。
② 刘琳等点校:《宋会要辑稿·刑法二》,上海古籍出版社2014年版,第8287、8347、8348—8349页。
③ 黄震:《申诸司乞禁社会状》,《黄氏日钞》第74卷,见《景印文渊阁四库全书》子部第708册,台湾商务印书馆1986年版,第746—747页。
④ 参见陈宝良:《中国的社与会》,第394—408页。另参见赵世瑜:《狂欢与日常:明清以来的庙会与民间社会》,生活·读书·新知三联书店2002年版。

刊的上海《申报》提供了不少这方面的信息。

首先,"社会"与奢靡相连。1875年,一则关于南京中元节的报道这样描述:"善男信女,每届此节,延请高僧设坛施食,诵瑜伽焰口经,名曰'斋孤'……其荒僻处,捐款不多,不过焰口一二台而已。至若大街,铺面极多,人烟稠密,捐数较大……备极繁华,而斋孤之名,易曰'社会'。于是游人之纷至沓来,妇女之遗簪堕珥,奇闻种种,故事重重。"①针对此弊,有人倡议将"社会"所筹集资金移用于赈灾。1878年,署理浙江布政使衙门佐杂人员季考,一名七品官员在答题中批评"杭俗崇信神佛,于社会、佛诞等日,趋之若鹜,不惜输财",劝告杭州人将花费在"社会"上的钱财转用于赈济华北地区的灾民。②1889年秋浙江发生水灾,绍兴府绅士发起赈捐活动,制订相关章程,其中包括如下条款:"拟禁止各城镇演唱神戏,如有各社会经费充裕者,劝其酌提一半助赈。"③还有人提出更加激烈的"社会移赈"建议:"凡赛会伤财,本属无谓。值此灾荒,应破除习俗,请官示禁,将本年及来年各会经费提助赈款。如本无存项,临时募集者,亦请临时改募会为募赈,定邀神灵福佑。推之,祝寿、生子,如宴会,皆可移赈。"④

其次,"社会"与色情、赌博、盗窃、抢劫等违法犯罪行为相连。1879年宁波府的一份通告说:"迎赛社会,理宜诚敬,不得再雇青年女子、流娼,扮纱船台阁,亦不得摊拢聚赌,酗酒滋闹。自饬之后,如敢仍前抗违,一经访闻,或被指告,定提为首人等,照律惩办,决不宽贷。"⑤1883年宁波府再次发布禁令:"宁郡都神会,奢侈异常,晦娼晦赌,举国若狂。闻所费几及巨万……自后都神各社会永远禁止……各行各业如有捐存会费,另作别项济人善举,永不准再蹈奢靡积习,违者提案惩办。"⑥1887年,宁波府又一次重申了1879年对"社会"的约束措施。⑦直至1895年,鄞县知县仍在重申类似的禁令。⑧宁波

---

① 《闹社会》,《申报》,1875年9月8日,第2版。
② 参见《拟募捐晋豫赈银赈米疏》,《申报》,1878年11月4日,第3版。
③ 《筹办山、会、萧三县赈捐绅董公启》,《申报》,1889年11月3日,第2—3版。
④ 《浙赈刍己议》,《申报》,1889年12月9日,第3版。
⑤ 《禁扮纱船台阁示》,《申报》,1879年4月17日,第3版。
⑥ 《永远禁都神会告示》,《申报》,1883年5月14日,第2版。
⑦ 参见《鄞县示谕汇录》,《申报》,1887年5月14日,第12版。
⑧ 参见《禁止神会》,《申报》,1895年4月30日,第2版。

地区的迎神"社会",看来风习颇为深厚,以至地方官员需要三令五申加以约束。

宁波地区并非孤例。1881年一则关于南昌的报道说:"城厢各庙社会……名为敬神,而实借以聚赌也。兹于月之初八日,黄司空殿居然首先违制,雇用鸿林班开演,观者倍形热闹,生意之旺、赌博之盛,自可获利十倍。"① 1901年,安徽宁国府繁昌县令发布禁令说:

> 时届社会,赛会演戏,原属四乡农民借伸春祈秋报之意,故为例所不禁。惟现值时事多艰,各处会匪游勇,纷纷蠢动。凡有赛会演戏之处,必人烟稠密,土客纷纭,更有开场聚赌、打降逞凶,一若以酬神为名,肆无忌惮。其中良莠不齐,匪徒最易混迹,贻害闾阎,莫此为甚……自示之后,务各勤理农事,不准赛会演戏。②

另外,让官绅阶层忧虑的是,"社会"还可能与"邪教"相连。1873年《申报》刊登了一封宁波士人的来函:

> 前月贵馆《申报》中,刊有劫后冷眼人论邪教惑人事……余家浙之四明……忆数年前,曾见烧蜡一事。首事者贿串差甲,借梵院以建社会……男女杂沓而至……现闻郡侯边公,饬禁妇女入寺念佛。各兰若恪遵在案,想此等邪教名目,闻之定当敛羽。加以当道者随时察夺,岂有燎原之虑乎!③

总之,从中古时期直至光绪年间,旧式"社会"一词主要不是用来指称一般意义上的人群组合、人际互动形态,而是指民间的各种迎神赛会。这种结社集会摆脱了官府的支配,通过民间的机制自主运行,呈现出与官府极力维持的伦理秩序隐然对立的格局。因此,在主流官绅阶层的经验中,旧的"社会"不仅劳民伤财,而且有碍治安,需要加以治理、管制,甚至暂时禁止。至于

---

① 《违制演戏》,《申报》,1881年7月16日,第2版。
② 《禁赛神会》,《申报》,1901年8月21日,第2版。
③ 四明山烂柯樵子:《论邪教点蜡事》,《申报》,1873年6月30日,第1版。

清末才出现的"秘密社会"①一词所指称的天地会、哥老会等,由于往往涉及刑事犯罪乃至政治反叛,在官府看来更加悖逆不轨,一直遭到严厉惩处乃至全力镇压。② 旧式"社会"一词背后牵连的这种官府与民间隐然两立格局,以及官方或者精英居高临下的视角和轻蔑贬抑的态度,构成了近代 society 概念在中国传播时的本土语境。

二、用"会""社"翻译 society

英文 society 根源于拉丁文 socius,后者原意为"同伙"。到了 18 世纪末 19 世纪初,society 已经成为一个具有公共认知度的概念。1771 年初版的《不列颠百科全书》这样解释:"society,一般来说,是指一些人为了相互帮助、相互保障、相互利益或者相互娱乐而团结在一起。"③然后简要介绍了一些主要社团的情况,比如皇家学会(Royal Society)、工艺、制造及商业促进会(Society for the Encouragement of Arts, Manufactures, and Commerce)、移风易俗会(Society for the Reform of Manners)等等。到了 1823 年的第 6 版,则将抽象的 society 和实体性的 societies 区分开来。词条作者将 society 简洁地定义为"一些理性的、有道德的人出于共存和幸福而结合在一起";并且勾勒了人类

---

① 金观涛、刘青峰认为:"'社会'一词在 19 世纪末士大夫心中,已有其明确含义,它主要用于指涉民间的秘密结社。秘密结社原来就被称为'社会',……在晚清知识分子心目中,'社会'这个词差不多等同于下层百姓秘密结社。"(《观念史研究:中国现代重要政治术语的形成》,第 182 页)这种说法不够确切。中文旧式"社会"一词所指的各种迎神赛会,乃是公开存在的民间结社集会形态,虽然在官绅阶层看来多有弊端,但总体而言还在可以理解和接受的范围之内。所谓秘密结社,在乾隆以后的文献中多被称为"会党",是指通过异姓结拜兄弟方式形成的秘密结合形态。最晚至 1888 年,"秘密结社"作为 secret society 的译词在中文报纸上出现,"东京于二十六号,特出保安例七条,宣布国中。其大要,如秘密结社出会,家内集会成党,阴谋内乱,通同外乱等事,不论军民人等,察出从重治罪"(《东报译编》,《申报》,1888 年 1 月 8 日,第 2 版)。此处该词的意思是"秘密地结社",但已表达了 secret society 的部分含义。据孙江研究,"秘密社会"一词首见于 1902 年欧榘甲的《新广东》,此后才逐渐使用开来(孙江:《话语之旅:对中国叙述中的秘密结社话语的考察》,《中国学术》第 18 辑,2005 年,第 51 页)。
② 秦宝琦:《清律中有关惩处秘密会党的条款及其演变》,《历史档案》2009 年第 1 期,第 31、33、35、36 页。
③ *Encyclopaedia Britannica*: *or*, *A Dictionary of Arts and Sciences*, *Compiled upon A New Plan*, 1st Edition, Vol. 3, Edinburgh: A. Bell and C. Macfarquhar, 1771, p. 614.

社会从粗鲁(rudeness)到精致(refinement)再到衰朽(decay)的历程及其原因,由此表现人类的"幼稚、天真、青春和成熟形态"。societies 则被定义为"一些个人为了促进知识、产业或者德行而自愿形成的团体(associations)",并且作者明确宣称,"为了那些有价值的目标而筹划和成立社团(societies),乃是现时代(modern times)的荣耀"。词条作者将当时的社团具体划分为三类,选择了一些最有名者予以分类介绍:一类致力于增进科学和文艺,另一类致力于促进工艺和制造,还有一类旨在传播宗教和道德,或者帮助人们缓解压力。①

英语世界形成的这种 society 概念,特别是其中的实体性结社的意涵,通过来华西人特别是传教士的中介作用,逐渐在中国人的日常生活世界找到了落脚点。在 1860 年第二次鸦片战争结束前,天主教、基督教在中国的传播一直受到清朝政府的限制,故传教士主要在东南亚及华南地区的华人下层群体中开展活动。在此过程中,他们对于普通中国人日常生活中的具体结社现象、包括在官绅眼里不无负面观感乃至异端色彩的结社,也逐渐有了经验层面的了解。传教士们编纂的一系列英汉双语辞典,则提供了这方面的具体证据。

1819 年,英国来华传教士马礼逊(Robert Morrison)编纂的首部《华英字典》第二部分(汉英辞典部分)出版,其中采用音译方式,将中文"社"字转写为 Shay,并且注意到:"古代二十五户构成一'社',有一祭坛;现在每条街道、每个村庄都有一个,它们被称为'私社'(private or local altars),一度被禁止。"②此时马礼逊尽量使用中国的而非西方的概念来描述中国的现象。三年以后,当这部字典第三部分(英汉辞典部分)出版时,情况则发生了变化。辞典里对于 society 给出如下举例释义:(1) of persons who voluntarily unite their names and subscribe money for some public concern 联名签题会;(2) committee of management 值事的各人;(3) treasurer 司库;(4) recording

---

① 参见 *Encyclopaedia Britannica*: *or*, *A Dictionary of Arts*, *Sciences*, *and Miscellaneous Literature*, *Enlarged and Improved*, 6th edition, Vol. 19, Edinburgh: A. Constable, 1823, pp. 435, 442, 443。
② Robert Morrison, *A Dictionary of the Chinese Language*, Part 2, Vol. 1, *Chinese and English Arranged Alphabetically*, Macao: East India Company's Press, 1819, p. 732.

secretary 书记。① 马礼逊在这里特意点明 society 与"会"之间的相通之处,即出于某些共同目的而自愿结合。这体现了他对于当时欧洲 society 和中国传统"社会"的基本构成机制的认知。Social、association 两词均尚未收录,不过收录了动词 associate,释义为"相交,与人家有往来"。②

如果说马礼逊对 society 的释义在一定程度上涉及了该词的抽象内涵(自愿结合),那么后来一些代表性的英汉双语辞典中的相关释义,则侧重于指向经验层面的实体性结社。英国传教士麦都思(Walter Henry Medhurst)编纂、1847—1848 年间在上海出版的《英华字典》,对于 society 举例释义如下:(1) 会、结社;(2) a society for the maintenance of religious services 主会;(3) the white lotus society 白莲社、白莲会。③ 此处的"白莲"值得注意,它本来是指东晋时期慧远等人在庐山东林寺结为莲社这一著名的佛教史典故,但也容易使人联想到元代以后影响极大、但又不无异端色彩的白莲教。另外,麦都思还将 association 释义为:(1) society 会;(2) intercourse 党羽、交际、交亲。④ 显然,到了麦都思那里,与 society 对应的中国本土经验知识多了两方面的内容:一是基督教背景的宗教结社,二是中国传统的带有异端色彩的民间结社。后一个方面尤其值得注意,其背后牵连到一个更加复杂的问题,即来华西人对于华人民间秘密结社的了解和研究。

对于 19 世纪前期来华的西方人而言,如果说白莲教还显得比较古老、遥远的话,那么三合会就是活生生的日常存在。三合会本名天地会,又称洪门,原为乾隆中期闽南地区兴起的一种下层流民互助组织。⑤ 随着人口迁移的潮流,乾隆后期、嘉庆年间,这种下层组织逐渐传播到台湾、广东、江西、广西、云南、贵州、湖南、东南亚、澳大利亚、北美等地区。⑥ 在东南亚各地,三合会成为

---

① 参见 Robert Morrison, *A Dictionary of the Chinese Language*, Part 3, English and Chinese, Macao: East India Company's Press, 1822, p. 398。
② Robert Morrison, *A Dictionary of the Chinese Language*, Part 3, English and Chinese, p. 31。
③ 参见 W. H. Medhurst, *English and Chinese Dictionary*, Vol. 2, Shanghai: The Mission Press, 1848, p. 1189。
④ 参见 W. H. Medhurst, *English and Chinese Dictionary*, Vol. 1, Shanghai: The Mission Press, 1847, p. 80。
⑤ 参见蔡少卿:《中国近代会党史研究》,中华书局 1987 年版,第 45—65 页。
⑥ 参见秦宝琦:《清前期天地会研究》,中国人民大学出版社 1988 年版,第 165—215 页。

华人当中公开的互助互济团体,与其他类型的华人社团交叉渗透,广泛参与甚至主导着华人内部的各种事务,卷入了华人与当地土著、与欧洲殖民当局之间的矛盾和冲突,并且涉及众多灰色产业乃至刑事犯罪活动。① 这种影响如此之大的华人结社,自然引起东南亚的欧洲殖民当局以及来华传教士的注意。

西方世界第一份有关华人民间结社的研究成果,正好出自麦都思早年在马六甲英华书院工作时的同事、上司米怜(William Milne)之手。1826 年,《大不列颠及爱尔兰皇家亚洲学会会刊》刊载了米怜的一篇遗稿。② 米怜以共济会为参照,将"三合会"视为一种特殊的 society,也就是"秘密结社"(secret association),认为它是"叛乱型兄弟结拜"(rebellious fraternity)。继米怜之后,普鲁士传教士郭士立(Karl F. A. Gützlaff)先后在 1833 年、1846 年发表文章,介绍马六甲英国殖民地以及香港的华人结社海山会、义兴会、三合会,将他们等同为与"令人可怖的犯罪活动"相连的 secret societies。③ 1841 年,海峡殖民地英军中尉纽博德(Thomas John Newbold)与其长官威尔逊准将(E. W. Wilson)联名发表一篇文章,利用一份三合会内部的"会簿",更加详细地介绍了三合会的历史起源、组织结构、入会仪式、识别暗号、内部规章,以及在南洋群岛的活动情况。④ 到 1866 年,荷兰东印度公司中文翻译官施列格(Gustave Schlegel)出版了全世界第一部有关华人会党的研究著作,堪称米怜以来西方人关于华人结社知识的集大成者。值得注意的是,施列格在这本书里尝试勾勒三合会与白莲教的关系,尽管他的观点还不太确定:"从那时(按:即郑成功收复台湾)以后,洪门变得更加出名。雍正皇帝在圣谕中提到了它,

---

① 参见蔡少卿:《中国近代会党史研究》,第 371—405 页。
② 参见 Dr. Milne, "Some Account of a Secret Association in China, Entitled the Triad Society," *Transactions of the Royal Asiatic Society of Great Britain and Ireland*, Vol. 1, No. 2, 1826, pp. 240 - 250。
③ 参见 Charles Gutzlaff, "Chinese Emigrants," *Chinese Repository*, Vol. 2, No. 5, 1833, pp. 230 - 232; Charles Gutzlaff, "On the Secret Triad Society of China, Chiefly from Papers Belonging to the Society Found at Hong Kong," *Journal of the Royal Asiatic Society of Great Britain and Ireland*, Vol. 8, 1846, pp. 361 - 367。
④ 参见 Newbold & Wilson, "The Chinese Secret Triad Society of the Tien-ti-huih," *Journal of the Royal Asiatic Society of Great Britain and Ireland*, Vol. 6, No. 1, 1841, pp. 130 - 135。

称它为'闻香教''白莲教',这些名字也许是人们给这个团体起的,它自己则自称为'洪门'或者'天地会'。它也采用'三合会'这个名字,因为这个团体的成立基础就是天、地、人三者之间的联系。"①

来华西人有关华人结社知识的近半个世纪积累,在 1866—1869 年出版的罗存德(Wilhelm Lobscheid)《英华字典》中得到了集中反映。这部辞典被认为"代表了 19 世纪西人汉外辞典编纂的最高成就",对中日两国的近代英汉、英日辞典编纂和译词形成都产生了极大影响。② 该书对 society 一词举例释义如下:(1) 会、结社;(2) the Triad Society 三合会;(3) the White Lotus Society 白莲会、白莲社;(4) an Evangelization Society 福音会;(5) the Chinese Evangelization Society 福汉会;(6) a public society 公会;(7) to enter a society 入会;(8) ditto a secret society 拜会;(9) a member of a society 会友;(10) members of a society 会兄弟、会友;(11) 见 association 和 club。social 一词,则解释为"五伦的,交友的、好相谈、好倾、好叙"。③ 同时,该书对于 association 的举例释义也很详尽:(1) the act of associating 会合、相投、投合、聚会、聚首、畅聚;(2) a society or club 会;(3) to form an association 开会、设会;(4) to join an association 入会、联会、做会、拜会;(5) a private association (similar to a savings bank) 银会;(6) the Longevity Association 长生会;(7) a literary association 文会;(8) the poet's association 诗会;(9) the association for mutual protection 保良会;(10) the Masonic Association 规矩会;(11) rules of an association 会规;(12) intercourse 交亲、交接、交际、交结、党与、密交。尤其值得注意的是,其中第四条释义中的"拜会"一词,还添加了一则英文脚注:"这个术语仅适用于加入一个出于革命或者其他不合法目的而形成的社团,它的一丁点声音都会吓着中国官员,因而即便在交谈中

---

① Gustave Schlegel, *Thian Ti Hwui, the Hung-League or Heaven-Earth-League, A Secret Society with the Chinese in China and India*, Batavia: Lange & Co., 1866, p. 4.
② 参见沈国威:《近代中日词汇交流研究:汉字新词的创制、容受与共享》,中华书局 2010 年版,第 125、131 页。
③ W. Lobscheid, *English and Chinese Dictionary*, Part 4, Hong Kong: The "Daily Press" Office, 1869, p. 1628.

使用起来也应该极为慎重。"①由此可见,罗存德对 society 一词的处理方式与 20 年前麦都思的做法类似,均未涉及该词的抽象内涵,只是举出了更多的具体用例来加以说明。

从罗存德的举例释义来看,society 在华人当中大体对应着三种结社:一是日常普通结社,二是宗教结社,三是反叛性的秘密结社。这显然跟辞典编纂者本人的经历和认知密切相关。学术界已有的研究表明,罗存德来自德语地区,1848—1850 年由礼贤会派至香港担任郭士立的助手,此后一度回国,1853 至 1857 年间又作为福汉会(the Chinese Evangelization Society)的传教士,在香港及附近地区从事传教和文化出版活动,1857 年以后曾经担任过香港政府的视学官,后来致力于著述和辞典编纂工作。②罗存德编纂这部辞典时,采用美国的《韦伯斯特英语词典》作为底本(很可能是 1847 年版)。③ 但与此同时,作为长期在华工作生活、对中国语言和文化颇有研究的传教士,罗存德也记录了中国人日常生活中的人际交往和具体结社形态,并且援引它们来解释 society 一词。如前所述,郭士立对三合会颇有研究,而罗存德则跟他有过交集,并且长期在香港附近活动,因此可能对三合会比较了解。特别是对"拜会"的注释,表明他很清楚这种结社在中国官方视野中的异端形象。

传教士编纂的双语词典中对 society 的处理方式和具体释义,对 19 世纪中后期的中西知识和文化沟通起到了基础性、工具性的作用,产生了深远的影响。这方面的一个典型例子,就是傅兰雅和应祖锡合作翻译、江南制造总局 1885 年首次出版、此后 20 年间广为流传的《佐治刍言》一书。孙青仔细比对了该书英文底本、江南制造局译本以及白话演绎本对原文一些核心概念的处理情况,发现译本"采用傅兰雅惯用的'会'一词来对应'society'",却有意淡化了这一概念的抽象内涵及与 individual、regulation、law 等概念之间的逻辑联系,结果导致"原文所述在一个社会中个人要让度自由,这样一种个人、社会、自由的递进关系,在译本中简化为一个特定组织'会'中的和睦之道"④。

---

① W. Lobscheid, *English and Chinese Dictionary*, Part 1, Hong Kong: The "Daily Press" Office, 1866, p. 102.
② 参见沈国威:《近代中日词汇交流研究:汉字新词的创制、容受与共享》,第 128—129 页。
③ 参见熊英:《罗存德及其〈英华字典〉研究》,北京外国语大学博士学位论文,2014 年,第 56—58 页。
④ 孙青:《晚清之"西政"东渐及本土回应》,上海书店出版社 2009 年版,第 177 页。

而傅兰雅之所以习惯用"会"一词来对应 society,显然不是他自己的发明,只是沿袭马礼逊以来的习惯而已。

如果说从马礼逊到罗存德编纂的双语辞典主要出自外国人之手、服务于外国人学习中文的话,那么稍后出版的邝其照编纂的英汉双语《字典集成》(1868)及其修订版《华英字典集成》(1887),则是出自中国人之手,出版以后也在中国人中产生了广泛而深远的影响。① 这部字典中的相关词条和释义如下:"Association 会,党羽,交际,相投";"Social 交友的,伦类的,好交友的";"Society 会,结社,签题之会;the good society of this city 本城上等人家;members of a society 会友。"② 当然,邝其照这部辞书以"字典集成"作为书名,相关译法(包括"党羽"这一释义)也确实体现了马礼逊以及罗存德的影响。

甚至是 1908 年出版的颜惠庆等人编辑的《英华大辞典》,都还能看到罗存德辞典明显的痕迹。《英华大辞典》对于 society 释义如下:(1) the relationship of men to one another when associated in anyway 交际、交接、应酬、恳亲,companionship 周旋、友伴;fellowship 往来、通往来;(2) a number of persons associated for any temporary or permanent object 会、协会,an association for mutual or joint usefulness, pleasure or profit 社、互助会、辅仁会、同谋公益之公会、公社、讲求公益之会社,as, a literary society 文学会、文学社;to enter a society 入会,to enter a secret society 入私会;a member of a society 会员、会友;(3) the persons, collectively considered, who live in any region or at any period 社会、居民、邑民;(4) those who mutually give and receive formal entertainments 互相应酬之绅士、上流社会、绅家、缙绅。③ 这里出现的"社会"一词,属于甲午之后从日本传入中国的新名词,此处暂且不论。总体而言,颜惠庆与罗存德一样,仍然主要是通过列举具体的人际结合形态来解释 society,提到的经验知识既包括各种正面色彩的"会",也包括另类色彩的"secret society 私会"。

从马礼逊到罗存德,来华传教士们在双语语言研究方面堪称专家,他们于中西语言、词汇乃至概念之间的沟通中扮演了重要的中介角色。但他们毕

---

① 参见司佳:《近代中英语言接触与文化交涉》,上海三联书店 2016 年版,第 107—114 页。
② 邝其照:《华英字典集成》,光绪十三年重镌本,第 23、344 页。
③ 参见颜惠庆等编辑:《英华大辞典》,商务印书馆 1908 年版,第 2129 页。

竟不是政治思想、社会理论方面的专家,在翻译 society 一词的时候,重心不在于完整、准确地传播这一概念的内涵(特别是抽象的一面),而在于了解和理解中国人日常生活层面直接的、具体的人际交往形态。由此,他们所呈现出来的 society 概念,体现出明显的日常生活视角、民间路径和异端色彩,与汉语中旧式的"社会"一词正好有着异曲同工之处。

三、新式"社会"概念之确立

19 世纪中期,随着第一次工业革命的完成和工业社会的到来,society 作为一个现代概念在欧洲逐渐成形。① 一方面,社会学开始起步,继孔德(Auguste Comte,1798—1857)正式提出"社会学"这一名称之后,马克思(Karl Marx,1818—1883)和斯宾塞(Herbert Spencer,1820—1903)分别构筑了各具特色的理论体系,推动 society 作为一个基石性的抽象概念范畴,进入日益精细复杂的政治和社会理论领域的中心地带,而且逐渐产生越来越大的国际性影响。另一方面,作为实体现象的 society 更加常见,与普通人日常生活的关系变得更加密切。当时英国另一部著名的大型工具书《英语百科全书》,在 societies 和 associations 这一并列词条下说:

> 身在欧洲和居留在世界其他地方的欧洲人,目前都有一个特点,即出于各种目的之 societies 或者 associations 的大幅增加……它们都有其特定的目标,确实建立在、并且存在于其成员们个人的一致同意基础上……一般而言,在这个国度(country)里,可以说任何数量的个人均可获准拿出自己的金钱和个人热情,用于任何未被法令明确禁止的,或者

---

① 近代"社会"概念在欧洲的形成过程颇为复杂,简要的论述可以参见威廉斯:《关键词:文化与社会的词汇》,刘建基译,生活·读书·新知三联书店 2016 年版,第 492—499 页;Manfred Riedel,"Gesellschaft-Gemeinschaft," in Otto Brunner, Werner Conze, and Reinhart Koselleck, hg., *Geschichtliche Grundbegriffe: Historisches Lexikon zur politisch-sozialen Sprache in Deutschland*, Bd. 2, Stuttgart: Klett-Cotta, 1975, pp. 801 - 862。

是该社团的合法性问题一旦提交给法庭时不会被宣布为非法的目标。①

这些释文体现了一种明显的兴奋、自信和自豪感,结社的自愿原则、个人的结社自由,以及结社给人们生活带来的变化,在这里得到了明白无误的强调,而且被视为当时欧洲公共生活中的一大特征。

正是在这种背景下,19世纪60年代以后,中、日两国向西方进一步打开国门,一批改革派精英开始主动关注西方的society,促成了这一外来概念在东亚语境中的真正落地。明治维新初期,福泽谕吉等改革派基于对西方政治和社会理论的了解,以及在欧美游历的体验,尝试将society翻译成日文,不过没有找到合适的抽象概念来对应。1873年,一批新式知识精英成立明六社,标志着市民结社理念开始在日本付诸实践。1875年,"社会"一词作为society的译词,首次出现于《东京日日新闻》,随后在新闻媒体中迅速普及,并与公共领域和市民社会的意涵紧密联系在一起。② 1881年,井上哲次郎编纂的《哲学字汇》采纳"社会"作为society的日文译词,这种对译关系此后逐步确立下来。③ 英国社会学家斯宾塞等人的著作和学说,随之纷纷被译介至日本,比如乘竹孝太郎翻译的《社会学之原理》、有贺长雄撰著的《社会学》等,分别以"社会""社会学"对译society和sociology。④ 东京大学开设了专门的"社会学"课程,从欧美留学归国的外山正一担任"社会学"之讲座教授。⑤ 这样,从古汉语借用过来的日语"社会"(Shakai)一词,变成了一个全新的基石性概念,嵌入了一套从西方传来,而且逐渐变得体制化的近代政治和社会理论话语之中,向人们提示着时代变革的方向。20世纪初,日本文部省制定的学校德育科目,将国民道德划分不同的层次:"对于自己、对于家族、对于社会、对于国家、对于人类、对于万有。"⑥在这种层次分明的道德结构中,作为抽象的"近代性"的

---

① Charles Knight, *The English Cyclopaedia: A New Dictionary of Universal Knowledge, Arts and Sciences*, Vol. 7, London: Bradbury and Evans, 1861, p. 641.
② 参见木村直惠:《"社会"概念翻译始末——明治日本的社会概念与社会想象》,顾长江译,见孙江、陈力卫主编:《亚洲概念史研究》第2辑。
③ 参见陈力卫:《词源(二则)·社会》,见孙江、刘建辉主编:《亚洲概念史研究》第1辑。
④ 参见加田哲二:《近世社会学成立史》,张资平译,上海乐群书店1930年版,第7页。
⑤ 参见三上参次:《外山正一先生小传》,1911年7月,第29页。日本国立国会图书馆藏,检索自:http://dl.ndl.go.jp/info:ndljp/pid/781779,检索时间:2019年07月16日。
⑥ 《会奏立停科举推广学堂折书后》,《申报》,1905年9月12日,第2版。

标志性术语之一,"社会"的正面意义不言而喻。

中国的改革派精英也对西方的 society 颇为关注。首任驻英使节郭嵩焘1877年初抵达英国以后,对英国的 society 和 association 产生了深刻印象,其日记中留下了不少关于这两个英文单词的中文音译词,并且具体解释说:"凡会皆名苏赛意地","苏赛意地者,会也,英国凡学皆有会";"苏士尔申,译言会也"。通过各种各样的"会",郭嵩焘看到了"英国学艺、经纪之盛"。① 不过,郭嵩焘对 society 的认知仍然停留在结社实体的现象层面。而且,根据钟叔河的研究,郭嵩焘的日记文字传回中国以后,遭到统治集团几乎众口一词的非议和封杀,没能产生实际影响。②

中国知识人如同日本人那样直接沟通东西方知识体系,从学理层面开展对于 society 概念的自觉探讨,则要等到20多年以后。比如严复,也直接从斯宾塞的英文著作入手,将其理论作品翻译成中文出版。然而到了那个时候,中国人学习仿效的主要对象已经从欧洲变成了日本。经过日本人翻译的欧洲政治思想和社会理论,包括 society 概念在内,成为中国人新知识的重要来源。在此情况下,严复经过深思熟虑选定用来对译 society 概念的"群"虽然一度风行,但其使用频度不久即被从日语传入的新式"社会"一词超过。关于具体的翻译和传播过程,以及严复、梁启超、章太炎、康有为、吴稚晖等重要思想家对于"社会"概念的不同理解和实践,本文前言中提及的先行研究,特别是陈旭麓、金观涛、刘青峰、黄兴涛、黄克武、冯凯等人的成果,已有充分的揭示。对此,本文不拟赘述,仅就新式"社会"概念传入中国之初的概貌和基本特征作一大致勾勒。

---

① 郭嵩焘:《伦敦与巴黎日记》,钟叔河、杨坚整理,岳麓书社1984年版,第146、150、276—277页。郭嵩焘日记中记载的音译词包括:"罗亚尔苏赛意地"(Royal Society),"奇约喀剌非科尔苏赛意地"(Geographical Society),"布里地史安得莆尔林禋布洛苏赛尔得"(British and Foreign Bible Society),"苏赛尔得阿甫费林得斯"(Society of Friends),"毕斯苏赛尔得"(Peace Scoiety),"阿博尔立真理斯卜罗得克升苏赛野得"(Aborigines Protection Society),"布利谛斯苏士尔申"(British Association),等等。郭嵩焘不会英文,这些语言知识,都是通过询问身边熟人而获知的,包括威妥玛(Thomas Wade)、马格里(Macartney Halliday)、傅兰雅(John Fryer)、理雅各(James Legge)等颇通中文的英国人。郭嵩焘驻英期间,还曾经见过马礼逊的儿子,由此得知马礼逊编纂英华字典的事迹及其影响:"(罗伯马里森)留粤数年,依《康熙字典》翻译西洋文字为字典,西人传诵之。"郭嵩焘:《伦敦与巴黎日记》,第191页。
② 参见钟叔河:《论郭嵩焘》,见郭嵩焘:《伦敦与巴黎日记》,钟叔河、杨坚整理,第2—3、42—45页。

从日语传入中国的新式"社会",与兼有名词和动词属性的"群"字不同,只有名词属性,其内涵既指个别意义上的具体社团组织,也指总体意义上、更具抽象色彩的人群结合形态。① 1895年秋冬首次刊行的黄遵宪《日本国志》给出了"社会"的定义:"社会者,合众人之才力、众人之名望、众人之技艺、众人之声气,以期遂其志者也。"随后列举一些政治类、学术类、法律类、宗教类、医术类、农业类、商业类、艺术类、游戏类、人事类"社会"的名称,最后总结说"凡日本人,无事不有会,无人不入会"。② 黄遵宪此处所说"社会",仍为个别意义上的社团组织。1897年初,梁启超主笔的《时务报》分两次转载《大阪朝日新闻》的文章,介绍了日本人如何运用"社会"这一新概念来剖析日本的现状和未来:

> 野蛮之地,无社会者焉。及文明渐开,微露萌蘖,久之遂成一社会。然则所谓社会,盖以渐积成者也。抑社会二字,本非我国古来惯用之熟语,而社会之实形,自古已有……至近古与欧美相交,又大有变化……社会之进化于善,亦当常求之于变化之中也……然则日后我社会果为如何变化乎?则又不可不讲求变化之方也。③

文中提到的具体变化之方,就是打破"学人社会""俗客社会""文艺美术之社会""宗教道德之社会""股分市情之社会""格致博物之社会"之间互不相容,乃至互相排斥攻击的局面,"推广社会之容量,而包含异种异样之事物",从而达到"社会日进化于美境"的效果。1898年6月,维新派在日本神户出版的中文报纸《东亚报》,刊载了英国斯配查(即斯宾塞)原著、日本人涩江保编译、广东番禺人韩昙首转译成中文的《社会学新义》第一节"论社会大义",其

---

① 黄兴涛用"小社会"和"大社会"来表述此时中文"社会"概念的这两层内涵。见黄兴涛《清末民初新名词新概念的"现代性"问题——兼论"思想现代性"与现代性"社会"概念的中国认同》,《天津社会科学》2005年第4期,第136页。
② 黄遵宪:《日本国志》第37卷,"礼俗志"四,浙江书局1898年重刊本,第20—22页。《日本国志》虽然撰成于1887年,但迟至1895年甲午战争结束几个月之后才初次刊行,内中原因,见李长莉《黄遵宪〈日本国志〉延迟行世原因解析》,《近代史研究》2006年2期。
③ 《论社会》(译大阪朝日报西十二月初十),《时务报》第17期,1897年1月13日,第23—24页。

中介绍了"社会"一词的抽象内涵:"人类群居,互相交,互相依,互相生养之道,曰社会……社会与国家异,又与国民异,不可混同。国民者,谓有一定土地、在一定政体之下者也。国家者,即合一定土地与一定人民而言之……社会则比其意义为更广,不论土地、人民政体一定与否,凡人多群居而为一团者,总称为社会焉。"①1900年4月,与维新派关系密切的日本人在上海出版的《亚东时报》,刊载日本学者有贺长雄演讲稿《论国家、社会之干系》的中文译文,其中对于"社会"的界定,更加接近于一般意义上的人群组织:"人群相集,各遂其生,于是有社会焉,有国家焉。"有贺长雄还特别提醒:"国家,英语state之谓,与支那'国家'义别,勿混视。社会,英语social之谓,支那学者译以'群'字,似不妥,姑从日本译名。"②1904年,梁启超主持的《新民丛报》设立新名词解释专栏,采译日本学者健部遁吾的《社会学序说》及日本教育学术研究会编纂的《教育辞书》里的相关内容,对"社会"概念做出更清晰、更完整的理论界定:"社会,英Society,德Gesellschaft,法Societe。社会者,众人协同生活之有机的、有意识的人格之混一体也。"并对协同生活、有机体、有意识、人格、混一体五个要点逐一进行解释,最后总结说:"合此五者,则'社会'之正确训诂,略可得矣……中国于此字无确译,或译为'群',或译为'人群',未足以包举全义。今从东译。"③至此,不管是个别意义还是总体意义上的"社会",其所指内涵已经很明晰,尽管范围大小有区别,但都是出于相互依存、基于相互交往而形成的具有内在凝聚力的人群结合形态。

值得注意的是,严复、梁启超等人提倡的"群",与明治时期日本的"社会"一样,乃是中国的新知识人在新旧秩序转变之际所构想和追求的一种"根本和终极的原则""根本性的社会团结"④,因而是一个充满正面色彩的概念。但与近代日语中的"社会"不同,也跟严复等人推崇的"群"不一样,中文里新兴的"社会"概念,却没有摆脱旧式"社会"一词背后那种官方或者精英的居高临

---

① 《社会学新义·论社会大义》,《东亚报》第1期,1898年6月29日,第1页。
② 有贺长雄:《论国家社会之干系》,《亚东时报》第21期,1900年4月28日,第14、15页。
③ 《新释名一·社会》,《新民丛报》第50期,1904年7月13日,"附录",第1—3页。此处所说的"人格","与法律上、伦理上之所谓人格者不同","即在宇宙万有中特具人之所以为人之性质条件者是也"。
④ 冯凯:《中国"社会":一个扰人概念的历史》,见孙江、陈力卫主编:《亚洲概念史研究》第2辑,第113页。

下视角和轻蔑贬抑态度，也没有甩掉罗存德《英华字典》里 society 一词的部分中文释义所关联的另类意象，在内涵和观感上都不无暧昧之处。这种暧昧特征，主要体现为理论与实际、理想与现实之间的背离乃至内在紧张关系。

首先，新的"社会"概念指向的是一种理论上的目标，被视为代表着时代变革的不二方向，而且与"国家"紧密联系在一起，承载着国运兴衰的重任。1902 年，江苏盐城一位士绅提出救时建议："非效东西各国，多立社会不可。社会者，所以合众人之才力、心思、议论而为一事，以免势涣力薄之患者也。"① 一批新知识人认识到，"社会为个人之集合团也"②；"社会者国家之母也，则社会改良，国家自能变易面目"③；"健全之国家，必无萎败之社会；而萎败之社会，决不能造健全之国家"④；"国家者社会之集合体也，故有新社会，斯有新国家；有爱群之公德，斯有社会"⑤；"欲争自存、争独立，莫善于集合团体，以求全社会之幸福"⑥。更有人提出："从来国运之升降，恒视社会之变迁以为标准。盖积人民而成社会，积社会而成国家。国家之文明，实萌芽于社会。"⑦沿着这样的思路，"社会"自然是应该大力提倡、正面建设的目标。

其次，新的"社会"概念在对接经验现实的时候，又仍然带有官方或者精英视角之下令人不屑、不满的意涵。官绅阶层和一些新式知识人以"上流社会""上等社会"自居，对"下流社会""下等社会"多有鄙夷、责难。有人批评"我国中等社会以下之风俗，本已习为卑恶陋劣"⑧。有人指责"下等社会""无爱国思想，故惟利是图，甘为奴隶牛马而不惜"⑨。也有人担心"下流社会易于酿事"⑩。湖广总督张之洞认为，"欲行立宪，当先开通下流社会知识，庶政方无紊乱破坏之虑"⑪。当然，也有人批评"吾国之上等社会，亦惯于罔利营私，

---

① 《盐城陈惕庵孝廉拟敬陈管见折》，《申报》，1902 年 12 月 10 日，第 1 版。
② 《中国之改造》，《大陆》第 3 期，1903 年 2 月，第 4 页。
③ 飞生：《近时二大学说之评论》，《浙江潮》第 8 期，1903 年 10 月，第 28 页。
④ 大我：《新社会之理论》，《浙江潮》第 8 期，1903 年 10 月，第 10 页。
⑤ 觉佛：《墨翟之学说》，《觉民》第 7 期，1904 年 6 月，第 9 页。
⑥ 《金山县泖湾创设乡团缘起并规章》，《申报》，1905 年 3 月 21 日，第 9 版。
⑦ 《论中国社会之缺点》，《东方杂志》第 4 卷第 8 期，1907 年 10 月 2 日，第 151 页。
⑧ 《观模范运动会》，《申报》，1905 年 11 月 10 日，第 2 版。
⑨ 《论吾国人无爱国思想》，《申报》，1905 年 3 月 9 日，第 2 版。
⑩ 《镇江商人胡镕等致曾少卿函（为抵制禁约事）》，《申报》，1905 年 7 月 14 日，第 2 版。
⑪ 《张香帅再陈立宪办法》，《申报》，1905 年 8 月 14 日，第 3 版。

而不顾公家之利害"①。甚至整体的"中国社会",在不少人看来都是极其糟糕。有人痛感中国"一国之中分为无量数之社会,各有团体,各有利害……不能知公德之社会,实占众社会中多数"②。《东方杂志》频繁转载其他报刊发表的评论文章,指出"今日之社会,一往者极腐败之社会也……成事不足,而败坏有余"③;"我中国之社会,无公德、无实力、无学问、无思想,其凌杂污下,久不足当世界之品评"④;"中国社会"的现状被视为"芜秽浊乱""庸恶陋劣"⑤。"改良社会"于是成为一种颇具影响力的公共声音。

再次,新旧杂陈的实体性"社会",尤其是未受官方掌控的政治类"社会",在官方眼里可能对统治秩序构成潜在威胁,因而需要予以约束限制。戊戌变法失败之后趋于激进的康有为弟子欧榘甲,不满足于稳健的政治改革,1902年发表、出版《新广东》,随即风行一时,其中公然提出联合"秘密会党""秘密社会",谋求广东自立,作为"全中国自立之起点"。⑥ 受欧榘甲影响,湖南人杨毓麟随即撰写了同样风行一时的小册子《新湖南》⑦,倡言"提挈下等社会,以矫正上等社会"⑧,鼓吹湖南人起来排满独立。革命派还借用日本人之口说:"下等社会者,革命事业之中坚也;中等社会者,革命事业之前列也。"⑨随着革命潮流的涌动,以及社会主义思想的初步传入⑩,"社会主义""社会革命"术语也频繁见于中文媒体。针对这种态势,官方严加防范,禁止学生"私设社会""摇惑人心"⑪。也有人配合官方做法,在《申报》撰文宣称"演说、社会之事……适足坏民心而蠡国脉"⑫。清廷后来发布上谕,严禁学堂学生"干预国

---

① 《论吾国人无爱国思想》,《申报》,1905年3月9日,第2版。
② 《论中国宜注意下流社会》,《选报》,第33期,1902年11月,第6页。
③ 《论社会冲突之为害》,《东方杂志》第1卷第8期,1904年10月4日,第173—174页。
④ 《论现时社会之所谓进步》,《东方杂志》第1卷第12期,1905年1月30日,第287页。
⑤ 《论中国社会之现象及其振兴之要旨》,《东方杂志》第1卷第12期,1905年1月30日,第279页。
⑥ 太平洋客:《新广东》,横滨新民丛报社1902年版,第37、49页。
⑦ 参见饶怀民、李日:《蹈海志士杨毓麟传》,岳麓书社2011年版,第109页。
⑧ 湖南之湖南人:《新湖南》,见张枬、王忍之编:《辛亥革命前十年间时论选集》第1卷下册,生活·读书·新知三联书店1960年版,第615页。
⑨ 《民族主义之教育》,《游学译编》第10期,1903年9月,第7页。
⑩ 比如,1902—1903年,日本人村井知玄的《社会主义》在中文《翻译世界》杂志第1—3期连载;1903年,《新世界学报》第14、15期连载了《近世社会主义评论》一文。
⑪ 《禁约学生》,《申报》,1903年6月3日,第2版。
⑫ 《论安庆府桂太守禁止演说》,《申报》,1903年6月20日,第1版。

家政治,及离经叛道,联盟纠众,聚会演说"①,并要求各级管学衙门、各学堂将此上谕抄录一通悬挂堂上,各学堂的毕业文凭内亦须刊印此上谕中的禁令内容。清政府宣布预备立宪之后,一时间"中外庶僚从政之余,多有合群讲习之事"。这种情况引起高层统治者的担忧,后经宪政编查馆奏准,规定现任官吏在本职之外"亲莅各社会研究政治、学术",必须报请自己的长官批准,否则予以惩处。②

新兴"社会"概念的暧昧特征或者说内在紧张关系,在清末《结社集会律》的制订过程及相关条文中得到了集中体现。鉴于立宪运动中各地结社集会之活跃,清廷"深恐谬说蜂起,淆乱黑白,下陵上替,纲纪荡然",遂于1907年冬明发上谕,要求宪政编查馆会同民政部,"将关于政事结社条规,斟酌中外,妥拟限制,迅速奏请颁行。倘有好事之徒,纠集煽惑,构酿巨患,国法俱在,断难姑容,必宜从严禁办"③。显然,清政府从一开始就对"社会",特别是实体性的政治类"社会"的活跃,心怀戒备和不满。可是几天以后,监察御史赵炳麟上奏说:"开会结社,未可一概禁止,请分别办理。"④于是,宪政编查馆最终会同民政部拟订了《结社集会律》,奏请朝廷审议,其思路和要旨为:"稽合众长,研求至理,经久设立则为结社,临时讲演则为集会。论其功用,实足以增进文化,裨益治理。然使漫无限制,则又不能无言庞事杂之虞……《结社集会律》三十五条,除各省会党显干例禁,均属秘密结社,仍照刑律严行惩办外,其余各种结社集会,凡与政治及公事无关者,皆可照常设立,毋庸呈报。其关系政治者,非呈报有案,不得设立。关系公事者,虽不必一一呈报,而官吏谕令呈报者,亦当遵照办理。如果恪守本律,办理合法,即不在禁止之列。若其宗旨不正,违犯规则,或有滋生事端、妨害风俗之虞者,均责成该管衙门认真稽察,

---

① 光绪三十三年十一月二十一日上谕,见中国第一历史档案馆编:《光绪朝上谕档》第33册,广西师范大学出版社1996年版,第300页。
② 参见《宪政编查馆奏现任职官亲莅社会必须呈准片》,《政艺通报》第7年第2号,1908年3月,第12页。
③ 光绪三十三年十一月二十日上谕,见中国第一历史档案馆编:《光绪朝上谕档》第33册,第298—299页。
④ 光绪三十三年十一月二十七日上谕,中国第一历史档案馆编:《光绪朝上谕档》第33册,第305页。

轻则解散，重则罚惩。庶于提倡舆论之中，不失纳民轨物之意。"①由此可见，统治集团一方面认识到并且承认"社会"的正面意义，另一方面仍然延续了传统时代对于"社会"、特别是政治类结社集会之潜在威胁的担忧、防范和管制。并将这种担忧、防范和管制上升到全局高度，以近代法律条文的形式明确下来。

进入民国以后，政府对于"社会"——特别是实体社团的防范基调依然延续下来。1912年9月，袁世凯领导的北京政府内务部基于"结合原听自由、而保护属在官吏"的指导思想，制定了结社集会专项调查表，其中包括名称、宗旨、会所、发起人及首事人姓名职业、在会人数、成立日期、批准立案日期等栏目，要求各省据此开展详细调查，汇总之后呈报内政部备案，并且要求以后每三个月呈报一次有关新设、解散或者更改名称的情况。② 1914年3月，袁世凯当局又公布实施《治安警察条例》，明确赋予各级行政机关对当地"社会"的治安警察权，举凡政治和公共事务方面的各种结社集会、屋外集合，以及公众运动游戏，均需向所在地之警方呈报，行政机关如果认为其"有扰乱安宁秩序或妨害善良风俗之虞"，以及对于秘密结社，均可命令其解散；举行活动时，警方可以派出穿着制服的警察官吏"监临"现场。③ 这样的"社会"管制，在南京国民政府建立以后依然没有实质性变化，直至1931年12月，国民党召开四届一中全会，李烈钧等11名中央执行委员还要联名郑重提出"切实保障人民实行集会、结社、言论、出版、居住、信仰之自由权"④。这条提案虽然得到大会通过，但实施起来仍然道阻且长。

回头再来看赫美玲《英华官话辞典》，其中society一词的处理就变得意味深长。具体的释义和用例，可以分为四个方面：首先，是部定词"社会"，这是经过清朝末年的官方机构——隶属于学部的编订名词馆——审核并且确定

---

① 《宪政编查馆会同民政部奏拟订结社集会律折》，《东方杂志》第5卷第4期，1908年5月24日，第228—230页。
② 参见《内务部通行各处请将各项集会结社详细调查列表送部文》，《政府公报》第146期，1912年9月23日，第3—4页。
③ 参见《治安警察条例》，《内务公报》第7期，1914年4月15日，"法规"，第110页。
④ 《中国国民党第四届中央执行委员会第一次全体会议·会议纪录》，见中国第二历史档案馆、海峡两岸出版交流中心编：《中国国民党历次全国代表大会暨中央全会文献汇编》第11册，九州出版社2012年版，第48页。

下来的译法;而主持这项审核工作的,恰恰就是曾经力主用"群"对译 society 的严复。① 其次,主要是清末最后十余年里流行开来的一些新词用例,比如 "association 会社""society in general 一般社会""上流社会""下流社会""天足会""教育会""保畜会""爱护牲畜会""红十字会"。再次,是马礼逊以来的双语辞典中早已使用过、稍显陈旧的一些用例,比如"交友""交接""同伴""人群""会""社""Benevolent Society 行仁会""Christian Endeavor Society 勉励会""会友""会长""社长""会首""会正"。最后,是带有异端色彩的少数用例,即"会党""secret society 私会、密会"。② 这些举例释义,可谓新旧杂糅、雅俗兼收,汇集了 19 世纪初以来西方人以及 20 世纪初中国人对于何为中国式 society 的经验认知和观感,也是中国近代"社会"概念的暧昧特征在清末民初双语辞典里留下的痕迹。

四、结语

德国概念史专家科塞勒克(Reinhart Koselleck)曾经提出关于欧洲概念史的"四化"指标,即从时间化、民主化、政治化和意识形态化四个维度,去观察分析特定概念何以成为一个近代基本概念。孙江结合近代东亚特别是中国历史进程的实际,对科塞勒克的"四化"稍加改造,提出了"新四化"指标,即标准化、通俗化、政治化、衍生化。③ 总的来看,"社会"这一近代概念在中国的确立过程,在形式特征上也大体符合孙江所说的"新四化"特征。从日语传入中国的"社会"经由新式大众媒体广泛传播,是为通俗化。改革派、革命派和政府当局对"社会"寄予不同的政治功能,"社会"进入相互冲突的政治场域,是为政治化。由"社会"派生出"社会问题""社会改良""社会革命"等概念,是为衍生化。政治化和衍生化,又与通俗化互为推动。从"会""社""群"到部定

---

① 关于严复在编订名词馆的工作情况及其成效和影响,参见沈国威《近代中日词汇交流研究:汉字新词的创制、容受与共享》,第 440—452 页。
② K. Hemeling, *English-Chinese Dictionary of the Standard Chinese Spoken Language and Handbook for Translators, Including Scientific, Technical, Modern and Documentary Terms*, Shanghai: Statistical Department of the Inspectorate General of Customs, 1916, p. 1352.
③ 参见孙江:《概念史研究的中国转向》,《学术月刊》2018 年第 10 期。

新名词"社会",则是标准化过程的见证。

形式上的特征之外,内容上的特征尤其值得注意。society 与"社会"的早期相遇过程,体现了西方外来近代性与中国传统本土经验的结合。作为单一名词的"社会"在古汉语中早已有之,直至 19 世纪晚期仍然见诸于日常生活,但它主要不是指近代以来那种一般性的人群结合形态,而是指脱离官府支配、不无异端色彩的民间酬神赛会,并且往往与官方或者精英阶层居高临下的管控立场和轻蔑贬抑态度联系在一起。普通中国人日常生活中的社交结合传统,包括不无异端色彩的民间结社现象,为 society 概念在中文语境里的最初落地提供了经验基础,这在 19 世纪前期来华传教士编纂的英汉双语辞典中得到了具体反映。19 世纪中后期,近代"社会"概念在日本的生成过程体现了一条不同的路径。可是,日语中新近生成的近代"社会"(Shakai)概念在 19 世纪末 20 世纪初传入中国以后,却与中文里原有的旧式"社会"一词及其关联的经验、体验相互混杂。中国传统的本土经验,最终对中国近代"社会"概念的生成,以及中国人对于近代"社会"的设想和体验产生了实质影响。新传入的"社会"概念,从理论上说指向时代变革的不二方向,其内涵所指跟"国运"升降、新型"国家"的建构这一宏大追求紧密相连;但在经验和实践层面,又仍旧带有官方或者精英视角之下令人不屑、不满的特征,而且仍被视为对政治秩序的潜在威胁。这种"社会"认知,也隐约提示着后来"国家-社会"关系以及"政治-社会"关系的构建方向。

"半边天"的政治现象学反思：
兼论新中国女性地位与角色的再构[*]

王海洲[**]

基于妇女解放运动在近现代中国国家建设过程中的特殊意义和作用，"新中国女性"这一概念本应天然地超越性别研究的限制，并首要地在政治学领域中撑开一片邃袤的空间。但长久以来，即便是"性别政治"都难以被视作政治学的正统题域，遑论更为具体而微观的"新中国女性"。同时，即便"新中国女性"是一项能够反映中国现代国家建设和发展的议题，政治史研究也因自身的低迷状态而罕为顾及。时移世易，政治学方法论的扩展和创新为将一些被忽视甚至被遗漏的边缘性议题带入核心地带创造了积极条件。本文借助政治现象学理论的思维和方法，对"新中国女性"研究的切入角度和论证方案进行全新的规划，并由此对其历史地位和角色提供一种新的认识。这种认识是一种补充性或竞争性的"再构"，而非颠覆性的"重构"。这项探索既可被归于社会学视域下的性别研究和政治学视域下的国家研究，也可算是政治现象学研究方法在案例分析层面的应用性尝试。

---

[*] 本文系江苏高校哲学社会科学研究重大项目"政治现象学研究"（项目号：2018SJZDA003）和教育部哲学社会科学研究重大课题攻关项目"中国话语体系建设与全球治理研究"（项目号：16JZD008）的阶段性成果。

[**] 王海洲，南京大学政府管理学院教授、博士生导师，南京大学学衡研究院特聘研究员。

一、为何是"半边天":"新中国女性"的政治现象学直观

研究"半边天"而非直接研究"新中国女性",并非一种舍本逐末之举,这是因为已有的研究范式在消除新中国女性形象的模糊性方面遭遇了一些难以克服的困阻。新中国成立70多年来,中国女性的形象并非一成不变,学者们对这一点几无质疑,但在这些形象因何而变以及如何变化等问题上迄今莫衷一是。即便对本文重点讨论的改革开放之前的新中国女性形象(下文皆简化表述为"新中国女性"),他们也未因其年代久远或成果丰厚而达成共识。分歧主要源自对国家和女性之间关系的不同判断。一是认为国家意志起到了自上而下的引导作用,"塑造了一种男女平等的性别蓝图"①,新中国女性处于"被解放"的状态②。二是认为新中国女性虽然面对相似的身体政治情境,但自下而上地展现出了千差万别的感受。③ 两种观点各自都有大量的支持者,如果我们要对他们提供的具体论据或方法进行逐一检验,姑且不论这种方式的可行性,至少这很容易令人因"身在此山中"而难辨峰峦。事实上,这种现象是两种观点发生交锋时的常态。

政治现象学(political phenomenology)方法或许能够为我们跳出这座"庐山"提供一种别致的助力。④ 根据政治现象学澄清对象的要求,新中国女性的既有研究已构成极为复杂的"定见",它们需要被悬搁一旁留待验证,首要的步骤便是"朝向事物本身"⑤。依靠尽量质朴的政治学认知和知识⑥,作为政

---

① 吴小英:《市场化背景下性别话语的转型》,《中国社会科学》2009年第2期。
② 参见揭爱花:《国家话语与中国妇女解放的话语生产机制》,《浙江大学学报》(人文社会科学版)2008年第4期。
③ 参见 Zhong Xueping, Wang Zheng, and Bai Di, *Some of Us: Chinese Women Growing up in the Mao Era*, New Brunswick: Rutgers University Press, 2001。
④ 关于政治现象学方法论的构建,可参见王海洲:《政治现象学:理论脉络与研究方法》,《探索与争鸣》2019年第10期。
⑤ 胡塞尔:《纯粹现象学通论——纯粹现象学和现象学哲学的观念》第1卷,李幼蒸译,中国人民大学出版社2014年版,第33页。
⑥ 对于现象学来说,这些也是悬搁的对象,但对于政治现象学来说,我们如果保持前者几乎一无所知的前置状态,就无法进行研究。所以,已经在很大程度上达成共识的认知和知识可以被视作已经接受验证、"还给"对象。当然,如果这些共识在某种时机被真正地动摇,它们本身就自然而然地变成了新的政治现象学的对象。

治学者的我们在直面"新中国女性"时,可以谨慎地给出两点初步描述:第一,"新中国女性"作为一种整体性事实,主要是在特定的时空中从事各种政治社会活动的中华人民共和国女性国民,她们共享某种或某些属性。第二,"新中国女性"还表现为若干个别性事实,大量次级群体和无数个体各有其特殊属性,同时也都能够表征整体。

从第一点认识出发,要对"新中国女性"的实然状态进行整体性概观,唯有"上帝视角"才能做到。在现实世界中,只能在"新中国女性"的种属关系中寻找概观的可能方式。"新中国女性"属于"国民",于是"国家"拥有了最适合的概观资格。将概念以文字的形式表达出来的任务主要是由表达国家之思维的权威性话语承担。简单来说,马克思、恩格斯、列宁和毛泽东等新中国精神领袖的相关文本,以及基于其思想的各类官方文本,代表国家概观了"新中国女性"。这些表述的价值观念构成了国家意识形态的坚固内核,指明甚至规定了"新中国女性"的应然状态。但是基于应然与实然之间的逻辑关系,通过这些国家话语显然无法澄清"新中国女性"的客观事实。由此,对于前述从国家角度出发、自上而下的研究策略而言,应然与实然之间的根本冲突构成其不可突破的困阻。

从第二点认识出发,"新中国女性"内在地包含着属性杂多的次级群体和个体,固然后者以百花齐放的方式呈现出前者的多彩样貌,其完整的集合也的确能够呈现出"新中国女性"的客观形貌,但后者及其所处的环境构成了无数变量,且彼此之间还会构造出无尽的冲突,最终形成一种"乱花渐欲迷人眼"的局面。所以,自下而上的案例研究虽然真切地显现出了"新中国女性"在实然状态中的丰富弹性,但其碎片化的面貌也妨害了对"新中国女性"的整体性把握。

难克重阻的既有研究并非无意义,它们实质上还完成了一些政治现象学的任务,尤其在两类事实的澄清上出力颇多:一是发现了毛泽东时代的女性受到了国家巨大的影响,二是发现了当时女性在意识和行为方面表现出了杂多的差异性。继续深化此类研究当然有其积极意义,不过,终究无法使实然的"新中国女性"完整而清晰地显现出来。"新中国女性"作为一种具有意义的现实所指和抽象概念,有别于不以人的意志为转移的自然事物。我们的目的与其说是绝对客观地通盘把握它,不如说是要精准地确定其投射在人类生活中的形象。换言之,如果能够尽可能地确定其概念与实践之间的对应性,也就基本达到了对其进行社会科学研究的任务要求。现象学方法或许是一种有效的显影剂,"本质直观"作为其关键成分发挥着还原影像的功能。在这种直观之下,认识对象通过作为智慧生物的人所特有的"意向性"活动生成了"关于某物的意识",主要是使该物可以被观察、描述和反思的"思维形象"。

于是,面对澄清"新中国女性"这一目标而言,研究"关于新中国女性的意识"或者"新中国女性的意识形象",可能是比阐发国家的女性话语或讲述碎片化的女性故事更为切近的路线。正如"一千个读者心中就有一千个哈姆雷特",每个人在面对"新中国女性"时生成的意识形象定然千差万别。所以,收集这些海量的差异化形象并进行分析的方式显然不可取,且不论无从采集那些已经流逝的生命的意识形象。我们可以反其道而行之:先找到一个具体的概念 A,如果它在意向性活动中能够很强烈地与"新中国女性"的概念直接关联,且在各自概念的若干属性间尽可能地互为子集,那么我们就可以通过辨识 A 的属性状况来把握"新中国女性"。基于这一思路,我们发现新中国成立后的前 30 年乃至 70 多年来,最成功的 A 或许是"半边天"。值得一提的是,寻找并证明比其更合适的概念也是一种政治现象学研究。这一概念作为"女性"或"妇女"的象征性代称,自 1956 年初现于公众视野后,立即迅速地传播开来。在第四次世界妇女大会于北京召开的前一年(1994),国务院发布的《中国妇女的状况》白皮书中曾称:"半边天"已经"成为全社会对妇女作用最形象的赞誉"[①]。随后中央电视台于 1995 年 1 月 1 日正式推出名为《半边天》的女性周末节目,连续播出了十余年,提高了"半边天"一词的知名度。

将研究目标从"新中国女性"转移到"半边天"上,不仅能够避开前者遭遇的两种壁垒,还能发挥出后者的两大比较优势。一是"半边天"具有很多象征都拥有的特长:作为生动而直白的概念体系,映射着本体(新中国女性)高度复杂的概念体系;二是该词较之于"新中国女性",从创设到发展的历史轨迹更为清晰,反映这一轨迹的重要材料的数量更少,由此更便于描述和分析。在材料的来源上,我们基于三个原因重点关注《人民日报》:第一,它是"半边天"首次公开登场的舞台,关于"半边天"报道的连贯性和丰富度很高。第二,

---

① 中华人民共和国国务院新闻办公室:《中国妇女的状况》,《人民日报》,1994 年 6 月 3 日。

在毛泽东时代集体意识的生成和形塑方面,新闻报道较之其他几种重要的信息源具有特别的优势。① 例如,它比由精神领袖的权威文本和规范性的法律政策构成的国家话语更具弹性,为集体意识的孕育和成长提供了较为宽松的空间;它也比民众在各类政治社会活动中获得的经验更具普遍性,即便报道一些个别性的案例,关注的实际上还是整体性问题。第三,《人民日报》自身拥有显著的优势,它既是中国发行量和影响力皆首屈一指的官方媒体,也是传达国家意志和展现民情民意的平台,反馈和显现着国家话语理论和民众行为实践相联系的状况。因此,其"半边天"报道能够同时在"一定程度上"体现出国家对女性的应然要求和女性对国家要求的实然应对。本研究设计的主要目标便是尽可能准确、清晰地把握此处的"一定程度"。

以"半边天"为名的研究要么只是借用其名另有所叙,未对该词作针对性分析②;要么梳理较为简单的信息,缺乏理论分析③。依据新闻报道的"半边天"和"新中国女性"研究实际上并不罕见,主要分布在性别研究、新闻传播学研究和历史学研究中,大多数缺乏明确的研究方法,少量较为简单地使用了文本分析法。④ 这些研究最大的贡献在于详细梳理了相关报道,缺陷在于它们通常对报道内容缺乏辨识,普遍地存在视其为史实的情形。此外,还存在着缺乏理论和事实支持的明证主义偏好,具体材料的遴选具有随意性。为弥补这些缺陷,本文采用了两种特殊的处理方式。首先,我们延续政治现象学的思考方式,将"半边天"一词拆解为三个基础部分,即引号、"半边"和"天",

---

① 此外,文艺作品也具有特殊的优势,相关研究可参见王海洲:《新中国女性的国家认同构建(1949—1984)——基于女民兵宣传画的图像政治学分析》,《学海》2016年第3期。
② 参见钟雪萍:《"妇女能顶半边天":一个有四种说法的故事》,《南开学报》(哲学社会科学版)2009年第4期;李智:《"半边天"的政治呐喊——女性选举权的嬗变过程》,《云南行政学院学报》2012年第3期。
③ 参见袁少芬:《试谈"半边天"的"天"——探讨妇女解放的几个问题》,《广西民族学院学报》(哲学社会科学版)1990年第3期;耿化敏、张蕾蕾:《"妇女能顶半边天"的考证》,《北京观察》2015年第3期。
④ 参见张子婧、黄钦:《从"半边天"到"女神":〈人民日报〉改革开放30年女性形象建构》,《东南传播》2019年第10期;王蕾:《从"女劳模"到"女明星"——从〈中国妇女〉60年封面人物看国家意识形态控制下媒体女性形象变迁及国家话语转变》,《新闻记者》2011年第12期;高焕静:《主流媒体中"榜样女性"形象的呈现与变迁——〈人民日报〉(1960—2013)》,《云南民族大学学报》(哲学社会科学版)2014年第6期;张娜:《〈人民日报〉(2001—2015)话语中的女性形象研究》,《新闻界》2017年第3期。

分别进行观察和分析。其次,我们避免陷入史料的辨伪或语义的阐发之中,重在深入挖掘与"半边"和"天"相关的客观信息(如行业、地域和身份等)在长时间尺度中的显现。其结果可以被理解为国家、社会和民众在共生和互动中留刻下的"集体无意识",而不是国家主体刻意规划的结果。

二、引号:象征的政治力量

去除引号的"半边天"本指"天空中一半左右的范围",拥有引号的"半边天"是指(新中国的)"女性"。① 所以,引号决定了两个完全相同的语言符号成为两个完全不同的概念。引号发出了醒目的警示:"半边天"已经非其所是,且另有其是。在符号学意义上,"半边天"成了"女性"的象征。象征之所以成为人类符号系统中最为普遍的现象之一,是因为它能够用简单生动或易于被感知器官直接把握的概念去映射抽象或复杂的概念。② 这赋予了象征在人类信息交流中无可匹敌的力量,政治活动也毫无例外地受其影响,如政治修辞术或象征性政治行为是古往今来政治社会中的普遍现象。对于分别作为喻体和本体的"半边天"和"女性"来说,引号成为前者得以跨域映射至后者的唯一标识。在这种映射中,观众将对无引号的半边天(局部天空)的熟悉体验和认识——这些经验被凝练为某种或某些"属性"(如大、重要等)——以类比的形式转移到有引号的"半边天"(即女性)身上。③

通过象征来表达新中国女性的积极特质是毛泽东时代政治修辞中常见的现象。毛泽东本人的语言活动,尤其是其极为出色的诗词能力在其中发挥了不可替代的作用。早在1936年,他就在《临江仙·给丁玲同志》中写道:"昨天文小姐,今日武将军。"这两句诗在时间转换中通过两种反差性极强的身份对比,烘托出对奔赴前线的丁玲的高度赞赏。更为重要的是,毛泽东颠

---

① 通过广泛检索各类古籍数据库发现,这个组合词可能最早在晚清时期出现,大多以本义出现,但已经产生引申义,表示"相当大的范畴或影响",如郭嵩焘和曾国藩分别有诗云"一径闹翻半边天"和"一炮响动半边天"。参见郭嵩焘:《郭嵩焘日记》第3卷,湖南人民出版社1982年版,第975页;曾国藩:《曾国藩全集》(诗文),岳麓书社2011年版,第380页。
② 参见王海洲:《论象征的三元结构及其内在逻辑——对象征结构经典模式理论的反思》,《南京大学学报》(哲学·人文科学·社会科学)2016年第6期。
③ 参见王海洲:《论象征的生成机制:从分类到类比》,《江海学刊》2016年第6期。

覆了中国数千年传统文化对女性所做的经验设定,将"武"这一本属于男性的、与女性不相容的属性赋予了女性。① 此后,中国共产党通过各种类型的妇女运动,不断地将这种应然的呼吁压覆在女性的身体和意识之上,直至塑造出一种新型的实然女性形象,即"新中国女性"。25 年之后,毛泽东继续通过诗词强化这一点,在《七绝·为女民兵题照》中号召新中国女性"不爱红装爱武装"。在国家领导人和革命领袖的影响下,更多与"武"属性相关的概念被吸纳为女性的喻体资源,如人们在文化经验中非常熟悉的"花木兰"和"穆桂英"等。这些武艺高强的女性形象与古代政治体制之间的密切关系(如君臣关系)被暂时剔除,只保留了其在生理意义上的突出能力,即她们具有与男性同样的力量。

但是,不管是告别了"文小姐"的"武将军"、"爱武装"的"中华儿女"等泛指形象,还是为将的"花木兰"、挂帅的"穆桂英"等特指形象,在映射"新中国女性"方面都有着天然的缺陷。它们虽然通过对"武"的强调为新中国女性创造了新的属性,但同时也遮盖了女性本有的、与男性相区别的属性。这会令她们像花木兰那样,遭遇一种雄雌莫辨的认同困境。② 更为重要的是,这些喻体所产生的属性无法严丝合缝地与马克思主义性别观或女性观中的妇女解放理论相契合。后者的基本逻辑是,妇女解放必须也必然以全人类的彻底解放为前提,于是,妇女作为人类中最为重要的群体之一,自然就需要承担解放全人类的责任,其核心任务是无产阶级革命。在这一逻辑链条上所浮现出来的女性或妇女的阶级属性,恰恰会令"武将军""花木兰"和"穆桂英"们尴尬不已,毕竟她们的原初形象与剥削阶级有着难以分离的联系。在强调阶级斗争时,这些具有弊端的属性就会被重新召唤出来。例如,在 1950—1966 年间的《人民日报》中,"穆桂英"一直被视作先进女性的象征,但到 1967 年,"穆桂英"被批驳为"大宋朝"的"忠臣良将"。③ 此后 10 年,该词在《人民日报》中彻底消失,直至在 1977 年年底的一篇报道中才恢复了其作为女性之积极象征

---

① 参见雷金庆:《男性特质论》,刘婷译,江苏人民出版社 2012 年版,第 66 页。
② 如郭沫若在解释《七绝·为女民兵题照》时,不得不给出一个特殊的方案:毛主席使用"中华儿女"不是仅表扬女性,而是要从女民兵扩展到所有的民兵,从女性扩展到所有人。参见郭沫若:《"不爱红装爱武装"》,《人民日报》,1964 年 4 月 25 日。
③ 参见毛泽东思想战斗团:《毛主席的革命文艺路线胜利万岁》,《人民日报》,1967 年 6 月 3 日。

的用法。"花木兰"与"穆桂英"命运相同,也经历了被遗忘的 10 年。象征理论对此现象提供了清晰的解释:象征常常因其具有多义性而使得象征本体在不同情境中游刃有余,但这种多义性也容易诱发意义之战,从而置象征本体于困境之中。① 正如"花木兰"与"穆桂英"的案例,即便拥有忠诚、勇敢和英武等诸多优点,在大是大非的阶级斗争中,仅身份上的"原罪"就足以令其被"一票否决"。

在对新中国女性的象征性映射中最终胜出的是"半边天"。在《人民日报》中,自"半边天"于 1956 年首次被当作"女性"的象征使用,至 1979 年年底有 349 篇相关报道,是"花木兰"和"穆桂英"相关报道总和的双倍左右。"半边天"的胜出有多方面的原因。首先,从多义性来看,"半边天"在本义上指向的是自然世界中的事物,其意义简洁单调,也就没有了"花木兰"和"穆桂英"等在历史叙事上的重负。其次,"半边天"是普罗大众都具有的日常经验,它在象征意义上映射"新中国女性"这一概念系统时,极易于被理解和传播。再次,"半边天"在晚清民国时期的引申义强调的是范围之广、影响之大或力量之强等,这些属性与"半边天"首次被国家权威话语使用时的基调高度契合。时值"大跃进"运动热火朝天,中共中央农村工作部副部长陈正人提出"妇女半边天,事事要争先"②,强调女性实际上具有突出的能力。最为重要的原因是,"半边天"的意象简明而直接地迎合了妇女解放理论的要旨,即女性与男性一样承担着解放全人类的重任。总之,无论是"半边天"所诱发的事实经验,还是它包含着的生动想象,既显现出新中国女性在现实生活中的重要地位和作用,同时也作为新中国女性的理想形象,指引着她们的发展方向。

三、"半边":男女平等的政治比例

"半边"作为一种口头语,通常并不表达绝对平均的状态,但作为女性的象征,它内设了性别平等的理想比例。所以,对于革命时代的女性而言,"半

---

① 参见王海洲:《政治象征理论的钩沉与反思——兼论象征政治学理路的铺设》,《政治学研究》2016 年第 4 期。
② 陈正人:《进一步发挥妇女在社会主义建设中的伟大作用》,《人民日报》,1958 年 11 月 12 日。

边"的确能够激发她们对于自身角色的完美想象。中国共产党非常清楚,新生的国家即便能够以法律和政策等强制性规范确定女性在性别比例上的应有份额,也不可能在户内户外的广泛实践中一蹴而就地彻底解决鲁迅提出的娜拉困境。在新中国成立后的前30年,国家通过各种能够调整比例的策略努力走出这种困境。学者们多关注诸如"婚姻法""铁姑娘""样板戏"等具体的策略,但甚少关注隐藏在种种单独策略背后的整体逻辑及其变化,而《人民日报》的"半边天"报道中正潜含着解读这些信息的记录。简单来说,比例调整主要有三个步骤:第一,确定平等的权利;第二,显示平等的能力;第三,提升平等的地位。

确定女性具有与男性一致的平等权利是比例调整策略的首要逻辑。"男女平等"——而不是性别平等,后者是改革开放之后才流行的替代性概念——在新中国成立前就已经是一句广为人知的口号,特别在土地革命中流传甚广。土地的平均分配和两性的权利平等密切结合,根本性地冲击和颠覆了农业中国数千年来在两个方面上的不平等传统。新中国成立当天的《人民日报》上,中华全国民主妇女联合会发出通知,号召全国妇女祝贺新政府的成立,并提到这个政府将给予妇女"享受男女平等的权利"①。实际上,新中国成立初期的一系列重大文件都一再强调了这项权利,如1949年颁布的《中国人民政治协商会议共同纲领》、1950年颁布的《中华人民共和国婚姻法》和1954年颁布的《中华人民共和国宪法》中都提出男女共享"政治的、经济的、文化的、社会的和家庭的生活各方面"的权利。② 女性的平等权利虽然得到了确定,但并不意味着在实践中得到了贯彻。在各项权利中,经济权利虽然次于政治权利排在第二位,也没有像社会和家庭权利那样得到《婚姻法》的专门保护,但它的实际地位或优先级或许是最高的。延续列宁对女性在"公共经济"中与男性一起参加共同生产劳动的重视,毛泽东也曾强调男女平等的关键在于"同工同酬"的经济权利。③

---

① 新华社:《全国民主妇联号召全国妇女热烈庆祝中央人民政府成立》,《人民日报》,1949年10月1日。
② 参见中华全国妇女联合会编:《中国妇女运动重要文献》,人民出版社1979年版,第117、185、199页。
③ 参见毛泽东:《工商业者要掌握自己的命运(一九五五年十月二十七日)》,见《毛泽东文集》第6卷,人民出版社1999年版。

实现经济权利平等的前提是女性拥有在经济活动中的强大能力,因此,下一步的比例调整策略是显现并证明这种能力。在《人民日报》关于"半边天"的首篇报道中对女性的这种能力是持怀疑态度的,认为基于同工同酬而要求户内劳动任务沉重的女性在户外生产中和男性承担同样的工作量,是一种"不实事求是"的行为,会损害"半边天"的"健康和安全"。① 在此后的两年多时间中,在首篇报道中作为"湖南农村俗话"的"妇女是半边天"的说法没有出现在《人民日报》中,直到"大跃进"运动轰轰烈烈地展开。首篇报道中尊重男女体力差异的观点被彻底抛弃,在1958年10月关于"半边天"的第二篇报道中,湖南农村妇女在大炼钢铁中的卓越表现证明女性不仅可以参加农业和轻工业生产,还可以且应该进入"重工业生产":"至于妇女的体力能不能胜任重工业劳动,事实证明是可以胜任的。"② 这篇报道在一定程度上奠定了此后"半边天"形象塑造的基调,即便男女平等的能力在多种方面得到显现,但基于生理平等的体力能力一直是最具显示度的"基础性能力"。同时,这篇报道还基于重工业在当时经济活动中的崇高地位,形成女性与男性在其之"下"的各行各业也应该和能够平等的推论。直至1979年,"半边天"的作用领域才排除重工业,以农业、轻工业、商业和科学教育卫生等领域为主。③ 改革开放之后,女性的"能力"与"体力"之间的脱钩益发普遍,其内涵也相应地不断发生多元化的变化。

笼统地来看,从1958年至1979年间的大量报道广泛地显现出女性几乎在所有领域的实践中都能够与男性一起"共同劳动"。但通过其中隐含的身份分布和年代变化等信息,我们可以解读出调整策略的更为细微的逻辑变化。表1非常简明地展现出了"半边天"报道中女性身份的不同比重。从当时国家的人口和产业结构来说,"农民"的比例最高,与现实状况相符合。女性"工人"数量并不多,主要分布在轻工业中。正因其数量较少、工业又居于优势地位,女工人常常成为宣传活动所青睐的对象,相关报道量处于第三位。"干部"报道量高居第二,似乎与其实际人数极不相称,但有其合理性。新中国成立后的前30年间女性的几乎所有户内外活动都能归口到妇女运动这一

---

① 参见《保护农村妇女儿童的健康》,《人民日报》,1956年5月16日。
② 《不可忽视的生力军》,《人民日报》,1958年10月9日。
③ 参见华国锋:《在庆祝中华人民共和国成立三十周年招待会上的讲话》,1979年10月1日。

大框架中,妇联组织能够正常运作源自对女性干部培养的重视;即便在该组织停止运作时,基层妇女动员也必须依赖女性干部的积极参与。

表1 "半边天"报道中女性身份的比例(1956—1979)

身份	农民	干部	工人	家属	知识分子	军人	其他
比例	41%	24%	16%	8%	5%	3%	3%

在社会主义国家的意识形态中,干部、工人和农民之间在政治地位上存在着显著的差异。工人阶级领导着工农联盟,而干部多是共产党员,后者是工人阶级的先锋队。"半边天"的报道中有两类潜在的信息表现出了政治地位上的比例不断被抬高的变化。一是报道比例和现实比例的差异。与"大跃进"之前1957年的全国各行业两性人数比例相比,农民的报道比例接近于现实比例(41%)[1],工人的报道比例则稍高于现实比例(14%)[2],而干部的报道比例则远高于现实比例(8%)[3]。报道是现实的风向标,干部身份较高的报道比例显示出女性能力从经济领域向政治领域的转移。我们还可以在动态数据中清楚地观察到这一点。根据图1所示,"半边天"报道的女性身份中,与农民和工人相比,"半边天"的干部身份比例在形成之后再也没有中断,甚至在一段时间内报道量最大,并具有更长时间的延续性。

直接数据和间接数据都表明了在新中国成立后的前30年间,中国共产党和中国政府的确在努力地将理想的"半边"比例付诸实践。农业活动与女性传统户内劳动在空间上的紧邻状态,使其成为"半边"的有力证明者。工业活动对体力的较高要求,使其成为女性展示其生理能力的最佳领域。国家治

---

[1] 当时国家未统计参加农业生产人口的具体数据,我们根据两类间接数据进行计算。第一,在1949至1978年间,女性占总人口比例一直在48.04%—48.82%间变动(国家统计局人口统计司、公安部三局编:《中华人民共和国人口统计资料汇编(1949—1985)》,中国财政经济出版社1988年版,第2页);第二,女性(16—60岁)参加农业生产的比例迅速从1957年的60%—70%左右,上升到1958年的90%左右,1964年为95%,直至1987年,仍在85%—90%的高位(黄西谊:《中国当代社会变迁中农村妇女经济身份的转换》,《社会学研究》1990年第6期)。按前述数据,我们将农村人口中女性比例估算为48.5%,其中从事农业生产者的比例为85%,由此计算出从事农业生产人口中女性占比为41%左右。

[2] 参见中国社会科学院、中央档案馆编:《1953—1957中华人民共和国经济档案资料选编》综合卷,中国物价出版社2000年版,第1109页。

[3] 参见顾秀莲主编:《20世纪中国妇女运动史》中卷,中国妇女出版社2013年版,第250页。

理活动集中体现了政治权利的表达和政治权力的施行,参与其间的女性不仅能够在现实生活中"管理"男性,而且还直接将其身份升华至拥有国家"一切权力"的"人民"处。这从政治和社会的意义上补全了女性作为"半边"的能力。

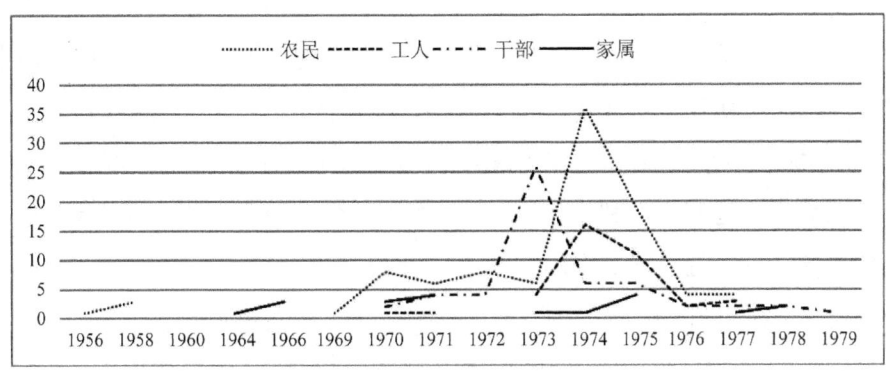

图1 "半边天"报道中女性身份的变化(1956—1979)

当然,"半边"理想的实践之路并不平坦,即便在当今世界也是个未竟的命题。有学者认为这条道路上存在的最大问题是女性一直处于一种相当被动的状态中:"被"与男性相比较,甚至和男性一起"被"消除了性别,成为一种"国家人"。① 这种观点比较容易造成国家和女性之间的对立,似乎前者是处于功利性的考虑而对后者施加普遍的强制。实际上,我们可以换一种视角去理解这一点:无论是女性的男性化,还是女性和男性的去性别化,都是一种"平等"话语被"解放"话语所替代的表现。② 按照妇女解放的理论,人类整体是在逻辑上(而非利益上)优先于女性(和男性)群体,所以两性都必须通过"权力"实践达成这一逻辑。虽然"男女平等"的话语经常与"妇女解放"同时出现,但前者极易令两性遗忘人类整体对他们的超越,从而执着于平均分配"权利"的实践。于是,对于相信并追求平等权利的女性(男性亦然)来说,她们也会积极主动地寻找并依赖权利的分配者。如果说干部、工人和农民努力成为"半边"的案例还不足以说明这一点——毕竟她们在意识形态中被赋予

---

① 参见谭深:《从"国家的人"到"自主的人"》,《东方》1996年第3期;左际平:《20世纪50年代的妇女解放和男女义务平等:中国城市夫妻的经历与感受》,《社会》2005年第1期。

② 参见王海洲:《背道而驰的妇女解放与性别平等:中国女民兵宣传画(1958—1978)的图像政治学分析》,《文化研究》第25辑,社会科学文献出版社2016年版。

了"主人"的身份,似乎本身具有一定的权利分配能力(当然是一种幻象),我们可以看另一个特殊的案例,即"家属"。"家属"虽然本身也是女性和妇女的代称①,但她们作为"从属"者无法成为真正的"半边"。扭转这种状况的方案是模仿其他"半边天",通过投身户外劳动以获取比家庭权利更高的社会权利。对于极度缺乏权利资源的她们来说,对国家权力的主动靠拢便是最为稳定和便捷的道路。图1显示"家属"报道分布在四个阶段中,且报道的内容非常集中(如"大庆职工家属"),显现出国家对之进行主动调节的明显痕迹。同时,通过梳理文本,我们也可以发现,几乎所有报道都强调这些家庭妇女们不仅主动放弃家庭和个人利益,而且主动学习毛泽东思想,最终成为"革命的家属",由此从国家处获得更多的权利。②

总之,在新中国成立后的前30年,国家基于妇女解放理论,运用国家权力对女性的权利比例进行了调节,使女性权利产生了差异化的分层状态。"半边"既不是应然的均分,也不是单一的女少男多,而是在不同领域和不同时期参差变动。在最为重要的两个方面,虽然有在经济领域建立劳动力"蓄水池"对女性进行动态管理的表现(如女性劳动人员比例的升降),但在政治领域的确在不断增高权利的"堤坝",显著提升了女性群体对抗伤害和偏见的能力。以专业知识和管理能力壮大"半边"的女性比例呈现出稳定的上升态势,这也为改革开放以来女性权利的调节提供了不容忽视的重要支持。

四、"天":妇女解放的政治空间

如今的人们已对"妇女能顶半边天"的说法耳熟能详,也普遍地认识到其中的"天"涵盖了国家、社会和家庭等各个领域中的所有类型的活动,但在新中国成立后的前30年间的"半边天"报道中,它出现的频率仅占7%左右。借用埃里克·霍布斯鲍姆的概念来说,这句口号在今天的流行是一种"传统的发明"。③ 要更加精确地把握"半边天"中"天"的含义,还需要回到当初的具体语境中。我们使用Nvivo(Pro 12)对349篇相关报道进行了词频分析,"妇

---

① 参见杨浦:《"家属"新论》,《人民日报》,1966年3月10日。
② 典型案例参见康国志:《大庆职工家属的标兵——薛桂芳》,《人民日报》,1966年3月3日。
③ 参见霍布斯鲍姆、兰格:《传统的发明》,顾杭、庞冠群译,译林出版社2004年版。

女""革命""主席""生产""社会主义"排在前五位,与我们前文的分析相符。但要更为精准地理解"天",还需要有针对性地把握与它相关的定语和谓语,其中前者描述了"天"的具体领域,后者描述了与"天"相关的行为特征。

表1展示出的"半边天"报道中的女性身份比例,已经部分地指出了"天"的主要领域是工农业生产和政治社会治理。这与毛泽东一贯视女性为一种"伟大的人力资源"有着极为密切的关系。① 国家话语最初吸纳"半边天"一词时,就已经强调了这一点。时任共青团中央书记处第一书记的胡耀邦在讲话中特别指出:"有人说,妇女力量大无边,顶着生产半个天。在我看来,这个估计还小了。应该说,我国妇女力量大无边,顶着整个伟大事业的半边天。"② 但是,通过对与"半边天"直接关联的词汇的梳理,我们发现,在1966年之前,被拔高为"伟大事业"的"天"仅在国家话语中昙花一现(出现2次)。在更多的报道中,"生产的"才是最为常见的定语。1966年之后的十余年间,"生产"(出现42次)之"天"的重要性继续延续。与此同时,"建设"(出现49次)之"天"也屡见不鲜,两者通常以"社会主义生产和建设"的形式一同出现。最主要的定语是"革命的"(出现93次),也就是说"革命"成为"天"最为重要的领域,常见表述是"社会主义革命"(出现27次),以及在特殊时期使用的包括"阶级斗争、生产斗争和科学实验"的"三大革命"(出现26次)。简而言之,"天"发生了内容从具体向抽象、层次从低向高的演化,这也与"半边"比例所发生的变化相互印证。在谓语方面,不具有情感色彩的"发挥"出现了177次,略超过一半;而体现出显著情感色彩的"顶"也有近三分之一,出现了108次。值得进一步关注的是"顶"的时态,其中超过半数是表达过去状态的"顶起"(出现65次)和"顶了"(出现2次),另有超过三分之一是表达未来状态的"能顶"(出现26次)和"要顶"(出现7次),表达现在状态的"顶住"和"顶着"最少,共计仅8次。针对"天"的谓语动词时态侧重于过去和未来,迎合了当时妇女政策的工作重心,即宣传妇女已经具有突出的能力和各项权利,并鼓励更多的妇女投身到社会主义新中国的生产建设和革命之中。由此,"半边天"的"天"与毛

---

① 参见毛泽东:《〈中国农村的社会主义高潮〉按语选(一九五五年九月、十二月)》,见《毛泽东文集》第6卷,人民出版社1999年版。
② 新华社:《妇女快马再加鞭 顶着跃进半边天 胡耀邦在首都"三八"广播大会上的讲话(摘要)》,《人民日报》,1960年3月6日。

泽东《七律·到韶山》诗中"敢教日月换新天"中的"天"形成了完美的并举：在社会主义新时代，新女性与新国家在能力和理想方面相辅相成。

在《人民日报》的报道语境中，"天"的定语和谓语直观地显现出国家和社会在女性行动领域上的要求和企盼。除此之外，报道中还潜藏着一些隐秘的数据，间接地显示出国家和社会的意图。我们发现有309篇（次）报道可以识别出全国和各省市的信息，如表2所示，前六名分别为北京、山西、河北、天津（1958年到1966年被划归河北省，但在报道中未影响排名）、湖南和吉林。其中湖南的数据较高，得益于它作为"半边天"一语的发源地，在早期被多次提及。在1966年之后，湖南掉出了前五名，但另五名的次序不变。这个排名侧面反映了当时妇女工作在很大程度上依赖于具有象征性的典型案例：第一，北京作为首都高居榜首，其妇女工作的实践对于其他地区来说具有示范效应，当然京津冀排在前列或许与新闻从业人员信息采集的便利程度也有一定关系；第二，山西与吉林进入前五，是因为大寨和大庆这两个农业和工业的典范分属两省，两地在产业上的示范效应也辐射到了妇女工作之中。

表2 全国和各省份"半边天"报道总次数和比例

省份	次数	比例	省份	次数	比例
全国	37	12.46%	福建	8	2.69%
北京	23	7.74%	陕西	8	2.69%
山西	23	7.74%	新疆	7	2.36%
河北	18	6.06%	甘肃	6	2.02%
天津	15	5.05%	江西	6	2.02%
湖南	14	4.71%	四川	6	2.02%
吉林	13	4.38%	安徽	5	1.68%
黑龙江	11	3.70%	广西	5	1.68%
湖北	11	3.70%	贵州	5	1.68%
江苏	11	3.70%	浙江	5	1.68%
上海	11	3.70%	内蒙古	3	1.01%
广东	10	3.37%	宁夏	3	1.01%
河南	10	3.37%	西藏	3	1.01%
辽宁	10	3.37%	海南	1	0.34%
山东	9	3.03%			

结合图2可以进一步发现,大寨所在的山西省是获得"年度冠军"最多的省份,且年度分布较为分散,而大庆所在的吉林省仅获得一次殊荣。这意味着,"农业学大寨"对于妇女工作来说更具影响力。结合前文关于女性身份和词频的分析,我们可以认为,在新中国成立后的前30年间,无论在理想意义上如何拔高"天"的应然领域,长时间尺度的数据显示出国家和社会实际上是"无意识地"将女性的地位和角色与农业生产联系在一起,这也符合当时女性在劳动空间选择上的现实状态。

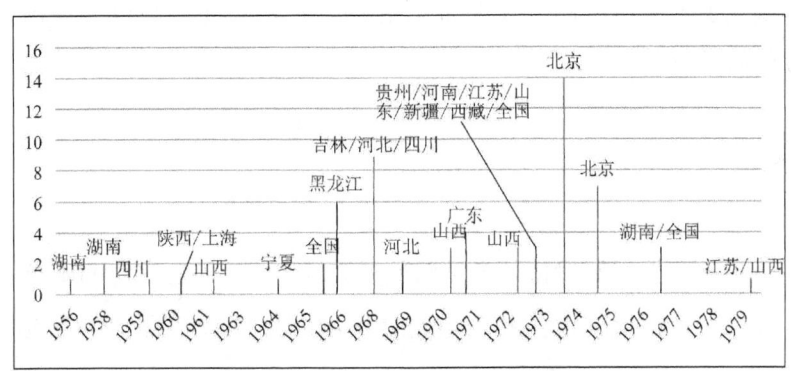

图2 历年"半边天"报道最多的省份

从省份数据上,我们发现了国家和社会似乎有"偏心":排在前列的多是淮河以北的省份,难道在妇女动员方面存在着地域失衡的潜在问题?

我们基于与行政区划有较为紧密关系的地理区划进行统计,发现数十年的"半边天"报道显示出了一种虽有差异,但比较均衡的状态:作为国家政治的核心区域京津冀(56次)、作为国家经济总体水平最高的区域华东(50次)和其他北方地区(剔除京津冀的华北和西北,共53次)构成第一阶,总量非常接近;而华中(35次)、东北(34次)和南方地区(西南和华南共计34次)构成第二阶,总量则相差无几。即便这个数据在很大程度上是"无意识"的结果,但至少能够在一定程度上说明,全国各地的妇女以比较均衡的状态接受了"半边天"象征的宣传教育和动员。

无论是"顶"还是"发挥",女性所能够介入的"天"的确发生了变化,从户内劳动转移到户外的生产建设,再到整个革命事业。生产建设不仅仅是一种经济实践,行业结构的调整及其对女性的要求,使其成为一种极为重要的政治实践。在其中,女性的解放既有赖于在经济意义上解决"娜拉"问题,更重要的是,还必须依靠在政治意义上明确女性与男性、国家乃至全人类的关系。所以,生产建设实际上成为一种女性解放的政治空间。从行政区划角度进行的分析揭示了"半边天"在地理空间中的存在状况,证明了国家和社会在女性地位和角色的界定方面,形成了一个均匀的中央—地方同心圆结构,不仅显现出全国层面的领导和首都的引领作用,也兼顾到了地方上的区域均衡和重点案例的示范作用。这种政治地理分布再次体现出了新中国在女性解放方面的特殊考量:强调国家的优先性不是对女性权利的压制,而是女性解放在理论和现实上的必由之路。相关报道的行政区划状况由此也展现出一种女性解放的政治空间。

五、结语

新中国的成立虽然保持了自然时间的连续性,但在政治时间上开启了一个新时代。女性民众的地位和角色也在新的制度体系和观念体系的影响和作用下,发生了实质性的变化。毛泽东时代的女性并未呈现出一种单调的刻板形象,而是由在妇女解放和男女平等方面的长时期政治实践赋予了显著的多样性。"半边天"被国家、社会和民众普遍地当作女性的象征,以其为人熟悉的体验整体性地映射着作为复杂概念的女性。《人民日报》作为当时最具影响力的、传播范畴最为广泛的媒体,其相关报道通过凝聚和宣传"半边天"的象征性属性,不仅展示出当时女性作为一种生理性别在新政权中的权利状态,而且为其解放之路指明了现实方向。《人民日报》的报道可被视作当时国家和社会之思维的文字表征,对其相关文本的分析,实际上是对国家和社会的"集体无意识"的挖掘。我们可以看到,女性作为和男性一样的人类的"半边",在经济和政治实践中的具体表现决定着两性权利比例的调整结果。绝对平等的理想具有积极的政治文化意义,为女性朝向这一蓝图的努力提供了强大的精神动力;动态调整的现实则基于新中国的国情,在必有其得失的摸索之中改善着女性获取其权益的能力和环境。在短短数十年间,女性头顶的权利空间和责任空间以难以想象的速度和力度发生了斗转星移的改变。从户内跨到户外,从生产建设到革命事业,不仅代表着中国妇女在政治发展上的巨大进步,同时也践行了马克思主义关于妇女解放的经典论断。这种融合理论与实践的伟大尝试,涉及一个庞大的国家有机体中数以亿万计的女性,为改革开放以来女性地位和角色的塑造奠定了基石。

虽然诸多领域的发展在新中国成立后的前30年和后40年表现迥异,但女性工作领域是少见的从内容和形式上都保持着延续性的重要领域之一。在此过程中,"半边天"这一概念本身的作用功不可没,它携带着革命时代的特征和信息,在改革时代的浪潮中依然如鱼得水。仅列一组数据予以说明:从1956年到1979年,《人民日报》中作为妇女象征的"半边天"的年均报道量是14.54次,而1980年到2019年《人民日报》相关主题的年均报道量是14.4次。即便在近10年来的网络空间中,"半边天"也保持着较高的受关注度,在百度指数关键词搜索趋势上,它不仅与"妇女解放"和"男女平等"这两个70年来妇女运动的核心概念保持着共振关系,而且囊括了几乎所有的峰值。当然,改革开放之后的"半边天"也展现出了其他的面相,更多数据的分析需另文专述。

本文基于"半边天"这一新颖的角度,整体性地梳理和揭示了新中国女性角色和地位的变化过程及其内在逻辑,为"新中国女性"形象的认知和塑造中国女性/妇女研究领域中最为重要和基础的议题提供了新的认识。它将政治学的分析带入该领域,通过促成两者间的对话扩展了彼此的研究空间。在其中,政治现象学理论的思维和方法在发现问题到分析问题的整个过程中,都发挥出了主导性的作用。当然,基于政治传播学材料的梳理,在历史视野中呈现中国现代国家建设的一个侧面,也为本文增加了些许政治概念/观念史和历史政治学的味道。这种在交叉学科和混合方法上的尝试,亦是响应了政治现象学的"初心"。

特约稿

"国民性"话语的建构

——以鲁迅与《支那人气质》之关系为中心

李冬木*

一、前言

"国民性"(nationality)问题意识及其话语,在东亚首先肇始于明治日本,并在"日清"(1894—1995)、"日俄"(1904—1905)两场战争期间,伴随着民族主义(nationalism)的高涨,衍生并固定为今日之所见汉字形态的"国民性"(kokuminsei)一词。几乎在同一时期的20世纪初,伴随着中国留日学生译介和著述的活跃,该词也被引入汉语中来,从而成为现今中文里的"国民性"(guominxing)一词。当然,无论在日本还是在中国,作为一种概念或问题意识,都要远远早于"国民性"这个词。例如,日本《明六杂志》里的"人民之性质"(ジンミンノセイシツ 人民ノ性质)、"气风"、"精神"就都是 nationality 或 national character 的翻译,在此后整合为"国民性"一词之前,日语里相继有"国风""民风""人民之性质""民情""民性""国""国体""民生""爱国""人民""人种""本国""国粹""国民主义""建国""国籍"等汉字词语用来表述这一

---

* 李冬木,日本佛教大学文学部教授。

概念。而在 20 世纪初对中国知识界产生绝大影响的梁启超(1873—1929)、严复(1854—1921)和章太炎(1869—1936)等人的文本中,一般是以"民气""国风""国性"等古词来表示——他们虽然都不是"国民性"一词在中国的最早使用者,却是中国最早获得这一概念并且产生问题意识的思想先驱者。关于"国民性"一词的现状、词源以及中日近代思想相关问题,笔者曾有专文探讨①,请参考为幸。

因此,就中国的"国民性"话语和思想建构而言,清末主要来自日本的"西学"和思想先驱者们的影响都是探讨的基本前提和精神史背景。就像在既往的关于"国民性"问题的研究当中所看到的那样。在此前提下,本文试对围绕鲁迅的"国民性"话语建构历程做出解析,并以羽化涩江保日译本《支那人气质》为中心,尝试在具体文本关联的语境当中,探讨"国民性"作为一种思想,其在"鲁迅"当中的生成机制问题。这既是个例,也与清末以来的"国民性"话语建构构成整体关联。至少在现实语言生活当中,"鲁迅"几乎是现今"国民性"话语的唯一承载者,也是把这一思想从清末民初传递到现在的最重要的传播者。在衔接历史的意义上,鲁迅(1881—1936)仍是一个讲述"国民性"的现役作家。

所以,这里首先有必要对与鲁迅相关的"国民性"话语建构进行一番整理。

二、"国民性"话语建构当中的"许寿裳问题"

(一) 从"弃医从文"的自述到许寿裳的回忆

在鲁迅与"国民性"关联的话语中,最著名的是他在《呐喊·自序》(1922)、《俄文译本〈阿Q正传〉序及著者自叙传略》(1925)和《藤野先生》

---

① 关于"国民性"一词的现状、词源以及中日近代思想的相关问题,请参阅笔者以下研究:《"国民性"一词在中国》,(日本)佛教大学《文学部论集》第 91 号,2007 年 3 月;《"国民性"一词在日本》,(日本)佛教大学《文学部论集》第 92 号,2008 年 3 月。又,两篇同时转载于《山东师范大学学报》(人文社会科学版)2013 年第 4 期,后集入李冬木《鲁迅精神史探源:"进化"与"国民"》,台北秀威资讯科技有限公司 2019 年版。

(1926)里关于自己因何"弃医从文"的自述。他在仙台医专解剖学的教室里，通过幻灯片，看到了在日俄战争中给俄国人做侦探的中国人被日军抓去处刑示众的情景，而赶来围观的又同样是一群中国人。同胞的麻木令他感到震惊，于是，"我的意见却变化了"①，与其通过医学拯救肉体，"我们的第一要著，是在改变他们的精神，而善于改变精神的是，我那时以为当然要推文艺，于是想提倡文艺运动了"②。——这便是众所周知的鲁迅"弃医从文"的动机。由于鲁迅此后的文笔生涯多与"改变精神"相关，故人们后来就把鲁迅"国民性思想"冠以"改造"二字，即以"改造国民性"来概括。把"国民性"问题作为鲁迅"文艺运动"之根本原点并做出最强有力阐释的是许寿裳（1883—1948）。他与鲁迅是同乡，也是留日时期的同窗，在教育部工作时期的同事，亦是鲁迅密切交往到最后的终生挚友。他在鲁迅逝世后写下的有关鲁迅的文章，被鲁迅研究史家称为"中国鲁迅学史上一部经典性的鲁迅回忆录"③，是中外鲁迅研究者公认的必读文献。而且，"即使在经过了半个世纪的今天，鲁迅研究的必读文献数量有增，但许寿裳文章所具有的第一等价值却没有改变"④。

在探讨和研究鲁迅思想，特别是鲁迅的"国民性"思想时，许寿裳在回忆中提到的他和鲁迅在日本东京弘文学院留学期间关于中国"国民性"问题所进行的讨论，几乎是所有论文和专著的必引文献。在20世纪70年代末80年代初开始的对鲁迅"国民性思想"展开的较大规模的集中讨论中，已经有研究者注意到了相关文献来自许寿裳的三篇文章。例如，吴奔星在当时发表的论文中既已指出：

> 许寿裳是宣讲鲁迅"国民性"思想的第一人。鲁迅逝世后，他曾三次回忆鲁迅与他讨论国民性问题：一次是一九三六年十一月八日鲁迅逝世后十九天，他写了《怀亡友鲁迅》一文；另一次是一九四四年十月鲁迅逝世八周年前夕，他写了《回忆鲁迅》一文；第三次大概是一九四五—一九

---

① 鲁迅：《朝花夕拾·藤野先生》，1926年，见《鲁迅全集》第二卷，人民文学出版社2005年版，第317页。以下鲁迅引用除特别注明外皆出自此版本。
② 鲁迅：《呐喊·自序》，1918年，见《鲁迅全集》第一卷，第439页。
③ 张梦阳：《中国鲁迅学通史》上卷，广东教育出版社2002年版，第433页。
④ 北冈正子：《〈我所认識的鲁迅〉に異議あり》，《関西大学中国文学会紀要》第17号，平成八年（1996）3月，第17页。

四六年,可能是鲁迅逝世十周年,他写了《办杂志、译小说》一文。这三篇回忆录,都介绍了鲁迅与他经常讨论的关于国民性的三个互相关联的问题。不同的是,第二篇文章把第二个问题"中国国民性中最缺乏的是什么"中的"中国国民性"改成了"中国民族"。①

然而,从文献的角度来讲,对此还应有进一步的补充,那就是这三篇文章来自"许寿裳"名下的两本书,即《亡友鲁迅印象记》和《我所认识的鲁迅》,前者1947年10月由上海峨眉出版社出版,成书于作者生前,人民出版社1953年再版;后者成书于作者死后,由人民文学出版社编辑并于1952年出版,1953年再版,到1978年又出了第三版。关于这两本书,自20世纪80年代以来直至今日,几乎每一个讨论问题的引用者所最有可能实际面对的文本,恐怕是人民出版社1953年的再版本《亡友鲁迅印象记》,以及人民文学出版社的1952年、1953年和1978年这三个版本中的某一版本或者全部版本的《我所认识的鲁迅》。

作为与鲁迅思想,尤其是与鲁迅"国民性思想"密切相关的"经典"文献,上述两本书中的许多相关内容在被数次引用的过程当中,从未产生过异议,直到北冈正子对其中的一本,即《我所认识的鲁迅》提出了自己的"异议"为止。

(二) 北冈正子的"异议"

1996年3月,北冈正子发表了《〈我所認識的魯迅〉に異議あり》一文,该论文中文版以《我对〈我所认识的鲁迅〉的异议》(黄英哲译)为题,发表在北京鲁迅博物馆《鲁迅研究月刊》1997年第4期(但由于存在着对原文的理解和用语习惯的微妙差别,笔者以下对该篇论文的引用没有采用现成的中文版,而是直接译自日语原文,凡引文后标注页码,均为上记《关西大学中国文学会纪要》页码)。在上面提到的两本书当中,北冈正子并没把前者,即《亡友鲁迅印象记》作为问题,因为从许寿裳"写在(他)遗留下来的原发表文章的订正和日记所记可以窥知","他平时对行文是很注意的",这个版本的各篇文章,"可以

---

① 吴奔星:《论鲁迅的"国民性"思想》,见鲍晶编:《鲁迅"国民性思想"讨论集》,天津人民出版社1982年版,第104页。

说都是经许寿裳最终校阅过的文章"(参见《纪要》,第18页)。——这里还要补充一句,笔者也在现在可能做到的范围内,依据手头有的《民主》杂志(上海),把许寿裳原发表在上面的4篇文章与人民出版社1953年再版本《亡友鲁迅印象记》进行了比较,结论是,至少在这4篇文章的范围内,没找到1953年再版本与原发表文章有不同之处。① 由此可知,不把这本书作为问题似乎是无妨的。

然而,问题出在后者,即《我所认识的鲁迅》一书。北冈正子在详细调查了该书的构成内容(例如把"不易见到"的台湾文化协进会1947年出版的,亦"经许寿裳最终校阅过"的《鲁迅的思想与生活》整书收入,"以至约占了全书页数的一半"的情况等)和三个版本的变动状况后,指出了以下问题:该书是许寿裳死后出版的,"因此,是九泉之下的许寿裳所并不知道的书"。"这次把《我所认识的鲁迅》里所收的文章,和原载刊物(报纸和书)以及收录这些文章的书籍进行对照比较,发现在内容上是有删除和改变的,其中有些部分被删除多达数十行。而这些当然都是经他人之手所为,并不反映著者的意志自无须赘言。"而"本稿的目的,就在于查清这其中的异同"(《纪要》,第18页)。

北冈正子为查清异同的"对照比较"作业付出了艰辛的劳动,亦取得显著成果,终于把《我所认识的鲁迅》里所收的文章和原载刊物之间所见"异同"制成一张完整的表格②,并对这些"异同"做出了基本概括:

> 此表中所见异同,有的是词汇和短句修辞的变更,有的是省略删除,少则短至词汇,多则长达数十行。前者在变更的结果上,多数场合没给

---

① 《民主》杂志为周刊,1945年10月13日创刊,郑振铎主编,发行人王丰年,发行所为"上海九江路民主周刊社",1946年10月31日出至54期停刊(据杂志上所标出刊日期)。此次用来比较的杂志为笔者私藏。许寿裳五篇文章的标题、发表期号和时为:Ⅰ.《亡友鲁迅印象记(一)》,内容为"小引""一 剪辫""二 鲁迅和屈原",第35期,中华民国三十五年(1946)6月15日;Ⅱ.《亡友鲁迅印象记(二)》,"三 杂谈名人",第36期,同年6月22日;Ⅲ.《亡友鲁迅印象记(三)》,"四《浙江潮》撰文",但是该期目录上没有本篇的标题和作者;Ⅳ.《亡友鲁迅印象记(四)》,"六 办杂志,译小说","七 从章先生学",第38期,同年7月6日;Ⅴ.《亡友鲁迅印象记(五)》,"八 西片町住屋","九 归国在杭州教书",第2卷第1、2期(总51·2期)合刊,同年10月10日。
② 详细内容参见该文文后"表二",《关西大学中国文学会纪要》第17号,平成八年3月,第22—35页。

表现的内容带来怎样的变化,但后者却在结果上招致了著者想要传递信息的消失或变化。……信息改变之所见,可大抵分为以下三点:一、与改造国民性问题相关之处;二、与体制所期待的鲁迅形象或鲁迅评价发生抵触之处;三、其他。(《纪要》,第35—36页)

在北冈正子所指出的"著者想要传递信息的消失或变化"的情况中,与本书讨论的问题直接相关的是"一、与改造国民性问题相关之处"。这也是笔者着重介绍这篇论文的主要理由。因为这已不是个别学者所遇到的个别问题,也不只是基本文献当中的个别词语的龃龉问题,而是涉及构成研究和立论前提的史实的真伪问题。因此,了解在"与改造国民性问题相关之处",许寿裳到底在哪些地方"经他人之手"被做了"并不反映著者的意志"删改,正是本书的一道不可缺少的手续。北冈正子对此的说明和调查结论如下:

早已有人指出,鲁迅自日本留学时期开始就认为改造中国的国民性是救国的紧急课题,而指出这一点的不是别人,正是许寿裳。这一点后来成了构成鲁迅文学思想的核心课题,倘读过他的著作,便都会对此有所感悟。许寿裳在回忆中谈到的他们二人在弘文学院学习期间经常在一起讨论改造国民性时的情形,作为许寿裳自身难以忘怀的记忆,不,是这个问题规定了他们二人此后的人生,而作为其起始,鲜明地留在了他的记忆里。鲁迅死后,许寿裳讲述的这一回忆,也是对他自身仍在持续进行的现在的问题的讲述。这是许寿裳在谈到鲁迅的文章里经常出现改造国民性问题的缘由所在。(《纪要》,第36页)

在与这一内容相关的范围内,北冈正子的调查所明示出的重要的"删除变更"有五处。以下按照"甲乙丙丁戊"的顺序标出:

甲、《王冶秋〈民元前的鲁迅先生〉序》
　　原　来——他深切地知道革命要先革心,医精神更重于医身体,
　　删改后——他深切地知道　　　　　　医精神更重于医身体,

乙、《回忆鲁迅》

　　原　来——对于(二)的探索,便觉到我们民族最缺乏的东西是诚和爱,

　　删改后——对于(二)的探索,当时我们觉得我们民族最缺乏的东西是诚和爱,

丙、《鲁迅的精神》

　　原　来——鲁迅提炼了中国民族一切传统的结晶,创造出这个阿Q典型。

　　删改后——鲁迅提炼了中国民族传统中的病态方面,创造出这个阿Q典型。

丁、同上

　　原　来——因为阿Q本身是一个无知无告的人,承受了数千年来封建制度的遗产,

　　删改后——因为阿Q本身是一个无知无告的人,承受了数千年封建制度的压迫,

戊、《鲁迅和青年》

　　原来——,义无反顾的。他在《出了象牙之塔后记》一文中说道:"历史说过去的陈述,国民性可改造于将来,在改革者的眼里,以往和目前的东西是等于无物的。"

　　删改后——,义无反顾的。_____

对于这五处"删除变更",北冈正子指出:

　　（甲）　会使人想起鲁迅在《呐喊·自序》里讲述的那个使他弃医从文的理由,即眼下第一要著是要改变只能做毫无意义的示众的材料和看客的"愚弱的国民"的精神。被删除的"革命要先革心",显示着在鲁迅思考的"革命"当中,国民之"心"的"革命"才是中心课题,如果将此删除而衔接前后,便消灭了放在此处的强调。

　　（乙）　是讲述二人在弘文学院讨论国民性时,对第二点(中国民族

|115|

缺乏的是什么)理由的思考。"便觉到……"被改为"当时我们觉得"。在中国的鲁迅研究中，有相当长的一段时期，鲁迅所提出的国民性问题被视为缺乏阶级观点，这一问题的研究作为"禁区"令人噤若寒蝉。插入"当时……"这一句，是否暗示着这是鲁迅青年时代的事，而并未持续到后来呢？

（丙）和（丁） 说的是对《阿Q正传》这篇小说的评价。这篇小说通过阿Q这个典型形象表现了改造国民性问题。把鲁迅从"中国民族一切传统的结晶"中创造出阿Q这一典型，改为从"传统中的病态方面"创造出这一典型；又，把阿Q承受了数千年来封建制度的"遗产"，改为承受了封建制度的"压迫"。经这一操作，在前者限定了阿Q这一形象的创造基础，而在后者，又只把被害者的一面付与阿Q，其结果使许寿裳关于《阿Q正传》的评价发生了改变。

（戊） 在于鲁迅说的要不断改造国民性这一文脉当中。被省略的是，引厨川白村《出了象牙之塔》之"译后记"，明确传递鲁迅的将来也不应放弃改造国民性之希望的这一层意思的部分。(《纪要》，第36—37页)

由于篇幅的限制，关于北冈正子的论文只能介绍到以上这些，详细内容还有劳读者去直接阅读原论文或者参看前面已经介绍过的中文译文。以上这五处"删除变更"的地方，都是与鲁迅的"国民性思想"有着直接关系的内容，笔者通过北冈正子耐心细致的阅读和周密的比较分析，获得了许寿裳回忆中有关这一问题言论的原始文本，以下关于许寿裳的问题提起和探讨都将以在此获得的原始文本为基础。

作为与此相关的一点，还另有几句话想要补充。既然北冈正子的工作其意义和价值在于还历史以本来面目的"正本清源"，那么至少在北冈正子工作的基础上，编辑和出版部门重新校订1978年版《我所认识的鲁迅》一书，将不难获得一个比较完整[①]的按照原始文本形态编辑起来的可以反映著者意志的

[①] 北冈正子说，据她所知，许寿裳在鲁迅逝世后所写的关于鲁迅的文章，除《亡友鲁迅印象记》之外有24篇，而最终收在1978年版《我所认识的鲁迅》当中的有19篇(参见《纪要》，第20页)。在这19篇当中，有一篇，即《鲁迅与民族研究》因未见原载杂志而没能进行对照(参见《纪要》，第23页)。

许寿裳回忆录,然而,令人遗憾的是,这项工作仍然做得很草率。笔者书架上有一套由鲁迅博物馆、鲁迅研究室、《鲁迅研究月刊》选编的六卷本《鲁迅回忆录》(分为"专著"上中下册和"文章"上中下册),1999年由北京出版社出版。许寿裳名下的两本书,收在其中的第一本,即"专著上"里。在第437页的《我所认识的鲁迅》的书名下,有加了括号的说明——"(据人民文学出版社1952年6月初版、1978年6月增订本排印。书中有几篇文章的内容经原编者删节,重要的删节现均据原文补足,用楷体字排出)。"但笔者把和这里所说的"用楷体字排出"的"重要的删节"和北冈正子论文里的"异同"表初步对照一下,发现有些地方是据原文补足了,而仍留下很多地方,特别是那些细微的地方并没有补足。例如,北冈正子指出的对《怀亡友鲁迅》一文的两大段删节(笔者合计,约有1500字左右),第一段是完整地补上了(第446—448页),但是第二段仍省略了最后一段不短的"附记",有中括号内编者曰——"[此文后附录许丹(许季上)悼鲁迅诗一首《哭周豫才兄》,从略——编者]"(第451页)。由此可知,应该"补足"的地方还是没有补足的。再对照上面详列的与"国民性思想"相关的五处,虽然甲、丙、丁和戊做了补足或改正,但是"乙"却没改正,仍作"当时我们觉得"(第487页)。由此可知,应该改正的地方也并没都被改正过来。笔者不理解现在的编者所认为的"重要的删节"其标准是什么,难道原编者所做的那些"重要的删节"之外的其他删节和更改就不重要吗?既然还存在着没补足和没改正过来的地方,那么也就不能说"均据原文"了。或许《鲁迅回忆录》的编者没有看到北冈正子的论文(尽管这篇论文正像上面所介绍的那样,其中文版曾在《鲁迅研究月刊》上发表过),或者看到了却并没细读,也没把细读的结果彻底落实在文本的订正上,致使《我所认识的鲁迅》在收录于《鲁迅回忆录》的这最新一次的出版处理中,成为一个订正得不彻底的草率的版本。换句话说,这个版本在还原原始文本面貌这一点上,仍不是一个值得信赖的版本。

(三)"许寿裳"的可能性及其界限

在许寿裳回忆录的文本问题被澄清之后,便可以进入下一个讨论了。这里要提出的问题是,许寿裳的回忆在既往鲁迅"国民性思想""探源"的研究中是怎样被解读的?具有怎样的意义?而与本书又将构成怎样的关系?笔者想通过对这一经典文献的再认识的作业,力图把握这一具体历史文献在解释历史时的可能性及其界限。

首先,要来看一下许寿裳在回忆中关于鲁迅和他的"国民性"问题讨论到底谈了些什么。前面已经介绍过,许寿裳在三篇文章中谈到过这件事。根据北冈正子的研究,可以获得其中两篇文章的原始文本,它们是收在《我所认识的鲁迅》当中的《怀亡友鲁迅》和《回忆鲁迅》,这在前边已经介绍过了,见下面(1)和(2);另一篇文章是收在《亡友鲁迅印象记》里的《办杂志、译小说》,经笔者直接查对原发表杂志,确认与收集后的文章同,故也获得了原始文本,见下面(3)。三篇文章里的相关部分,按照发表的时间顺序排列,便呈现以下形态:

(1)《怀亡友鲁迅》(《新苗》第11期,1936年11月16日)中的相关部分。

鲁迅在弘文时,课余喜欢看哲学文学的书。他对我常常谈到三个相联的问题:一,怎样才是理想的人性?二,中国国民性中最缺乏的是什么?三,它的病根何在?这可见当时他的思想已经超出于常人。后来,他又谈到志愿学医,要从科学入手,达到解决这三个问题的境界。我从此就非常钦佩:一个矿学毕业的人,理想如此高远,而下手工夫又如此切实,真不是肤浅凡庸之辈所能梦见的。学医以后,成绩又非常之好,为教师们所器重。可是到了第二学年春假的时候,他照例回到东京,忽而"转变"了。

"我退学了。"他对我说。

"为什么?"我听了出惊问道,心中有点怀疑他的见异思迁,"你不是学得正有兴趣么?为什么要中断……"

"是的,"他踌躇一下,终于说,"我决计要学文艺了。中国的呆子,坏呆子,岂是医学所能治疗的么?"

我们相对一苦笑,因为呆子、坏呆子这两大类,本是我们日常谈话的资料。

(2)《回忆鲁迅》(《新华日报》,1944年10月25日)

一九〇二年我和鲁迅同在东京弘文学院预备日语,却是不同班,也不同自修室,他首先来看我,初见时谈些什么,现在已经记不清了。有一天,谈到历史上中国人的生命太不值钱,尤其是做异族奴隶的时候,我们相对凄然。从此以后,<u>我就更加亲近</u>,见面时每每谈中国民族性的缺点。因为身在异国,刺激多端,……我们又常常谈着三个相联的问题:(一)怎样才是理想的人性?(二)中国民族中最缺乏的是什么?(三)它的病根何在?对于(一),因为古今中外哲人所孜孜追求的,其说浩瀚,我们尽可择善而从,并不多说。对于(二)的探索,<u>便觉到</u>我们民族最缺乏的东西是诚和爱,——换句话说:便是深中了诈伪无耻和猜疑相贼的毛病。口号只管很好听,标语和宣言只管很好看,书本上只管说得冠冕堂皇,天花乱坠,但按之实际,却完全不是这回事。至于(三)的症结,当然要在历史上去探究,因缘虽多,而两次奴于异族,认为是最大最深的病根。做奴隶的人还有什么地方可以说诚说爱呢?……唯一的救济方法是革命。我们两人聚谈每每忘了时刻。

(3)《亡友鲁迅印象记 办杂志、译小说》(《民主》第38期,1946年7月6日)

鲁迅在弘文学院的时候,常常和我讨论下列三个相关的大问题:
一 怎样才是最理想的人性?
二 中国国民性中最缺乏的是什么?
三 它的病根何在?
他对这三大问题的研究,毕生孜孜不懈,后来所以毅然决然放弃学医而从事于文艺运动,其目标之一,就是想解决这些问题,他知道即使不能骤然得到全部解决,也求于逐渐解决上有所贡献。因之,办杂志、译小说,主旨重在此;后半生的创作数百万言,主旨也重在此。

从时间上来说,(1)《怀亡友鲁迅》作于"一九三六年十一月八日鲁迅逝世后十九日"[1],与(2)《回忆鲁迅》的作于"一九四四年十月"[2]相距8年,而与(3)

---

[1] 许寿裳:《我所认识的鲁迅》(第2版),人民文学出版社1953年版,第17页。
[2] 许寿裳:《我所认识的鲁迅》(第2版),人民文学出版社1953年版,第23页。

《亡友鲁迅印象记　办杂志、译小说》的发表日期(写作日期不详)1946年7月6日相距近10年。如果要在这有近10年时间跨度的三篇文章里,寻找一个"最大公约项",那么便是鲁迅和许寿裳"在弘文学院的时候",关于"国民性"话题里的三个问题。可以说,这是许寿裳记忆最深而且也是最想强调的部分。尽管因时间的推衍记忆总会发生一些微妙的变化,但正如以上所见,不论事情过去30多年还是40多年,这个"公约项"的内容却几乎毫无改变,唯一的不同之处,仅仅是(2)当中的第二条,把(1)和(3)里的"中国国民性"替换成了"中国民族",而(3)里第一条,在"理想"之前加了一个"最"字而已。

　　在笔者所查阅的相关论文和研究专著中,对许寿裳回忆里上述材料的处理,几乎都采取了接受"最大公约项"的方式,即只抽取话题的时间和地点以及话题的内容,作为一个单纯的史实来使用。[①] 因此,在材料的引用上显得十分方便,几乎用不着进行相互间的比较和对照,随便抓到哪一种便都可以证明相同的问题:鲁迅早在弘文学院期间就已开始思考"国民性"问题。至于"最大公约项"当中的诸如"中国国民性"与"中国民族"之类的细微差别,开始还有人注意,如在前引吴奔星的论文中就用来作为"国民性"与"民族性"意思相同的证据[②],但到后来乃至现在,这种细微的不同则已经被完全无视了。就是说,"最大公约项"已经变成不必再去思考的一种"常识"。

　　笔者不是说这一"最大公约项"作为史实值得怀疑,也不是说引用这一史实并且作为一种常识来对待不对,而是要指出,这一史实在引用者那里也同样没获得相应的"过滤"处理,以至于使"常识"在专业刊物上也变成"非常

[①] 关于笔者所查阅的引用许寿裳回忆的论文和专著,具体篇目名称因包括在书后所列的参考文献里,在此只列作为主要出处的书刊页码。参见鲍晶编:《鲁迅"国民性思想"讨论集》,天津人民出版社1982年版,该讨论集中提到或引用许寿裳的篇目有20篇,页码分别为第21、24、27、41、56、65、84、104、128、146、176—177、193—194、221、239、250、273、292、321、346、359—360页;上海文艺出版社编:《鲁迅研究集刊》,上海文艺出版社1979年版,第91—92页;西北大学鲁迅研究室编:《鲁迅研究年刊(1981)》,第157页;鲁迅研究学会《鲁迅研究》编辑部编:《鲁迅研究》第3辑,中国社会科学院出版社1981年版,第136、140页;鲁迅研究学会《鲁迅研究》编辑部编:《鲁迅研究》第10辑,中国社会科学院出版社1987年版,第44页;北京鲁迅博物馆编:《鲁迅研究月刊》2002年第2期,第70页;北京鲁迅博物馆编:《鲁迅研究月刊》2002年第5期,第15页;北京鲁迅博物馆编:《鲁迅研究月刊》2002年第9期,第6页;北京鲁迅博物馆编:《鲁迅研究月刊》2003年第12期,第32页。
[②] 参见吴奔星:《论鲁迅的"国民性"思想》,见鲍晶编:《鲁迅"国民性思想"讨论集》,天津人民出版社1982年版,第104页。

识"。笔者看到一篇关于鲁迅国民性思想"探源"的文章,其中有惊人之笔:"在仙台学医时,他和友人许寿裳讨论过'怎样才是理想的人性?中国国民性中最缺乏的是什么?它的病根何在?'等三个问题。"[①]这里所见到的对许寿裳原话的不规范引用以及更为严重的作为史实的时间和地点的错误,也恰恰说明许寿裳所提供的这一史实,在被引用的过程中已经变得无关紧要,它只是史实的一种机械的复制,是一种抽象的符号,论者不再认真面对作为自己立论前提的构成史实的材料。

笔者几乎找不到把许寿裳的话作为一个对象来加以讨论的论文,在这个意义上,北冈正子的论文是一个例外。正像上面所介绍过的那样,这篇论文不仅根据原载文章订正了《我所认识的鲁迅》一书中被删改的文本,亦进一步指出了改造"国民性"也正是许寿裳在回忆时所讲述的他自己现在正继续坚持的问题。[②] 这是颇具洞见之言。在继承这一点的前提下,笔者还想进一步分析一下许寿裳的言论并提出自己的看法。

就整体而言,上面所列的三段文字,除了作为"最大公约项"的部分之外,在接下来的内容里,文字变动较大,因此,所谈事情,侧重点以及所传递的整体信息都是不尽相同的。

第一,从事情的角度看,(1)接下来所谈的是鲁迅从东京去仙台学医,又从仙台返回的经过,注重史实过程的回顾,而(2)和(3)则是对在弘文学院时所讨论问题的看法和议论,表明的是许寿裳所正在思考的问题。

第二,从问题的侧重点来看,(1)所强调的解决方法是"科学",即"要从科学入手,达到解决这三个问题的境界";(2)所强调的方法是"革命",即"唯一的救济方法是革命";(3)所强调的方法是文艺,即"办杂志、译小说"。笔者以为,这三者可能都是鲁迅在同一时期考虑到的,但它们在许寿裳的回忆里却化解为侧重有所不同的强调。

第三,"三个相联的问题"是两个人之间的话题这一点不成问题,但是拥有方式却不一样。(1)是"他对我常常谈到三个相联的问题",也就是说,话题是由鲁迅提起的,而且"常常"提起,回忆者许寿裳当时还主要是这个话题的

---

① 程致中:《鲁迅国民性批判探源》,北京鲁迅博物馆编:《鲁迅研究月刊》2002年第10期,第5页。
② 参见前出北冈正子对问题的说明(《纪要》,第36页)。

听者;在(2)里,这种话题的提起者和参与者的关系,虽然有了一些淡化,如"有一天,谈到……"这样的主语不明的表述方式,但在被删改以前,还是可以感受到两个人相对话题的主次位置的,如"从此以后,<u>我就更加亲近</u>"便说明许寿裳在听到这一话题后受到了鲁迅的吸引以及他对鲁迅的态度。后来,这句话被改为"从此以后,<u>我们就更加接近</u>,见面时每每谈中国民族性的缺点",就在客观上改变了两者对这一话题的持有方式。到了(3)时,是"常常和我讨论",从中已经看不到话题的提起者和参与者的主次关系了。笔者以为,这是研究者认为鲁迅和许寿裳在进行"讨论"的由来。但笔者对此有不同的看法,认为是先到日本半年的周树人把自己对这个话题的所感所想对后来者说,引起后来者的兴趣并且也参与进这个话题里,但这个话题成了后来鲁迅的终生实践课题,而对许寿裳来说,是到鲁迅死后,重新来看鲁迅时,才重新认识到的重要问题,是结合现实对鲁迅的一种理解和解释。

第四,与上一点相关,三段话的后半部分所传递的整体信息大不相同。(1)重在讲述鲁迅的思想在当时"已经超出于常人"——这也可以证明许寿裳对当时"周树人"的话题不大懂,或者至少是感觉到新鲜的,因此周树人处处令他感到惊讶:一个矿学毕业的人,能够想到这些问题,能够想到科学,能因此而去学医,又能够因此而弃医从文……(2)是重提8年前在回忆中谈到的那些话题,重点在于对话题中的三个问题本身进行补充和讨论,其中谈到的缺乏"诚和爱"以及"两次奴于异族"的原因,都是在(1)和(2)里见不到的内容。(3)是许寿裳最后一次提到这个话题,也是在缺少资料的情况下,应许广平的"回忆之文,非师莫属"的邀请写作的①,但在某种意义上,也可以说是从鲁迅整个生平的角度对前两次所提到的这个话题的意义进行概括,即"后半生的创作数百万言,主旨也重在此"。

那么,上述差异在人们接受许寿裳,或者说通过许寿裳去思考鲁迅时具有怎样的意义呢?笔者以为,要完全回答这一问题可能还需要一段时间,但至少从目前已知的情况看,这些差异之处甚至比"鲁迅在弘文学院期间常常谈论有关国民性的三个相关的问题"这一相同的事实本身更加重要。因为除

---

① 许寿裳:《亡友鲁迅印象记(一)》"小引",除许广平的邀请之言外,还说,"可惜现在身边没有《鲁迅全集》,有时想找点引证,多不可得,这是无可奈何的!"《民主周刊》第35期,1946年6月15日,第885页。

了在细节上更有助于具体层面的思考——就像张琢把许寿裳中的"科学"这一细节纳入自己的分析过程后所思考的那样:"不过,学医从科学入手来解决三个问题,这在当时又是很独特的。"①——之外,这些差异,实际是通过不同的细节,不同的角度以及微妙的变化,把对"国民性"问题的提起,纳入了对鲁迅一生工作的整体评价中来:

> 他对于这文艺运动,——也就是对于国民性劣点的研究,揭发,攻击,肃清,终身不懈,三十年如一日,真可谓"鞠躬尽瘁,死而后已"。这是使我始终钦佩的原因之一。(《怀亡友鲁迅》,1936年)②
>
> 他的舍弃医学,改习文艺,不做成一位诊治肉体诸病的医师,却做成了一位针砭民族性的国手。他的创作和翻译约共六百万字,便是他针砭民族性所开的方剂。(《鲁迅与民族性研究》,1945年)③
>
> 他对这三大问题的研究,毕生孜孜不懈,后来所以毅然决然放弃学医而从事于文艺运动,其目标之一,就是想解决这些问题,他知道即使不能骤然得到全部解决,也求于逐渐解决上有所贡献。因之,办杂志、译小说,主旨重在此;后半生的创作数百万言,主旨也重在此。(《办杂志、译小说》,1946年)④

这些才是许寿裳最想说的话。应该说,许寿裳这种独特的"国民性"论的鲁迅观,可谓知心之论,他指出了鲁迅的真正价值所在,亦为展示和发掘这种价值留下了一个巨大的充满可能性的课题,即鲁迅究竟怎样有了关于"国民性"这种想法,他为这一想法一生都做了哪些? 而20世纪80年代以来对这一课题的探讨,堪称"鲁迅"的再发现,使一直被纳入在体制内解释的"鲁迅",再次存在于从那时起不得不进行改革的体制之外;而且,当改革一旦停止,"鲁迅"便再回不到体制中去。不过,这已是另外的话题了。

因此,只有在接受许寿裳上述话语的前提下,弘文学院时的三个相关的

---

① 张琢:《中国文明与鲁迅的批评》,桂冠图书股份有限公司1993年版,第162页。
② 许寿裳:《我所认识的鲁迅》(第2版),人民文学出版社1953年版,第10页。
③ 许寿裳:《我所认识的鲁迅》(第2版),人民文学出版社1953年版,第50页。
④ 《民主周刊》第38期,1946年7月6日,第966页。

问题才具有实际意义,那就是,"国民性"是鲁迅"毕生孜孜不懈"的课题,而对这一课题的探讨和研究,早在弘文学院时代就开始了。换言之,在一个"终身不懈,三十年如一日"的课题持续过程中,弘文学院时的三个相关的问题只是一个开端、一个起点、一个时间的符号和一种问题意识的标签。作为问题,它们还都很抽象,很狭窄,还承载不下人们在后来的"鲁迅"身上所理解和把握到的那些内容,所以,也就理所当然地不能当作完成形态的"鲁迅"来解读。否则,起点即终点。这就是笔者认为的"许寿裳"文献在解释历史时的界限所在。

(四)许寿裳问题之后的研究进展

以许寿裳的回忆为前提探讨鲁迅"国民性"的问题文章很多,但绝大多数文章处于重复状态,而且又大多把这一关于"国民性"思考当中的"起点"问题混同于国民性思想本身,故缺少实质性推进。例如,倘若进一步追问,是什么促使了当年的鲁迅和许寿裳展开"国民性"问题的讨论呢?即便是这样一个基本问题,却始终见不到有成果的探讨。故北冈正子在通过"异议"正本清源之后所做的对"鲁迅、许寿裳国民性讨论"之"引发"的探讨便是一项引人注目的研究。北冈正子经过常年细致调查研究发现,鲁迅和许寿裳当年在弘文学院就国民性问题所做的讨论,实际是他们在学期间,校长嘉纳治五郎(Kanou Jigorou,1860—1938)和当时同在弘文学院留学、年长而又是"贡生"的杨度(1875—1931)关于"支那教育问题"的讨论之"波动"的结果。① 这是首次将"鲁、许"二人的讨论还原到历史现场的作业,从而为鲁迅国民性问题意识的产生提供了一个具体的环境衔接。这是许寿裳问题之后的重要成果之一。

"国民性"问题意识,在当时有着很大的时代共有性,在一个人思想当中,其能升华为一种理念,当然还会有很多复杂的促成要素,例如梁启超的"新民说"及其由此带动起来的思想界与鲁迅改造国民性思想生成之关系就是一个很大的问题。不过,问题意识和理念是一个方面,要将它们落实到操作层面,

---

① 参见北冈正子:《もう一つの国民性論議——魯迅・許寿裳の国民性論議への波動》,《关西大学中国文学会纪要》第10号,1989年3月。后以《六 嘉納治五郎 第一回生に与える講話の波紋》为题,集入同作者《魯迅 日本という異文化なかで——弘文学院入学から"退学"事件まで》(关西大学出版部平成十三年〔2001〕版)一书。该文中文译文,参见北冈正子:《另一种国民性的讨论——鲁迅、许寿裳国民性讨论之引发》,李冬木译,《吉林大学社会科学学报》1998年1期。

即熔铸到创作当中,就非得有具体的现实体验和丰富的阅读不可。那么,这就涉及另一个引申问题,即是什么培养了对"国民性"的观察意识,促使鲁迅进一步思考,并为他的思考提供可资借助的观察视角和创作素材呢?

鲁迅在《阿Q正传》成功后谈自己的体会时说:"要画出这样沉默的国民的魂灵来,在中国实在算一件难事,因为,已经说过,我们究竟还是未经革新的古国的人民,所以也还是各不相通,并且连自己的手也几乎不懂自己的足。我虽然竭力想摸索人们的魂灵,但时时总自憾有些隔膜。"①这段话里流露的苦衷向来不大为研究者所注意。人们以为,因为鲁迅是中国人,对中国人自然了解,再加上因为是"鲁迅",所以写出像《阿Q正传》那样的剖析国民灵魂的作品,便是理所当然的,就像他们认为,"吃人"的故事,在中国众所周知,更何况还是"鲁迅"因而无须"乃悟"的激活一样。鲁迅这段话直言他与作为自己同胞的"古国人民"的"隔膜",并把自己的创作视为"摸索人们灵魂",寻求了解和沟通"手"与"足"的实践行为。在如此思考和观照的视域下,关于中国国民性的记述引起阅读兴趣并成为一种观察对象,便是顺理成章的事。

例如,美国传教士阿瑟·亨德森·史密斯(Arthur Henderson Smith, 1845—1932)所著《中国人气质》(Chinese Characteristics)一书,便是其中的一种。鲁迅文本中有四处提到该书,按照时间顺序排列,它们分别是:

(甲) 1926年7月,《华盖集续编·马上支日记(七月二日)》

(乙) 1933年10月27日,致陶亢德信

(丙) 1935年3月,《且界亭杂文二集·内山完造作〈活中国的姿态〉序》

(丁) 1936年10月,《且界亭杂文末编·"立此存照"(三)》

如果综述一下鲁迅的意见,那么他认为这本书对中国人的特性抓得准,也影响到了明治以来日本人的中国观,在攻击中国的弱点方面,"亦较日本人所作者为佳",只得翻译出来给中国人看。尤其是最后一次谈到这本书时,是在他死前一个星期左右,他仍然不忘向中国人推荐这本书,说:"我至今还在希望有人翻出史密斯的《支那人气质》来。"可见此书与鲁迅的关系之深。不过研究者注意到鲁迅与史密斯的关系并作为问题展开研究,则是鲁迅死去40多年以后的事。

---

① 鲁迅:《集外集·俄文译本〈阿Q正传〉序及著者自叙传略》,1925年,见《鲁迅全集》第七卷,第84页。

最早提到鲁迅论史密斯的是孙玉石1979年发表的论文,题为《鲁迅改造国民性思想问题的考察》,却只有一句话:"如鲁迅曾多次提到的美国传教士斯密士(A. H. Smith),曾留居中国五十年,写了《中国人的气质》一书,极力污蔑中国的'民族性',产生了极为恶劣的影响。"①而真正把"鲁迅与斯密斯"的关系作为问题提出并且展开探讨的,是翌年发表的张梦阳《鲁迅与斯密斯的〈中国人气质〉》一文。②该论文的修改版又于1983年1月发表在《鲁迅研究资料》第11期③上。十几年后的1995年,敦煌文艺出版社出版了张梦阳、王丽娟合译自史密斯英文原著的中译本,书名叫作《中国人气质》④。书前有唐弢的序,书后有张梦阳写的两万多字的《译后评析》——这是在此前论文的基础上,结合译本进一步细化和充实的产物,并且从中可以知道,这项研究曾得到了一些知名学者的支持。

张梦阳的研究和翻译,在肯定鲁迅的"改造国民性"思想所具有的现实意义的前提下,明确了与这种思想的形成密切相关的"借鉴"问题,即鲁迅"关于改造中国国民性的许多重要思想都与《中国人气质》有着密切的关系","鲁迅从20世纪初叶在日本留学时就认真阅读了这本书,……从中借鉴了许多正确的意见"。这项研究对此后相关研究具有引领之功,是承接许寿裳问题的又一项实质性推进。据笔者截止2018年的不完全统计,光是后来发行的《中国人气质》中译本,就有近50种之多,参与到"国民性"问题讨论中来的论文和书籍更多。鉴于张梦阳的研究论文、翻译以及长篇《译后评析》在当时和后来在鲁迅研究领域所具有的开创意义和影响,笔者愿意在此将其作为一种"范式"看待,以作为研究史上的一种标记。

(五) 涩江保日译本问题的提出

张梦阳正式提出了"史密斯与鲁迅"的关系问题,并且通过将史密斯的英文原著译成中文而进行"史密斯与鲁迅"的文本比较,确立了一种"史密斯与鲁迅"的认知范式,而这种认知范式一旦摆到以东西方关系为主轴的近代文

---

① 上海文艺出版社编:《鲁迅研究集刊》第1辑,1979年4月,第88页。
② 参见西北大学鲁迅研究室编:《鲁迅研究年刊(1980)》,第208—217页。
③ 北京鲁迅博物馆鲁迅研究室编:《鲁迅研究资料》第11期,1983年1月,第316—351页。
④ 2005年又由新世界出版社重印修订版,改名为《中国人的德行》。

化论的层面来时,便很自然地拓展为所谓"西方与东方"的认知结构。继张梦阳之后,张所提出的这种"史密斯与鲁迅"＝"西方与东方"的认知结构,被无条件地复制下来,成为该课题探讨的一种范式。请看一下几个例子:

(甲)孙郁《鲁迅与周作人》:"<u>一个外国传教士,一个中国启蒙者</u>,对同一客体所进行的相近的精神凝视,无疑是人类文明史上动人的一页。洋人启示了我们的先驱者,使他从域外的火把中,窥清了几千年历史漫长的黑洞,他又不畏苦难之途,自抉其心,孤独地前行着,仿佛一个天使,在苦海里、荆丛里毫不犹豫地挣扎、搏击着,心头的信念从未消失过。这是文明史上何等激动人心的图景!读过了史密斯与鲁迅的作品,你便会感动于文化殉道者的伟大。<u>东西方智者的仁爱与慈悲之心,便于这样的交汇中,凝固成一种不朽与永恒</u>。"①

(乙)刘禾著作二种:"虽然斯密思的书只是国民性理论在中国人中传播的众多渠道之一,这恰巧<u>是鲁迅国民性思想的主要来源</u>。"②

(丙)冯骥才《鲁迅的功"过"》:鲁迅改造国民性思想＝西方殖民主义话语。③ 冯文发表后引起学术界的激烈论争,作为鲁迅研究界的一次"事件",这场论争中的一些主要发言,都已经被分别收进"世纪末"和"世纪初"的两本论争集里。④ 这不属于学术研究,至多只属于"社会舆论",但却是"国民性"问题、"鲁迅与斯密斯"的问题、萨义德"东方主义"等问题等的外化形式。

(丁)范伯群、泽谷敏行《鲁迅与斯密斯、安冈秀夫关于中国国民性的言论之比较》⑤,这篇论文虽也以张梦阳论文及其译本为起点,但涉及文本比较的范围及其影响关系的延伸上都超过了前者,因此,也被载入鲁迅研究史当中。⑥ 其

---

① 孙郁:《鲁迅与周作人》,河北人民出版社1997年版,第118页。
② 刘禾:《跨语际实践——文学、民族文化与被译介的现代性(中国,1990—1937)》,宋伟杰等译,生活·读书·新知三联书店2002年版,第73页。又,同样的内容也收在另一本书中,刘禾:《语际书写——现代思想史写作批判纲要》,上海三联书店1999年版,第三章。
③ 参见冯骥才:《鲁迅的功"过"》,《收获》2000年第2期。
④ 参见高旭东编:《世纪末的鲁迅论争》,东方出版社2001年版。陈漱渝主编:《谁挑战鲁迅?——新时期关于鲁迅的论争》,四川文艺出版社2002年版。
⑤ 范伯群、泽谷敏行:《鲁迅与斯密斯、安冈秀夫关于中国国民性的言论之比较》,北京鲁迅博物馆编:《鲁迅研究月刊》1997年第4期。
⑥ 参见张梦阳:《中国鲁迅学通史》上卷·一,广东教育出版社2001年版,第十一章"90年代鲁迅研究学理精神的反思与升华",第646页。其评价的主要之点是"着重对斯密斯的《中国人气质》、安冈秀夫的《从小说看来的支那民族性》及鲁迅的有关言论与作品,进行了细密的文本对照和比较分析"。

实,这篇论文还有一点更大的贡献没被史家所发现,那就是涉及安冈秀夫的"言论"部分都首次直接来自日文原文,不仅通过原文重新审视了安冈秀夫原作的内容,也在此基础上,重新检证了鲁迅对安冈秀夫的评价,并且指出"中国《鲁迅全集》注释者"把安冈秀夫的《从小说看来的支那民族性》注释为"'是一本诬蔑中国民族的书'(《全集》第三卷,人民文学出版社1991年版,第338页)。'书中对中国民族肆意进行诬蔑。'(《全集》十二卷,人民文学出版社1991年版,第246页)"——"不符合鲁迅的原意"①。然而,也正是在文本操作上,这篇论文亦同样留下了遗憾,即无条件地接受了张梦阳论文所设定的"鲁迅与斯密斯"这一框架下的文本范式②,致使本来可以到手并且极有可能获得过滤处理的日译本"《支那人气质》"这一史实再次被遗漏。据作者之一的泽谷敏行在他稍早些时候的硕士论文的"后记"里说,他本来可以找到1896年涩江保翻译的《支那人气质》,但因为语言老化,理解上费时间,所以就用了1940年白神彻的译本;但当看到张梦阳、王丽娟的译本出版后,受到了打击,自认那个填补空白的愿望被大大缩小了③,于是,读者也就看到,当论文公开发表时,"斯密斯"名下的文本,已经换成中译本了。

    由此可见作为一种研究范式的巨大影响力。尽管张梦阳已经注意到在史密斯与鲁迅之间有日译本的存在,并且强调鲁迅当年读到的,"当然是涩江

---

① 范伯群、泽谷敏行:《鲁迅与斯密斯、安冈秀夫关于中国国民性的言论之比较》,北京鲁迅博物馆编:《鲁迅研究月刊》1997年第4期,第42页。
② 参见范伯群、泽谷敏行:《鲁迅与斯密斯、安冈秀夫关于中国国民性的言论之比较》,北京鲁迅博物馆编:《鲁迅研究月刊》1997年第4期,第48页。附记:"关于斯密斯《中国人气质》的译文,引用张梦阳、王丽娟的译作,敦煌1995年版。关于安冈秀夫的《从小说看来的支那民族性》的译文,是由本文作者之一——泽谷敏行翻译的。"
③ 承蒙泽谷敏行先生的惠赠,笔者得到了他当年在苏州大学时的硕士论文《鲁迅与斯密斯、安冈秀夫等人关于中国国民性的言论之比较》〔鲁迅とスミス、安岡秀夫等との中国民族性についての語録比較〕(1996.8.15)。如标题所示,这篇硕士论文是中日文两种文本的合订本;规格为A4电脑打印稿,其中中文版部分页码通排,共35页,日文版部分共46页("论文概要"1页,正文38页,附录7页)。该论文在导师范伯群指导下作成,又在此基础上,经导师整合润色,联名发表在《鲁迅研究月刊》1997年第4期上。关于论文中所涉及的比较文本,中文版"后记"(第25页)写道:"1896年羽化·涩江保翻译的斯密斯的《支那人气质》虽然能够找到,但因为语言老化(日文版后记〔第38页〕里,此处还有'理解に手間取る'一句,即'理解上费时间'之意——李冬木注),所以就用了1940年白神彻的译本。在那以后,1995年12月张梦阳、王丽娟翻译的中译本出版了。这对我来说是一个打击。因为那个填补空白的愿望被大大缩小了。"由此可以清楚地看到,在文本的选择上,作者是如何由1896年涩江保的日译本到"1940年白神彻的译本",再到张梦阳、王丽娟译本的过程的。

保的日译本,而非英文原本"①,但由于实际用于比较的是英文版或基于英文版的汉译,就使得日译本没有进入探讨范围,以至在同一范式下的研究都没将日译本作为讨论的对象。例如刘禾在哈佛大学燕京图书馆"意外发现"1903年作新社出版的汉译本《支那人之气质》——作为史料发掘,这在研究史上是了不起的贡献——并且知道该译本是来自涩江保的日译本《支那人气质》,却并没有深究这两个文本与鲁迅的关联,而仍然持续了"史密斯与鲁迅"的范式。

笔者并不否认在近代文化方面的"东方与西方"的认知范式,但主张在应用这一普遍原理之前,应以基本史实为前提。鲁迅当年阅读的并非史密斯的英文原著,而是涩江保的日译本,这一基本史实在上述研究中几乎没有经过思考的过滤。换句话说,所谓"史密斯与鲁迅"的关系,是通过涩江保的日译本来构筑的,在走向"史密斯与鲁迅",进而是"东方与西方"这种宏伟的殿堂之前,涩江保的日译本就是一道必须要履行的基本手续。这是笔者把《支那人气质》一书作为问题提出的主要理由。另外,正如上面所提到的那样,既然已知作新社的中译本的底本乃是涩江保的日译本而非英文本,这就更增加了日译本所具有的历史分量。②

笔者关于涩江保日译《支那人气质》的研究开始于1997年,是以张梦阳的研究为契机所做的进一步思考和探索。重心从英文本转移日译本,通过对后者出版机构、时代背景和时代氛围的调查和对译者涩江保的身世的追踪,还原周树人当年所置身的历史现场,并通过这一现场来寻找他与"史密斯"的真实关联;最后是聚焦到日译本文本本身,通过与鲁迅文本的对照,实证两者的胶结,由此来见证鲁迅如何建构他的国民性话语,以及涩江保的"史密斯"在这个过程当中所发挥的作用和所具有的意义。其阶段性成果如下:

《关于羽化涩江保译〈支那人气质〉(上)》(1998年2月)

---

① 史密斯:《中国人气质》,张梦阳、王丽娟译,敦煌文艺出版社1995年版,第283页。
② 笔者最早是通过刘禾的《语际书写——现代思想史写作批判纲要》(上海三联书店1999年版)一书获知作新社译本的,2005年夏天从哈佛燕京图书馆购得该书缩微胶片。今年9月又于北京喜得黄兴涛校注本《中国人的气质》(中华书局2006年版)。但笔者对黄的校注本有两点保留:(一)既然是校本而非重译,那么称《中国人的气质》便不确,应用原名《支那人之气质》(或扉页书名《支那人气质》);(二)版权页标"书名原文"为"*Chinese Characteristics*"亦不确,因为该中译本非直接译自英文版,而是译自日文版,故"书名原文"应叫做《支那人気質》才准确。笔者以为,这两点也能说明校注者亦是在"史密斯与鲁迅"="西方与东方"的认知结构中来思考问题的。

《关于羽化涩江保译〈支那人气质〉(下)》(1998 年 8 月)

《〈支那人气质〉与鲁迅文本初探》(1999 年 2 月)

《"乞食者"与"乞食"——鲁迅与〈支那人气质〉关系的一项考察》(2005 年 3 月)

《"从仆"、"包依"与"西崽"——鲁迅与〈支那人气质〉关系的一项考察》(2006 年 3 月)

《鲁迅怎样"看"到的"阿金"?——兼谈鲁迅与〈支那人气质〉关系的一项考察》(2007 年 7 月)

以上各篇集入《鲁迅精神史探源:"进化"与"国民"》[①]一书当中。最后一篇发表于 2007 年,距今已有十几年,不过,在这个期间也还是陆陆续续地做,而且笔者指导过的佛教大学函授硕士研究生山本勉也加入进来,自然在研究方面又有了新的进展和发现。因此,以下将概述已经发表过的内容,而详述后来增补却未发表过的内容。

(六) 版本问题:原作、日语版、中文版

2008 年笔者在哈佛大学燕京学社做访问学者期间,基于自己的调查,就 Chinese Characteristics 穿越于东西之间的版本问题,做了一个报告,题为《美国、日本、中国——一本书的旅行和一个认知空间的建立》(中国文化研讨会第二十三届年会"文化空间与族裔认同",2008 年 12 月 7 日)。2019 年我在吉林大学又以《一本书的百年旅行》(鲁迅精神史探源系列讲座之二,2019 年 9 月 12 日)为题,对版本问题做了进一步的补充。兹归纳如下:

原作者 Arthur Henderson Smith,中文通常翻译成"阿瑟·亨德森·史密斯",系美国公理会派遣到中国去的第 8 位传教士,中文名叫明恩溥、明恩浦、明恩普。1872 年来华,先后居住过天津、枣庄、庞家庄等地,从事传教、慈善、医疗、教育等方面的活动,同时也不断在上海《字林西报》(North China Daily News)及其附赠版《北华捷报》(North China Herald)上发表文章。1905 年辞去教职,留居通州写作。1926 年返回美国,1932 年在加利福尼亚去世。他在华生活 54 年,熟悉下层人民生活,热爱中国,是最早向美国总统老罗斯福

[①] 李冬木:《鲁迅精神史探源:"进化"与"国民"》,秀威资讯科技有限公司 2019 年版。

建议退还中国庚子赔款的人。著有多种关于中国的书籍,《中国人的性格》(Chinese Characteristics)是其中之一,1890年首次在上海出版,系他来华第18个年头的作品。

以下按时间顺序,简列各已知版本问题如下:

(1) Chinese Characteristics　　SHANGHAI: "NORTH-CHINA HERALD" OFFICE, 1890

此系初版,是作者将自己发表于《字林西报》和《北华捷报》的若干文章整理后的结集。

(2) Chinese Characteristics　　NEW YORK: FLEMING H. REVELL COMPANY, 1894

此系第二版(second edition),即"修订插图版"(revised with illustrations)。由于初版后来很难见到,所以不少研究者误将此认作初版。此后在世界各地的流转传播,主要是这个纽约版。

(3)『支那人氣質』　東京:博文館,明治二十九年(1896)十二月　米国　アーサー、エチ、スミス著,日本　羽化澁江保譯

此系以下要详细展开的内容。

(4)《支那人之氣質(支那人氣質)》　上海:作新社,光绪二十九年(1903)八月　著者　美國斯密斯,譯者兼發行者　作新社

书版权页表记"著者"为"美国斯密斯",但底本却是博物馆的涩江保日译本。关于该书,我们将放在后面讨论。

(5)『欧米人の極東研究』　東京:大日本文明協会事務所,大正元年(1912)十月　編輯兼發行者　大日本文明協会　非賣品

这是笔者近来的最新发现。该书编著者实为思想史学者煙山专太郎(1877—1954)。全书由"第一篇"八章和"第二篇"四章构成,548页。其第八章"支那人の性格"当中的第三节"スミスの支那國民性研究"以29个标题,几乎全译了纽约版Chinese Characteristics,因此,可认为是史密斯在日本的第二个译本。

(6)《民族特性与民族卫生》,上海:商务印书馆,民国二十八年(1937)七月　潘光旦 著

全书由五篇构成,其第二篇《中国人的特性》标题之下,以15个分标题选

译了史密斯纽约 27 章当中的 15 章。这也是首次译自英文原书的中文版。

(7)『支那的性格』,東京:中央公論社,昭和十五年(1940)三月　A. H. スミス著　白神徹訳

这是第三个日译本。全书 471 页。据"译者前言",该译本是"阿瑟·亨·史密斯 *Chinese Characteristics* 的全译本,底本采用一八九四年的增订本";在译出之际,"参照了德译本 *Chinesische Karakterzüge von A. H. Smith, 22 Jahre Mitglied der Amerikanischen Mission in China, Deutsch frei bearbeitet von F. C. Dürbig. Würzburg. 1900.* 以及明治二十九年博文馆发行的羽化涩江保译《支那人气质》"。①

※『支那人氣質』,東京教材社,昭和十五(1940)年　カール・クーロ著,関浩輔譯

该书与上记白神彻的日译本同年出版,或许因为书名的缘故,不断被研究者误以为是史密斯原作的另一种日译本②。但该书与史密斯及其原著完全无关,是另一原作者的另一本书,正如封面日文所标,作者名"カール・クーロ",即卡尔·库罗(Carl Crow)。另据顶端横排英文:

Carl Crow
　　AUTHOR OF "400 MILLION CUSTOMERS"

可知卡尔·库罗(Carl Crow)是《四亿顾客》一书的作者。又,在该译本的版权页之后,有东京教材社出版的 *400 MILLION CUSTOMERS* 日译本广告,书名为《支那的四亿顾客》(支那四億のお客さま),译者神保民八。另据高岛俊男调查,关浩辅译成日文的《支那人气质》,其原书有英国版和美国版,而且书名不同,前者为 *My Friends, the Chinese*,后者为 *The Chinese are like*

---

① 参见《譯者まえがき》,见 A. H. スミス:《支那的性格》,白神徹译,中央公论社昭和十五年(1940)3月版,第 1、4 页。
② 王国缓:《〈中国人的特性〉百年掠影》,北京鲁迅博物馆编:《鲁迅研究月刊》1998 年第 12 期,第 53 页;黄兴涛:《美国传教士明恩溥及其〈中国人的气质〉——部他者之书的传播史与清末民国"国民性"改造话语》,见明恩溥:《中国人的气质》,黄兴涛校注,中华书局 2006 年版,第 24 页。

that,两者均于 1938 年出版。①

(8)《中国人气质(附〈译后评析〉)》,敦煌文艺出版社 1995 年版 〔美〕史密斯著,张梦阳、王丽娟译

正如前面介绍过的那样,该译本出版后带动了"外国人眼中的中国人"出版热和研究热,到目前为止,据笔者的不完全统计,仅 *Chinese Characteristics* 一书就有近 50 种中译本。2006 年中华书局出版了以作新社 1903 年《支那人之气质》为底本的校注版,即:

(9)《中国人的气质(Chinese Characteristics)》,中华书局 2006 年版〔美〕明恩溥(Arthur H. Smith)著,黄兴涛校注

最后,作为相关信息,还应该提到最新出版的日译本:

『中国人的性格』

Arthur Henderson Smith,Chinese Characteristics,Revell,1894 日本語全訳

石井宗晧・岩崎菜子訳,中公叢書,中央公論新社,2015 年 8 月 25 日

本体 373 頁(題名・目次・凡例・27 章・18 枚原書写真),訳注 354 条,36 頁;訳者解説・訳者あとがき・その注記(9 条)62 頁;索引 6 頁;合計 478 頁

由于该译本是在吸收了近 20 年间中日两国翻译和研究成果基础上制作的,因此也可以说是日本学界与中国学界研究互动的结果。

三、明治时代的博文馆

(一) 博文馆在明治时代的出版业绩

在谈日译本的文本情况之前,有必要对与《支那人气质》出版有关的情况做一个简单的介绍。

---

① 高島俊男:《独断! 中国関係名著案内》,东方书店 1991 年版,第 74 页。

1896年,按日本当时的年号,为明治二十九年。上文已经提到,这一年十二月,博文馆在史密斯原著出版两年后,出版了涩江保的日译本。

博文馆是日本近代史上最著名的出版社之一,由大桥佐平(Ohashi Sahei,1835—1901)于1887年(明治二十年)在东京本乡创办,1947年(昭和二十二年)休业①。在60年的历史中,博文馆以出版发行大量图书杂志及其形成的巨大影响,在日本近代出版界,构筑了被《日本大百科全书》称之为"博文馆时代"②的一段历史。

从坪谷善四郎(Tsuboya Zenshiro,1862—1949)《博文馆五十年史》③提供的资料可以看出,博文馆最辉煌的时期乃是它的前半期,即明治启蒙时代。当初,创出"博文馆"这块牌子的还仅仅是一本叫作《日本大家论集》④的杂志,其性质和20世纪80年代以来在中国大量发行的"报刊文摘"很相似,专门在当时广泛发行的各种学术、时事评论以及大众杂志上网罗各个领域的言论大家的文章和各种轶闻趣事。这本杂志不仅因其读者众多而使博文馆3年后在出版界一举跨入"跃进时代"⑤,而且也奠定了博文馆在未来出版事业上的基本性格。正像《日本大家论集》创刊号上所提示的内容范围那样,博文馆此后在涉及"政学、法学、经济、文学、理学、医学、史学、哲学、工学、宗教、教育、卫生、劝业、技艺"等广阔的领域内,接二连三地创办发行了大量杂志,也出版了包括各种单行本、丛书、百科在内的大量书籍。据笔者根据《博文馆出版年表》⑥所做的统计,到明治时代结束时的1912年(明治四十五年)7月末为止,博文馆在创立后仅仅25年的时间里,共发行杂志70种⑦,出版图书单行本

---

① 今东京尚存"博文馆新社"和"博友社",号称直系或旁系,但已都不具备1947年解散以前的博文馆的性格。
② 小学馆:《日本大百科全书》,1996年,SONY DATA Discman DD‐2001。
③ 坪谷善四郎:《博文馆五十年史》,博文馆昭和十二年(1937)版,"非卖品"。——所谓"非卖品",即非公开出售之出版物。笔者所用原书系关西大学图书馆馆藏。
④ 《日本大家論集》"第一编"即创刊号,明治二十年六月十五日发行,有英文刊名 *The Collection of Essays by Eminent in Japan*。
⑤ 参见坪谷善四郎:《博文馆五十年史》,第二编"出版界躍進時代"。
⑥ 坪谷善四郎:《博文馆出版年表》,附于《博文馆五十年史》书后,第1—128页。
⑦ 包括明治时代委托发行的六种杂志。而从明治二十年(1887)到《博文馆五十年史》出版的昭和十二年(1937)为止,50年间,博文馆共出版杂志82种。

1685种①,出版各种"丛书""全书""百科"等系列130套,2376本②,前后两项合计,共出版书籍4061种。即使把一部分单行本在丛书中重复出版的情况考虑在内,其数量仍是相当可观的。顺便应该提到,这个仅在明治年间出版书籍的数字,已经远远超过了日本小学馆《日本大百科全书》(1996年版)所介绍的从1887年到1947年博文馆共出版图书"约三千点"③的数字。

在如此大量的出版物当中,留下了许多不仅在当时风靡一时,而且亦为后来提供有关明治、大正、昭和时代资料的许多著名杂志和图书。如在明治年间发行的70种杂志中,发行年限长达24年以上的大型杂志就有7种。这7种杂志是——《太阳》,1895年(明治二十八年)1月至1928年(昭和三年)2月,持续33年2个月;《文艺俱乐部》,1895年(明治二十八年)1月至1933年(昭和八年)1月,持续38年1个月;《少年世界》,1895年(明治二十八年)1月至1933年(昭和八年)1月,持续38年1个月;《中学世界》,1898年(明治三十一年)9月至1928年(昭和三年)5月,持续29年9个月;《女学世界》,1901年(明治三十四年)1月至1925年(大正十四年)6月,持续24年6个月;《幼年画报》,1906年(明治三十九年)1月至1935年(昭和十年)12月,持续30年整;《少女世界》,1906年(明治三十九年)9月至1931年(昭和六年)10月,持续25年2个月。其中,《太阳》和《文艺俱乐部》都是明治时代最具有社会影响力的著名杂志,前者为大型综合月刊,每期200页,包括临时增刊在内,共出34卷531册,17万5千页④,先后有坪谷善四郎、高山樗牛(Takayama Chogyu, 1871—1902)、鸟谷部春汀(Toyabe Shuntei, 1865—1908)、浮田和民(Ukita Kazutami, 1859—1946)、长谷川天溪(Hasegawa Tenkei, 1876—1940)等人担任主笔,并网罗各个领域的知名人士或执笔或协赞,诚如博文馆史作者所言,

---

① 近似值,不包括每一种当中的实有册数。从明治二十年(1887)8月到昭和十一年(1936)3月博文馆共出版单行本2569种,其中明治年间(1887.8—1912.7)为1680种,大正年间(1912.8—1926.12)为635种,昭和年间(1927.1—1936.3)为254种,可见绝大多数单行本是在明治年间出版的。
② 自明治二十二年(1889)6月到昭和八年(1933)9月,博文馆共出版各种"丛书""全书""百科"等183套,3092本(种),其中明治年间(1889—1912)为130套,2396本(种),大正年间(1912—1926)为40套,566本(种),昭和年间(1926—1933)为13套130本(种)。
③ 小学馆:《日本大百科全书》,1996年,SONY DATA Discman DD-2001。
④ 该数值据CD-ROM版近代文学馆电子复刻版《太阳》,八木书店出品。

该杂志"倾博文馆之全力,其创出世也,令全国读书人哑然"①;后者为大型文艺月刊,每期250页,包括临时增刊在内,共出607册,创刊当初得到了以尾崎红叶(Ozaki Koyo 1867—1903)为首的著名文学团体"砚友社"②同人作家巌谷小波(Iwaya Sazanami,1870—1933)、川上眉山(Kawakami Bizan,1869—1908)、江见水荫(Emi Suiyin,1869—1934)、石桥思案(Ishibashi Shian,1867—1927)、大桥乙羽(Ohashi Otowa,1869—1901)、广津柳浪(Hirotsu Ryuro,1861—1928)、山田美妙(Yamada Bimyo,1968—1910)等人的支持③,刊载过许多堪称明治时代代表作的作品。

除了《太阳》和《文艺俱乐部》以外,上列7种长期发行的杂志中的其余5种都是面向幼儿和青少年的杂志,可以从中窥知明治二三十年代以后日本在幼儿、青少年以及女子启蒙教育方面的普及程度和持续性力度。在这些面向幼儿和青少年的杂志中,最著名的是童话作家巌谷小波担任主笔和编辑的《少年世界》。这本杂志连同不久以后创刊,亦同样由巌谷小波任主编的《幼年世界》《幼年画报》《少女世界》,可谓日本近代童话乃至日本近代儿童文学的摇篮。可能由于巌谷小波是"砚友社"成员的缘故,所以上述"砚友社"同人作家的名字也多见于早期的《少年世界》,但真正把这个世界支撑到底,并成为明治时代日本"少年读物之权威"④的则是巌谷小波本人。除了杂志以外,仅在巌谷小波名下的出版物就有《日本民间传说》[日本昔嘶](明治二十四年

---

① 坪谷善四郎:《博文馆五十年史》,第94页。
② 砚友社,日本近代最早的文学社团。1885年由尚在东京大学预备校就读的尾崎红叶、石桥思案、山田美妙和在高等商业学校就读的丸冈九华等人组成,发行《我乐多文库》杂志,针对当时政治小说的盛行,强调自己"艺术主义"。后来又有巌谷小波、川上眉山、江见水荫、大桥乙羽、广津柳浪等人加入,成为以尾崎红叶为核心的影响明治文坛和舆论界的一大势力。
③ 关于博文馆与砚友社的关系,《博文馆五十年史》有如下说明:
　　其顷之创作界,虽有坪内逍遥、幸田露伴、福地樱痴等诸大家各雄视一方,但以团体而风靡文坛者,却是以尾崎红叶为盟主的砚友社。其社友有巌谷涟山人(即巌谷小波——李冬木注)、川上眉山人(即川上眉山——李冬木注)、江见水荫、石桥思案、渡部乙羽(即大桥乙羽——李冬木注)、广津柳浪、山田美妙(此人后独立)、武内桂舟等诸氏。而广津柳浪氏在博文馆创业当时入馆,后转入中央新闻,但依然持续寄稿;江见水荫氏不仅是创业以来的寄稿家,亦和武内桂舟氏同是准馆员;渡边乙羽氏因尾崎红叶氏之媒妁而为大桥家之养子;巌谷涟山人亦入为馆员;殊因乙羽氏为博文馆与砚友社间之连锁,不断斡旋故,砚友社员之全体殆寄好意于本馆,给予直接间接之援助,使博文馆在发展上获得至大之便利。(参见坪谷善四郎:《博文馆五十年史》,第101—102页。)
④ 坪谷善四郎:《博文馆五十年史》,第101页。

〔1891〕)二十册、《日本童话》[日本お伽噺](明治二十四〔1891〕年)二十四册、《世界童话》[世界お伽噺](明治三十二年〔1899〕)一百册、《世界童话文库》[世界お伽文庫](明治四十一年〔1908〕)五十册。

包括巖谷小波这样的多套多卷本系列童话在内,就像前面所提到的那样,博文馆在明治时代出版的各种"丛书"和"文库"等有130种,它们不仅是日本后来出现的各种所谓"大系"的大型系列出版物的先河,亦在当时就与各种杂志遥相呼应,构成了近代图书的出版奇观。如《通俗教育全书》[通俗教育全書](一百册,明治二十三年〔1890〕)、《帝国文库》[帝國文庫](五十册,明治二十六年〔1893〕)、《续帝国文库》[續帝國文庫](五十册,明治三十一年〔1898〕)、《帝国百科全书》[帝國百科全書](二百册,明治三十一年〔1898〕)等都是非常著名的,说这些大型系列图书构成了明治时代的关于"近代"的知识基础亦毫无过分之虞。

(二) 明治书生记忆里的博文馆

生方敏郎(Ubukata Toshiro,1882—1969)的《明治大正见闻史》①,在通过一个民间人士的视角来记录明治、大正史的意义上,可谓日本近代文学史上一本不可多得的随笔名著,具有任何一本正史都无法取代的价值,至今在例如东京都"江户东京博物馆"的解说词里仍经常出现《明治大正见闻史》里的内容,以作为亲历者的证词。② 在这本书的略带讥讽的口吻里毫不经意地映射出的"博文馆",也许更能说明博文馆在当时的一个青年书生眼里是怎样的一种存在。例如在谈到"日清战争"后的都会时,浮现在"都会"和"乡下"之间的,便正是由博文馆的出版物所构筑的一座"桥梁":"都会里,荣光赫赫的军人们使镶着金辫带的礼服灿烂夺目。都会里,暴发户在增加。企业勃兴,经济界生龙活虎,新的文明正从横滨码头上陆。我们虽住在乡下,但也能通过报纸(时事和国民)和博文馆的杂志读到战后新气运新文明的消息,被都会

---

① 生方敏郎:《明治大正见闻史》,春秋社大正十五年(1926)版。本书所用文本为中央公论社文库本,昭和五十三年(1978)初版。
② 例如在笔者写作该章之际所见的"東京都江戸東京博物館第2企画展'都市と騒擾の記憶—日比谷焼き打ち事件—'"(平成十六年〔2004〕11月9日—平成十七年〔2005〕1月10日)展览,其中就日俄战争后数万民众聚集在东京日比谷公园,为反对批准日俄媾和条约而发生暴动一事所做的介绍,便直接引用了生方敏郎的见闻。

文明弄得头晕目眩,憧憬向往着都会的天空。"①

而那些因为读了"博文馆的杂志"而向往都会的年轻人,当他们在20世纪初陆续从日本各地的乡下来到东京读书时,便迅速融入了一种与后来迥然有别的时代氛围中来。

  记得是明治三十四(1901)年的事,那时发生了一场骚乱,在日比谷的空地上,法学院的学生和济生学舍的学生双方各出上百人,拉开架势要打群架,闹得警察也大为棘手。但即使是在这种时候,我记得好像也没什么人受伤。总之是没死一个人。在刚好是夹在日清战役和日俄战役之间的这一时代的学生当中,有很强的义勇奉公的国家观念,拿他们和今天的学生相比,虽有天壤之别,但他们在私斗方面却没有胆量,性格淳朴天真,脸皮薄而情感脆弱。也许是那时还没有电影这类东西以实物来传授不良行为的缘故。我们梦想着自己成为汉尼拔、梦想着成为纳尔逊,梦想着成为拿破仑或华盛顿,也梦想着成为成吉思汗,但恐怕没有一个人梦想自己去充当恶汉去和侦探较量。如此想来,亦可省察今天的电影和帝国议会在青年之风教上有怎样的毒害。②

这里讲述是的20世纪初东京的学生,按照年代来论,就是明治三十年代的学生,他们是在与后来的大正年代的学生进行对比的行文中出现的,作者的用意显然是要用他们的"义勇奉公"来批评眼下大正时代的世风日下自不待言,不过却可以从中清楚地获知明治三十年代的学生梦想中的英雄具体都有哪些人物。拿破仑(Napoleon Bonaparte,1769—1821)、华盛顿(George Washington 1732—1799)、成吉思汗(1162?—1227)亦为今人所熟知,不必多说,汉尼拔(Hannibal,公元前约247—公元前183?)是迦太基(Carthage)名将,在公元前218年开始的对罗马战争(第二次布匿战争)中,于各地连破罗马军团,并在意大利南部的康奈(Canne)战役中创造了以少胜多的著名战例。这个人物在西方的典籍里很有名,但与近年人们所熟知的雷德利·斯科特(Ridley Scott)导演的美国同名电影《汉尼拔》(*Hannibal*,2001)的主人公没有

---

① 生方敏郎:《憲法発布と日清戦争》,见《明治大正見聞史》,第54—55页。
② 生方敏郎:《明治時代の学生生活》,见《明治大正見聞史》,第74—75页。

"国民性"话语的建构

直接关系。霍雷肖·纳尔逊(Horatio Nelson,1759—1805)是英国海军史上著名的将军,至今在伦敦的特拉法尔加广场(Traflgar square)仍有他的纪念碑,1793年以后,在与法军的作战中,先后失去右眼和右臂,1798年全歼法国舰队,1805年全歼法国、西班牙联合舰队,本人也在后一战役中阵亡。这个人物近年来在中国,也像在明治时代的日本那样,正在受到喜欢军事的爱国青年们的欢迎——就像上面所记述的那样,这些明治学生梦想中的英雄,留在了生方敏郎的个人记忆史中,而赋予他们梦想并又化为他们记忆的那些共同底本,则可认为是博文馆同时代的出版物。博文馆成立的第4个年头,即明治二十三年(1890)3月到4月,博文馆出版了一套大型人物系列丛书,叫作"世界百杰传"[世界百傑傳],从第一编到第十二编,共12卷,每卷约300页,定价为当时日元12钱①,作者北村三郎(Kitamura Saburo,即川崎紫山 Kawasaki Sisan,1864—1943)。上述的那些英雄都收录在这套丛书当中,成吉思汗(铁木真)在第一编,拿破仑和纳尔逊在第三编,汉尼拔在第八编,华盛顿在第十一编。② 而在明治三十二年(1899)1月出版的三十六卷本"世界历史谭"[世界歷史譚]系列丛书里,这些人物又都分别以单卷的形式排列其中,其顺序为:(第五册)大町芳卫(Omachi Yoshie,1869—1925)著《汉尼拔》[ハンニバル]、(第八册)岛田文之助(Shimada Bunnoshuke,生卒年不详)著《纳尔逊》[寧爾遜]、(第十三册)福山义春(Fukuyama Yoshiharu,生卒年不详)著《华盛顿》[華聖頓]、(第二十二册)土井晚翠(Doi Bansui,1871—1952)著《拿破仑》[ナポレオン]、(第二十四册)大田三郎(Oda Saburo,生卒年不详)著《成吉思汗》[成吉思汗]。由此几乎可以断定,明治三十年代年轻学生关于世界杰出人物的知识基础,与博文馆的上述出版物有着直接的关系,是博文馆提供了可以让一个时代产生梦想的那些英雄的素材。生方敏郎在叙述当年

---

① 参见坪谷善四郎:《博文馆五十年史》,第58页。
② 据《博文馆出版年表》(附于《博文馆五十年史》书后),相关各编内容如次:
　　第一编　鉄木真・釈迦牟尼・コロンブス・ヂスレリー・グラドストン・ヘーゲル・老子・武田信玄・上杉謙信・張騫][第三編　拿破崙一世(拿破仑)・ネルソン(纳尔逊)][第八編　漢武帝・フレデリッキ・宇文泰・メヘメットアリー・カブール・施耐庵・曲亭馬琴・ダンチアリゲーリ・韓信・ハンニバル(汉尼拔)・白楽天・シエクスピア][第十一編　ワシントン(华盛顿)・織田信長・ウヰリヤム大帝・親鸞・マホメット二世・陸放・芭蕉翁桃青・トルストイ・ダーウヰン。

梦想中的那些英雄时,并没有提到博文馆,但惟其如此,也就更能说明博文馆的渗透之深,影响之远了。

另一个关于"冰激凌"的有趣的例子,更在无意间透露出博文馆名人在当时的公众中是怎样的话题人物。生方敏郎专有一节来谈明治学生的饮食以及明治学生对于"吃"的执着:"学生最大的快乐,当然是吃。"①——在如此谈吃的文脉中,自然少不了关于饮食的种类、季节以及今昔对比的介绍。

……到了夏天,便常喝冰水。特别是因那时还没有电车,不论上哪儿都要靠两脚一步一步地走,所以走到口干舌燥,总要进几回路旁的冰屋的。不过,像冰激凌那种东西,几乎是没有学生见过的。虽然冰激凌那时已经被介绍到了上流社会的一少部分人当中,但一般人却对此一无所知。文学家大桥乙羽,是个做了博文馆女婿的人,在一次于红叶馆举办的宴席上,把西餐用的调味汁浇到冰激凌上吃,这种失策谈,现在听起来是笑话,可当时岂止乙羽氏,放上谁这类现眼的事都会是稀松平常的吧。②

在上一节里介绍《太阳》杂志和"砚友社"时,"大桥乙羽（Ohashi Otowa,1869—1901）"这个名字曾经出现过。因该人亦与周树人、周作人兄弟读书有关(后面将要具体涉及),故记录其简历如次:该人是明治时代的小说家,杂志编辑,也兼做出版业界的生意。旧姓渡部,本名又太郎,羽前国（今日本山形县）人,因喜爱文学来到东京,成为砚友社同人,名渡部乙羽,1893年8月开始在博文馆出版作品,列同年出版的"短篇小说·明治文库"十八编当中的第九编,1894年经尾崎红叶做媒取了博文馆主大桥佐平的女儿,当了馆主的女婿兼养子,改姓大桥,其在博文馆出版的单行本有17种,其中最有名的是政治小说《累卵之东洋》[累卵の東洋,1898]和纪行文集《千山万水》[千山萬水,1899;續千山萬水,1900]。《博文馆五十年史》有"乙羽、大桥又太郎氏之入馆""大桥乙羽氏之出洋旅行与'乙羽十著'""大桥乙羽氏之死去"各节,记其事迹较为详细。

---

① 生方敏郎:《明治时代の学生生活》,见《明治大正见闻史》,第79页。
② 生方敏郎:《明治时代の学生生活》,见《明治大正见闻史》,第80—81页。

(三) 生方敏郎的《明治大正见闻史》与鲁迅的留学时代

回过头来，还要说到一直在引述的生方敏郎和他的《明治大正见闻史》。由本章开始导入这个人和这本书，除了要以此来说明"博文馆"而外，更重要的是想为当年的清国留学生周树人与《支那人气质》的相遇，进而与"近代"的相遇，找到一种可以触摸并且相对完整的背景。正如书名所示，人们几乎可以从这部个人的见闻史当中读到日本明治、大正时代的所有标志性事项，可以将此书看成是近代日本一个特定转换期的历史经历和记忆的个体化表现形式。生方敏郎后来和鲁迅一样是文学家，他在做过多年的报社记者之后，开始发表小说，其报道写作最大的特点是用口语写新闻，是近代新闻口语体的首创者之一，其小说的特点是诙谐幽默，体现了一个知识分子对文明的基本批评精神。《明治大正见闻史》虽不是小说，却是关于日本近代文明的随笔名著，生方敏郎以这本书充当了历史的叙述者，并且出色地完成了自己的使命。而对于笔者来说，这部见闻史的特殊含义，就在于它使笔者终于找到了一种可以客观描述鲁迅留学环境乃至时代氛围的最佳文本。

历史的悬隔，时间的久远，致使今天任何史料的发掘都无法使人获得研究对象所曾经有过的那种历史实感。关于留学时代，鲁迅除了《藤野先生》(1926，收入《朝花夕拾》)之外没有什么完整的篇章，虽也不时忆及，却笔墨有限；相比之下，周作人当年的日记和后来写的关于留学生活的回忆便成了不可多得的记录；在日本，自20世纪70年代中期以来，对鲁迅留学时代相关资料曾有过大规模的调查①，一些中日学者的调查研究也相当细致和

---

① 参见鲁迅在仙台的记录调查会"仙台における鲁迅の记录を调べる会"编的《鲁迅在仙台的记录》[仙台における鲁迅の记录，平凡社1978年版]。据该书《后记》中介绍，该调查会于1973年10月2日成立，主要围绕四项内容展开调查活动：(一)寻找同班生遗族之所在；(二)调查明治时期当地的报纸；(三)调查仙台医学专门学校的旧公文；(四)在荒町、土樋地区查找周树人第二寄宿处之所在(第415页)。又据该《后记》当中所附个人和团体名单可以知道，实际参与调查或协助调查的个人有600多人(调查会成员有162人，资料提供者22人，支援协助者425人，总计609人)，团体有40多个(提供资料的团体有7家，支援协助的团体36家，总计43家)。

深入①,不过就整体而言,上述三个方面的资料仍都是片段的,其相互之间的关联均需要凭借后人的想象来充填,因此不易使人确立关于那个时代的完整性印象,尤其是那种被称之为"氛围"的实感。鲁迅笔墨的有限自无须多言;周作人晚长兄四年留学日本,经历上有不相重叠之处;日本学者的调查发掘,虽然所获甚丰,但包括需要翻译在内,消化这些资料尚需要一段时间,更何况要将它们勾连成一个有机化的历史整体了。在这个意义上,生方敏郎作为一个参照系便显得难能可贵。他1882年生于日本群马县,年龄小鲁迅一岁,是鲁迅同时代人,1898年投奔东京的一个亲戚,开始在相当于中学的明治学院读书,4年后的1902年入早稻田大学英文科,专攻英法文学——据说"因当时是德意志万能时代,故选修法国文学者甚少"②——众所周知,周树人这一年留学到东京,进的是弘文学院。生方敏郎于明治三十九年,即1906年毕业,用他的话说在东京度过了整整8年的学生生活③,至少在时间的规定上,可以说是个伊藤虎丸(Yito Tarmaru,1927—2003)所说意义上的最为标准的"明治三十年代"的学生④。这

---

① 笔者作为这一方面基本参考文献的有以下数种:伊藤虎丸著、李冬木译《鲁迅与日本人——亚洲的近代与"个"的思想》(河北教育出版社1999年版)[Yito Toramaru『鲁迅と日本人—アジアの近代と「個」の思想—』,朝日出版1983年版];刘柏青著《鲁迅与日本文学》(吉林大学出版社1985年版);中岛长文编《鲁迅目睹书目——日本书之部》[『鲁迅目睹書目—日本書の部—』,宇治1986年版];中岛长文著《猫头鹰的叫声——鲁迅的近代》[Najima『ふくろうの声 鲁迅の近代』,平凡社2001年版];北冈正子著《〈摩罗诗力说〉材源考》(系列)[Kitaoka Masako「摩羅詩力説」材源考ノート(1)—(24),『野草』1972年10月—1994年2月,中国文艺研究会];北冈正子著《鲁迅 在日本这一异文化之中——从弘文学院入学到"退学"事件》[『鲁迅 日本という異文化のなかで—弘文学院入学から「退学」事件まで—』,关西大学出版部2001年版];阿部兼也著《鲁迅的仙台时代——鲁迅留学日本之研究》[Abe kenya『鲁迅の仙台時代—鲁迅の日本留学の研究—』,東北大学出版会1999年版];等等。
② ねず まさし(Nezu Masashi):《解説》,见《明治大正见闻史》,第355页。
③ 生方敏郎:《明治大正见闻史》,第75页。
④ 参见《鲁迅与日本人——亚洲的近代与"个"的思想》(伊藤虎丸著,李冬木译,河北教育出版社2000年版)。伊藤虎丸指出中日两国近代文学当中存在着一种对应结构关系,并做出了精彩的划分:
  关于日中两国近代文学的血肉关系,如果做一个粗线条的勾勒的话,大致可以这样来划分:(一)在鲁迅那一代人与明治文学之间,(二)在10年后由郭沫若、郁达夫等留学生组成的文学社团"创作社"与大正文学之间,(三)在兴起于1927—28年前后的"革命文学"派与大正末期、昭和初期的无产阶级文学之间,不单单具有世界性文艺思潮的变迁,而且还可以看出共同具有的"时代教养"以及人性观和社会观。而这些又都和他们的留学时期不无关系。(第4—5页)
  他认为鲁迅与"明治三十年代文学"之间,具有"同时代性"(第11页)。更为详细的分析和论述请参看该书第一章"鲁迅与明治文学",第二章"鲁迅与西方近代的相遇"。

一点,不仅决定了生方敏郎与"明治三十年代"的同时代性,也决定了他与留学时代的周树人之间存在着无数个衔接点。周树人从21岁到28岁,即从1902年(明治三十五年)4月到1909年(明治四十二年)7月作为留学生,在日本度过了7年多的时光,除了当中约有一年半(1904年9月至1906年3月)是在仙台医学专门学校学习外,其余都是在东京度过的。也就是说,他们作为"明治三十年代"的学生,在生活和读书经历方面,都是非常接近的。他们可能彼此并非相知,但恰恰是彼此之间那些偶然出现的共性,标志着他们属于同一个时代,具有同一个时代的教养和内涵。我以为,这种同代书生的共性,能够好地说明后来的鲁迅与日本明治三十年代的关联。

比如说,前面通过生方敏郎的介绍,指出了明治三十年代学生心目中共有的英雄实际上来自博文馆的出版物。这里可以说,周树人也并不在这一知识基础之外。《摩罗诗力说》(1908.2—3)①谈到"裴伦"(拜伦)时,也是把他当作"拿坡仑"(拿破仑)和华盛顿那样的英雄来看待的,"裴伦既喜拿坡仑之毁世界,亦爱华盛顿之自由"②之说法是也。由于生方敏郎纪录的历史当中也有一段是鲁迅当年亲历却又没有记录下来的历史,因此在他们之间共有着各种大小关键词也就不是偶然。他们共有着"甲午战争"("日清战争")和"日俄战争",共有着"博文馆"和"丸善"书店,共有着"二十世纪"这个充满憧憬与希望的话语,他们共有着同样的学生装,共有着"牛奶屋"和同一种牌子的点心和香烟,他们还共有当时风靡一时的政治小说和科幻小说以及后来在文学史上留名的那些作家和作品……这些共有性,决定了本书在接下来的行文中,随时都将引用生方敏郎来用作关于鲁迅的参照。

但是,这里却要重返博文馆。

(四)"日清战争"时期的博文馆出版物

博文馆的出版事业在明治时代的迅速发展,当然是顺应了时代启蒙要求

---

① 连载于《河南》杂志第2号——《鲁迅全集》第一卷第101页注释作"第二期",误——和第3号署名"令飞",第2期号封面日期不详,版权页出版日期为"西历一月卅一日印刷/中历十二月廿九日印刷/西历二月一日发行/中历二月三十日发行",刊载《摩罗诗力说》一至四的内容;第三号封面日期为"明治四十一年三月五日 光绪三十四年二月三日 发行",版权页出版日期为"西历三月二日印刷/中历正月月三十日印刷/西历三月五日发行/中历二月三日发行",刊载《摩罗诗力说》五至九的内容。
② 鲁迅:《坟·摩罗诗力说》,1908年,见《鲁迅全集》第一卷,第79页。

的结果。探讨它的出版物以及制造这些出版物的为数众多的启蒙思想家、评论家、学者、文学家、翻译家和遍布各个领域各个层次的著述者与明治启蒙时代的关系,将是一个饶有兴味的课题,不过这不是三言两语所能道尽的。这里只做两点提示,一个是《支那人气质》一书,作为当时博文馆出版物的一种,和同时代所具有的关联;另一个是至少在本书的视野之内,博文馆的一些具有时代教科书性质的启蒙读物,也同步影响到了中国。

众所周知,明治时代,日本经历了两场大规模的对外战争,一场是1894—1895年(明治二十七年—二十八年)的"日清战争"(即甲午战争),一场是1904—1905年的日俄战争(明治三十七年—三十八年),其中,前一场战争对中国和日本两国的近代史都产生了深远的影响:中国的知识界在战败的冲击下觉醒,意识到实行变法维新的必要,开始学习一向被称为"蕞尔小国"的日本;而日本则通过这场号称"赌着国运"[①]的战争增强了近代国家的实力,从而在军国主义的道路上向前迈出了一大步。

这场战争对中国知识界冲击之巨大,于今犹痛而不难想象当年。周作人在回忆中曾经写过他们的父辈面带忧虑地谈论这场战争动向的情况[②],从中可以窥知当时中国一般读书人对战争的关心程度。不过,中国近代知识界的先觉者们,还并非只是"愤"而不做,而是放下了四千年的架子,以及甲午战败为契机,开始"屈尊"学习"枪击我们的洋鬼子"[③],于是有了戊戌变法,有了甲午之役以后大规模向日本派遣留学生[④];梁启超"唤起吾国四千年之大梦,实自甲午一役始也"[⑤]的名言,讲的就是这般道理。战争推动了清末的变革,也导致了中国对日本的前所未有的接近,中国看到了一个明治维新以后近代化了的日本。笔者以为,这是中国国内一般舆论所不大注意的关于甲午战争的另一面。"周树人"这个名字是鲁迅外出求学时开始使用的,那时,他是留学生之一。

对于战争的同样的、甚至是更为强烈的关心也出现在日本。这一点可以

---

① 坪谷善四郎:《博文馆五十年史》,第88页。
② 参见周遐寿:《鲁迅的故家》,人民文学出版社1981年版,第40页。
③ 鲁迅:《华盖集·忽然想到(十一～8)》,1925年,见《鲁迅全集》第三卷,第102页。
④ 参见实藤惠秀:《中国人日本留学史》,東京くろしお出版1970年版。
⑤ 梁启超:《戊戌政变记·附录一 改革起原》,见《饮冰室合集》第6卷,专集1,第113页。

通过博文馆的出版物看到。仅以战争爆发当年的 8 月 25 日博文馆创刊的《日清战争实记》为例,史家记载云:"适合当时敌忾心达最高潮之全国民之要求,本志(李冬木按:指《日清战争实记》)一出,即风靡杂志界,……贩路之盛,真乃杂志界前所未有。"①而当时只有 13 岁,长在乡下的少年生方敏郎,虽觉得当时最有趣的读物是《平壤包围攻击》,但并不妨碍他记得"博文馆为这场战争新出版了一种叫作《日清战争实记》的杂志"②。可见《日清战争实记》在当时的影响。这是一本专门报道战事及其相关事态的杂志,平均每月出 3 期,出到 1896 年(明治二十九年)1 月为止,共出 50 期。事实上,也正是"日清战役,助长了博文馆的一大跃进"③,从而使"日清战役前后"的 4 年间,即明治二十七—三十年(1894—1897)被列为博文馆发展的一段重要时期。④ 不仅上一节提到的几种史上留名的杂志都是在这一期间创刊的,而且包括像《日清战争实记》[日清戰爭實記]这样的与战争和中国有关的出版物也开始增加。《博文馆五十年史》作为"战史及战争读物"⑤提到的,除了发行量很大的战争纪实杂志外,还有 24 册的"万国战史"丛书,自 1894 年 10 月起开始发行,每月出版一本,到 1896 年 9 月出齐。这套丛书在当时的出版界被誉为战史读物的"白眉"⑥,即"杰作"。24 册的排列顺序及书名如下:

  第一编 『獨佛戰史』

  第二编 『英清鴉片戰史』

  第三编 『拿波侖戰史』

  第四编 『英佛聯合征清戰史』

  第五编 『トラファルガー海戰史』

  第六编 『露土戰史』

  第七编 『米國南北戰史』

---

① 坪谷善四郎:《博文馆五十年史》,第 88 页。
② 生方敏郎:《明治大正见闻史》,第 38 页。
③ 坪谷善四郎:《博文馆五十年史》,第 93 页。
④ 参见坪谷善四郎:《博文馆五十年史》,第三编"日清戰役前後",第 81—123 页。
⑤ 坪谷善四郎:《博文馆五十年史》,第 111—112 页。
⑥ 坪谷善四郎:《博文馆五十年史》,第 112 页。原文做"白眉",即白色的眉毛,典出《三国志》蜀志中的马良传,马氏兄弟五人皆才华过人,而其中眉中有白毛的马良更是出色,故后来用以形容同类中的出类拔萃者。

第八編　『普墺戦史』

第九編　『ナイル海戦史』（附コーベンヘーゲン海戦史、セントプインセント海戦史）

第十編　『波蘭衰亡戦史』

第十一編　『クリミヤ戦史』

第十二編　『印度蠶食戦史』

第十三編　『伊太利獨立戦史』

第十四編　『米国独立戦史』

第十五編　『希臘獨立戦史』

第十六編　『英米海戦史』

第十七編　『英国革命史』

第十八編　『佛国革命史』

第十九編　『フレデリック大王七年戦史』

第二十編　『三十年戦史』

第二十一編　『シーサルボンベー羅馬戦史』

第二十二編　『羅馬加達格爾ピュニック戦史』

第二十三編　『歴山大王一統戦史』

第二十四編　『希臘波斯戦史』

除了丛书之外，单行本的情况也可以作为一个参考。

明治二十七年（1894）共出单行本 61 种，与中国有关的 4 种：

『唐宋四大家文撰』、『歐蘇手簡』、『新撰漢語字引』、『續唐宋八大家文讀本』（『唐宋八大家文讀本』上一年出版）。

明治二十八年（1895）共出单行本 21 种，有一半是和战争及中国有关的：

『支那處分案』、『支那近世史』、『清征海軍軍歌』、『海軍兵器説明』、『臺灣』、『征清詩集』、『支那南部會話』、『速射砲』、『今世海軍』、『水雷艇』、『米國南北戰史』（丛书以外的单行本）。

明治二十九年（1896）共出单行本 50 种，和战争及中国有关的：

『日清戰話軍人龜鑒』、『空中軍艦』、『支那文明史論』、『歴山大王一統戰史』（丛书以外的单行本）、『三十年戰史』（丛书以外的单行本）、『支那人氣質』、『戰爭小説金鵄勳章』、『羅馬加爾達額ピュニック戰史』（丛书以外的单行本)。

明治三十年(1897)共出单行本76种,除了十三种包括千字文在内的各种字贴外,和中国有关的只有『黄海大海戰』、『日清戰史』(七册)两种。

(五)《日清战争实记》与《支那人气质》的互为载体及以后的译本

介绍上述出版状况有两个目的,一是要对《支那人气质》的出版背景做出具体的说明,二是笔者在调查中发现,不仅在上述出版物之间有着相应的内在联系,而且他们与周氏兄弟当年的阅读,乃至与中国的读书人之间亦构成一种延伸的关联。

不难推测,《支那人气质》在明治二十九年(1896)出版,有着明显的战争背景。这不仅是因为这本书明显地排列在与战争及中国有关的出版物当中,更重要的是,在作为单行本出版之前,它就已经在博文馆的畅销杂志上以"支那人气质"为总题部分连载过;而连载杂志,就是上面已经介绍过的《日清战争实记》。译者署名为"綱齋主人",可知与后来在单行本上署名"羽化涩江保"者为同一人。连载标题、期号、发行日期及各编杂志内页码如下:

《支那人气质》(一),"译者识""支那人之无神经"①,第三十一编　明治二十八年(1895)6月27日发行,第63—66页。

《支那人气质》(二),"支那人之保守主义"②,第三十二编　明治二十八年(1895)7月7日发行,第65—67页。

《支那人气质》(三),"缺乏同情心"③,第三十三编　明治二十八年(1895)7月17日发行,第72—76页。

《支那人气质》(四),"相互猜疑"④,第三十五编　明治二十八年(1895)8月7日发行,第72—76页。

由上面可以知道,连载从明治二十八年(1895)6月27日发行的第三十一编开始。也正是从这一期起,杂志发生了变化。其卷首广告的标题是《本志之一大改良》,称"本志自本编起纪事面目一新;本志以第五十编告其完成"。

---

① 原文标题为《支那人氣質》(一),"支那人の無神經の事"。
② 原文标题为《支那人氣質》(二),"支那人の保守主義"。
③ 原文标题为《支那人氣質》(三),"同感の缺乏せる事"。
④ 原文标题为《支那人氣質》(四),"互の猜疑"。

除了预告这本杂志将出至第五十编终刊外,其所谓"一大改良"的部分内容便反映在一些栏目的变化上:

> "战争实记"本栏依过去之惯例,亦更加战事通信;次设"勋功美谈"之栏,网罗过去之史传及军人逸话二栏;次曰"战争文学",此栏过去为"文苑",亦将渐次收入各种有关古今战争的文章诗歌;次曰"东洋风土",虽为踏袭过去"地理"之后继者,然更扩大其局面,日清韩三国自不在话下,亦将详叙北起俄国领土之符拉迪沃斯托克①,南至南洋诸岛之地理、风土、人情、国势,以期一目之下而知晓东洋之状态。……②(李冬木按:注重点号为原文所带)

这种"改良"实际上意味着仗已经打完,以"战争实记"为本业的杂志,将面临着内容上的调整,一些战场之外的内容将要充填到杂志中来。因此可以说,《支那人气质》的 4 次连载,便是适应这种调整性"改良"的需要而出现的。因为在这 4 期当中,其登载的位置都处在"东洋风土"这一新设的栏目之下,是这一栏目所带来的新的内容。

不过,就《日清战争实记》与《支那人气质》两者的承载关系而言,也存在着相反的情况,即《日清战争实记》中一些关于中国的记事内容,也作为注释,被采纳到后来出版的《支那人气质》单行本中。关于这部分内容,我准备放在后面的"非原本内容"部分集中整理,这里只做简单交代,即被采纳到单行本中用作注释的部分有四处,它们在杂志中也都是"东洋风土"这一栏目下的内容,皆与战事无直接关联,而是诸如宫廷传闻、生活习俗、市街建筑等方面的事项,总体来讲,是与单行本译本的关于性格气质的主题融为一体的。能有这些内容"入注"于单行本,当然和上面提到的《日清战争实记》在内容上的调整直接有关。顾名思义,这本杂志的诞生机运和主题就是"战争","战争"是该杂志的"本栏",但随着战事的变化,除了"本栏"中的那些剑拔弩张的内容之外,杂志的重心也由对战事的关注与报道而逐渐转向对交战国的"地理、

---

① 原文用汉字标做"浦鹽斯德",日语假名表注为"ウラジチストック",即今汉译名"符拉迪沃斯托克"(海参崴)的音读。
② 《日清戰爭實記》第三十一编,博文馆明治二十八年(1895)6 月 27 日发行。第 1—2 页。

风土、人情、国势"等方面的注意,因此在后期的《日清战争实记》中也就相应地增加了一些有关"支那"的风俗文化和生活动态方面的内容。事实上,这些内容也都在某种程度上反映了当时日本媒体(即当时的一般知识界)对交战对象的大清国的生活和文化现状的认知程度,并影响日本一般国民的中国观。

在《支那人气质》与这些内容同质的意义上,也可以说《支那人气质》的出版虽有着明显的战争背景,但在内容上却并非一般追随时尚的"战史及战争读物",而是具有更深一层的文化性格。它讲述的是"支那人"是具有怎样精神特征的"国民"的问题,这是其他战争读物所不可能广泛涉及,也无法深抵的内容。笔者以为,正是这个原因才使它能够成为鲁迅日后思考国民性问题时的参考书。至于张梦阳在中译本《译后评析》中提到的《支那人气质》在日本"出版后立刻风行一时"[1]的情况,笔者还尚未看到可资证实的材料;虽然鲁迅指出安冈秀夫写作《从小说看来的支那国民性》,"似乎很相信 Smith 的《Chinese Characteristics》,常常引为典据"[2],但那是后来的事,当时人们的主要注意力都集中在战争本身的时候,日译本究竟能够拥有多少读者也许还是一个疑问。

(六) 鲁迅与涩江保之接点

那么,鲁迅究竟是什么时候读到的涩江保的《支那人气质》呢?

唐弢用了一个比较宽泛的时间概念,即"年轻时"[3],张梦阳则根据许寿裳在回忆录中提到的他和鲁迅所进行的关于国民性的讨论断定:"鲁迅1902年在东京弘文学院学习期间就已经细读了史密斯的《中国人气质》,当然是涩江保的日译本,而非英文原版"[4]。或许两者说得都有道理罢,因为即使按1902年计算,距离涩江保译本的出版已近6年的时间,在假设此书没有重印的情况下,倘若再把阅读的时间后移,恐怕就要发生购书的障碍了。不过,考虑到1902年刚到日本不久的鲁迅的日文程度,阅读《支那人气质》恐怕也有不好克

---

[1] 史密斯:《中国人气质》,张梦阳、王丽娟译,第282页。
[2] 鲁迅:《华盖集续编·马上支日记(七月二日)》,1926年,见《鲁迅全集》第三卷,第344页。
[3] 唐弢:《序》,见史密斯:《中国人气质》,张梦阳、王丽娟译,第4页。
[4] 史密斯:《中国人气质》,张梦阳、王丽娟译,第283—284页。

服的困难。我个人的推测是，鲁迅能够细读并且能够深入理解这本书，恐怕要推迟到1906年，即他"弃医从文"，从仙台返回到东京之后。因为这时鲁迅的日文程度已经不成问题，而且更为重要的是，在鲁迅此后写下的几篇文章中，已呈现出一些与日译本内容相同或近似的表述，将此视为对前者的吸收亦并非不可。关于这个问题，笔者打算放在后面的文本比较中来具体展开。这里想对与鲁迅阅读日译本密切相关的一个问题进行一下辨析，即笔者认为不妨把鲁迅阅读日译本的具体时间问题同他的"国民性的发想"的生成契机，暂时分别当作不同的问题来考虑，这样或许能更容易把问题讲清楚。探讨涩江保的日译本与鲁迅"国民性的发想"的深刻的内在联系，是本书的核心课题，在这个大前提下，也就不一定把日译本的全部或最大意义定位在促成鲁迅去思考国民性这种想法产生的契机上（尽管也不排除这种可能），因为在日译本与鲁迅之间，存在着远远大于"契机"的更为深广的关联。事实上，促使鲁迅产生"改造国民性"这一想法的因素应该是多方面的，用他在《呐喊·自序》和《藤野先生》等篇中的表白，那最直接的契机是在仙台所经历的"幻灯事件"；但在想到要"改造"之前，首先是需要有作为"知识"的"国民性"的概念系统这一前提的，这就是本论所谓的"国民性的发想"的问题。在众多的促成这一发想的契机要素中，涩江保的译本并不是唯一而只能当作其中之一来考虑。因为相比之下，还存在着另外一些更为直接的要素。例如，前面介绍过的北冈正子就当年弘文学院"听讲生"杨度和嘉纳治五郎校长的关于国民性与教育关系的讨论对鲁迅和许寿裳之影响的调查，便是很好的"契机"研究，很有说服力。因此，笔者认为，鲁迅何时阅读了《支那人气质》的时间问题，在"契机"的层面上一并不那么重要，不妨暂时放下，而倒是应先来看一下可寻找到的鲁迅与《支那人气质》相遇的关联情况。

在周作人早期日记中记载的读书内容里，新书、外国书，特别是日本书的频繁出现，始于1902年，即鲁迅动身去日本留学前后。这种情况和中国当时读书界大量翻译日本书的风气是一致的。仅以保存得相对完整的1902年1月到1903年4月的日记来看，在周作人所记录他当时阅读的为数不少且反复阅读的日本书里，至少有两本可以确定为博文馆的出版物：一是《累卵东洋》，二是《波兰衰亡战史》。前者的原书名为《累卵の東洋》，系政治小说，作者即在《明治书生记忆里的博文馆》中介绍过的大桥乙羽，有两种版本，一是博文馆明治三十一年(1898)十月出版的单行本①,一是东京堂同年十一月出版的单行本。东京堂原是博文馆主大桥佐平在明治二十三年(1890)开办的零售店,后来转入代理经销和图书出版,因为是博文馆的分店,故不发生版权纠纷。周作人阅读的并非日文原作,而是当时出版的中译本,现在知道,这个译本1901年5月由"印刷所爱善社"出版,译者是忧亚子。② 周作人在鲁迅去日本后不久购入此书,又花了很长时间来断断续续地读,并且认为叫作"忧亚子"的译者翻译得不好,"可见译书非易事也"。③ 而后一本《波兰衰亡战史》的情况则有所不同。

周作人1902年农历"正月卅日"(3月9日)记:

……上午叔祖、升叔忽至,欣喜过望,收到祖父示并《三国志》《前汉书》《癸巳类稿》等书。又大哥函并小棉袄一件,大篆、盐一瓶。外又书一缚。内系大日本加藤弘之《物竞论》、涩江保《波兰衰亡战史》各一册,皆洋装,可喜之至。斯密亚丹《原富》甲、乙、丙三本,亦佳,皆新得者。……④

这里出现了涩江保的名字和他编著的《波兰衰亡战史》。临行日本而回绍兴探亲的鲁迅,在动身的半个月前,把这本书连同《物竞论》和《原富》一起送给了周作人。那么,这就是说,鲁迅在留学以前就已经接触到了"涩江保",

---

① 据坪谷善四郎:《博文馆出版年表》(附于《博文馆五十年史》书后)。
② 参见实藤惠秀监修、谭汝谦主编、小川博编辑:《中国译日本书综合目录》,香港中文大学1980年版,第615页。又,樽本照雄编:《新编增补清末民初小说目录》(齐鲁书社2002年版)"10375﹡"记:
　　累卵東洋
　　乙羽生(大橋乙羽)著　憂亞子(大房元太郎)譯
　　印刷所愛善社 1901.5.20
　　大橋乙羽『累卵之東洋』東京堂 1898.11(藤元直樹)[阿英 144][現代 893][大典 35][實藤 577][中日 860.411]徐維則[小説書錄]。
　　由此可知,到目前为止,小说史家是都把东京堂版的《累卵之東洋》作为中译本(上)的底本的。东京堂的原本现在还找得到,却没有出现目睹博文馆原本的报告,所以中文版究竟依据哪种原本似尚待考。
③ 1902年八月初一日(西历9月2日)条,见鲁迅博物馆藏:《周作人日记》(上),大象出版社1996年影印版,第348页。在农历二月廿一日至八月一日之间,此书在日记中多次出现。
④ 鲁迅博物馆藏:《周作人日记》(上),第317页。

而《波兰衰亡战史》(并加藤弘之的《物竞论》)也理应列入"鲁迅目睹书目"当中。① 另外,还有必要附带提到,上面日记中记录的《原富》可断定是严复译本之一无疑;《物竞论》是加藤弘之(Kato Hiroyuki,1836—1916)[『強者ノ權利ノ競争』,日本哲學書院 1893 年版]一书的中译本,译者杨荫杭(1878—1945),最初连载在《译书汇编》1901 年第 4 期、第 5 期、第 8 期,周氏兄弟当年所见的"洋装"本,当是译书汇编社 1901 年出版的单行本的第一版或者第二版,其详细情形,请参照笔者的相关论文。②

鲁迅读到《波兰衰亡战史》时有怎样的感想现在已无从得知,仅从他后来和周作人着力介绍包括波兰在内的东欧弱小国家和民族的文学这一情况来看,也许和这本书不无关系。周作人读此书的情况亦可作为参考,同年农历二月"初七日"(3 月 16 日)记:"上午阅大日本涩江氏保《波兰衰亡战史》竣。"③农历三月"十九日"(4 月 26 日)记:"下午看《波兰衰亡战史》,读竟不觉三叹。"④

一本读后能够令人马上再读的书,恐怕也一定有着使人"读竟不觉三叹"的内容。是否可以作这样的推想,会不会是这本书的内容使鲁迅记得了"涩江保"这个名字,同时也将在日本猎书的视野投向了和这个名字相关联的其他书籍上?如果不排除这种可能,那么,涩江保本人和他的著述情况也就是一个不可回避的问题了。

(七) "万国战史"丛书当中的"印度"与"波兰"

还有一点,应当顺便补充并提请注意,正如在上面列示的博文馆"万国战史"丛书全 24 册的书目所见,除了中译本《波兰衰亡战史》的原本《波蘭衰亡戰史》外,《印度蚕食战史》[印度蠶食戰史]也列目其中,前者作为丛书的第十编出版于明治二十八年(1895)7 月,后者作为第十二编出版于明治二十八年

---

① 在中岛长文编《鲁迅目睹书目—日本書之部—》(私家版,1986 年)当中,没有提到加藤弘之的《物竞论》和涩江保的《波兰衰亡战史》。
② 李冬木:《关于〈物竞论〉》,佛教大学中国言语文化研究会:《中国言语文化研究》第 1 期,2001 年 7 月。北京鲁迅博物馆编《鲁迅研究月刊》2003 年第 3 期转载。有些学者以为《物竞论》是加藤弘之的另一本著作——《人权新说》的中译本,误矣。
③ 鲁迅博物馆藏:《周作人日记》(上),第 319 页。
④ 鲁迅博物馆藏:《周作人日记》(上),第 329 页。

(1895)9月。周作人日记所记的《波兰衰亡战史》应当是东京译书汇编社1901年出版的单行本——这是在鲁迅留学以前就已有的中译本;《印度蚕食战史》的中译本虽不见于周作人日记,其版本也是存在的,即杭州译林馆出版的单行本。① 虽然具体出版年和鲁迅留学以前是否也读了《印度蚕食战史》,不好直接断言,但是"印度""波兰"这两个词汇反复出现在鲁迅留学时期的论文里却是不争的事实。这不是普通的两个词汇,而是两个被他严重关注的对象,在这两个对象身上,投射着年轻的周树人对与"印度""波兰"同病相怜的祖国的命运的担忧,也浓缩着他对中国的"众庶"对于"印度""波兰"之命运无所同感的愤慨与焦虑。

> 今试履中国之大衢,当有见军人踥蹀而过市者,张口作军歌,痛斥印度波阑之奴性;有漫为国歌者亦然。盖中国今日,亦颇思历举前有之耿光,特未能言,则姑曰左邻已奴,右邻且死,择亡国而较量之,冀自显其佳胜。(《摩罗诗力说》,《河南》第2号,1908年2月)②

> 有新国林起于西,以其殊异之方术来向,一施吹拂,块然踣僵,人心始自危,而轻才小慧之徒,于是竞言武事。后有学于殊域者,近不知中国之情,远复不察欧美之实,以所抬尘芥,罗列人前,谓钩爪锯牙,为国家首事,又引文明之语,用以自文,征印度波兰,作之前鉴。(《文化偏至论》,《河南》第7号,1908年8月)③

> 至于波兰印度,乃华土同病之邦矣,波兰虽素不相往来,顾其民多情愫,爱自繇,凡人之有情愫宝自繇者,胥爱其国为二事征象,盖人不乐为皂隶,则孰能不眷慕悲悼之。印度则交通自古,贻我大祥,思想信仰道德艺文,无不蒙贶,虽兄弟眷属,何以加之。使二国而危者,吾当为之抑郁,二国而陨,吾当为之号咷,无祸则上祷于天,俾与吾华土同其无极。今志士奈何独不念之,谓自取其殃而加之谤,岂其屡蒙兵火,久匍伏于强暴者之足下,则旧性失,同情漓,灵台之中,满以势利,因迷谬亡识而为此与!

---

① 参见实藤惠秀监修、谭汝谦主编、小川博编辑:《中国译日本书综合目录》,香港中文大学1980年版,第514页、500页。
② 《鲁迅全集》第一卷,第67页。
③ 《鲁迅全集》第一卷,第45页。

故总度今日佳兵之士,自屈于强暴久,因渐成奴子之性,忘本来而崇侵略者最下;人云亦云,不持自见者上也。(《破恶声论》,《河南》第 8 期,1908年 12 月)①

而自做这些文字起,周树人对于"印度""波兰"在 10 年后亦不能忘怀,做"随感录"曰:

近日看到几篇某国志士做的说被异族虐待的文章,突然记起了自己从前的事情。那时候不知道因为境遇和时势或年龄的关系呢,还是别的原因,总最愿听世上爱国者的声音,以及探究他们国里的情状。波兰印度,文籍较多;中国人说起他的也最多;我也留心最早,却很替他们抱着希望。其时中国才征新军,在路上时常遇着几个军士,一面走,一面唱道:"印度波兰马牛奴隶性,……"我便觉得脸上和耳轮同时发热,背上渗出了许多汗。……(《随感录》,1918 年 4 月至 1919 年 4 月间)②

很显然,对于"印度"与"波兰"的看法,周树人与他同时代的中国"志士"有着很大的不同,但这并不妨碍着两个词汇是他们共同关注的一种意向和话题,也并不妨碍他们共同拥有着一个关于这两个国家的"文籍较多"的知识基础。如果把中译本《波兰衰亡战史》和《印度蚕食战史》也放在"文籍较多"的出版物之内予以考虑,那么也就可以说,中文语境下的"印度波兰"之"文籍"虽然直接来自中国的译者或作者,反映的是中国的现实危机感,但从本源的意义上讲,它们最终还都是来自明治日本的出版物,并且"移植"了这些出版物所体现的危机意识。

明治三十年(李冬木按:1897 年),是中学校在日本全国猛增的一年。我所在的乡下也有了第一所中学,而我也被轰赶出来,转眼之间成了一名中学生。不过校长是个非常热心的尊王攘夷主义者,所以我们也就经常在教室里听他讲俄罗斯怎样可怕,英吉利又是如何吓人。而那时的日

---

① 《鲁迅全集》第八卷,第 36 页。
② 《鲁迅全集》第八卷,第 94 页。

本文学很幼稚,杂志之类差不多都以中学生程度的读者为对象,他们的投稿也颇多,看那内容,几乎每号都有以慷慨激昂的汉文调子写下的文字:"熟察宇内之大势,北有俄鹫,西有英狮,虎视眈眈,常窥我后,先有波兰之被分割,近有印度之被吞并。"这些或许都是在模仿大人的口吻也未可知,总之,那时的少年是当不成社会活动家或棒球迷的,不论是我还是他,大家都觉得自己是个忧国志士。①

生方敏郎的这段话,从一个侧面或许可以反证出"印度""波兰"这两个词汇所具有的原初意向,即它们都是立此以为"前车之鉴"的时代忧患意识的产物。上面提到的博文馆1895年出版的关于"波兰"和"印度"的两本书,虽不一定是少年读物,却曾几何时变为可供少年模仿的"大人的口吻"似无须质疑。前者"乃俄(国)、奥(地利)、普(鲁士)三国借友谊之名,窥波兰之间隙,遂灭而分取之之颠末记……忧国之士以为殷鉴者颠然存于纸上";后者叙述英国三百年间吞并印度的历史,"读之而可知国家之所以衰亡,国民之所以萎靡,今日之所以振势威于东洋,关注东洋问题之志士必精读矣"。② 这两书都是为当时日本的"忧国之士"或"志士"写的,从结果而言,它们也的确通过"士"而化作了泛表于诸物之上的时代精神意识。待到"北清事件(李冬木按:指八国联军占领北京)以来,支那成了列国问题的中心。德意志租借了胶州湾,英吉利强租了威海卫,俄罗斯占了旅顺口,法国侵入了广东,只剩下日本含着拇指在束于旁观"③的时候,"波兰"和"印度"这两个词便在中国将要被"瓜分"的现实中开始转换成中国"志士"表达危机意识的话语。至于说到具体的转换过程是怎样的,则是一个非常复杂的问题,值得单独撰文探讨,这里只做一点提示,即当时谈及"波兰"和"印度"最多且影响最大的应该是梁启超。梁早在1896年就写过《波兰灭亡记》④,自亡命日本以后,在很多篇文章中更是大谈"波兰"和"印度",其宗旨如他在《论不变法之害》中引《礼记》之所言:"曰:'前

---

① 生方敏郎:《明治大正见闻史》,第139—140页。
② 澀江保:《希臘波斯戰史 全》,博文館明治二十九年(1896)版,书后广告第5页。
③ 生方敏郎:《明治大正见闻史》,第141页。
④ 原载《时务报》1896年3期,后集入《饮冰室合集·专集》第四册。

车覆,后车戒。'"①这恰和日本作者的以为"殷鉴"是一致的。正如在上面所引周树人的话中所见,周树人对此也是有很大程度的共感的,但却与中国的某些"志士"们不再思同情与变革,而只是拿"波兰印度"来自我满足、"择亡国而较量之,冀自显其佳胜"的没出息势不两立,在周树人看来,在"奴子之性"十足、"忘本来而崇侵略"的"志士"口中,"波兰"和"印度"定已变味儿无疑了。

话题还是回到涩江保这里来。现在已经知道,不仅《波兰衰亡战史》是他做的,而且《印度蚕食战史》也是他做的,进而在博文馆出版的被史家称为"杰作"的全 24 册"万国战史"丛书当中,竟有 18 册皆出自他一个人之手②。而且,就在这套丛书于 1896 年 9 月出齐后不久,涩江保翻译的《支那人气质》也于同年 12 月出版了。

那么,"涩江保"是怎样一个人物呢?

四、关于涩江保

(一)《博文馆出版年表》中所见到的涩江保

"涩江保"是个被历史淹没了的名字,不见于日本现在通用的《明治时代著述者人名辞典》(二十卷),在讲谈社出版的六卷本《日本近代文学大事典》中虽有三处可见"涩江保",但都是在其他词条内闪现,而非作为词条本身③,就是

---

① 梁启超:《变法通议》,见《饮冰室合集·文集》第一册,第 2 页。
② 前揭"(四)'日清战争'时期的博文馆出版物"24 册万国战史当中,"涩江保"名下有 10 册,为第 8、10、12、15、17、18、20、22、23、24 册。而从山本勉后来的调查可知,另有署名他人的 8 册,事实上也是出自涩江保之手,即第 2、4、6、7、11、14、16、21 册。详细内容请参阅山本勉:《明治时代の著述者 渋江保の著述活動:出版物〈万国戦史〉を中心に》,《佛教大学大学院纪要》(文学研究科篇)第 43 号,2015 年。
③ 参见日本近代文学馆编:《日本近代文学大事典》第一—六卷,讲谈社昭和五十二年(1977)版。其第四卷第 44 页 a[ギリシャ、ローマ古典文学の日本近代文学への移入]词条下,作为初步启蒙解说书,提到了[渋江保『希臘羅馬文学史』(明二六)]。在同卷第 327 页 b[日本近代文学とエマソン(Ralph Waldo Emerson 1803—1882)]词条下,提到[渋江保『英国文学史』(明二四·十一·博文館)]。在同卷第 379 页 b[日本近代文学とマコーリ(Thomas Babington Macaulay,1800—1859)]词条的最后说,"还有像涩江保那样的从自由民权论(改进党系统)的立场来接受和介绍马格里的"[また渋江保のように自由民権論(改進党系)の立場からマコーリを受容紹介するものもある]。

说，它们并没告诉读者"涩江保"这个人是谁。从下面的注释中可以看到，这三个词条都是与日本的"英学"有关的，但即使在同领域的学者当中，也很难见到涩江保的名字。某位学者慨叹道："昭和女子大学近代文化研究所的近代文学研究丛书，已经出到第七十六卷，合加起来已介绍了三九四人，涩江保不仅没被介绍，而且据说今后也没有介绍的计划。即使去翻古今人名辞典之类，也不见涩江保的名字。"①笔者以为，这位学者遇到了与笔者同样的问题，可以说，对于现今任何一个要找"涩江保"的人来说，都不能不面临与此相同的处境。

说来也难怪，何尝现在难找，即使在1937年（昭和十二年）出版的《博文馆五十年史》的正文当中，也没有出现过涩江保的名字以及有关他著译情况的记事。倒是在附于书后的《博文馆出版年表》中，保留着和博文馆相关的涩江保的一部分著译篇目。以下整理的是在该年表中所见到的涩江保。

《博文馆出版年表》由三个部分组成：一、"单行之部"（李冬木按：即单行本）；二、"丛书之部"；三、"杂志之部"，各部当中的书名刊名，按照日本年号所标出版年月排列。涩江保著译出现在第一、第二部当中，以下在将它们编号排列时，书名均按日语原名，出版年月下的年号之右，均以括号中的阿拉伯数字注明公元年月，而在丛书之中的各篇目之后亦以括号中的阿拉伯数字注明每本在该丛书中的排列情况。丛书之后的出版年月，为该套丛书出版的起始年月。

编号	书名	署名②	出版年月（明治/公元）
	單行之部		
1.	國民錦囊	澀江保	二十四年5月（1891.5）
2.	少年龜鑒　神童	澀江保	二十四年12月（1891.12）
3.	小學講話材料　西洋妖怪奇談	澀江保	二十四年12月（1891.12）
4.	高等小學　萬國地理	澀江保	二十五年12月（1892.12）
5.	西洋秘傳　魔術	澀江保	二十六年11月（1893.11）
6.	羅馬、加爾達額　ピュニック戰史	澀江保	二十九年12月（1896.12）

---

① 外山敏雄：《日本英学史と渋江保》，丸善《学鐙》第95卷第9期，1998年9月。
② 出版年表中的署名与实际出版物上的署名并不完全一致。如在实际出版物上，有的署名"羽化渋江保""渋江保""澀江保""澁江保"等，而在出版年表中只记为"澀江保"之类。

续 表

编号	书名	署名	出版年月（明治/公元）
7.	歷山大王 一統戰史	澀江保	二十九年12月（1896.12）
8.	支那人氣質	澀江保	二十九年12月（1896.12）
9.	世界格言大全	澀江保	三十年3月（1897.3）
叢書之部			
	通俗教育全書（全100册）		二十三年1月（1890.1）
10.	小論理書（21）	澀江保	
11.	小心理書（22）	澀江保	
12.	小天文書（23）	澀江保	
13.	小倫理書（25）	澀江保	
14.	小地質學（28）	澀江保	
15.	普通教育學（30）	澀江保	
16.	簡易体操法（36）	澀江保	
17.	代數一千題（39）	澀江保	
18.	幾何一千題（40）	澀江保	
19.	簡易手工學（47）	澀江保	
20.	算術五千題・上（48）	澀江保	
21.	算術五千題・下（49）	澀江保	
22.	希臘羅馬文學史（56）	澀江保	
23.	独佛文學史（57）	澀江保	
24.	英国文学史（58）	澀江保	
25.	初等三角術（60）	澀江保	
26.	処世活法（72）	澀江保	
27.	幸福要訣（73）	澀江保	
28.	福の神（74）	澀江保	
29.	通俗教育演説（78）	澀江保	
30.	雄辯法（81）	澀江保	
31.	社会學（89）	澀江保	
32.	哲學大意（91）	澀江保	
33.	歷史研究法・上（95）	澀江保	
34.	歷史研究法・下（96）	澀江保	

续 表

编号	书名	署名	出版年月(明治/公元)
35.	人類學(97)	澀江保	
36.	電氣世界(100)	澀江保	
	女學全書(全 12 冊)		二十五年 1 月(1892.1)
37.	泰西婦女龜鑒	澀江保	
	寸珍百種(全 52 冊)		二十五年 7 月(1892.7)
38.	萬國發明家列傳(8)	澀江保	
39.	支那哲學者・歐洲巡遊通信・上(28)	羽化仙人	
40.	支那哲學者・歐洲巡遊通信・下(29)	羽化仙人	
41.	生活指針　日々のおきて(41)	澀江保	
42.	生活指針　日々のおきて(42)	澀江保	
43.	西洋事物起原(46)	澀江保	
44.	記憶術(48)	澀江保	
45.	催眠術(50)	澀江保	
	萬國戰史(全 24 冊)		二十七年 9 月(1894.9)
46.	普墺戰史(8)	澀江保	
47.	波蘭衰亡戰史(10)	澀江保	
48.	印度蠶食戰史(12)	澀江保	
49.	米国独立戰史(14)	澀江保	
50.	英国革命史(17)	澀江保	
51.	佛国革命史(18)	澀江保	
52.	フレデリック　大王七年戰史(19)	澀江保	
53.	羅馬、加達額爾　ピュニック戰史(22)	澀江保	
54.	歷山大王一統戰史(23)	澀江保	
55.	希臘波斯戰史(24)	澀江保	
	英學全書(ロングマン讀本註釋　全4冊)		三十年 12 月(1897.12)
56.	ロングマンス第一讀本註釋	澀江保	
57.	ロングマンス第二讀本註釋	澀江保	
58.	ロングマンス第三讀本註釋	澀江保	
59.	ロングマンス第四讀本註釋	澀江保	
	通俗百科全書(全 24 冊)		三十一年 1 月(1898.1)
60.	通俗世界地理(19)	澀江保	

涩江保的这份著译清单从出版年表中初步整理出来之后,使人不禁为之瞠目结舌。首先是数目的庞大。除掉第 6 和第 53、第 7 和第 54 重合外,从 1890 年 1 月到 1898 年 1 月的短短 8 年间,仅博文馆一家出版社就出版了涩江保 58 本书,以最保守的估计,平均不到 50 天就有一本书出版,而且有许多都是像《支那人气质》这样的大部头。是著作也好,翻译也好,编纂也好,注释也好,真难以想象涩江保除了读书和"爬格子"以外生活里还会有别的内容。其次是执笔领域的广泛。从历史到地理,从人类学到电气世界,从文学到催眠术再到几何算数、体操、妖怪、幸福要诀、手工学,跨度之大,简直令人头晕目眩。不过,有一点是清楚的,那就是这些书按其性质来划分,也正应合了当时博文馆的学术、启蒙、实技百工的出版特点,而其中特别值得注意的是包括翻译、编译和著述在内的对西方思想、历史和文学的介绍占了很大比重。广泛介绍和传播西方的学术和思想,是启蒙时代的一项不可缺少的内容,在这个意义上,把涩江保列入东方近代启蒙者的行列里,也许是并不过分的评价。

今天,日本对博文馆之于近代启蒙的贡献有着高度的评价,而且也记忆着许多当时列名于博文馆的著述者,像中江兆民(Nakae Chomin, 1847—1901)、久保天随(Kubo Tenzui, 1875—1934)、国木田独步(Kunikida Dobbo, 1871—1908)、岛崎藤村(Shimazaki Toson, 1872—1943)、与谢野铁干(Yosano Tekkan, 1873—1935)、与谢野晶子(Yosano Akiko, 1878—1942)夫妇、木村鹰太郎(Kimura Takataro, 1870—1931)、田山花袋(Tayama katai, 1871—1930)、长谷川天溪(Hasegawa Tenkei, 1876—1940)、幸田露伴(Koda Rohan, 1867—1947)以及前面提到的高山樗牛、尾崎红叶等人,这些大人物,可以任意列出很多,然而惟有对博文馆以及对明治时代的日本和中国近代启蒙都做出过重要贡献的涩江保却在人们的记忆里消失了。甚至在 20 世纪 30 年代出版的《博文馆五十年史》中就已经不记得涩江保了。如坪谷善四郎介绍说,24 册"万国战史"丛书在当时的出版界被盛赞为战史读物的"白眉"(杰作或最好的),也提到了其他作者和书目①,可就是偏偏没提涩江保以及那些该丛书的绝大多数是涩江保名下的著作。这是为什么?

---

① 参见坪谷善四郎:《博文馆五十年史》,第 112 页。坪谷善四郎开列了丛书中第一本到第五本的作者名和书名。

（二）涩江保的线索

在了解到涩江保的业绩之后，笔者觉得涩江保本人就是一个很值得探讨的问题，当然也产生了要了解这个人的强烈兴趣。可是，到哪里去找呢？在1997年的当时，几乎无从下手。

这里应该感谢佛教大学的辻田正雄先生，他也在帮我寻找线索，有一天他提醒说，会不会和"涩江抽斋"有关。涩江抽斋是日本近代史上赫赫有名的人物，关于他的生平，日本小学馆《日本大百科全书》有简明的介绍。

> 涩江抽斋（Shibue Tyusai，1805—1858）江户（李冬木按：1603—1867）末期儒医。生于江户（今东京，李冬木注）神田。幼名恒吉，后改名全善。字道纯，又称子良，号抽斋。家族世代为弘前藩（今青森县弘前市，引者注）藩医，抽斋亦师从既是医生又是儒学者的伊泽兰轩学医，继承家业而为弘前藩医，住江户。又从狩谷易斋、市野迷庵学儒学，精通考证学，与森立之（枳园）共著《经籍访古志》。此书为中国古典解题书之白眉。1844年（弘化一年）为官立医学馆讲师，后为德康家庆所召，奉禄"十五人扶持"。医书著作有《素问识小灵枢讲义》、《护痘要法》等。森鸥外小说《涩江抽斋》为取材其生平之作。①

但这里并没出现涩江保，而且接着去查大百科全书当中关于森鸥外小说《涩江抽斋》的词条，也找不到有关涩江保的蛛丝马迹。倒是在平凡社的《世界大百科事典》（第二版）的解释这篇小说的"《涩江抽斋》"词条下，出现了一些线索。

> 《涩江抽斋》 森鸥外的史传。1916（大正五）年连载于《东京日日新闻》和《大阪每日新闻》。津轻藩时医，作为考证学者亦很知名的涩江抽斋（道纯，1805—1858年）的传记。森鸥外结合自己的经历，以充满共感与憧憬的笔触，描写了医而遗文业，在幕藩体制内率性而居的抽斋的一

---

① 小学馆：《日本大百科全书》，1996年，SONY DATA Discman DD-2001。

生。资料的大部分是抽斋的三男保提供的,填补了史传的空白,并且与传并行描写了的调查考证的过程,从而开辟了史传的新领域。以汉文文脉为基调的文体,也具有很高的格调,古朴而不生涩。虽自始至终贯穿着尊重事实的态度,却也有小说意义上的润色之处,妻子五百等形象,栩栩如生,增光添彩。欧外之关心延及亲戚、子孙,记述一直持续到抽斋没后57年。①

如果把以上资料作一下整理,那么首要的一点,便是可以断定"涩江保"是"涩江抽斋"的三男。从这条线索来看,就有两点值得注意:一个是涩江保家祖世代为侍医,其父涩江抽斋,不仅是儒医,也是精通考古学的汉学者,这意味着涩江保在中医和汉学方面,有着良好的教养环境,可谓书香门第。事实上,他的汉学功底,在《支那人气质》的翻译中也有着很好的发挥。另一点是森鸥外的同名小说是写涩江抽斋及其亲戚、子孙的传记作品。

森鸥外(Mori Ogai,1862—1922)是中国读者并不陌生的日本近代著名作家,在文学史上,多把他与夏目漱石(Nattsume Soseki,1867—1916)并称,以作为体现了明治时代精神与伦理的代表作家。他的主要成就之一,是开辟了近代历史小说创作的新领域,其忠实于史实,按照历史的本来面目("歷史其儘")来写历史小说和超脱史实的束缚自由地驰骋主观想象("歷史離れ")的两种创作方法,不仅对日本,而且通过鲁迅、郭沫若等人的历史小说创作,对中国也产生了深远的影响。② 鲁迅曾翻译过他的《沉默之塔》,收入他与周作人合译的《现代日本小说集》(上海商务印书馆1923年6月版。原著题为《沈黙の塔》,发表于1910年)。《涩江抽斋》(1916)是森鸥外晚年的最重要作品,被文学史家誉为开拓了历史传记文学的新领域而享有很高的声誉。其方法是完全根据考证和各种实际调查所获得的材料,按时间顺序来展示历史人物的一生。其结果,是使本来默默无闻的一个江户末期的儒医青史留名。

---

① 《世界大百科事典》(第2刷),日立デジタル平凡社,(c) 1998 Hitachi Digital Heibonsha, All Rights Reserved。
② 关于中国近代历史小说创作和日本近代文学的关系问题很值得另行撰文讨论。

(三)《涩江抽斋》里的涩江保

而对本文的调查极有帮助的是,这篇"歷史其儘"的小说,不仅"资料的大部分是抽斋的三男保提供的",而且也有不少笔墨写了涩江家族,特别是后半有很大的篇幅是追踪了涩江抽斋死后其家族成员下落的内容。这样,"涩江保"就在"涩江抽斋"的巨大覆盖下出现了。

在《涩江抽斋》"百十二"中,森鸥外这样介绍了涩江保:

> 抽斋之后裔今存者,如上所记,当屈指首数牛込的涩江氏。主人保为抽斋第七子,亦为继嗣之人,从渔村、竹径之海保氏父子、岛田篁村、兼松石居、根本羽岳读经,随多云纪从学中医,又于师范学校被培养成教育家,在公立学舍、庆应义塾研究英语,又于滨松、静冈或做校长,或当教头,并兼做报纸记者论说政治。然而耗费精力最大者,乃为书肆博文馆所做著作翻译,其刊行书籍,通计约达百五十部之多。其书尽管有随时启发世人之功,概皆应追崇时尚书估之诛求而运笔者。不可不谓徒费了保之精力,且保自知此项。毕竟文士与书估之关系,本该为"共栖",而实则反为"寄生"。保做了生物学上的养家糊口,独当一面的汉子。
>
> 保欲作之书,今犹作为计划而在保之意中。曰《日本私刑史》,曰《支那刑法史》,曰《经子一家言》,曰《周易一家言》,曰《读书五十年》,此五部书即是。就中如《读书五十年》,并非只为计划,其蒿本既已成堆,此为文献目录,足可窥保博涉之一面。著者之所志,乃廓大严君之《经籍访古志》,纵言其纵贯古今,勾连东西,或未为不可。保果能善成其志乎? 世间果能使保成其志乎?
>
> 保今年大正五年六十岁,妻佐野氏松,四十八岁,女乙女十七岁。乙女明治四十一年以降,从镝木清方学画,又,大正三年以还,为迹见女学校学生。①

这里除了说涩江保为博文馆译著书籍达"百五十部之多"和上面的统计

---

① 译自森林太郎:《鸥外選集》第六卷,岩波书店 1979 年版,第 225—226 页。

有较大的出入外,基本概述了涩江保的主要经历和志向。其中有对涩江保为博文馆著译书籍颇不以为然的话,似由"文士与书估"之间的不睦而来,笔者以为或许是这个原因,才使博文馆主干坪谷善四郎在撰写五十年史时,有意避而不道为博文馆做出过重大贡献的涩江保。不过,这已经是另外的话题了。

其实,从这篇小说的"其六"起,涩江保就出现了,森鸥外为寻找涩江抽斋的线索,经许多辗转周折,找到了在宫内省供职且精通史学的外崎觉,并且从外崎觉那里知道了涩江抽斋有子嗣名字叫涩江保("其六");又经过一番曲折的调查和追踪,森鸥外终于见到了涩江保。"气候虽已变冷,却还未到生火取暖的季节,所以在无火气的官衙的一室里,隔着一张桌子,保和我面对面地坐下了。而且谈起抽斋的事来不知疲倦。"①森鸥外由这次谈话开始了解到涩江抽斋其人的生平事迹及其后人,他委托涩江保把记忆中关于父亲的事下来,涩江保马上就答应了,并且和他约好,把过去在《独立评论》上连载的自己回忆谈也拿出来。这次会面后不久,森鸥外去京都出差,就在出差期间,涩江保已把森鸥外所托整理成文,森鸥外回到东京后马上登门拜访,得到涩江保的笔稿并同时借回了那些回忆文章,因此,森鸥外明确说:"我在这里所说,主要依据从保那里获得的材料。"②("其九")由此可以知道,在《涩江抽斋》这部史传中,"涩江保"首先是作为素材的提供者出现的。

由于作品基本是以编年体的方式演进的,所以"涩江保"的再次出现已是"其五十一",但此后直到全篇结束的"其百一九",便几乎再没消失过。因此从中还可以进一步找到有关涩江保的更为详细的情况。

如"其五一"记录了涩江保的出生:"安政四年(李冬木按:1857年)抽斋七男成善七月二十六日生,小字三吉,通称道陆,即今之保,父五十三岁,母四十二岁时之子。"③此外,还可以知道抽斋前后有四个妻子和很多个孩子,涩江保为第四个妻子五百所生,是家中最小的一个("其五三"),在抽斋死后的第二年,仅两岁便成了涩江家业的继承人("其六五")。涩江抽斋留下的藏书据说约有"三万五千部"("其七十"),其和枳园共著的传世之作《经籍访古志》(八

---

① 森林太郎:《鸥外选集》第六卷,第22页。
② 森林太郎:《鸥外选集》第六卷,第24页。
③ 森林太郎:《鸥外选集》第六卷,第108页。

卷),明治十八年(1885)由清国使馆刻刊("其百八",又见"其二",记录此事甚详)。而涩江保自幼好读书,四岁便开始从师多人学儒学("其六七"),"喜爱书籍胜过米饭"("其七十三"),到森鸥外来采访涩江的家世时,已号称"读书五十年"。母亲五百在涩江保的教育中亦起关键作用,她不仅支撑了拥有众多子女的家庭生活,也热心地督促子女读书,而尤其重要的是,她长年不断讲述的涩江家世,均由涩江保一一记录保存了下来("其九"),以至作家松本清张(Matsumoto Seicho,1909—1992)认为,森鸥外在调查采访时得到了涩江保提供的关于家世的笔稿后,只是稍做文字上的加工润色,就几乎原封不动地再现到了《涩江抽斋》当中。① 这似乎涉及了这部受到高度评价的历史小说的原创性问题,对此今后亦可能仁者见仁,智者见智,不过此处也无外说明涩江保的家教环境和他文笔的功力所至罢了。

另外一点,就是关于涩江保的英文。在明治时代的翻译家中,涩江保是那些少数没有留学经历的人之一。这既是他作为翻译家的一大特色,也很可能是他的诸多的译作不大为后人所重视的原因之一(此外,上面讲到的博文馆史中不提涩江保,也不能不是涩江保本人以及他的著译消失在历史当中的原因)。1871年3月,涩江保15岁时只身前往东京,5月,为学英语,进了公立学校,期间,以操读英语为己志的涩江保翻译了《小美国史》并由万卷楼出版社出版。一年多以后,为学资所迫,不得不改进师范学校,经历多次辗转波折后,为学英语,又于1879年11月进了庆应义塾,"此后,保欲深穷英语,而未遂其志"②,近两年后的1881年9月,为养家糊口,24岁的涩江保又去做了爱知中学的校长。这就是森鸥外在上文所记的"在公立学舍、庆应义塾研究英语"的经历。由此可以推知,涩江保的英语主要是靠他"深穷英语"之志的自学和实践而得,至于程度如何,还尚需要实际对照英文检阅其译文方可得知。不过,有两点似可供参考,一是母亲五百在涩江保的指导下,60岁起开始学英文,并且达到了可读关于西方历史和经济学原著的程度③;另一点是将要在下面提到的一些学者的意见。

---

① 参见松本清张:《作家の日記——森鴎外と乃木将軍の死、白樺派のことなど(連載5)》,《新潮46》第8卷第5期,第195页。
② 森林太郎:《鴎外選集》第六卷,第203页。
③ 参见森林太郎:《鴎外選集》第六卷,"其百六",第214—215页。

(四) 涩江保之研究

在本书的问题范围内,作为对日译本《支那人气质》译者的调查,做到现在这一步似乎可以告一段落了,但不知为什么,笔者却有一种意犹未尽的感觉。这并不完全出自眷恋那种有所发现时的怦然心动的感觉,而是因为涩江保在历史的淹没中并未清晰而完整地呈现出来,哪怕是作为一个抽象的概括。因此,打算在此通过对涩江保研究的整理而对涩江保做一个小结。

如前所述,笔者在最初的两篇论文发表之后,便一直注意收集有关资料,而且发现,情形也并非当初曾使自己几近绝望的那种白茫茫一片的皆无状态,如果仔细找还是有所得的,哪怕是差不多平均每十年才有一篇论文。随着近年来日本学术机构检索系统的完善,查找越来越方便,所获亦越来越丰富。不过,越搜集也就越有一种感觉,那就是涩江保似乎是为《涩江抽斋》这部作品而存在的。

森鸥外是文学大家,《涩江抽斋》是日本近代文学史上的名著,前面说过,这部大家的名著使本来默默无闻的一介江户儒医青史留名,而且关于涩江保的许多材料也的确在客观上因这部名著而被保存下来,从而使后来要寻找他的人最终可以在这部作品中找到他。但是,就像"涩江保"在这部作品中的最初登场是作为该作品素材的提供者一样,他后来断断续续在一些研究论文和专著里的出现,绝大多数场合仍扮演着同一种角色,即对涩江保的最大评价是他为一个名家提供了一部名著的素材,换句话说,"涩江保"是被隐藏在对作家森鸥外及其作品《涩江抽斋》的研究和评论系统当中的。没有涩江保也就没有《涩江抽斋》,但没有《涩江抽斋》也就没有涩江保。涩江保处在这种宿命当中。于是,只能在有关森鸥外和《涩江抽斋》的研究资料中检出那些最能体现涩江保的材料来看。

在"森鸥外=《涩江抽斋》"这一系统中,最早对涩江保有重大发现并且给予高度评价的是一户务(Ichinohe Tsutomu)的《鸥外作〈涩江抽斋〉的资料》,这篇论文发表在昭和八年(1933)《文学》第 8 号上。[①] 一户务调查《涩江抽斋》的材源时,在东京大学图书馆收藏的森鸥外的一万五千册藏书中,意外地发

---

① 参见一户务:《鷗外作〈澁江抽齋〉の資料》,《文學》昭和八年(1933)第 8 号,第 84—96 页。以下引译均出自该篇论文。

现了以下稿本：

(甲)《涩江家乘》，写本，美浓半纸(约 24cm×32cm)六十二页。

(乙)《抽哉年谱》，写本，四百页原稿纸十八页。

(丙)《抽斋的亲戚并门人》，写本，四百页原稿纸七十二页。

(丁)《抽斋殁后》，写本，四百页原稿纸大约二十四页。

其中，(甲)为森鸥外自笔写本，推定是"鸥外晚年的杰作《涩江抽斋》的初案稿本"，当中插有"保氏自笔的《涩江家系图》"；后三册皆为涩江保的笔稿。经过对照比较研究，一户务认为，《涩江抽斋》的材源基本来自这四册稿本并涩江保借给森鸥外的他当时发表在《独立评论》上的系列回忆文章。"把现存的涩江保草稿同这部作品来进行比较，保所倾心的人物，在鸥外笔下也栩栩如生，保不甚介意的人物，在鸥外的作品中便是不成样子的死人。《涩江抽斋》由素材上来考察，鸥外之研究仅花费了很少的力气，而只有保的文学才能才跃然纸上。""如果说，在《涩江抽斋》中对人物性格有文学上的表现的话，那么其并非鸥外之力，而是涩江保之力。"一户务说他感受到涩江保"提供材料的功之伟大"，作此文以慰劳绩。

在这部名著的创出当中，涩江保的功绩越大，便越容易发生上面提到的有关作品原创性的质疑。但这个问题即使在森鸥外研究的专门领域也似乎并没充分展开过，否则，涩江保也不会一直被埋没，哪怕只是由于这一部作品的讨论，"涩江保"也会与"涩江抽斋"齐名。就连一户务本人也没有把论文的结论自然延伸到这一问题的提起上来，而是由对素材的处理而充分肯定了森鸥外的"史眼"和"智脑"。他认为，"史传中有史实之铁则，几乎不留有可供艺术或想象处理的余地，除了采取客观的叙述方法之外而别无办法。不过在《涩江抽斋》中，鸥外充分委身于保的文学才能。鸥外以透彻得令人惊愕的史眼分析整理了记述着保的片段回忆的草稿，并以科学的智脑予以分析"。

后来有些学者根据一户务的发现，在谈到《涩江抽斋》时也言及涩江保，但直到半个多世纪后，一户务所发现的那些稿本才终于得以出版。松本明知编《森鸥外〈涩江抽斋〉基础资料》①收前面提到的《抽斋年谱》《抽斋亲戚并门

---

① 《森鷗外〈渋江抽斎〉基礎資料》[第八十六回日本医学史学会(会长松木明知)，1988 年 6 月 30 日发行，限定 300 部]其目次为[「まえがき」、「収録資料解題」、「参考文献」、「抽斎年譜」、「抽斎親戚並門人　付抽斎の学説」、「渋江家乗」、「抽斎歿後」、「明治元年全三年渋江保日記」]。

人　付抽斋之学说》《涩江家乘》《抽斋殁后》以及后来发现的《明治元年仝三年涩江保日记》,是现今出版物中保存下来的关于涩江保的第一手资料,只可惜印数太少,"限定300部",仍不容易寻找到。

也有学者不囿于《涩江抽斋》,要为涩江保单独立传的,不过据我所知,只有一个人写了《涩江保传》上下篇,而且也只写到他要外出闯世界的时候为止。① 因此,在缺乏整体把握的前提下,到目前为止,任何对涩江保发掘的尝试,从起步到结果,都只能是片段的和偏重某个侧面的。

就像在这一节的开头提到的《日本近代文学大事典》所呈现的那样,后来有学者注意到涩江保与日本近代"英学"的关系,并做出了较为深入的调查和发掘;也有汉学者因涩江保翻译《支那人气质》而从"中国学"的角度提到涩江保的贡献。前者如经济思想史学者杉原四郎(Sugihara Shiro)的论文《涩江保与英国思想的导入》,后者如高岛俊男(Takashima Toshio)对"中国关系名著"的介绍。而尤其值得一提的是,他们都不约而同地涉及了涩江保的英语水平和翻译能力的问题。杉原四郎强调了涩江保作为翻译者和介绍者对导入西方近代文化所做出的启蒙贡献,不仅提到由英文转译黑格尔《历史哲学》,而且也认为涩江保的英语有相当高的程度。② 高岛俊男通过两段文本比较,认为白神彻1940年译本不是一个好译本,其译得"是否忠实不得而知,有很多地方干脆没变成日语",而相比之下,涩江保译本要胜过"数等"。③ 笔者对两位学者所言颇有同感,若将第二十四章"相互猜疑"(Mutual Suspicion)里的一首诗的汉译拿来对照,可知与后来出现的中译本的译文(①至④,这是笔者随意抽取的)相比,涩江保的译文不仅理解到位,言辞也很整饬得体。

　　　　The serpent's mouth in the green bamboo,
　　　　The yellow hornet's caudal dart;
　　　　Little the injury these can do;

---

① 参见稻田雅洋:《渋江保伝》(上)(下),《境》创刊号,昭和五十八年(1983);《境》第2号,昭和五十九年(1984)。
② 参见《渋江保とイギリス思想の導入》,见杉原四郎:《読書颯颯》,未来社昭和六十二年(1987)版,第125页。
③ 参见高岛俊男:《独断! 中国関係名著案内》,东方书店1991年版,第64—67页。

More venomous far in a woman's heart. ①

① 绿竹中的毒蛇口,黄蜂尾上的刺儿,这些伤害不足提,狠毒莫过妇人心。
② 竹林蛇口,赤蜂尾上,狠毒莫若,妇人心肠。
③ 竹叶青蛇嘴,黄蜂尾部针,二者不足惧,最毒妇人心。
④ 青竹蛇儿口,黄蜂尾上针,两般尤为可,最毒妇人心。

涩江保译文:

⑤ 竹径蝮出舌,花荫蜂藏针,岂云含毒少,孰若妇人心。②

最近在旧书店偶尔得到《朝日月刊》"创刊三周年特大号",1992年7期。这一期里收"永久保存版·特大集",叫作"将要继续讲述到21世纪的20世纪日本的异能·伟才100人",其第52页把涩江保也列为其中之一,然而却是被当作"SF作家"来介绍的。SF为Science Fiction的缩写,即"科学幻想",那么这个涩江保即为"科幻作家"了。选者是日本当代科幻作家兼明治文化评论家横田顺弥(Yokota Junya),他以《涩江抽斋之子是宇宙SF和易学的先驱》为题介绍了涩江保:

明治三十八年一退出博文馆,便以和当时冒险小说界的巨匠押川春浪相对抗的形式,用羽化仙史、涩江不鸣等四种笔名,在博文馆竞争对手的出版社出版冒险小说、SF和怪奇小说(包括翻案),今所判明的就有五十三册。作品风格较之押川春浪平易柔和。虽有不考虑故事的下一步展开,信笔随意之感,但相比之下,押川虽为日本SF祖师,却几乎没能描写宇宙,而涩江保虽稚拙,却根据自己的研究所获得的知识写出了《月世

---

① Arthur Henderson Smith, Chinese Characteristics, New York: Fleming H. Revell Company, 1894, Mutual Suspicion, p. 245.
② アーサー・エチ・スミス(Arthur Henderson Smith):《支那人氣質》,渋江保译,博文馆明治二十九年(1896)版,第346页。

界探检》《空中电器旅行》等宇宙 SF 小说，就这一点而言，理应受到稍高一些的评价。其后，远离小说，而热衷于反魂术、电气、动物磁气等属于"神秘科学"（occult science）的问题。在易学方面也有著作，在易学界作为先驱研究家也受到很高的评价。①

《朝日月刊》上介绍的这 100 人，几乎都是被历史所淹没的人物，至少就横田顺弥负责执笔的包括涩江保在内的 13 个人物来说是这种情形。"他们在自己的时代，都是无人知晓的存在，现在几乎被忘得一干二净"，"不论在哪个领域，即使成就了相当的伟业，能够史上留名的伟人（未必都是伟人）也并不多见，他们与时代同被遗忘是世间之常情，无法可想。但是，笔者以为，其伟业只因不是纯学术的而被忘却，却并不是历史的本来面目。创造历史的不正是这些无名的伟人吗？"②横田顺弥对涩江保的发掘并不是一个全面的发掘，然而却是一个非常出人意外的发掘。③ 过去只有松本清张说过涩江保"是个通俗小说家"④，但写了怎样的通俗小说却并没有具体的说明，横田说今判明在涩江保名下还有 53 部科幻作品，那么当是指在博文馆出书近 60 种以外的成绩了。顺便还应提及，上文作为"日本 SF 祖师"提到的押川春浪（Oshikawa Shunro, 1876—1914），在博文馆出书自署名 3 种，与人合作 5 种，担任过博文馆杂志《冒险世界》的主笔。⑤

关于涩江保的著作，在笔者所看到的知识传承意义上的正规记录当中，似乎只有《近世汉学者传记著作大事典》，关义一郎编，井田书店昭和十八年

---

① 《20 世纪日本の異能・偉才 100 人》，朝日新闻社：《月刊 Asahi》创刊 3 周年特大号（第 4 卷第 7 期），1992 年 7 月，第 52 页。
② 横田順彌：《無名人たちの精神史》，朝日新闻社：《月刊 Asahi》创刊 3 周年特大号（第 4 卷第 7 期），1992 年 7 月，第 44 页。
③ 【追记】在后来出版的横田順彌《近代日本奇想小説史（明治编）》（ピラールプルス 2011 年版）当中，对涩江保在 SF 小说创作方面的贡献有更多的介绍。
④ 松本清張：《作家の日記——森鴎外と乃木将軍の死、白樺派のことなど（連載 5）》，《新潮 46》第 8 卷第 5 期，第 195 页。
⑤ 据《博文馆出版年表》（附于《博文馆五十年史》书后），押川春浪自署名的三种著作是《壮快遊戲　室内猛獣射擊》，明治四十二年（1909）版；《中村春吉自轉車　世界無錢旅行》，明治四十二年版；《破天荒》，明治四十四年（1911）版。与中村春吉合作"五大洲探檢記"五种：《亜細亜大陸横行》《南洋印度奇観》《鉄脚縱横》《亜弗利加一周》《歐洲無錢旅行》。主持《冒险世界》，明治四十一年（1908）—大正八年（1919）。

(1943)出版,其"涩江羽化"的词条为:"抽斋之子,名保,羽化,其号也。受业于海保渔村、岛田篁村,尤善易。昭和五年七月七日殁,年七十四。"之后,并记涩江保的汉学著作九部。① 这当然是一个作为"近世汉学者"的"涩江保"了。

那么,涩江保到底有多少种著作呢?到目前为止没有完整的统计。昭和三十八年(1963),大田兼雄(Oda Kaneo)曾主要根据涩江保女儿乙女提供的《羽化著作概表》,辅以《博文馆五十年史》和搜集所得一部分原书,作《羽化涩江保的著作》一文,但是并没提出可以落实的统计数字,根据其文中涉及的篇名做粗略计算,涩江保著译有八十余种九十几册。② 近年有人根据日本国会图书馆所藏再做统计,获知涩江保著译在国会图书馆实藏109种,又根据相关资料兑阙查补,获知现在国会图书馆所未收藏的涩江保著译有51种。该项调查,见于村冈功(Muraoka Isao)的论文《涩江保的事迹》③。若把前后两项数字合加,那么涩江保名下的书目就达到160种了。笔者以为,尽管如此,这个数字仍小于实际存在过的册数。森鸥外在《涩江抽斋》里说"为书肆博文馆所做著作翻译,其刊行书籍,通计约达百五十部之多",如果说只为博文馆所作,那么便未免夸张之辞,但看上面的统计数字,则可知其更接近涩江保的全部著译成绩。

然而,"涩江保"还仍然是森鸥外和《涩江抽斋》的附属材料,包括上面提到的最近这篇统计了涩江保著作的论文在内,就像其发表杂志是森鸥外纪念会编辑的杂志,其名称叫作《鸥外》所具有的象征性一样,所谓"涩江保的事迹",其实还是围绕森鸥外及其《涩江抽斋》展开的,尽管涩江抽斋作为考证学家只有一部与人合作的《经籍访古志》,而涩江保却拥有着引领一个时代的

---

① 参见関義一郎编:《近世漢學者傳記著作大事典》,收涩江保的著作有《易斷真法》《周易象議》《周易史傳》《韓非子神髓》《五行易活斷一冊刊》《象卜考》《梅花新易即座考》《繫辞新釋》《説卦新釋》。
② 近似值。参见太田兼雄:《羽化渋江保の著作》,《日本古書通信》第233号,昭和三十八年(1963)9月15日,第11—12页。
③ 村冈功:《澀江保の事蹟》,森鷗外記念会编辑:《鷗外》第72号,2003年1月,第1—35页。参见该文后附「渋江保年代順著作一覧(一)国立国会図書館蔵書」和「渋江保年代順著作一覧(二)国立国会図書館未所蔵分」。从该文所做的统计来看,继博文馆之后,涩江保又先后在东京东海堂、东京文明堂、东京东亚堂、三才社以及大学馆等出版社出书。其中,大学馆出版最多,至少有73种,而其中又有50几种是所谓"怪奇"和"冒险"小说。

160部以上的著译。笔者以为,只要不去具体详读已知的160部当中的任何一部,便不会有真正的涩江保研究,因为那还是一个几乎人所未踏的陌生的世界。尽管几乎可以凭直觉意识到这个陌生的世界与东亚的"近代"乃至今日有着千丝万缕的联系,但只要这个世界还在沉睡,便仍然无法找到我们今日某些思想的历史渊源。《涩江抽斋》最终体现的是森鸥外的价值,但却可以帮助人们寻找和发掘涩江保的价值,涩江保的价值不仅仅是提供了《涩江抽斋》的素材,而更是他自身的创造。涩江保的价值只能在他本人的著译作品中被唤醒,并由此而使他独立于森鸥外的作品之外。

但是在此之前,亦不妨根据上述已知的材料为涩江保做一个小结。

(五) 涩江保小结及"日译汉"当中所见到的涩江保

涩江保(Shibue Tamotsu) 日本年号安政四(1857)年七月二十六日生,昭和五(1930)年四月七日殁。明治时代的翻译者、著作者、科幻小说家、启蒙主义者、汉学家、易学研究家。本名成善,小字三吉,通称道陆,号羽化或羽化生。明治四(1871)年6月,由成善改名为保。涩江抽斋之七男,其母为涩江抽斋第四任妻子五百。森鸥外的史传名著《涩江抽斋》记载其事迹甚详。曾以涩江保、羽化仙史、乾坤独步、涩江易轩、涩江羽化等笔名出版各种著译、小说、启蒙读物、易学研究著作等一百六十余部,不仅是日本近代启蒙时期的先驱者,其著作亦影响到同时代的中国。

这就又出现了一个重要问题,即除了被有日文阅读能力的中国读者直接阅读的日文原作外,涩江保的著译究竟有哪些被译成汉语介绍到了中国? 以下( )内数字为统排编号。据《中国译日本书综合目录》①所载,在"涩江保"名下,有以下8种著作,照录如下:

(1)《波兰衰亡战史》(第一册),东京译书汇编社,1901年(明治34),第514页

(2)《波兰衰亡史》,薛公侠 译,上海镜今,1904年(光绪30),第514页

---

① 实藤惠秀监修、谭汝谦主编、小川博编辑:《中国译日本书综合目录》,香港中文大学1980年版。

(3)《印度蚕食战史》,汪郁年 译,杭州译林馆[1911 年前版],第 500 页

(4)《美国独立战史》,东京留学生 译,上海商务[1911 年前版],第 525 页

(5)《佛国革命史》,人演社 译,上海人演社[1911 年前版],第 513 页

(6)《社会学》,全鸣鸾 译,上海开明[1945 年前版],第 317 页

(7)《泰西事物起原》,付运森 译补,上海文明[1945 年前版]全 5 册,第 477 页

(8)《罗马文学史》,何震彝 译,上海开明[1945 年前版],第 644 页

但这些书目显然是不完整的,即使在同一本目录中,其实至少还应有两本非"涩江保"名下的属于涩江保的书目,即:

(9)《普奥战史》,羽化生 著,赵天骥 译,上海商务,1902 年(光绪 28)(战史丛书第一集),第 433 页

(10)《支那人之气质》,Chinese Characteristics(1894)

(美)Arthur H. Smith(史密夫)

[不著日译者];[不著中译者]上海作新社,1903(光绪 29),第 305 页

另,樽本照雄编《新编增补清末民初小说目录》①记自涩江保而汉译书目三种,编号并原文照录如下:

(11) s0751＊ 食人国 （日）羽化仙人著 觉生訳 河北粹文書社 光緒 33(1907)

羽化仙史(渋江保)『冒険小説 食人国探険』大学館,1906か？[阿英 176]

(12) s0752＊食人国 （日）羽化仙人著 覚生社訳 河北雜文書社 1907

羽化仙史(渋江保)『冒険小説 食人国探険』大学館,1906か？[大典 142]

(13) s0856＊ 世界発展倶楽部(冒険小説) 孟文翰訳

北京法政同志研究会『法政学報』2 卷 4－7 号 1914.4.25—8.15

[史索二 146]は創作とする。(藤元直樹)乾坤独步(渋江保)『世界発展倶楽部』大学館 1906.9か

这三种书的中译本可能不易找到了,但日文原本在日本国立国会图书馆

---

① 《新编增补清末民初小说目录》,齐鲁书社 2002 年版。

还可见到,因此可确定关于日文原本的不确定信息。《食人国》的日文原书有两册,版本信息为:

[冒险小说　食人國探檢](第一册)/[冒险小说　續食人國探檢](第二册)/羽化仙史著/冒险怪奇文库第11,12编/東京大學館,明治三十九(1906)年

《世界发展俱乐部》的原书版本信息为:

[冒险小说　世界發展俱樂部]/乾坤獨步生著/世界统一冒险谭第二编/東京大學館,明治三十九(1906)年

以上所见,都是后人编辑的"日译汉"目录里的涩江保,没收进去的恐怕还有不少,只是不易查找罢了。比如,在几乎不为人所知的《东亚报》里,也能见到涩江保。《东亚报》作为"在日本最早创刊的中文报纸"而被重新发现,是在它消失一百年以后。尽管"这项发现可以说是在日华人报刊出版史研究方面的一个突破",但是新华社关于这项发现的报道,仍有多处错误和遗漏,比如创刊的时间、地点和撰述人、翻译者、内容等项。① 详细内容请参照下面的

---

① 新华社2000年1月27日关于《东亚报》的报导如下:
　　京都大学发现在日本最早创刊的中文报纸
　　新华社东京1月27日电　据《日本侨报》报道,日本京都大学日前发现了在日创刊的中文报纸《东亚报》的原本。该报早在梁启超创立《清议报》之前就已经存在,是在日本创刊最早的中文报纸。中国《华侨华人百科全书·新闻出版卷》的总编辑王士谷先生曾在北京中央编译局图书馆发现过《东亚报》原本,但100年来在该报的创刊地日本却一直没有发现过它的原本。这项发现可以说是在日华人报刊出版史研究方面的一个突破。
　　《东亚报》创刊于1898年6月29日,比《清议报》创刊早半年。经确认,《东亚报》的创刊人和主编是广东籍的简敬可,撰稿人有韩昙首、康同文、韩文举、吴天民等。该报内容广泛,涉及政治、法律、商务、文艺等各领域,不过其中很多内容是对同期出版发行的外文书刊进行的翻译。
　　《东亚报》为旬刊,发行至第11期停刊。当时该报除了在日本和中国发行以外,还在东南亚各地设立过代理发行所。
　　承蒙当时京都大学人文科学研究所狭间直树教授的指教,笔者于2000年暑假期间在同研究所阅览室看到了那里所收藏的《东亚报》的原件,不久又购得了《东亚报》原件的缩微胶片。将原件与后来看到的新华社的上述消息相对照,殊觉有几点需要补充和订正。

注释,这里的重点是《东亚报》里所见的"涩江保"。《东亚报》光绪二十四年(1898)五月十一日在日本神户创刊,与其说是"报",到更像一本书或杂志,近似于大32开本,旬刊,每期实际页数在70页左右,终止于第几期不详,京都大学人文科学研究所现存第一至第九册合订本。内容设"论说""宗教""政治""法律""商务""艺学""图像""经世文选""新书译录""路透社电""本馆布告"等栏目,"涩江保"就出现在"新书译录"当中。从第一册至第九册,该栏目连载译录新书为:《社会学新义》、《美国宪法》、《万国公司新法》(截止到第六册)、《法国议院选举法》(始于第四册,其在第七册的题目为《法国议院章程》)、《欧美异闻记》(始于第八册),其中只有《社会学新义》和《美国宪法》一

(一) 关于形态。与其说是"报",倒更像"书"或杂志,近似于大32开本,每期实际页数在70页左右。封面除了出刊日期和报名竖排汉字外,底端有横排日文和英文"トウアホウ/THE BRITISH/EASTERN ASIA NEWS"。

(二) 新华社消息说"发行至第11期停刊",不知据何所言,京大人文研所藏为九册合订本,就是说,仅仅根据京大人文研原件,判断不了出到何时停刊。

(三) 新华社消息说《东亚报》<u>创刊于1898年6月29日</u>",亦不知据何所言,其原件第一册封面日期为"孔子生二千四百四十九年/光绪二十四年五月十一日",<u>即公元1898年5月11日</u>。此后第二册至第九册的出版日期分别为同年五月廿一日、六月一日、六月十一日、六月廿一日、七月一日、七月十一日、七月廿一日、八月一日。

(四) 新华社消息中有重要遗漏,即没有报导创刊地。据目录所载地址,为"<u>本馆在日本神户下山首通二丁目三十一番</u>";又,第二册《本馆布告》有言"本馆向设日本神户内海岸,今已妥迁日本神户下山手通二丁目三十一番地",可知地址变更和出刊是同步进行的。

(五) 关于"《东亚报》的创刊人和主编"和"撰稿人"亦有重要遗漏。据册后所附"本馆总理撰述翻译名列",做如下观:

  总理 新会简敬可石芗
  撰述 番禺韩昙首云台　　南海康同文介甫
     番禺韩文举树园　　顺德吴天民介石
  东西文翻译　日本角谷大三郎　日本桥本海关　日本大桥铁太郎　发行人叶栋

对于后面的"东西文翻译"者,《本馆布告》略有说明:"迩来中国时事日亟,不谙公法,致召外侮,日本大律师角谷先生,有志东方时局,为本馆专译法律,以飨海内同人。又于每册附印万国英杰小像、中西地图、及新译要书数种,冀以广闻见而快阅者之目焉。"成如新华社报导之所言《东亚报》"很多内容是对同期出版发行的外文书刊进行的翻译",故不该遗漏翻译者。

(六) 新华社消息中提到"该报内容广泛,涉及政治、法律、商务、<u>文艺</u>等各领域",实际上并没有"文艺"的字样,更没有所谓的"领域",倒是有"<u>艺学</u>"栏目,内容相当于现在的学术与科技。

补记:关于《东亚报》,近年的研究论文有蒋海波:《〈東亜報〉に関する初步的研究:近代日中"思想連鎖"の先陣として》,(日本)中国现代史研究会:《现代中國研究》第32号,2013年3月31日。

直在连载。

（14）《社会学新义》为"英国斯配查原著/日本涩江保编纂/番禺韩昙首译述"，每期两页，九册共18页。从内容上看，日文原书应当是"涩江保著《社会学　全》"，该书为博文馆"通俗教育全书"第89编，明治二十七年（1894）1月出版。比较而言，今所见汉译只相当于到原书第一卷第四编的部分，大体接近为全书三卷十五编内容的三分之一。这是迄今为止，不见于任何记载的涩江保被汉译的著作。《中国译日本书综合目录》所见由上海开明出版的全鸣鸾译本《社会学》，当是后来的重译了吧。顺便还要提及，《美国宪法》也是每期两页，九册共18页，为"日本坪谷善四郎编著/南海康同文译述"。坪谷善四郎已经介绍过，系博文馆主干，《博文馆五十年史》作者。

此外，在《东亚报》第八册和第九册最后的"本书局翻译书目列后"中，列有《催眠术》一书，其原书极有可能是博文馆"寸珍百种"丛书中的第50本（全52本），明治二十五年（1892）7月出版。但具体是怎样的译本不详。检《民国时期总书目》，在"自然科学"分册中有"催眠术"书目的记载，只不过比《东亚报》要晚得多得，可认为是重译。

（15）《德国最近各病治疗催眠术》，〔日〕涩江易轩著、汪惕予译，上海，民国编译书局，1913年5月初版，120页，25开，精装，全书分19章。书前有作者序。封面及版权页题：各病治疗催眠术。该译本，藏于中国图家图书馆、上海图书馆。①

说到"催眠术"，便不免要想起鲁迅后来多次提到的"以革命为事的陶焕卿"②，在讲到陶焕卿革命的时候，鲁迅也总是忘不掉他的"催眠术"，幽默里透着寂寞。"徐锡麟刺杀恩铭之后，大捕党人，陶成章君是其中之一，罪状曰：'著《中国权力史》，学日本催眠术。'（何以学催眠术就有罪，殊觉费解。）于是连他在家的父亲也大受痛苦；待到革命兴旺，这才被尊称为'老太爷'；有人给'孙少爷'去说媒。可惜陶君不久就遭人暗杀了，神主入祠的时候，捧香恭送的士绅和商人尚有五六百。直到袁世凯打倒二次革命之后，这才

---

① 此信息系2009年在哈佛大学客座时与复旦大学图书馆龙向洋先生交谈时所获，在此仅向龙向阳先生致以衷心感谢。
② 鲁迅：《华盖集续编·为半农题记〈何典〉后，作》，1926年，见《鲁迅全集》第三卷，第322页。

冷落起来。"[1]若陶成章也读过涩江保的《催眠术》,那么也不一定非得译成中文,或许直读日文原书也未可知。

以上是笔者在既往的调查中所看到的汉译本中的涩江保,根据山本勉的最新研究成果,那么源自涩江保的汉译本,至少还可增加以下15种版本[2]:

(16)《英人强卖鸦片记》,涩江保著,汤叡译,大同译书局,1898年。

(17)《露土战纪》,涩江保著,汤叡译,大同译书局,1897年。

(18)《俄土战史》,涩江保著,袁嘉谷译,京师五道庙售书处,1908年。

(19)《美国南北战史》,涩江保著,译者不详,大同译书局,时间不详。

(20)《印度蚕食战史》,涩江保著,汪郁年译,苏州励学社,1901年。

(21)《波兰遗史》,涩江保著,陈澹译,江西官报社,1902年。

(22)《意大利独立战史》,涩江保著,译者不详,作新社图书局,1903年。

(23)《伊太利独立战史》,涩江保著,张仁普译,广智书局,1911年以前。

(24)《义太利独立战史》,涩江保著,译者不详,商务印书馆,出版年不详。

(25)《美国独立战史》,涩江保著,作新社图书局译,作新社,1903年。

(26)《希腊自主战史》,涩江保著,大同译书局,出版年不详。

(27)《希腊独立史》,涩江保著,泰嗣宗译,广智书局,1911年以前。

(28)《美国独立战史二卷》,涩江保著,中国东京留学生译,商务印书馆,出版年不详。

(29)《英国革命战史》,涩江保著,译者不详,作新社,出版年不详。

(30)《佛国革命战史》,涩江保著,中国国民丛书社译,商务印书馆,1903年。

(31)《佛国革命战史》,涩江保著,译者不详,湖北学生界社,出版年不详。

(32)《英国革命战史》,涩江保著,萨忧敌译,支那翻译会社,1903年。

(33)《英国革命战史》,涩江保著,萨夏厂编译,开明书店,1903年。

---

[1] 鲁迅:《华盖集·补白》,1925年,见《鲁迅全集》第三卷,第109页。另,关于陶焕卿,参见同卷第115页注释:"陶成章(1878—1912)字焕卿,别署会稽山人,浙江绍兴人,清末革命家,光复会领袖之一。一九一二年一月,被投机分子陈英士派蒋介石暗杀于上海广慈医院。著有《中国民族权力消长史》《浙案纪略》及《催眠术讲义》等。"
[2] 参见山本勉:《清末に漢訳万国戦史が翻訳出版された背景と万国戦史の意義》"別表3",佛教大学中国言语文化研究会:《中国言语文化研究》第20号,2020年10月。

(34)《波兰衰亡遗史一卷》,涩江保著,陈澹译,出版社不详,1916年。

(35)《英国革命战史》,涩江保著,萨忧敌译,支那翻译会社,1940年。

最后,还想重提一下在《中国译日本书综合目录》所看到的作新社1903年出版的《支那人之气质》,该书虽未署日译者和中译者名,但目前已知,其底本是1896年博文馆出版的涩江保译本。① 关于这个译本以及鲁迅当年是否读过的问题,笔者打算另行撰文予以讨论。不过可以肯定的是,在作新社译本出版之前,涩江保的日译本,早已引起了中国读书人的关注,并在他们当中流传。例如,在蔡元培(1868—1940)和他的周围便是这样。戊戌变法失败后,蔡元培开始学习日文,并开始大量阅读日文书,到了1901年(也就是鲁迅留学的前一年),不仅能够阅读,而且还翻译了井上圆了的《妖怪学讲义》六册。② 是年"十月七日"(西历11月17日)日记里有借阅日文书的记载:"于自振民许借阅《社会平权论》《支那人气质》。于张菊生许借阅《哲学史》《哲学泛论》及《东西洋伦理学史》。"③ 由此可知,涩江保译《支那人气质》也是蔡元培和他周围的人当时阅读到的一册。

那么,涩江保的日译本《支那人气质》到底是怎样一本书呢?笔者认为,这已经并不完全是走入尚未开启的涩江保世界的问题,而将是钻探到历史深层,以期获得中日近代思想和文化交流所形成的历史岩层的样品的问题了。

【追记】以上是笔者截至2006年的,关于涩江保著述和身世之调查研究的成果,后续工作由佛教大学函授硕士研究生山本勉在学期间和毕业以后继续展开,并且取得了一系列重要成果。这些成果主要体现在(一)过去从未被涉及的涩江保的政治思想方面,由此可以知道不论是在自由民权运动的兴盛期还是衰退期,涩江保都一直保持着坚定不移的民权思想;(二)森鸥外没能具体展开的在报社当记者和"欲穷英语"方面,从中不仅可以了解到涩江保通过报纸对政治活动的参与,还可以知道他在三所私立学校和自己的私塾里教

---

① 参见本篇第二部分"(五)涩江保日译本问题的提出"。
② 据蔡元培1901年"九月三十日"日记。《蔡元培日记(上)》,北京大学出版社2010年版,第187页。
③ 《蔡元培日记(上)》,第187页。

"国民性"话语的建构

授汉文、英文和数学的经历,而在他所教授的弟子中,既有像山路爱山(1865—1917)和上田敏(1874—1916)那样的大家,还有松本龟次郎(1866—1945)——鲁迅的日语是在弘文学院跟他学的;(三)以"万国战史"为中心的涩江保著述活动的进一步深入调查和研究,从中可知,被称为"战史"读物之"白眉"的24册"万国战史",其中有18册居然出自涩江保一人之手。①

五、涩江保译《支那人气质》

(一)《支那人气质》概貌

1. 版权页、广告页、封面、页数及目次

前面已经提到,在史密斯原著的纽约版出版两年后的1896年12月,涩江保的日译本便由博文馆出版了。如果把翻译的时间考虑进去,应该说日译本的出版速度是相当快的。还要补充一句,这一年,涩江保三十九岁,在博文馆至少出版了十本书,包括万国战史丛书中的六册(前一年四册)和《支那人气质》。

笔者当初见到的《支那人气质》是关西大学图书馆馆藏的第一版,2004年夏,又在神户的一家旧书店购得了保存状态完好的同一种版本。版权页竖排,有[明治廿九年十二月八日印刷/明治廿九年十二月十一日發行/定價金六拾錢/版權所有/譯者　澁江保/發行者　大橋新太郎/印刷者　多田榮次/印刷所　愛善社/發兌元　東京市日本橋區本町三丁目　博文館]等字样。大32开本,正文446页,小引2页,目录2页,目录后附照片8页21枚,博文

---

① 请参见山本勉以下论文,《明治時代の著述者渋江保の著述活動》,佛教大学学术委员会、文学部编集委员会《佛教大学大学院纪要(文学研究科篇)》第43号,2015年3月;《静岡黎明期の英語教育と渋江保》,佛教大学中国言语文化研究会《中国言语文化研究》第17号,2017年8月;《渋江保思想の原点を探る　自由民権運動期を中心に》,佛教大学中国言语文化研究会《中国言语文化研究》第18号,2018年8月;《清末に漢訳万国戦史が翻訳出版された背景と万国戦史の意義》,佛教大学中国言语文化研究会《中国言语文化研究》第20号,2020年10月。

馆版权页1页，博文馆图书出版广告7页，（所列19种书均与中国有关①），共计468页。纽约1894版原本中置于书前的孔子、"欧.文.霍尔姆斯"、卡莱尔格言②，移至书后，涩江保译为：

四海之内皆兄弟也［子夏之语］。
　　　论语卷十二颜渊篇
由科学上来研究人，乃诸学中之最难者也。
　　　欧.文.霍尔姆斯（O. W. Holmes）
凡欲就人或事物做出正确判断，当先察其善性，然后论其恶性，吾人对此金言确信不疑。
　　　卡莱尔（Carlyle）

扉页文字为：

米國　アーサー、エチ、スミス著/日本　羽化渋江保譯/支那人氣質　全/東京博文館藏版。

---

① 这些书的作者和书名是：中西牛郎君著《支那文明史論》，中川忠英君輯（密畫數百個人）《清俗紀聞》、支那漫游者安東不二雄君著（石版密畫插入）《支那漫遊實記》，栗田寬先生題辞、文科大学卒業生熊田子之四郎君著《支那近世史》，谷口正德君著《支那小歷史》，三島中洲先生校閱、山名善讓先生訓点《資治通鑒》，大槻東陽先生校訂《春秋左氏傳校本》，石川鴻齋君校《注點五代史》，錦山矢土勝之君訓点《廿二史言行略》，安藤定格纂修《校訂史記讀本》，近藤城君評注《萬國史標十八史略評註》，紫山川崎三郎君著《新撰支那國史》，增田岳陽先生校、藤田言梁先生編《中等教育支那史》，柏軒松井廣吉君著《英清鴉片戰史》，柏軒松井廣吉君著《英佛聯合症清戰史》，众议院议员尾崎行雄君著《支那處分案》，荒尾精君著《對清意見》，柏軒松井廣吉君著《支那三國時代》《新撰支那全圖》。
② 英文原文中三人的格言为：
　　Within the Four Seas all are brethren.
　　　　　　Confucian Analects, XII., y. 4.
　　The scientific study of Man is the most difficult of all branches of knowledge.
　　　　　　O. W. Holmes.
　　We are firm believers in the maxim that for all right judgment of any man or thing it is useful-nay, essential, to see his good qualities before pronouncing on his bad.
　　　　　　Carlyle.

下面再来看一下日译本的目录情况。除第十二、十三和二十七章外，各章正文日语标题下附有英语原文，这里也一并附录于目录标题之后，以便于对照。

　　支那人氣質目次
　　緒言
　　第一章　體面（Face）
　　第二章　節儉（Economy）
　　第三章　力行（Industry）
　　第四章　禮儀（Politeness）
　　第五章　時間に頓着なきこと（The Disregard of Time）
　　第六章　不精確に頓着なきこと（The Disregard of Accuracy）
　　第七章　誤解の才（The Talent For Misunderstanding）
　　第八章　暗示の才（The Talent For Indirection）
　　第九章　柔軟の強硬（Flexible inflexibility）
　　第十章　愚蒙［直譯語、智力的混濁］（Intellectual Turbidity）
　　第十一章　無神經（The Absence of Nerves）
　　第十二章　外人を輕視すること［Contempt for Foreigners］
　　第十三章　公共心の缺乏［The Absence of public Spirit］
　　第十四章　保守主義（Conservatism）
　　第十五章　安樂、便利を度外視すること（Indifference to Comfort and Convenience）
　　第十六章　活力の強壯なること（Physical Vitality）
　　第十七章　堅忍不拔（Patience and Perseverance）
　　第十八章　澹然自逸（Content and Cheerfulness）
　　第十九章　孝心（Filial Piety）
　　第二十章　仁惠（Benevolence）
　　第二十一章　同情の欠乏（The Absence of Sympathy）
　　第二十二章　社會の颶風（Social Typhoons）
　　第二十三章　相互乃責任、並に法律を遵奉すること（Mutual Responsibility

and Respect for Law）

　　第二十四章　　互相の猜疑（Mutual Suspicion）

　　第二十五章　　信實の欠乏（The Absence of Sincerity）

　　第二十六章　　多神論。萬有教。無神論（Polytheism Pantheism，Atheism）

　　第二十七章　　支那の現狀並に現時の必要［XXVII. THE REAL CONDITION OF CHINA AND HER PRESNT］

2. 日译本图片与原本图片

目录后所插附的 21 张照片，都不是史密斯原书里的插照，而是日译本另选的。每页所收照片和每幅照片的说明如下（括号中的数字为图片页码）：

　　（第 1 页）支那風俗（圍碁）、卜筮

　　（第 2 页）清國西湖勝景（杭州市街、崇文書院前、靈隱寺、靈隱寺前冷泉亭、穀山島離宮庭前）

　　（第 3 页）清國上海市中公園音樂堂、上海開港五十年祭

　　（第 4 页）清國北京内廟、北京宮殿の前階

　　（第 5 页）支那美人、滿洲旗人の少女、滿洲旗人の兒女

　　（第 6 页）支那鎮江市街、廈門港

　　（第 7 页）清國罪人首枷、同立會裁判の光景、同罪人笞刑

　　（第 8 页）清國武昌漢陽兩府揚子江對岸の景、漢江居留地の沿岸

就日译本图片的整体内容来说，因取风景照较多，或许比史密斯原本当中收录的图片所显现的"中国形象"要"体面"一些，不过第七页的三张照片，即"清国罪人首枷、同立會裁判の光景、同罪人笞刑"还是相当有刺激性的（参看图 1）：三个女囚站在镜头的正面，她们被枷在一个有着三个颈孔的大木枷里连为一体；第二幅是定罪的情形；第三幅标注说明虽然是"笞刑"，但分明是众人在围观一个人被砍头。笔者以为，这在当时是最能刺激鲁迅的场面，鲁迅笔下的"看客"形象，也许正是由像这幅照片所记录的相当普遍存在的围观受难者而又"無神經"（麻木不仁）的大量映像叠加而成的。

"国民性"话语的建构

关于史密斯 1894 年纽约版原本收录的图片,也需要附带说明,张梦阳在中译本《译后评析》中介绍的内容有:北京附近的东周宝塔、纪念牌坊、中国农村的孩子在庭院里、乌龟驮碑、中国农村的一个厨房、中国人是这样做饭的、木匠锯大木板、中国的戏剧表演、北京的马车、中国的赌徒、中国的理发匠、汉阳机车厂、穿冬服的中产阶级一家、伊斯兰寺院内景、民间妇女的缝纫和编织、四代人、一个中国私塾。①

查对笔者所见到的 1894 年版史密斯原书,发现内容上略有出入,亦不排除虽同是 1894 年出版却有所收图片不同的可能,故根据第 5 版(Fifth Edition, Revised, with Illustrations),录图版标题如下(括号中的数字为该图片的前后页码):

图1 "清國罪人首枷、同立會裁判の光景、同罪人笞刑",《支那人气质》插图,明治二十九年(1896)版

(卷首插图 Frontispiece)TUNG-CHOU PAGODA, NEAR PEKING, A MEMORIAL ARCH, NATIVE CHILDREN IN COURTYARD, TURTLE MONUMENT. (18-19)

A CHINESE KITCHEN, SHOWING METHOD OF PREPARING FOOD. (30-31)

PASSENGER BOAT ON THE PEI HO, NORTH CHINA. (44-45)

CARPENTERS SAWING LARGE TIMBER. (60-61)

APEKING CART. (70-71)

CHINESE CARDPLAYERS. (118-119)

---

① 参见史密斯:《中国人气质》,张梦阳、王丽娟译,第 251—153 页。

A CHINESE BARBER. (127-128)

A MIDDLE-CLASS FAMILY IN WINTER DRESS. (171-178)

INTERIOR OF A MOHAMMEDAN MOSQUE. (200-201)

NATIVE WOMEN SEWING AND WEAVING LACE. (217-218)

FOUR GENERATIONS. (242-245)

APORTION OF THE GREAT CHINESE WALL. (250-251)

A CHINESE BOYS' SCHOOL (CHRISTIAN). (286-287)

THE TEMPLE OF HEAVEN, PEKING. (300-301)

A CHINESE IDOL. (318-319)

CAMEL'S-BACK BRIDGE, IN THE GROUNDS OF THE EMPEROR'S SUMMER PALACE.

3. 印刷样式、"非原本内容"及其"小引"

另外,书的印刷格式,也是鲁迅所喜欢的那种"上下的天地头"都很有"余裕"①

---

① 参见鲁迅:《华盖集·忽然想到(二)》,1925年,见《鲁迅全集》第三卷,第17—18页。作为文人,鲁迅非常看重书的形式,甚至将印刷版式中的"上下的天地头"的"余地"提升到人生"余裕"的层面来看待,并以此透视民族的将来。他在这篇作于1925年1月17日的随感中写道:

……我于书的形式上有一种偏见,就是在书的开头和每个题目前后,总喜欢留些空白,所以付印的时候,一定明白地注明。但待排出寄来,却大抵一篇一篇挤得很紧,并不依所注的办。查看别的书,也一样,多是行行挤得极紧的。

较好的中国书和西洋书,每本前后总有一两张空白的副页,上下的天地头也很宽。而近来中国的排印的新书则大抵没有副页,天地头又都很短,想要写上一点意见或别的什么,也无地可容,翻开书来,满本是密密层层的黑字;加以油臭扑鼻,使人发生一种压迫和窘促之感,不特很少"读书之乐",且觉得仿佛人生已没有"余裕","不留余地"了。

或者也许以这样的为质朴罢。但质朴是开始的"陋",精力弥满,不惜物力的。现在的却是复归于陋,而质朴的精神已失,所以只能算窳败,算堕落,也就是常谈之所谓"因陋就简"。在这样"不留余地"空气的围绕里,人们的精神大抵要被挤小的。

外国的平易地讲述学术文艺的书,往往夹杂些闲话或笑谈,使文章增添活气,读者感到格外的兴趣,不易于疲倦。但中国的有些译本,却将这些删去,单留下艰难的讲学语,使他复近于教科书。这正如折花者;除尽枝叶,单留花朵,折花固然是折花,然而花枝的活气却灭尽了。人们到了失去余裕心,或不自觉地满抱了不留余地心时,这民族的将来恐怕就可虑。上述的那两样,固然是比牛毛还细小的事,但究竟是时代精神表现之一端,所以也可以类推到别样。例如现在器具之轻薄草率(世间误以为灵便),建筑之偷工减料,办事之敷衍一时,不要"好看",不想"持久",就都是出于同一病源的。即再用这来类推更大的事,我以为也行。

由书的样式能想到这么多,恐怕也只有鲁迅吧。但这前提是心目中必须得有关于书的印刷式样的某种基准。笔者认为,博文馆所创造的那种特有的近代出版样式,不会在鲁迅心目中的那种理想尺度之外。

的布局,尤其是"天"——书眉留得很宽,约占全页的六分之一左右,除了译者涩江保为导读所作的眉批占去一部分位置外,还有充分的空间可供读者使用。顺便还应该提到,博文馆同时期出版的书籍,基本上都采取与此相同的布局,称之为"博文馆式样"或许并不为过。

译本正文的内容,当然是来自史密斯原本,除此而外,则是涩江保在翻译的过程中,或者说涩江保为了翻译这本书而加上去的不属于原本而属于涩江保自己的文字,这里姑且将其称之为"非原本内容"。这个部分占有全书不少的文字量,主要由来自三个方面的内容构成:(一)书前小引;(二)眉批,即章节当中为导读所作的内容提示和归纳,从这个方面可以窥知涩江保对原著内容的理解和把握;(三)正文中出现的注释,即所谓的夹注,这个方面不仅说明涩江保对古今东西典籍的熟知程度,而且也可以看出他在翻译过程中所具有的思想倾向。据我的粗略统计,属于"非原本内容"部分的导读眉批,长短不等,前后达540余条,而大大小小的各种注释也超过了400条,后者数量上虽不及前者,但在文字量上却远远超过了前者。总之,从这里所说的"非原本内容"当中,可以看到译者涩江保在翻译原本时所下的功夫。

那么,涩江保是怎样向读者介绍《支那人气质》这本书的呢?好在"小引"并不长,不妨全文照译如下:

本书系译述合众国人阿瑟·亨·史密斯氏(Arthur H. Smith)之近著《支那人气质》(Chinese Characteristics)[一千八百九十四年(明治二十七年)佛莱明·亨·利百尔商会发兑]者也。史密斯氏为传教而滞留支那二十二年,在此期间致力于观察国民气质,其观察详密而无大过,为吾人所信不疑也。

我国过去并非没有录写近世支那事情之书,然多不过记一时之见闻,故叙事概止于皮相,失之简略,令人有隔靴搔痒之遗憾。又,洋书当中,如威里阿姆斯之《中华》(Williams, Middle Kingdom),详密则详密,然并非没有稍稍过于浩瀚之感。史密斯之《支那人气质》,往往以东洋人之通习为支那人气质,因东西风俗之异,取吾人目中并非稀奇之事物喋喋称奇之类,吾人并非没有不满之处,然其要者,描述于彼国社会及家庭之光面、暗面,透其真相,不失之简,不过于繁,似以此书为最。是乃生译述此书之所以也。

　　书中难解之处，均加注释，以便理解，故夹注及下排一字之注，凡译者插入者可知也。

　　明治二十九年十二月　　　　　　　　　　羽化生　记

这里需要说明的是，"羽化生"译文所采用的文体，和这个"小引"一样，基本承袭着"言文一致"运动改革以前的旧日语文体（上面出现的森鸥外的《涩江抽斋》也存在着这种情况），这种文体受汉文的影响很大，为保持原貌，也就只好"硬译"过来了。

从下付日期来看，"小引"作于《支那人气质》一书出版的当月，可知是在翻译工作全部结束甚至是付梓阶段的产物。涩江保在译文第八章的一个注释里，提醒读者"参看本书最终羽化生之评言"①，可惜这个格外令人期待的"羽化生之评言"最终并没有出现，是博文馆认为没有必要还是羽化生没来得及写抑或还有别的原因，现在已经无从得知了。不过，至少可以使人知道，涩江保在翻译这本书时是颇有感想的，并且也有将感想付诸文字的评书计划；而在这个计划最终没有实现的情况下，"小引"所处的位置也就变得格外重要了，其中至少是包含着涩江保在计划的书评中想要表述的某些看法。因此，笔者认为，在上面的"小引"当中，有几个要点值得注意。

第一，涩江保肯定了史密斯观察中国国民性的详密和准确。可以说，从涩江保阅读并着手翻译此书，到翻译完成，这种看法是一贯的。上一章里提到，《支那人气质》在作为单行本出版以前，其部分章节曾在《日清战争实记》杂志上刊载过，最早出现的一期是该杂志第三十一编，时间是明治二十八年（1895）六月二十七日，刚好是单行本出版的一年半以前。译者署名"綱斋主人"，其译者识云：

　　顷获美国人阿瑟·亨·史密斯氏近著《支那人气质》一本，读之而知其逐章描出支那人之气质，笔锋犀利，不可不谓之快言。因抄译得意处以请看官一读。盖日清关系今后益发密切，并知支那人长处与短处乃可

---

① アーサー・エチ・スミス:《支那人氣質》，渋江保译，第83页。

谓邦人之急务,故此一篇支那人气质,亦并非只资一场谈柄。史密斯滞留支那二十二年,其观察庶几无大差矣。

从这个译者识当中,除了可以推测涩江保阅读史密斯原著的大致时间外,还可以知道他对史密斯对中国人气质观察的肯定前后并无变化,是将其作为一本严肃的著作来看待的。

第二,涩江保在比较了日本和西方的其他写中国的著作之后,认为这本书在传递中国社会和家庭的真相方面,繁简适当,胜于其他著作。其中,"透其真相"一句,也表达了一个熟读中国古书的汉学家想要了解现实中国的某种期待感。这或许也是他翻译这本书的一个内在动因。

第三,涩江保对史密斯著作有着某种程度的保留,认为该书存在着因东西文化的差异所导致的猎奇倾向,其所描述的中国人气质,对于同样是东方人的日本人来说并不稀奇(不过,这也从另一个方面证实了史密斯对中国人的描述和分析,具有超越中国人气质范畴的"东方性",也就是普遍性)。这样,就和他对史密斯的肯定产生了矛盾:既肯定是一部"透其真相"(自己也想了解真相)的好书,同时又说所述之事并不稀奇。后面将要谈到,事实上,正是这种矛盾支配了涩江保的整个翻译过程。如上所述,"小引"是译后所作,可看作是对整个翻译的总结。

那么,这种矛盾是什么原因导致的呢？笔者推测,很有可能是史密斯在著作中对"东洋"的人和事以及伦理经典的喋喋不休,使熟知"东洋"事物和经典的汉学家涩江保有伤自尊心,甚至感到有些不耐烦。这样说,并不意味着涩江保是属于"腐儒"型的人物,而是要强调史密斯所讨论的问题深入了涩江保最熟知的领域,并且给他带来新的内容这一事实。史密斯既引经据典,又大量抛陈自己 22 年间在中国所目击,其所描述的"中国"和"中国人",显然不同于只凭汉文经典所构筑起来的"中国心像"。从这个意义上讲,史密斯为涩江保所提供的也就不仅仅是关于现实中国和中国人的描述,也是对他所熟悉并且与自身相关的价值体系的一种评价。涩江保的翻译实际上就是面对这一评价的过程,他所熟知的儒家经典在经受着史密斯所描述的现实＝价值的检证。然而,涩江保也并不全是被动的,他甚至有意在就这些材料进行讨论,不仅在自己本家的这块领地,同时也不妨跨入涩江保自身所大量翻译介绍过的"西洋"历史和哲学领域——正像在上一章里介绍过的那样,涩江保在翻译这本书之前,已经翻译了包括万国地理、西洋事物起源、社会学、历史学、哲学等方面的在内的几十册西方典籍,已经有了充分的知识上和想法上的准备——这是涩江保对史密斯的真正期待所在,亦是他对史密斯有所不满的缘由。后面将要看到的涩江保在翻译的过程中不断地和史密斯进行书面"讨论"的情况,正是由此而来。

第四,涩江保在"小引"中两处称自己的翻译是"译述",又在最后称自己是"译者",而不是称"译述者"。按照通常的理解,"译"和"述"的概念范畴是不大相同的。"译"当然是指翻译,这不成问题,"述"的意思可以很多,但至少要有表达自己的意见或看法的意思。既当"译者"又当"述者",译而有述,可知,涩江保这两种想法都有。他为什么要"述"呢?这在上面的"第三"当中已经指出,他是想同史密斯进行讨论,讨论的方式便是"述"。假定涩江保并不像严复那样通过改译而"述"(实际上,对于涩江保来说完全没有这个必要)的话,那么,他在什么地方"述"呢?这就是他所提到的"夹注及下排一字之注"。从个体数量上来说,它们的绝大部分的确是为了便于理解内容的注释,但从文字的数量上来说,更大的部分则超越了这个范畴,而带有涩江保"述"的性质,用他在注释中的话说,叫作"羽化生曰"。

其实,包括提取上述四项要点的"小引"在内,"羽化生曰"这各部分,当然也是属于前面所定义过的"非文本内容"的范畴。接下来,不妨从几个具体方面来看一下"羽化生"是怎样把握和理解原著,又是怎样同原著进行对话并且向其中渗透自己想要诉诸的想法的。

(二)"羽化生曰"

1. 注释数目

正如上文所说,"羽化生曰"这个部分,属于"非原本内容",由三个部分组成:(一)书前小引;(二)眉批,即各章当中为导读所做的内容提示和归纳;(三)正文中出现的注释(夹注)。

事实上,"羽化生曰"已构成了史密斯著 *Chinese Characteristics* 作用于鲁迅的"原形态",即涩江保译《支那人气质》的有机组成部分,故有单独整理分析的必要。这样可以相对分清史密斯原书的内容和译者涩江保所添加的内容对鲁迅的相互作用。

书前小引前面已经谈过。这里再来检点全书,看一下(二)眉批和(三)夹注的情况。这两项已分别以"附录一"和"附录二"的形式整理出来,附于书后。

眉批在各章中的分布情况为:绪言12条;第一章5条;第二章19条;第三章16条;第四章10条;第五章16条;第六章27条;第七章11条;第八章18条;第九章18条;第十章14条;第十一章14条;第十二章15条;第十三章14条;第十四章23条;第十五章46条;第十六章8条;第十七章15条;第十八章16条;第十九章31条;第二十章12条;第二十一章40条;第二十二章16条;第二十三章34条;第二十四章43条;第二十五章20条;第二十六章14条;第二十七章19条;计546条。译成中文,字数接近一万,各章合加起来,不仅可以看出译者对原书内容的理解和把握,亦为全书非常完整的"内容提要",其所发挥的有效的导读功能是自不待言的。如以第十九章"孝心"(Filial Piety)的眉批为例:

孝与礼有着密切的关系(第224页)。欲知孝为何物,就不能不据彼之古典(第225—226页)。有人说支那人不孝,有人说相反(第226页)。孝乃德本也(第227页)。尊父(第228页)。尊母(第228页)。孝之意义(第229页)。孔子对孝的解释因人而异(第230页)。铭于心而不行于身(第232页)。二十四孝(第232页)。陆绩之实例(第233页)。吴猛之实例(第234页)。王祥之实例(第235页)。郭巨之实例(第236页)。以了女之肉治父母难治之病(第237页)。以无后为最大之不孝(第237页)。生男庆贺,生女失望(第238页)。杀儿之恶习(第238页)。三年之丧(第239页)。为父母服丧为最重要之义务(第240页)。卖却土地家产,为父母送葬(第241页)。关于致母亲手简的一个奇谈(第241页)。孝与不孝因地而异(第243页)。支那之所长,西洋之所短(第243页)。支那孝教之五条缺点(第244页)。孔子之教不如保罗数语(第244页)。把妻子置于劣等地位(第246页)。以有后为大孝所导致的弊害(第247页)。支那人实践孝道之理由(其一)恐怖(第248页)。(其二)自爱(第248页)。孔教与基督教势不两立(第249页)。(李冬木按,括号中数字为日译本页码)

可见是颇得原著要领的。诸如此类,似无须赘言。

"夹注"诚如涩江保在《小引》中所说,"书中难解之处,均加注解,以便理解,故夹注及下排一字之注,凡译者插入者可知也"——从形式上可分为两类,一类是译者所说的"夹注",即夹插在句子之间,另一类是所谓"下排一字之注",插置于段落之间,这两类"以便理解"的注释,在各章中的分布情况如下:

绪言6条;第一章1条;第二章3条;第三章11条;第四章14条;第五章20条;第六章12条;第七章14条;第八章8条;第十章20条;第十一章1条;第十二章18条,第十三章7条;第十四章13条;第十五章31条;第十六章5条;第十七章14条;第十八章12条;第十九章45条;第二十章11条;第二十一章27条;第二十二章14条;第二十三章20条;第二十四章24条;第二十五章28条;第二十六章11条;第二十七章14条;计403条。① 这类注释在条目数量上虽不及眉批,但文字数量上则超过前者近一倍,译成中文将接近两万字。和旨在导读的眉批相比,"夹注"及排版格式上的"下排一字之注"的情况比较复杂,短的只有几个字,如"仆人"[支那人]、"四书"[学庸论孟]等,而最长的则多达25页,如第392页到417页引黑格尔"关于支那之意见"所做的注释。

2. 注释的内容

从内容上来划分,似可分为下述几类:

(1) 人名、地名、时间、历史事件等。如(括号内数字为日译本页码,以下相同):

莎士比亚(Shakespeare)[一五六四年(我永禄七年甲子)生,一六一六年(我元和二年丙辰)死。英国有名之戏曲家。同上。](第186页)

十八省[直隶、山东、山西、陕西、甘肃、江苏、安徽、河南、湖北、湖南、江西、浙江、福建、广东、广西、四川、贵州、云南。](第53页)

一千八百六十年[我万延元年庚申。](第144页)

革命内乱[颠覆路易十六政府,建设共和政府,驱逐压制的詹姆斯二世(James Ⅱ),迎来自由的威力阿姆及玛利(William and Mary)之类。](第148页)等。

---

① 近似值。有些在译语旁以日本片假名标注原发音的地方并没计算在内。

(2) 解释或探讨原文意思的。如第一章正文之前所加注释:

（注）（注为译者羽化生所插入,以下皆然）英语里的所谓 face,面（面部）之义也。然而本书的著者史密斯氏却不独将支那（及我日本）的所谓面（面部）这个字英译为 face,也一并将体面二字英译为 face,由此导致二义混同,遂产生疑惑。正如本文所述,在西洋称 face,只限于头部的前面,而在支那却不止于此,其意味颇广泛,乃至吾人非但不能将之述诸笔端,甚至不能理会。乞读者此其心而读之。因此,本章虽然在西洋人看来很稀奇,但在我日本人看来却一向不足为奇。然而,本译书亦如在小引中所述,旨在全译原书,若省略本章,则恐怕有背其旨趣;尤其在本章当中也包含着可窥支那人气质之一斑的内容,所以全文译载无漏。请读者原谅。（第10—11页）

又如：

"一於兹,常於兹"（All at it, and always at it）［倘以孔子流之言,即"造次必於兹,颠沛必於兹"是也。］（第26页）

大王闻此一言摇头苦笑道："怎么会说人性毋宁是善的？嗨,斯茨艾尔君,朕现在知道足下尚不了解那天杀的种族。"（Er kennt nicht diese verdammte Race. 英译为 I see you don't know that damned race of creatures）［译语未必恰当,有待他日改正］（第433页）

(3) 与原作者讨论或纠正反驳原作者的,如上面提到的翻译英语词 face 的例子,就已经超出了讨论词汇的范畴而进入讨论文化的领域了。

又如,就原作者在第四章谈到《礼记》中记载并且论述说,一定要洒扫室内,无论是否给旅客带来麻烦,注释则以"礼记里并没记载此事"（第39页）予以纠正。

再如：

妻往往指良人称我"先生"（teacher）［羽化生按,妻子有时称良人为

"夫子",此所谓"夫子"无"先生"之意,原著者似误信为先生(教师)之意欤?](第84页)

再如,对第八章标题"暗示之才"[暗示の才]注曰:

(注)本章之所记,在同为东洋人的我日本人眼中看来也许并不稀奇,但在西洋人看来却颇以为稀奇古怪。与其说吾人由本章可窥知支那人之气质,毋宁说可窥知西洋人之气质。(第76页)

等等,不一而足。

(4) 用有关东西风俗的资料和典籍等所做的注释。就文字量而言,这个部分几乎占了全体注释的一半。但在全书的配置上,则主要集中在后半部,即第十九、二十、二十一、二十三、二十四和二十五章。其中的情况也比较复杂,可试做以下几种分类:

A. 正文涉及的典籍,不仅注明出典,也多以出典原文入注。这种情况遍布全书。

B. 与正文内容无直接关系,而主要是提供背景资料或增加阅读兴趣的注释。这种情况主要体现在以《日清战争实记》的材料入注的四处:(甲) 关于满族婚俗的介绍(第二十一章,第268—279页);(乙) 有关宦官的佚事(第二十三章,第321—324页);(丙) 有关北京城的建筑布局的介绍——其中谈到了街道的肮脏及市民的利己主义等(第二十四章,第339—343页);(丁) 专门培养哭才的涕泣学校(第二十四章,第355—356页)。① 《日清战争实记》在上一章已经介绍过,是博文馆在甲午战争期间发行的杂志,旬刊,明治二十七年(1894)8月25日创刊,明治二十九年(1896)1月休刊,共出50本;该杂志与《支那人气质》之间存在着互为载体的情况,即在后者出版之前,曾有部分章节在前者连载过(译者署名"絅斋主人"),而前者的某些内容,后来又被后者用做注释(参见本文第三部分〔五〕)。这里所说的以《日清战争实记》的材料入注的四处,指的正是后一种情况,其中(甲)和(丙)取自《日清战争实记》第

---

① 这四条注释之后均有"录自日清战争实记"的字样,于是笔者便在《日清战争实记》中查找了它们的来源。此处所述为调查结果的报告。

四十四编,(乙)和(丁)分别取自第三十七编"东洋风土"栏目中的《清国宫廷之一珍谈》,(丁)未查到。

第四十四编明治二十八年(1895)11月7日发行,其"东洋风土"栏目中的《北京杂俎》,篇首有简短说明:"日前抄译并连载了史密斯氏近著《支那人气质》。兹见国会新闻北京特派员通信,写彼地风俗人情详密,殊有与史密斯氏之观察相符之处,颇觉有趣,遂原样抄录数节。"抄录者虽然没有署名,但显而易见,《北京杂俎》是涩江保由国会新闻北京特派员发回的通信中抄录并编辑到《日清战争实记》里来,又在《支那人气质》中用做注释的。(甲)在《北京杂俎》中的原标题为《结婚行列》,(丙)则是三个小标题内容的合并,即《北京城》《市街道路》和《市街所见》。

C. 援引原作者史密斯以外的西方人关于中国意见的注释。这种情况主要体现在第二十五章最后对"硕学黑格尔"的引用。正如上面已经提到的那样,这个"注"在《支那人气质》中长达25页(即第392—417页),译成中文近七千字,为全书注释之最。其中又有14处以"羽化生曰"的形式对黑格尔所论作注。

"硕学黑格尔"的大段出现似乎很突然,——或者说,是译者暂时搁置第二十六、二十七章而索性插入的。注前有言:"今《支那人气质》既毕二十五章,所余不过宗教论与现时国情论二章。故兹抄录硕学黑格尔关于支那之意见,以供参考。盖亦可从中得知西人对同国观念如何之一端也。"①从这个说明中也可以看出,涩江保在翻译的过程中,对原作者史密斯的所述所论是有所不满的,所以才中断手头的翻译而另外援引黑格尔。

黑格尔"关于支那之意见"的出处没有注明,但从内容可以推知,是来自黑格尔的《历史哲学》中第一部第一编《中国》的部分。② 在博文馆出版《支那人气质》三年前的明治二十六年,即1893年曾分上下两册出版过涩江保由英文翻译的黑格尔该著作译本,译名为《历史研究法》,分别列为博文馆丛书《通

---

① アーサー・エチ・スミス:《支那人氣質》,渋江保译,第392页。
② 此次用作参考的译本有鈴木權三郎译:《歷史哲學》,见《ヘーゲル全集》(10),岩波書店昭和七年(1932)版,第207—243页;武市健人:《改譯歷史哲學》上卷,见《ヘーゲル全集》(10),岩波書店昭和二十九年(1954)版,第174—199页;王造时译:《历史哲学》,上海书店出版社1999年版,第122—143页。

俗教育全书》（全100册）之第九十五种和第九十六种——据说，这是黑格尔著作在日本的最早译本。①

另外，还要顺便做一个交代，即在大篇幅地援引黑格尔关于中国的论述之后，最后两章，即第二十六章和第二十七章的翻译，相对来说处理得比较草率，特别是第二十六章大幅度削减了原作的内容，只能算节译或摘译。② 这是有违涩江保全译史密斯原书初衷的地方。③ 或许译得有些不耐烦了也未可知。

以上是对涩江保译《支那人气质》的注释情况所做的初步整理和分类，由于篇幅的限制，无法将其全部展开，所以只能考察部分注释的情况。至于这些注释对"鲁迅"这个读者来说，发挥了怎样的功能，具有怎样的意义，则似乎不是一个孤立的问题，还需要具体结合涩江保译本的正文内容以及鲁迅的情况做进一步的研究和探讨。

不过首先就注释的形态而言，涩江保的注释形态以及充实的内容，堪称近代翻译西书的一种范本。尽管在同时期的博文馆出版物，甚至是其他出版社的出版物中并不难找到近似形态，但能像涩江保注得这样详细的译本，却实在并不多见。虽然不妨说译书中的注释形态是启蒙时代创出的产物，但注得如何却因人而异，取决于译者的学问功底与见识。在这个意义上，笔者以为，涩江保所提供的正是无愧于时代的范本。20世纪初，在东京留学的清国留学生开始大量翻译日本书，从现在所能看到的由作新社、译书汇编社的实际出版物来看，虽多取同时代日本图书的内容和版式，却令"上下的天地头"都变窄，不仅挤掉了"天"上的"眉批"，也挤掉了正文中的"夹注"，变成了鲁迅所说的干瘪生硬的"教科书"。也许是有这种意识的缘故吧，周氏兄弟在翻译的过程中，从一开始就注意加解说和注释的做法，在翻译界独树一帜。从《域

---

① 杉原四郎：《渋江保とイギリス思想の導入》，见《読書颯颯》，未来社昭和六十二年（1987）版，第130页。
② 如第二十六章，在史密斯英文原著（根据 Copyright 1894, By FLEMING H. REVELL COMPANY 第5次印刷版）中有26页（pp. 287 - 313），中译本（张梦阳、王丽娟译《中国人气质》，敦煌文艺出版社出版1995年版）有20页（第214—234页），而在涩江保译本中却只有9页（第418—427页）。
③ 正像在"《支那人气质》概貌"中所介绍的那样，日译本书名下记有"全"字，意为"全译"。涩江保也在第一章开头的注释中强调"旨在全译原书"。

外小说集》的"著者事略"开始,到《现代小说译丛》和《现代日本小说选》篇后的作者介绍,再到其他译作前后的"译者前记""译者附识",《鲁迅全集》里光是译文序跋就有半卷之多。① 既然学者们认为周氏兄弟在译本当中加"译者前记"和"译者附识"的做法,"对读者很有益,是鲁迅的开的一个好风气"②,那么涩江保作为一个提供译本注释范本的先行者,也就自然功不可没——而作为一种范本的形态,在《支那人气质》注释当中,最能给人留下印象的是上述"(4)"当中的 A. 和 C.。这两类注释最好地发挥了译者涩江保的本领,也是最能为译书增彩的部分。倘若可以单看涩江保的注释——暂时不看译文——贡献,那么似乎也在这两类当中。

下面将在与本书的问题相关的意义上,即作为鲁迅阅读"原形态"的一部分,来考察一下上述"(4)"当中的 A. 和 C. 类注释。由于 C. 的来源比较单一、形态也比较集中,暂且留给后面来谈。这里要来首先看一下 A. 的情况。由于其分布的范围较广,来源也不相同,为便于行文起见,这类注释仅集中以第十九章为例。

(三) "二十四孝"与"黑格尔"——引人注目的两类注释

1. "二十四孝"——以汉语文本形态出现的注释

从上一节列举的第十九章的眉批可窥知到该章内容的概貌。好在已经有几种中译本在,如能一并参照,将再好不过。如上所述,这一章是讨论"孝心"(Filial Piety)问题的。而正像上面的统计所表明的那样,涩江保为这一章一共做了 45 个注释,数目为全书各章之首。

在第十九章的注释中,最引人注目的是对正文中提到的《二十四孝》(日译本作《二十四孝子传》③)中的例子所加的注,即"后汉时有一童子"——"陆绩怀橘";"后汉时八岁之童子"——"吴猛饱蚊";"晋时一少年"——"卧冰求鲤";"谋祖母之长寿"——"郭巨埋儿"。为对照方便,特示列涩江保译文和注释如下([　]括号内为注释):

---

① 参见《古籍序跋集 译文序跋集》,《鲁迅全集》第十卷。
② 刘柏青:《鲁迅与日本文学》,吉林大学出版社 1985 年版,第 79 页。
③ アーサー・エチ・スミス:《支那人氣質》,渋江保译,第 232 页。

後漢の時、一童子あり。年僅かに六歳。一日親戚の許を訪ふ。親戚之に橘を饗す。時に此の夙慧童子は、竊かに其の兩個を盗み懷にす。（支那人には、得て有り勝ちの事なり。）辭し去るに臨みて、偶々橘轉がり出でたり。童子大に窮せしが、忽ちにして氣を鎭めて主人に謝して曰く。「生が母甚だ橘を嗜む。生彼の女に送らんと欲して之を懷にせり」と。此の一語は、實に彼れの名を凡そ二千年の今日に傳はらしめたるものなり。然れども彼れの父は、當時の大官たりしと聞く。西洋の批評眼を以て之を見れば、母の為に橘を得るは、固より易々たらん。豈之を盗むを要せんや。左れど支那人の眼より見れば彼れが幼稚の身を以て、母を想ふの切なるより、否、寧ろかゝる遁辭を設くるの敏捷なるより、舊時の孝行の一例たるなり。①

　　［（注）後漢陸績（字公紀）年六歲,（當年六歲時,尚非五尺童子。）于九江見袁術。（術時任九江,績往謁,有事大夫意。）術出橘待之,績懷橘二枚,（枚,木枝也。以橘乃木所产,故以枚言之。）及歸拜辭墜地。（因拜辭袁术而所怀二橘落地。）术曰,陸郎作賓客而懷橘乎？（禮,君賜食有核者,則懷其核,乃是敬君之賜,亦不敢以核投地,恐得罪于君。作賓客而懷主物不告,亦为竊取。礼有禁。术曰,陸郎作賓客而懷橘乎。）績跪答曰,吾母性之所愛,欲歸以遺母。（吾母性甚愛橘,欲歸以奉母,不以失禮为怪）术大奇之。诗曰,孝悌皆天性,人間六歲兒,袖中懷綠橘,遺母報乳哺育。日記故事］（第233—234頁）

　　晉の時、八歳の童子あり。父母甚だ蚊を憎む。然れども家貧ふして蚊帳を購ふこと能はず。童子乃ち夜早く寝に就きて、毫も團扇を弄

---

① 试译中文如次：
　　后汉时有一童子,年仅六岁。有一天去走访亲戚,亲戚拿出橘子来招待之。这时,这个向来聪明的童子,偷偷把两个橘子藏在怀里(这在支那人是常有之事)。临告辞回家时,两个橘子不巧滚落出来,童子大为窘迫,但马上镇定下来,向主人谢过说:"小生的母亲很喜欢吃橘子,小生想把橘子送给母亲,所以才装在怀里。"此一语,使童子扬名凡二千年而至今日也。然而,听说彼之父是当时的大官,以西洋的批评眼光而观之,为母得橘,本为易事,何须盗之？但在支那人眼中看来,以彼之幼稚之身体而能惦记母亲,不,倒是因有巧设遁辞之敏捷,而成为旧时孝行之一例也。

せず。室内の蚊悉く己の體に集まりて刺すべからしめ、父母をして終夜安眠の快を執ることを得せしめたり。①

［（注）晉吳猛，年八歲（年八歲初入學讀書之時。孝經未講，惟以良能用事），事親至孝。家貧榻無帷帳，每夏夜蚊多噆膚。（夏夜正蚊熟之時，故多噆膚。眾蚊共聚人肌膚而食。）恣渠膏血之飽（恣，縱恣也。渠，指蚊虫也。恣蚊血，飽其膏血，其何故哉）。雖多，不驅之（蚊雖多，不驅之，使去焉），恐其去已而噬其親也（恐蚊膏血不飽，驅之使去，必轉噬其親也）。愛親之心至矣（若此愛親之心，至極而無加矣）。詩曰："夏夜無帷帳，蚊多不敢揮，恣渠膏血飽，免使入親帷。"日記故事］（第 234 頁）

又晉の時、一少年あり。継母と共に棲息す。継母彼れを憎む。然れと（ど）も彼れ毫も意に介せず。継母甚た（だ）鯉を嗜み、之を得んと欲す。時正さに嚴冬。之を得ること能はず。少年乃ち衣を解きて、氷上に臥し、氷の解くるを待ちて魚を捕へんとす。策また迂なりといふべし。左れど天感應ましませしか、将た鯉魚其の徳に感せしか、忽ちにして氷の解くるや否や、一双の鯉魚躍り出でヽ、意地悪るき継母の口腹を充たすべからしめたり。②

［（注）王祥字休徵，瑯琊臨沂人。性至孝。繼母朱氏不慈，而祥愈恭謹。父母疾，衣不解帶，湯藥必親嘗。母嘗欲生魚。時天寒冰凍，祥解衣將剖冰求之，冰忽自解，双鯉躍出。母又思黃雀炙，復有黃雀數十，飛入其幕。鄉里驚嘆，以為孝感所致。有丹奈結實，母命守之，每风雨輒抱樹而泣，篤孝純至如此。漢末遭難，扶母攜弟，避地廬

---

① 该段试译中文如次：
　　晋时有八岁童子，其父母甚憎蚊，然家贫不能购蚊帐。童子乃夜间早就寝，而毫不挥弄团扇，集室内之蚊于一身，让蚊子叮咬自己，以使父母能获得终夜安眠之快。
② 该段试译中文如次：
　　又，晋时有一少年，与继母同在一起生活。继母憎彼，然而彼却毫不介意。继母甚嗜鲤鱼而欲得之。时，正值严冬，不能得。少年乃解衣卧于冰上，以待冰解而捕鱼。其策虽愚，然而不知是上天有眼，还是鲤鱼有感其德，竟忽然冰解，跃出一双鲤鱼，使得这位刁蛮的继母得以充口腹。

山,隱居三十年,不應洲郡之命,年垂耳,順乃應召,舉秀才,累遷太尉。武帝时拜太保。晉書①](第 235 页)

　　前に記せし『二十四孝』の中に、真の孝行と稱すべき模範として一例を舉けたり。左に之を揭げん。
　　漢の時一人あり。家甚だ貧しく、母と三歲の小兒と養ふべき資なし。乃ち妻に謀りて曰く。「吾人は貧しくして、母公一人すらも、十分に孝養を盡すこと能はず。况んや小兒の在るあるをや。顧ふに小兒は再び得べきも、母公は決して再び得べからず。請ふ小兒を埋めて以て母公に可及的の孝養を全ふせん」と。妻肯て之に抗せず。是に於て深さ二呎有餘の坑を穿ちて小兒を埋めんとす。偶々一箇の金釜を掘り當てたり。執りて之を見るに銘あり。曰く。天、汝の孝心を感じて此釜を賜ふと。噫々幸にして此の釜が出でたればコソ善けれ。若し出でざりしならば、憫むべし辜なき小兒は生き埋めの不幸に遭はざるを得ざりしならん。如何に妻子に私するが惡しければとて、小兒を殺して祖母の長壽を謀るとは豈非理の甚しき者にあらずや。②
　　[(注)後漢郭巨,家貧養老母。妻生一子,三歲,母嘗減食與之。巨謂妻曰,貧乏不能供給,共汝埋子。子可再有,母不可再得。妻不敢違。巨遂挖坑二尺餘。忽見黃金一釜。釜上云,天賜孝子郭巨,官不得奪,人不得取。孝子傳](第 236—237 页)

　　这些注释在日译本中的文本形态,与这一章中多数出自《孔子》《孟子》的注释文本形态一样,对于中国读者来说应该是非常醒目的,即都是使用汉文。

---

① 《晋书》卷三十三·传第三·王祥,载汉末遭难以后事甚详细,故涩江保在此处可能有删节。
② 该段试译中文如次:
　　在前记之《二十四孝》中,举出一例,真堪称孝行之模范。兹揭之如左。
　　汉时有一人,家甚贫,无资可养母亲与三岁小儿。乃谋于妻曰:"吾人家贫,母公一人尚不能尽充分之孝养,更何况还有小儿? 想来小儿可再得,而母公却不能再得,请埋小儿,以尽可能使母公获得孝养之全。"妻肯,对之无抗。于是,挖坑深二尺有余,欲埋小儿。偶掘出一只金釜,只见上有铭文,曰,天感汝之孝心,赐此釜。呜呼,幸而得此釜出而有善终,若出不来此釜,则可怜无辜之小儿将难免遭遇生埋之不幸。无论私妻护子怎样坏,杀小儿以谋祖母之长寿,岂非理之甚者焉?

如果假定鲁迅在留学日本不久即读到了涩江保译《支那人气质》①，那么这种以汉文出现的注释文本形态也就具有了相当重要的意义。对于一个初学日文的中国人来说，汉语文字所具有的内容导向意义，恐怕要超出同处一页的日文正文的。因此，在这个意义上可以推想，至少在注释《二十四孝》的范围内，涩江保以汉语原文入注，对于鲁迅这个初学日文（假设）的读者来说，很有可能具有向正文内容的牵引功能，而且注释文本内容本身也很可能给鲁迅留下了强烈的印象。

这些内容自然会令人联想到鲁迅1926年5月发表在《莽原》半月刊上的《二十四孝图》②。众所周知，鲁迅在以《狂人日记》为代表的一系列小说和杂文中，对号称中国传统文化核心的礼教给予了极猛烈的攻击，而对礼教的核心，即所谓"德之本"③的"孝"所做的揭露和批判，则以《二十四孝图》为最有代表性。

张梦阳在谈到史密斯与鲁迅的关联时也指出，第十九章"孝心"与鲁迅的《二十四孝图》"不仅观点相合，而且对'郭巨埋儿'一事，都同样着重表示了愤慨"④。笔者完全赞同这一思路。

不过，为避免因上面介绍涩江保的注释所可能导致的误解，这里有一个略带麻烦的问题需要澄清，那就是鲁迅写作《二十四孝图》时，在材料上和史密斯原本内容以及上面所看到的涩江保的注释似乎没有直接关系。有下述两点可以为证。

首先，"二十四孝"作为中国礼教读本，不仅鲁迅从小就得到了，而且其中的人物故事在过去也是家喻户晓的。诚如鲁迅所说，"我所得的最先的画图本子，是一位长辈的赠品：《二十四孝图》。……那里面的故事，似乎是谁都知道的；便是不识字的人，如阿长，也只要一看图画便能够滔滔地讲出这一段的事迹"⑤。也就是说，鲁迅在读《支那人气质》之前，不仅对史密斯或涩江保提

---

① 张梦阳断定"鲁迅1902年在弘文学院学习期间就已经细读了史密斯的《中国人气质》"（史密斯：《中国人气质》，张梦阳、王丽娟译，第283—284页）。但笔者愿将此作为一种"假定"来看待。
② 鲁迅：《朝花夕拾·〈二十四孝图〉》，1926年，见《鲁迅全集》第二卷，第264页。
③ 《孝经》："子曰，夫孝，德之本也。"
④ 张梦阳：《译后评析》，见史密斯：《中国人气质》，张梦阳、王丽娟译，第294页。
⑤ 鲁迅：《朝花夕拾·〈二十四孝图〉》，1926年，见《鲁迅全集》第二卷，第260页。

供的材料已经相当熟悉,甚至也可能有了比前两者都更为实际的体验了。

其次,根据鲁迅自述,他写《二十四孝图》时,似乎没直接参考《支那人气质》,尽管他在发表《二十四孝图》的两个月后,提到了史密斯和日译本《支那人气质》①。鲁迅讲得很清楚,在他写作时,"那时的《二十四孝图》,早已不知去向了,目下所有的只是一本日本小田海僊所画的本子"②。这样,也就可以明确,鲁迅的《二十四孝图》和《支那人气质》之间不存在材源上的直接关系。

那么,这就出现了一个看似矛盾的问题,即包括上述所有材料在内,《支那人气质》和鲁迅究竟有何关系呢?从上述情况看,是不是可以说《支那人气质》与鲁迅关系不大,甚至无关呢?

回答当然也是否定的。和鲁迅写作"无材源上的直接关系"不等于说没有精神上的联系。事实上鲁迅重视这本书,认为"值得译给中国人一看",主要是出自对史密斯"攻击中国弱点"③的共鸣上,正像史密斯在他著作的第一章里提出的"面子"问题引发了鲁迅的对中国人"面子"及做戏性格的批判一样④,在"二十四孝图"及其类似的问题上,鲁迅借鉴的与其说是材料(当然也不排除材料上的借鉴),倒不如说是重新审视材料的视角和价值尺度。史密斯原书在叙述的字里行间,对所列举的"孝子"故事充满了揶揄、否定和批判,涩江保译本清楚而准确地传递了这一层意思,从上面所举的四个例子来看,虽然只对第一个"陆绩怀橘"和第四个"郭巨埋儿"有直接评价,但对中间两个,即"吴猛饱蚊"和"卧冰求鲤"的评价也因此而尽在不言之中了。这些所谓"孝"的极端例子,暴露的恰恰是"孝"的不合理性和非人性。涩江保译本说,陆绩的成为孝子,与其说因其虽年幼而不能忘母,倒不如说因其能够随机应变,巧设遁辞;鲁迅后来亦就此揶揄道:"'陆绩怀橘'也并不难,只要有阔人请我吃饭。'鲁迅先生作宾客而怀橘乎?'我便跪答云,'吾母性之所爱,欲归以遗母。'阔人大佩服,于是孝子就做稳了,也非常省事。"⑤涩江保译本对"郭巨

---

① 参见鲁迅:《华盖集续编·马上支日记(七月二日)》,1926年,见《鲁迅全集》第三卷,第344—346页。
② 鲁迅:《朝花夕拾·〈二十四孝图〉》,1926年,见《鲁迅全集》第二卷,第262页。
③ 鲁迅:《331027 致陶亢德》,见《鲁迅全集》第十二卷,第468页。
④ 参见鲁迅:《华盖集续编·马上支日记(七月二日)》,1926年,见《鲁迅全集》第三卷,第344—345页。
⑤ 鲁迅:《朝花夕拾·〈二十四孝图〉》,1926年,见《鲁迅全集》第二卷,第261页。

埋儿"慨叹道:"呜呼,幸而得此釜出而有善终,若出不来此釜,则可怜无辜之小儿将难免遭遇生埋之不幸。无论私妻护子怎样坏,杀小儿以谋祖母之长寿,岂非理之甚者焉?"鲁迅亦借第一人称"我"道:

> 我最初实在替这孩子捏一把汗,待到掘出黄金一釜,这才觉得轻松。然而我已经不但自己不敢再想做孝子,并且怕我父亲去做孝子了。家景正在坏下去,常听到父母愁柴米;祖母又老了,倘使我的父亲竟学了郭巨,那么,该埋的不正是我么?如果一丝不走样,也掘出一釜黄金来,那自然是如天之福,但是,那时我虽然年纪小,似乎也明白天下未必有这样的巧事。①

借助于涩江保的译本,史密斯与鲁迅的精神联系可窥见一斑,后者对前者主题的衍射与发挥是显而易见的。

不过,话题如果再次回到涩江保的注释上来的话,笔者以为,至少在第十九章中出现的那些整饬的汉文注释,非常有效地发挥了注释、凸现、强化主题的作用。或许有学者认为鲁迅在弘文学院学习期间日语就已经学得非常好,因此读此书已经完全没有问题,不一定非得要借助于汉文注释。② 但即便果真如此,亦不妨试想一下,对于一个中国读者来说,在日语当中有这些汉文注释和没有这些汉文注释的视觉效果、读解效果和记忆效果都将是大不一样的。假如设想鲁迅在将近四十年后攻击他幼年时代所读过的《二十四孝图》是与他对《支那人气质》的记忆有关,那么这其中当然也就包含着涩江保译文

---

① 鲁迅:《朝花夕拾·〈二十四孝图〉》,1926 年,见《鲁迅全集》第二卷,第 263 页。
② 在 1999 年 9 月云南昆明召开的"鲁迅研究五十年"国际学术研讨会上,我在做完关于涩江保译本与鲁迅关联的报告时(主持人为中国社会科学院文学研究所张梦阳教授),与会的日本东洋大学教授阿部兼野先生提出了类似的看法。此外,在那前后不同的时间、地点与日本的其他几位学者,如京都大学名誉教授竹内实先生、佛教大学教授吉田富夫先生、关西大学教授北冈正子先生等私下交换意见时,发现也都持有类似的看法,即主要认为鲁迅在东京弘文学院学习期间,其日语能力已经达到了能够读下来这本书的程度,故也不必把那些汉文注释看得很重。我非常感谢这几位先生的指教,也非常尊重他们的意见,只是在此亦想保留自己作为一个有过在日留学经历的中国读者阅读此书时的实感,这种实感告诉我,这本书决非一般的日语速成所能啃下。鲁迅晚年告诫想学日文的年轻人说:"学日本文要到能够看小说,且非一知半解,所需的时间和力气,我觉得并不亚于学一种欧洲文字。"(鲁迅:《340608 致陶亢德》,《鲁迅全集》第十三卷,第 144 页)可谓过来者之言。

并注释的一份功劳吧。

2. "黑格尔关于支那之意见"与鲁迅"进化论"的历史观

下面再来看一下黑格尔的情况（请参看拙文《涩江保译黑格尔关于中国的论述》）。

上面已经提到，在第二十五章的最后，涩江保以"注"的形式插入"黑格尔关于支那之意见"长达25页。作为注释，这25页内容显然不是针对史密斯原著中提到的某个人、某件事或某一段话的，而是作为史密斯以外的另一种西方有代表性的关于中国的看法来介绍的，因此在《支那人气质》中，这个相对独立的"注"，完全可以作为该书全体的参考资料来看待。

上面还提到，"黑格尔关于支那之意见"来自黑格尔《历史哲学》中的《中国》部分，涩江保此前曾有译自英文的译本，题为《历史研究法》，分上下两册，由博文馆于1893年出版。实际出现于《支那人气质》注释的部分，是这个版本下卷的第1至26页，即"第一编东洋世界"里的"第一章支那"。从对照的结果看，在26页当中，除了有一部分被用于第十九章作注释外①，其余均用做第二十五章的注释。因此，在《支那人气质》当中几乎可以读到《历史研究法》下卷"第一章支那"的全部内容。唯一的区别是用于注释的部分，去掉了原书中的眉批，并把原书中的"译者曰"改为"羽化生曰"。《历史研究法》是黑格尔《历史哲学》在东亚的最早译本，译得是否全面和准确还有待探讨，和后来的译本相比，存在着各种各样的差异亦自不待言，不过，就整体而言，黑格尔谈

---

① 用于第十九章注释部分的"黑格尔"如次——

故据彼等之说，孝不仅是行，也是百行之动机。

（注）黑格尔（Hegel）曰：家族之义务，依法律而命之，不得有违。子若入父室时，当不交一语，鞠躬于户边。未经父之许可，不得擅自离室而去。父死时，子应服丧三年，忌酒绝荤，即便执掌国家社稷，此间亦当抛开。哪怕身为天子，三年之间亦不得关系政务。而任何人均不得在三年之内结婚。

（注）又曰：母受子之非常尊崇，亦与父同。马可多尼卿尝谒见支那帝，时帝宝算六十岁，犹每早步行朝拜太后以表敬意云。

（注）又曰：在支那，亦以家族之基础为国体之基础。故帝有君主权，被拥戴为政治界首领，恰犹以为父之心行使权力。帝是族长，是政治上的元首，同时也是宗教上以及学问上的元首。夫如斯，为帝者注意万事如同父母，而其臣民之心灵，恰如子女一般，其伦理原则未能扩展到家族圈以外，未能使自己获得独立自由。只此悟性，乃是缺乏自由理性与想象之结果也。（以上三项，为黑格尔著《历史哲学讲义》[The Lectures on Phiosophy（Philosophy）]之选萃。）

中国的主要内容还是都出现了的。可概述为以下内容：

（一）历史纵观。"支那在很久以前就发展到今日的状况,但尔来数千年间,开化呈现中止状态,几乎未前进一步。"①中国历史的起源时期以及从《书经》《易经》《诗经》到清朝的历史概述。

（二）以家族为核心的"国体精神"。君臣、父子、夫妇、兄弟、朋友。（其中被用于第十九章注释的内容有："夫如斯,为帝者注意万事如同父母,而其臣民之心灵,恰如子女一般,其伦理原则未能扩展到家族圈以外,未能使自己获得独立自由。只此悟性,乃是缺乏自由理性与想象之结果也。"——参见第 202 页注①）

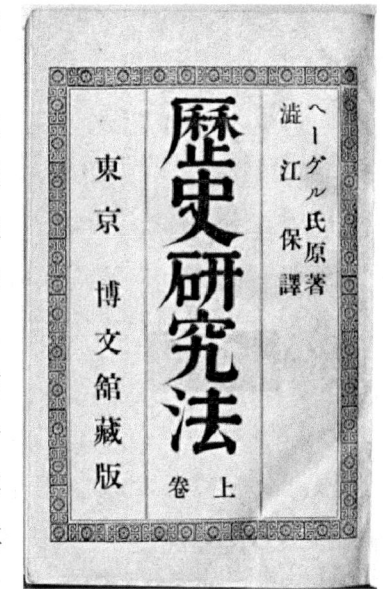

图 2　涩江保译《历史研究法》书影

（三）行政、司法。——个人权利得不到保障,"政治任帝一人独裁"。②

（四）刑罚严酷,从家族到国家,遇事不问青红皂白,一概严惩。

（五）宗教。——只关系到道德行为,而与"自然""主观""心与灵魂"无关。"支那帝兼国家元首与宗教元首于一身。支那宗教以是而实为国家宗教"。③

（六）"学术亦欠真正之主观"④。文章、语言、历史、法律、哲学、数学、物理学、天文学、技术、美术等。

（七）结论。——道德、宗教、学问、技艺等都与"心灵"无关。人民甘愿忍受皇帝压制,对残酷熟视无睹,不仅没有自尊之心,"反倒益发自轻自贱、自暴自弃"⑤。

总之,黑格尔的"意见"是以"物""心"二者之消长,来看待历史,尤其以此

---

① アーサー・エチ・スミス:《支那人氣質》,渋江保译,第 392 页。
② アーサー・エチ・スミス:《支那人氣質》,渋江保译,第 407 页。
③ アーサー・エチ・スミス:《支那人氣質》,渋江保译,第 412 页。
④ アーサー・エチ・スミス:《支那人氣質》,渋江保译,第 412 页。
⑤ アーサー・エチ・スミス:《支那人氣質》,渋江保译,第 417 页。

来审视中国的历史。中国何以在数千年间停滞不前呢？这是由于"单有'物界的存体'之成立，而在这个存体之中，并没有'心界的进动之自由'，因此也就不能产生各种变化，经常停止于固着不动之性质，未能发展到可以名之为'历史'的性质"①。所谓"物界的存体"和"心界的进动之自由"，用现在通常的说法，就是"客观存在"和与之相对的"主观运动"。②关于黑格尔的这一论断，"羽化生曰"注释得颇得要领，甚至比起他的翻译的正文来也显得简洁明了："羽化生曰：据黑格尔之说，历史为心灵之发达，心灵的本质为自由。故心灵若无丝毫之发达，人民之间无自由，则无法称之为'历史'。"③

在黑格尔看来，中国的"国体精神"是以礼教来维系的"族长主义"，在君臣、父子、夫妇、兄弟、朋友所规定的关系当中，皇帝是意志的最终体现者，是唯一的绝对的"客观存在"，即涩江保所表述的"物界的存体"。因此，中国只有"客观"而无"主观"，只有"物质"而无"精神"，只有涩江保所表述的"主权者的擅自主义"，即专制主义，而无人民的尊严和自由。这一特征体现在包括历史、文化以及人民性格在内的所有方面。如果说，这些是黑格尔《历史哲学》中的基本"中国观"，那么涩江保译本便忠实地传递了这一层意思。

假设鲁迅在阅读《支那人气质》时，也读到了涩江保插入的黑格尔关于中国的论述，——因为现在还没有充分的证据可以说明这一点，所以只能说"假设"——那么，他很可能是中国最早读到黑格尔的人之一。如果黑格尔的观点当时真的被鲁迅读到过，那么其意义也就非常重大了。因为黑格尔所提供的不仅是关于中国历史和文化的文献资料以及经验性分析，而且也是一种非常完整的具有哲学意义的历史观。这一点既和上面介绍过的由涩江保以"汉文形态"提供的文献有着性质上的区别，也和史密斯关于中国国民性的经验性描述乃至分析有着层次上的距离。当然，史密斯也有他自己的——通过涩江保表述出来的——历史观，而且其历史观（即"社会进化论"历史观）也在某种程度上为当时包括鲁迅在内的中国知识界所认同。例如，史密斯史观总是同种族间的生存竞争联系在一起的：

---

① アーサー・エチ・スミス：《支那人氣質》，渋江保译，第392—393页。
② 参见黑格尔：《历史哲学》，王造时译，上海书店出版社1999年版，第123页。
③ アーサー・エチ・スミス：《支那人氣質》，渋江保译，第393页。

［译文］黄白两人种激烈竞争之时期迟早都会到来,临晓之际,孰制胜,孰降军门乎?①

［译文］今国民之竞争日益激烈,及至于将来,其激烈能达到怎样的高度,不可预知。当是之时,吾人与支那人在竞争场里孰可制胜焉?吾人确信优存劣灭之真理。生存于二十世纪之竞争者谁?是"神经质"的欧罗巴人?抑或不知疲倦的鲁钝的支那人?请刮目以待他日。②

这种具有明确功利目的的"形而下"的进化史观,对于当时处在亡国危机下的中国人来说,当然是会有共鸣的。

然而,在鲁迅的进化史观当中,还有与此不同或者说超越于此的内容,那就是早在他留学时期的论文③中已经明确表现出来的抗拒"自然之必然"的以"人"的进化为核心的进化史观。如果借用北冈正子对鲁迅的"进化论"所下的定义,那就是"专以人的历史为主要对象并且将其作为精神进化过程的一个历史观"④。也就是说,在把"人的历史"作为"精神进化过程"的意义上,黑格尔与鲁迅的一致性可能构成他们之间的某种联系,用涩江保上面对黑格尔的注释来说,就是"历史为心灵之发达,心灵之本质为自由",因此,如果没有心灵的发达和人民的自由,便不能称其为"历史"。鲁迅后来即把中国的历史看作无发展变化的循环形态,所谓"这历史没有年代",构成这一历史的内容是"吃人"与"被吃"——甚至包括"我"自己也"未必无意之中,不吃了我妹子的几片肉,现在也轮到我自己,……"(《狂人日记》,1918年)⑤;所谓中国历史只有"想做奴隶而不得的时代"和"暂时做稳了奴隶的时代"(《灯下漫笔》,1925年)⑥;所谓"暴君治下的臣民,大抵比暴君更暴"(《暴君的臣民》,1919年)⑦;所谓"凡是人主,也容易变成奴隶,因为他一面既承认可做主人,一面就

---

① アーサー・エチ・スミス:《支那人氣質》,渋江保译,第34、122—123页。
② アーサー・エチ・スミス:《支那人氣質》,渋江保译,第122—123页。
③ 主要指1903年的《中国地质略论》,1907年的《人之历史》《科学史教篇》《文化偏至论》《摩罗诗力说》和1908年的《破恶声论》。
④ 北冈正子:《鲁迅の〈進化論〉》,见东京大学文学部中国文学研究室编:《近代中国の思想と文学》,大安1967年版,第21页。
⑤ 《鲁迅全集》第一卷,第454页。
⑥ 《鲁迅全集》第一卷,第225页。
⑦ 《鲁迅全集》第一卷,第384页。

当然承认可做奴隶,所以威力一坠,就死心塌地,俯首帖耳于新主人之前了"(《论照相之类》,1924年)①;所谓"专制者的反面就是奴才,有权时无所不为,失势时即奴性十足。……做主子时以一切别人为奴才,则有了主子,一定以奴才自命:这是天经地义,无可动摇的"(《谚语》,1933年)②等,说的都是同一种循环史观及其构成这种历史内容的人的精神,应该看作处在黑格尔所言造成历史停滞的"无心灵发达"观点的延长线上。当然这是后话了,而鲁迅与黑格尔的最早联系,笔者推断,很可能就是以《支那人气质》中的"黑格尔"为媒介的。

在鲁迅留学时代的论文中,虽然只有《文化偏至论》一篇中的一处提到了黑格尔③,但却是把他作为该篇文章中着力介绍的"神思宗之至新者"——19世纪末叶以尼采、叔本华、斯蒂纳等人为代表的西方哲学流派的前身——"神思一派"来看待的④,因此鲁迅针对中国的"尚物质而疾天才"⑤的历史和现实所强调的"掊物质而张灵明,任个人而排众数"⑥,"非物质","重个人"⑦,"人必发挥自性,而脱观念世界之执持"⑧等主张,不仅体现为尼采等人的特征,而且也正和黑格尔所批判的中国只有"客观",没有"主观",缺乏人的精神自由相一致。

另外,鲁迅在《摩罗诗力说》中对包括诗经、老子、屈原等⑨在内的中国整体精神的批判,也与黑格尔对中国的论述处在同一方向上。

不过,就关系而言,目前也只能谈到这一步。因为正像许多研究成果所表明的那样,鲁迅留学时期对西方思想观念的汲取,其材源乃是多方面的。这里由涩江保的注释所提供的不过是一个可能存在的重要线索而已。

---

① 《鲁迅全集》第一卷,第193—194页。
② 《鲁迅全集》第四卷,第557页。
③ "往所理想,在知见情操,两皆调整,若主智一派,则在聪明睿智,能够移客观之大世界于主观之中者。如是思惟,追黑该尔(F. Hegel)出而达其极。"见《鲁迅全集》第一卷,第55页。
④ 参见鲁迅在《坟·文化偏至论》(1908)中所述,见《鲁迅全集》第一卷,第50—56页。
⑤ 鲁迅:《坟·文化偏至论》,1908年,见《鲁迅全集》第一卷,第58页。
⑥ 鲁迅:《坟·文化偏至论》,1908年,见《鲁迅全集》第一卷,第47页。
⑦ 鲁迅:《坟·文化偏至论》,1908年,见《鲁迅全集》第一卷,第51页。
⑧ 鲁迅:《坟·文化偏至论》,1908年,见《鲁迅全集》第一卷,第52页。
⑨ 参见鲁迅:《坟·摩罗诗力说》,1908年,见《鲁迅全集》第一卷,第69—71页。

六、关于文本关系的探讨

(一) 鲁迅文本中提到的《支那人气质》及文本比较的先行研究

在鲁迅全集中,共有四处提到涩江保译日文版《支那人气质》及史密斯原著。按照时间顺序排列,它们分别是:

Ⅰ. 1926 年 7 月《华盖集续编·马上支日记(七月二日)》

在提到安冈秀夫的《从小说看来的支那国民性》之后说:

> 他似乎很相信 Smith 的《Chinese Characteristics》,常常引为典据。这书在他们,二十年前就有译本叫作《支那人气质》;但是支那人的我们却不大有人留心它。
>
> ……
>
> 我所遇见的外国人,不知道可是受了 Smith 的影响,还是自己试验出来的,就很有几个留心研究着中国人之所谓"体面"或"面子"。①

Ⅱ. 1933 年 10 月 27 日致陶亢德信

> 至于攻击中国弱点,则至今为止,大概以斯密司之《中国人气质》为蓝本。此书在四十年前,他们已有译本,亦较日本人所作者为佳。似尚值得译给中国人一看(虽然错误亦多),但不知英文本尚在通行否耳。②

Ⅲ. 1935 年 3 月《且界亭杂文二集·内山完造作〈活中国的姿态〉序》

> 例如关于中国人,也就是这样的。明治时代的支那研究的结论,似乎大抵受着英国的什么人做的《支那人气质》的影响,但到近来,却也有

---

① 鲁迅:《华盖集续编·马上支日记(七月二日)》,1926 年,见《鲁迅全集》第三卷,第 344 页。
② 《鲁迅全集》第十二卷,第 468 页。

了面目一新的结论了。①

Ⅳ. 1936年10月《且界亭杂文末编·立此存照（三）》

在谈到约瑟夫·冯史丹堡（Josef von Sternberg）导演的"辱华影片"《上海快车》（*Shanghai Express*）时说：

> 不看"辱华影片"，于自己是并无益处的。不过自己不看见，闭了眼睛浮肿着而已。但看了而不反省，却也并无益处。我至今还在希望有人翻出斯密斯的《支那人气质》来。看了这些，而自省，分析，明白那几点说的对，变革，挣扎，自做工夫，却不求别人的原谅和称赞，来证明究竟怎样的是中国人。②

上面的这些话，可以使人马上意识到鲁迅的国民性思想与"《支那人气质》"的联系。

第一，鲁迅很早就读到了这本书。——这里要附带对鲁迅阅读《支那人气质》的时间做一下探讨。从1926年第一次提到这本书算起，距他留学时代已确有了20多年的时间。以1902年计，是24年；但如果以上面"Ⅰ"里鲁迅所说的年代为实，那么"二十年前"则是1906年。笔者以为，这个时间不是"有译本"的时间，即《支那人气质》的出版时间（1896年12月），而应看作鲁迅阅读这本书的时间。即使仅仅从克服语言障碍的角度看，鲁迅能系统地读懂这本书，也不应是在弘文学院学日语期间（1902年4月至1904年4月）③，而应是在那以后。另外，从下面将要提供的文本对照情况来看，把鲁迅有系统地阅读并且参考《支那人气质》的时间，推测为1906年前后，也许更接近实际一些。

第二，从1926年7月到鲁迅逝世之前的1936年10月，4次提到《支那人

---

① 《鲁迅全集》第六卷，第275页。
② 《鲁迅全集》第六卷，第649页。
③ 关于鲁迅读到《支那人气质》的时间，唐弢用了一个比较宽范的时间概念，即"年轻时"；张梦阳则根据许寿裳在回忆录中提到的他和鲁迅所进行的关于国民性的讨论认为，鲁迅1902年在东京弘文学院学习期间就已经细读了史密斯的《中国人气质》，当然是涩江保的日译本而非英文原版。参见史密斯：《中国人气质》，张梦阳、王丽娟译，第4、283—284页。

气质》和史密斯的情况看,鲁迅对这本书的内容记忆是相当深刻的。

第三,鲁迅都是在涉及与国民性有关的问题时谈及这本书的。

第四,也是最重要的一点,那就是鲁迅对这本书的价值肯定。他不仅认为史密斯影响了日本人的同类著作,而且也认为"较日本人所作者为佳",希望能译给中国人看,从而开辟出"自省"之路。

那么,作为具体问题,《支那人气质》对鲁迅本人来说,究竟有哪些关系和哪些意义呢?

笔者以为,这就有必要通过文本来具体看待。目前的一些研究,已经开始介入了这个方面来。张梦阳在中译本《中国人气质》书后所附《译后评析》里,从自己的问题角度对史密斯文本的一般状况、写作特点、主要内容以及与鲁迅的关系做了相应的整理和归纳。① 其中,在谈到和本稿相关的史密斯与鲁迅的关系时,分为三个题目:(一)"面子"和缺乏诚的问题;(二)人情冷漠和缺乏爱的问题;(三)阻碍现代化进程的种种问题(具体列举的问题有四个:关于现代人的性格、关于教育、关于孝道、关于改革难)。在这个部分当中,某种程度上涉及了一些史密斯文本内容与鲁迅文本的关系。②

总之,张梦阳是以鲁迅和许寿裳关于国民性的讨论中涉及的缺乏"爱和诚"的问题为核心,来探讨史密斯文本与鲁迅的联系的。具体地说,就是力图围绕着缺乏"诚"和"爱",来阐述史密斯和鲁迅改造国民性思想的关系。作为这方面的先行研究,笔者以为张梦阳所做的是极有价值的初步探讨,至少在"诚"和"爱"这两点上,不仅提供了史密斯与鲁迅关系的某些具体线索,也使这两个抽象的概念在鲁迅关于国民性的论述中获得了相应的具体内容。

---

① 关于写作特点,张梦阳以四点来予以概括,即"诚实态度,长期努力,科学态度与卓越才华"。其中又从五个方面来具体说明了"科学方法即",即"第一,写作观察笔记","第二,细读北京《邸报》及有关文件","第三,通过小说、民谣和喜剧三条渠道了解中国社会生活","第四,通过家庭和村庄研究中国社会生活","第五,以社会学研究方法为基础,进一步升华到社会心理学与精神现象学的哲理高度"。关于主要内容,张梦阳首先从第一章谈"面子"开始,介绍了史密斯谈到的中国人"做戏的本能""形式礼节""欺瞒的才能"等,并以"缺乏诚"来概括了史密斯谈到的一些问题。之后又从六个方面概括了史密斯的一些见解:(一)关于中国人缺乏现代人性格的见解;(二)关于中国政体阻碍现代化的见解(其中包括"勒索"管理失效、无视命令、政府内部互相猜疑、互相钳制""官员薪俸太少""文人害怕官员");(三)关于中国教育阻碍现代的见解;(四)关于中国儒学的见解;(五)关于中国思维特征的见解;(六)关于中国改革难的见解。
② 参见史密斯:《中国人气质》,张梦阳、王丽娟译,第282—297页。

不过,笔者认为,在史密斯与鲁迅改造国民性思想的关系当中,许多具体问题还是有很大的探讨余地的。如果承认鲁迅文本特别是改造国民性思想当中存在着史密斯的影响,那么,正像前面已经指出过的那样,在鲁迅直接阅读过的涩江保的日译本里,也就很可能存在着鲁迅关于中国国民性的认识以及改造国民性思想的构成机制的一些重要问题点和线索。例如,前文作为"以汉语文本形态出现的注释"问题具体指出过的第十九章"孝心"(Filial Piety)里出现的关于"二十四孝"的汉语文本和第二十五章"缺乏信实"(The Absence of Sincerity)作为"注"出现的长达25页的"黑格尔关于支那的意见",事实上已经都属于文本关联的实例。其中,关于黑格尔的历史定义,即"历史为心灵之发达,心灵之本质为自由。故若心灵未有丝毫之发达,人民之间无自由,则无法称之为历史"与留学时代的鲁迅所形成的以"人"的进化为核心的历史观的一致性。在此笔者还想做两点补充:(一)鲁迅在以《狂人日记》为代表的许多文字里所揭示的"这历史没有年代"①是个"吃人"和"被吃"的世界,即由"奴隶主"和"奴隶"所构成的没有发展的、循环往复的社会,正是以这种历史观来透视和剖析中国历史和现实的结果。(二)鲁迅和黑格尔相一致的强调"人"的进化的历史观,应该是他认为的史密斯书中"错误亦多"的理由之一;因为史密斯反复强调的种族间"优胜劣败"的"生存竞争",恰恰是鲁迅在当时和后来所拒绝接受的"进化论"。

然而,上述这两点,还几乎尚未涉及正文文本内容。如果把史密斯对中国国民性的具体描述,在一个更为广阔的视野下做进一步的归纳,那么还将找到更多的与鲁迅构成联系的线索。

以下,是从笔者的角度对一些问题的探讨。

(二)"面子""做戏""看客"

在史密斯文本中,有多处谈到中国人的"面子"问题,其中尤以第一章"体面"(Face)最有代表性。关于史密斯的谈"面子"与鲁迅的关系,已多有论者指出过了,所以这里不准备全面展开,而只是想就两者关系当中的要点做进一步的明确。

---

① 鲁迅:《呐喊·狂人日记》,1918年,见《鲁迅全集》第一卷,第447页。

首先,把"面子"和"做戏"这两项结合起来,透视中国的国民性,是史密斯的独特的观察模式,鲁迅全面接受和借鉴了这一模式。这一点通过涩江保文本第一章的第一段和鲁迅文本的对比可以明确。涩江保把 face 一词译成了"体面",并且在第一章之前加上了自己的注释①。以下将涩江保文本中第一章里的第一段试译如下:

> [译文]面(face)人皆有之,今执万人共有之物,作为支那人气质之一,看似甚为不妥,然而支那人之所谓 face(体面)者,不独头部前面(脸)之谓,其意味颇广泛,吾人非但不能述诸笔,且恐怕不能理会。故兹设一章以说之。
>
> 今虽然尚不充分,但为理会支那人之所谓 face(体面)之语意,姑且先述支那人之非常富有演剧之天性。演剧在支那堪称唯一之游戏。支那人嗜好演剧,恰如同英人之嗜好角力,西班牙人之嗜好斗牛。动则使自己做起戏子来,摇头晃脑,遣卢迄色,匍伏顿首,在西洋人看来,多无必要而且好笑。又很在台词上下功夫,辩解于两三人前,言语却如同面对众人。曰:予明言于兹聚之足下、足下、足下之前。"彼若胜利得窘境,首尾能全,则言"下得了台",若胜不得窘境,则称"下不来台",凡此类词语,并非叙述事实之本身,而只在形容。如此这般,倘要在适当之时节,用适当之方法将话说得漂亮,则非如演戏者不可。在日常之复杂关系中,将此事做得巧妙则为有"face"(体面),反之,若不暗此事,或拙于此事,则"有失 face"(有失体面)也。
>
> 故一当正确理会"face"(体面)之语,则可理会支那人最要紧气质之大半。此乃关键之故也。②

鲁迅在上述"I"里,从安冈秀夫的《从小说看来的支那国民性》这样讲下来:

> 他似乎很相信 Smith 的《Chinese Characteristics》,常常引为典据。

---

① 参见本文第五部分第二节"2.注释的内容"。
② アーサー・エチ・スミス:《支那人氣質》,渋江保译,第83页。

这书在他们十年前就有译本叫作《支那人气质》;但是支那人的我们却不大有人留心它。第一章就是 Smith 说,以为支那人是颇有点做戏气味的民族,精神略有亢奋,就成了戏子样,一字一句,一举手一投足,都装模装样,出于本心的分量,倒还是撑场面的分量多。这就是因为太重体面了,总想将自己的体面弄得十足,所以敢于做出这样的言语动作来。总而言之支那人的重要的国民性所成的复合关键,便是这"体面"。

我们试来博观和内省,便可以知道这话并不过于刻毒。相传为戏台上的好对联,是"戏场小天地,天地大戏场"。大家本来看得一切事不过是一出戏,有谁认真的,就是蠢物。但这也并非专由积极的体面,心有不平而怯于报复,也便以万事是戏的思想了之。万事既然是戏,则不平也非真,而不报也非怯了。所以即使路见不平,不能拔刀相助,也还不失其为一个老牌的正人君子。①

仔细比较这两段话可以看出,鲁迅是在全面肯定和借鉴了史密斯的观察模式之后,进一步表述自己的看法的,也就是他所说的"博观和内省"。值得注意的是,鲁迅并非一概否定民俗中的讲究"面子",至少他还是提到了"积极的体面"。在这个意义上,竹内实在《关于面子》②一文中对批判"面子"有所保留是有道理的。因为鲁迅憎恶和否定的是"心有不平而怯于报复,也便以万事是戏的思想了之"这样一种心态。也不妨概括为"消极的体面"。

事实上,鲁迅文本中涉及的"面子",皆是指所谓"消极的体面",鲁迅将其视同"伪善"③;而"做戏"在鲁迅那里,除了"万事是戏"的不认真外,又总意味着对事实的掩盖,因此也完全可以置换为所谓"瞒和骗"④的同义词。关于这些问题,还可以做进一步的探讨,不过上面指出的一点是可以肯定的,即鲁迅批判国民性中无视现实,模糊现实,尤其是政治上的掩盖现实或粉饰现实,都是从史密斯所提供的"为了面子而做戏"这一角度切入问题的。这一点,只要

---

① 鲁迅:《华盖集续编·马上支日记(七月二日)》,1926 年,见《鲁迅全集》第三卷,第 344 页。
② 《メンツ(面子)について》,《立命馆大学言语文化研究》第 4 卷第 4 号,1993 年 2 月 20 日。
③ 李芒译:《"面子"与"门钱"——两周氏谈》,《鲁迅研究资料》第 3 期,1979 年 2 月。该文原载日文《北京周报》第 68 期,1923 年 6 月 3 日。
④ 鲁迅:《坟·论睁了眼看》,1925 年,见《鲁迅全集》第一卷,252 页。

再去读一下《二心集》里的《宣传与做戏》(1931)、《新的"女将"》(1931)和《且介亭杂文》里的《说"面子"》(1934)等文即可明确。

其次,鲁迅那里的"看客"是从史密斯指出的为讲"面子"而"做戏"的问题角度进一步引申和延长的产物。"做戏"的成立,除了有"戏剧"的演出之外,还要有观看"做戏"的"看客"。将一切视为"做戏"的普遍的国民心态,正是中国"做戏"赖以生存的社会基础。因此,鲁迅的视点并未只停留在"做戏"者本身,也指向了更为广大的"看客",也就是民众。

在这个意义上,鲁迅说过,"人类是喜欢看看戏的"①。但他笔下令人最感沉重的"看客"则是在《呐喊·自序》(1923)和《藤野先生》(1926)里出现的"围着看"②的麻木的"看客"。笔者曾经介绍过,同样的"麻木"围观的场面,也在涩江保译本正文之前所附照片的第一页上出现过。这在前面已经介绍过了。

"麻木"即无同情。从涩江保译本中可以看出,首次提出"无同情之观察"的并不是鲁迅,而是史密斯在第十一章中讲述的"围观":

[译文]布朗宁夫人(Mrs Browning)[一八〇九年(我文化六年己巳),同六十一年(我文化六年辛酉),英国之妇人诗家]曰:"受无同情之观察,即受拷问也。"如夫人之多感之诗人,或起如此之感情。否,盎格鲁-撒克逊人概怀抱这种感情。本来西洋人在从事精制或困难职业之际,并不愿为他人所观察,然而支那人不论被如何细密观察,亦心平气和,照操其业不误。又,当西洋人旅行支那内地之际,每到外人鲜至之处,为支那人所猬集、所凝视,以为奇观之时,每有一种无以名状之不快感而起。尽管彼等支那人只做无同情之观察,而并非加害于我,但我等必怒命其退下:"倘不退下,则饱以老拳。"然而支那人则完全相反,不论有多少外人群集周围,长久注视自己,毫不介意,反更以为"愤慨于他人之注意自己,乃因自己不正常也"③。(引文中[ ]内的小字,为涩江保注。以下相同——笔者)

---

① 鲁迅:《集外集·文艺与政治的歧途》,1928年,见《鲁迅全集》第七卷,第121—122页。
② 《鲁迅全集》第一卷,第317页。
③ アーサー・エチ・スミス:《支那人氣質》,涩江保译,第119—120页。

然而,将上述"无同情之观察"丰富发展为"看客"的视点并从中进一步剔掘国民性的则是鲁迅。史密斯书中的"无同情之观察"是没有表情的,但到了鲁迅那里,这种没有表情也成为一种表情,即"看客"的形象化:

> 对于中国一部分人们的相貌,我也逐渐感到一种不满。就是他们每看见不常见的事件或华丽的女人,听到有些醉心的说话的时候,下巴总要度慢挂下,将嘴张了开来。这实在不大雅观;仿佛精神上缺少着一样什么机件。①

这种"相貌",在上面提到的"幻灯事件"里就是带着"麻木的神情"的"看客"。此外,还有起哄"假辫子"的"看客"(《头发的故事》,1920年),围观革命者被砍头的瞬间,一哄而散的"看客"(《药》,1919年),围观"示众"的"看客"(《示众》,1925年),脸紧贴在窗户上,专看别人隐私的"连鼻尖都挤成一个小平面""看客"(《伤逝》,1925年)等。其中尤为重要的是,鲁迅不仅写了"看客"的麻木和无聊,也写了"看客"的可怕。正如伊藤虎丸所指出的那样,狂人在其四周观察他的"眼睛"里感到的可怕,同阿Q临死前在"看客"的眼睛里感受到的可怕是一致的。那就是"又凶又怯"的饿狼的眼睛。② 笔者以为将此进一步具体化的是《野草》里的《复仇(其二)》(1924)。而向"看客"展开"复仇"的则是《复仇》里那对儿"裸着全身",对立在"旷野之上",最终令"看客"感到无聊的男女。但最大的复仇还是《故事新编》里的《铸剑》(1926)。眉间尺和黑色人把"人头"戏演给国王和他的幸臣宠妃们看,然后再实实在在地把国王的砍下。

喜欢看戏,不是国民的弱点,但把一切都当成戏来一看了之,则是国民的坏根性之一。鲁迅也正是以从"面子"和"做戏"而确立起来的"看客"角度,来进一步透视国民性问题,并思考行动策略。如,他曾直截了当地说:

> 群众,——尤其是中国的,——永远是戏剧的看客。牺牲上场,如果

---

① 鲁迅:《而已集·略论中国人的脸》,1927年,《鲁迅全集》第三卷,第432页。
② 参见伊藤虎丸:《鲁迅与日本人——亚洲的近代与"个"的思想》,李冬木译,河北教育出版社2000年版,第108—109页。

显得慷慨,他们就看了悲壮剧;如果显得觳觫,他们就看了滑稽剧。北京的羊肉铺前常有几个人张着嘴看剥羊,仿佛颇愉快,人的牺牲能给予他们的益处,也不过如此。而况事后走不几步,他们并这一点愉快也就忘却了。

对于这样的群众没有法,只好使他们无戏可看倒是疗救,正无需乎震骇一时的牺牲,不如深沉的韧性的战斗。①

(三) 打扰死前的病人与《父亲的病》

涩江保译本中如上所表述的"无同情之观察"的问题,除了与鲁迅的"看客"角度有关外,也可能同某些作品的写作构成看法或表现上的联系。

例如,作为中国人"无神经"(麻木不仁)的例子,涩江保译本第十章里有一段提到了对需要安静的病人的打扰:

> [译文]西洋人不仅在瞌眠之际需要静稳,在生病之时需要势稳。即使平素于无用之音响一向无所介意者,一旦患病,忌音如嫌;朋友、护士、医师皆以静稳为治病之要。患者若恢复元望,殊禁喧骚,以勉力使患者尽量保持平和。然而支那人完全异其旨趣,身在病室,亦更不谋静稳。病报一将达知各处,东西南北,来会者接踵而至,且依病重,访问者数愈多,丝毫无禁喧骚。而患者自身亦似无厌之,岂非奇乎?每有访问者出入,便每飨彼等以饮食,其喧骚颇甚。患者危笃之际,几多会众,皆放声号哭,亦有僧侣驱魔退邪之祈祷混杂其间。假以患者为西洋人,或许盼望速能瞑目,以免却如此之烦累。法国一有名之贵妇人,病笃时谢绝来访者曰:"妾死期迫在眼前,忍免拜眉之烦。"凡西洋人者,皆与此妇人抱有同感。然而在支那,决无谢绝者,亦不以谢绝为善也。②

这种打扰病人,使病人临死前也不得安宁的具体情形,也出现在鲁迅文本当中,这就是收在《朝花夕拾》里的《父亲的病》(1926)。在结尾,这样写了

---

① 鲁迅:《坟·娜拉走后怎样》,1923 年,见《鲁迅全集》第一卷,第 163—164 页。
② 参见アーサー・エチ・スミス:《支那人氣質》,渋江保译,第 120—121 页。

父亲的死：

> 中国的思想确乎有一点不同。听说中国的孝子们，一到将要"罪孽深重祸延父母"的时候，就买几斤人参，煎汤灌下去，希望父母多喘几天气，即使半天也好。我的一位教医学的先生却教给我医生的职务道：可医的就应该给他医，不可医的就应该给他死得没有痛苦。——但这先生自然是西医。
>
> 父亲的喘气颇长久，连我也听得很吃力，然而谁也不能帮助他。我有时竟至于电光一闪似的想道："还是快一点喘完了罢……。"主刻觉得这思想就不应该，就是犯了罪；但同时又觉得这思想实在是正当的。我很爱我的父亲。便是现在，也还是这样想。
>
> 早晨，住在一门里的衍太太进来了。她是一个精通礼节的妇人，说我们不应该空等着。于是给他换衣服；又将纸锭和一种什么《高王经》烧成灰，用纸包了给他捏在拳头里……。
>
> "叫呀，你父亲要断气了。快叫呀！"衍太太说。
>
> "父亲，父亲！"我就叫起来。
>
> "大声！他听不见。还不快叫？"
>
> "父亲！！！父亲！！！"
>
> 他已经平静下去的脸，忽然紧张了，将眼微微一睁，仿佛有一些苦痛。
>
> "叫呀！快叫呀！"她催促说。
>
> "父亲！！！"
>
> "什么呢？……不要嚷。……不……。"他低低地说，又较急地喘着气，好一会，这才恢复了原状，平静下去了。
>
> "父亲！！！"我还叫他，一直到他咽了气。
>
> 我现在还听到那时的自己的这声音，每听到时，就觉得这却是我对于父亲的最大的错处。①

---

① 《鲁迅全集》第二卷，第298—299页。

通常所见，这一段应该是纪实的。不过从作品效果来看，这一段强化的是"我"在"衍太太"的怂恿下，"父亲！！！ 父亲！！！"的大叫，给临死前的父亲带来的"苦痛"以及"我"现在的后悔心情。"衍太太"这个人物虽然实有，但是周作人在回忆中一再坚持说，让她"指挥叫喊临终的父亲，那在旧时习俗上是不可能有的"①，并且在《知堂回想录》中做了如下说明：

> 因为这是习俗的限制，民间俗言，凡是"送终"的人们到"转煞"当夜必须到场。因此凡人临终的时节，只是限于平辈以及后辈的亲人，上辈的人是决没有在场的。"衍太太"于伯宜公是同曾祖母的叔母，况且又在夜间，自然更无特地光临的道理，《朝花夕拾》里请她出台，鼓励作者大声叫唤，使得病人不得安稳，无非想当她做小说里的恶人，写出她阴险的行为来罢了。②

倘若此述可信，那么也就不排除鲁迅笔下的父亲临终场面里存在着强化效果的"创作"成分。从上面的对照中可以看出，鲁迅的这种"创作"，实际是以新的看法来重新审视旧生活的产物。具体而言，正是"中西的思想确乎有一点不同"这句话中的西方医学"思想"，使鲁迅反观到了死别已久的"父亲"的不幸。而除了看法之外，上面引用的涩江保译本中所出现的具体事例，与鲁迅的亲身经历也是重合的，因此，鲁迅在写作《父亲的病》这篇作品时，借鉴《支那人气质》的可能性恐怕是很大的。

（四）鲁迅留学时期的革命"心像"与阿Q的形象塑造

在涩江保文本第十三章"缺乏公共心"（The Absence of Public Spirit）里，举了中国人缺乏公共心的如下例子：

> ［译文］一千八百六十年［我万历元年庚甲］英法同盟军逼近北京，英军由山东省支那人处购得骡马，以供负重。天津及登州，则出于自己利益，投降同盟军，并与同盟军相约，若不蹂躏两府，则应其所需而供给访

---

① 周遐寿：《鲁迅小说里的人物》，人民文学出版社1981年版，第140页。
② 周作人：《知堂回想录》第一卷，香港听涛出版社1970年版，第31页。

物。此临时雇佣之脚夫,为支那军所擒,割去豚尾送还于英军。今由此等事项而考察之际,吾人虽不能断言支那人有爱国心与公共心,即使退一步而评之为有,亦不得不说其所谓爱国心与公共心同盎格鲁-撒克逊人之所谓爱国心与公共心大相径庭。①

这段话的内容,和鲁迅后来提到的成为"大清子民"的"开口'大兵'","闭口'我军'"②的人们的"爱国心"是很相通的。《故事新编》的《采薇》(1935)里出现的"小丙君"的形象正是最好的代表。

紧接着上面这段话,史密斯有一段关于中国革命的描述:

[译文]人民不得不起而抵抗施治者压制重敛之时,(此事屡有发生)需有数名俊杰执其牛耳。在此俊杰之下而兴起之剧烈动荡,往往必使政府做出实际上之让步。但在此种场合,当有少许人杰为多数"愚民"(stupid people)之主脑,方能满足正义之需要。因只有此等伟人富于以身殉国之爱国衷情,而其他人则不过是运动于五里雾中,并非出于爱国心、公共心而参加运动。当支那历史面临危机,革命时期即将到来之际,身怀赤心而富于果断之人,往往率先尽力于国事而令后人奋起。此不独证明此类人为真正爱国之士,亦证明支那人为当在义人之下振奋义气之人民。③

史密斯从分析中国国民性的角度对中国革命结构,即"俊杰"和"愚民"的概括是符合历史和现实的实际的。即使只从史密斯原著(1894)和涩江保的日译本(1896)相继出版之后的情况来看,1898年的"戊戌变法"和鲁迅留学时期的在日本策划的各种反清革命运动,基本上都是在少数先觉者的率先引导下发生和进行的。

当时的留学生鲁迅心目中理想的革命景观,即本文所说的革命"心像"(image)正体现为这样一种"俊杰"和"愚民"的结构。例如,在《文化偏至论》

---

① アーサー・エチ・スミス:《支那人氣質》,涩江保译,第145页。
② 鲁迅:《华盖集·忽然想到(四)》,1925年,见《鲁迅全集》第三卷,第18页。
③ 参见アーサー・エチ・スミス:《支那人氣質》,涩江保译,第145页。

(1907)的种种表述里,可以概括为"英哲"(或"超人")与"众凡",在《摩罗诗力说》(1907)里可以归结为"精神界之战士"和"奴隶"等。

虽然在鲁迅当时和后来的文字中,两者往往构成非常紧张的对立关系(前者的存在是以打破后者构成的庸俗的世界为前提的,而后者又总是在不断地扼杀前者),但留学时期鲁迅关于革命的理想"心像"则是力图使这两者结合,即先驱者的呼唤获得民众的响应,从而获得革命的实现。如在《摩罗诗力说》中,虽然通篇都体现了拜伦式的那种对待"奴隶"的"哀其不幸,怒其不争"①的情感,但鲁迅真正期待的却是"奴隶"变为"有情",能使诗人的呼唤获得响应,从此改变旧生活:

> 诗人为之语,则握拨一弹,心弦立应,其声澈于灵府,令有情皆举其首,如睹晓日,益为之美伟强力高尚发扬,而污浊之平和,以之将破。②

他甚至还以柯尔纳的诗歌鼓舞了德意志人为例,来说明自己的这种理想。③

虽然他后来在《呐喊·自序》里有对自己的革命"心像"进行反省的话,说自己"决不是一个振臂一呼应者云集的英雄"④但凡此种种,也正好说明了他在"俊杰"和"愚民"这种革命模式上与史密斯的一致——虽然还不好断定这是否直接和涩江保的译本有关。

"俊杰"就暂时不去说了。提到"愚民",可以使人想到堪称国民性标本的阿Q。这个人物形象,可以说是鲁迅思想和生活经验的结晶,是对国民性认识的高度浓缩,但也不排除也有某些阅读资料的借鉴。如除了刘柏青指出的阿Q战胜小尼姑后的作者议论,和鲁迅翻译的菊池宽的小说《复仇的故事》主题相近外⑤,倒似乎还有一些地方也并非不能考虑同《支那人气质》里的一些材料的关联。

---

① 鲁迅:《坟·摩罗诗力说》,1908年,见《鲁迅全集》第一卷,第82页。
② 鲁迅:《坟·摩罗诗力说》,1908年,见《鲁迅全集》第一卷,第70页。
③ 参见鲁迅:《坟·摩罗诗力说》,1908年,见《鲁迅全集》第一卷,第72—73页。
④ 《鲁迅全集》第一卷,第439页。
⑤ 参见刘柏青:《鲁迅与日本文学》,吉林大学出版社1985年版,第160页。

如《阿Q正传》的开头对阿Q的名字做了很长的考证,也不外是用夸张的笔法说名字的来由不清,用以烘托阿Q活得浑浑噩噩。

在涩江保译本的第八章"暗示之才"(The Talent For Indirection)里,也有一段是专谈中国人姓氏的模糊的。

[译文]女子既嫁人为妾,内外之人不呼其名,而以夫家姓与母家姓并称,此亦可加诸暗示之一例也。已婚妇称为"谁谁之母"。假定诸君与一支那人要好,而恰逢其母卧病,则称"小黑氏之母"患病。其家有"小黑氏",诸君闻所未闻,当然苦于得知其为何人。然而,彼相信诸君当早有所知,故而如是所云也。妇若无子,其名当更难理会。如用"小黑氏之伯母"或其他说明词称呼系属此类。老妻自称"外戚"。"外戚"者,注意于外家事之谓也。而妙龄之妾且无子者,则非并称两姓,而独以夫家之姓称。妻往往指良人称呼"我先生"(teacher)[涩江保曰,妻称良人为"夫子",此"夫子"并无"先生"之意,原著者似误信为先生(教师)之意也],又依场合变化,习惯以职业名称呼良人。例如"油坊如何如何说"系属是类。①

由此,从阿Q那里还可以联想到"祥林嫂"和"长妈妈",鲁迅在作品中也都有专谈她们名字的文字。

又如,涩江保译本第87页提到,"支那人即使最无识者,亦能巧设遁辞"。阿Q偷了静修庵的萝卜被捉,"下不来台"时也有"遁辞",只不过是最"赖"的那种:"这是你的?你能叫得他答应你么?"②

再如,伴随相关内容,孟子的"不孝有三,无后为大"这句话也在涩江保文本中出现过两次。一次是第十六章"活力之强壮"在谈到"支那种族之多产力"时,译者在正文"子孙之连绵,乃支那人一般之希望,除黄金欲外,无出于此欲之右者"之后直接以汉文原文做的"注"③。另一处是第十九章"孝心"里所言:"支那人所谓孝行最紧要之项,乃明于孟子之所示也。曰:'不孝有三,

---

① 参见アーサー・エチ・スミス:《支那人氣質》,渋江保译,第83—84页。
② 鲁迅:《呐喊·阿Q正传》,1921年,见《鲁迅全集》第一卷,第532页。
③ 参见アーサー・エチ・スミス:《支那人氣質》,渋江保译,第190页。

无后为大。'[离娄]。""盖之所以以子孙连绵为最紧要之义务,皆由重祭祖先而起。为子者不得不早娶妻,缘以此理也。如是,三十六岁之支那人,有孙者并非稀奇。"① 而阿Q的由"不孝有三,无后为大"而起的"恋爱的悲剧"是众所周知的。由此还可以想到"多子"的闰土(《呐喊·故乡》,1921年)。

阿Q思想中闪出的"革命"以及阿Q本人所理解的自己与革命的关系,亦与上面史密斯概括的革命不谋而合:"来了一阵白盔白甲的革命党,……走过土谷祠,叫道,'阿Q!同去同去!'于是一同去。"

涩江保译本第二十二章"社会阻风"(Social Typhoons)里讲述了中国人打架的情形:

> [译文]支那人与意大利人同样不知拳斗,纵使知之,行之,亦非学理上之拳斗。支那人抱在一起时,必逮住敌方之豚尾发辫,尽力而拉也。故二人相斗,并双方皆不携凶器,十之有九止于相互扯豚尾。②

《阿Q正传》第五章"生计问题",用了很长的篇幅,以阿Q与小D拔着辫子打架,生动再现了这种二人相斗的特点——因篇幅关系,原文姑且从略。

不过笔者认为,《阿Q正传》对史密斯的最大借鉴,恐怕还是所谓的"面子"。正如竹内实所说,"精神胜利法"保持的实际是阿Q的"面子"。③ 阿Q挨了打,认为是被儿子打了,于是得胜了;认为自己是第一个自轻自贱的,于是得胜了,虽在精神上保住了自己的面子,但并没改变自己挨打并且自轻自贱的事实。阿Q的最后为自己保面子,是想在自己的死刑判决上尽量把圈画得圆和临刑前唱出的那半句"过了二十年又是一个……",虽然这些同样与"死"的事实无关,但阿Q最终都是模糊在"面子"上的。

这种情形和史密斯提到的不可思议的事情是一脉相承的:

> [译文]以吾西洋人之所见,实在不希望为撑"脸"而丧命也。然而支

---

① 参见アーサー・エチ・スミス:《支那人氣質》,渋江保译,第237—238页。
② 参见アーサー・エチ・スミス:《支那人氣質》,渋江保译,第302页。
③ 参见《メンツ(面子)について》,《立命館大学言語文化研究》第4卷第4号,1993年2月20日。

那一地方长官,曾被恩准身着官服而临斩,以成全其"体面"。亦可谓一奇事也。①

(五)"保守主义"

史密斯对中国国民性中"保守主义"(conservatism)的描述和分析,不仅获得了鲁迅的认同,而且也构成了后来鲁迅改造国民性思想中的重要实践课题之一。

史密斯在第十四章里专来谈这个问题。这一章的题目即"Conservatism",涩江保译为"保守主义"。以下所引,为该章开头的一部分。

[译文]以黄金时代为既往之昔,凡旧国之常情,而支那人似殊甚。如是,支那古代之圣人更进一步尊崇古代之圣人,手且达圣人,孔子亦公言述而不作。[论语述而篇曰"述而不作"。]孔子之天职,在于纂辑古人既已熟知而又为今人附之于等闲抑或误解之事项[指纂辑诗书之事]。孔子维系支那人心,被敬仰为万世之师,乃在于为尽此天职之刻苦及成全此天职之高才。若在支那列举圣人,当首屈孔子。此亦因其所为之性质及对既往之关系也。依孔子之教,可谓良主造良民[指"一家仁则作一国","君仁则非不仁","君义则非不义"之类]。"君如器,民如水。水从方圆之器"。其所教,既如斯。奉其教者,以明王在上之古代为道德最盛之世,深信不疑也。以是,即便无智之脚夫,亦往往向吾人言谈尧舜之世,谓当时无盗贼之忧,夜不须锁户,路上若有所遗,第一拾领者待守至有他人之到来,第二来者亦守至下一人至,如是经第二第四之几多替代,遂将遗物送还失主。故无论遗失何物,丝毫不为他人之手触而复归于我也云。支那人称,今之仁义概不及古,而违背良心之所为,今遥长于古。

尊古卑今之风,非独存于支那或支那人,地球所到之处,皆有此风。然支那人固守此风而至于认真,则无与伦比。且坚信古代事物之萃在于文学,故尊崇古文学元异于偶像。热心之支那学者之于支那古典,恰如

---

① アーサー・エチ・スミス:《支那人氣質》,涩江保译,第14页。

热心之基督信徒之于希伯来圣书。支那人将古典视为网罗至高至良之智慧者,且以为通古今而得以应用于实际之事项,悉存其中。善良之儒者,以为无须增补古典,恰如同善良之基督信徒以为无须增补圣书。要而言之,"若一事物尽善尽美,则无须于此之上加以改良"。在此普遍命题之下,儒者与基督教徒如出一辙也。

如此这般,正如同众多之善良基督教徒,固执于圣书中之或种"经句",托言其编者想象未至之事物,孔门之徒[儒者]亦以"古圣贤"之书为近世施政之凭据,并从中寻求古代数学、近世科学之本源。①

史密斯所抓住的中国国民性"保守主义"当中的"尊古卑今"的精神特征,显然也构成了留学时期鲁迅的问题意识。这在《摩罗诗力说》里的两段话里可以看出。

吾中国爱智之士,独不与西方同,心神所住,辽远在于唐虞,或径如古初,游于人兽杂居之世;谓其时万祸不作,人安其天,不如斯世恶浊岾危,无以生活。其说照之人类进化史实,事正背驰。②

这段话,可以说是上引涩江保译本中那段话的原原本本的概括,稍有不同的是,鲁迅在自己的行文中,将"尊古卑今"明确为一种向后看的、和进化论相反的历史观。

鲁迅在《摩罗诗力说》的另一段话里,更进一步辛辣地批判了这种向后看的历史观,并做出了积极的阐述:

故所谓古文明国者,悲凉之语耳,嘲讽之辞耳!中落之胄,故家荒矣,则喋喋语人,谓厥祖在时,其为智慧式怒者何似,尝有宏宇崇楼,珠玉犬马,尊显胜于凡人。有闻其言,孰不腾笑?夫国民发展,功虽有在于怀古,然其怀也,思理朗然,如鉴明镜,时时上征,时时反顾,时时进光明之

---

① アーサー・エチ・スミス:《支那人氣質》,渋江保译,第146—148页。
② 《鲁迅全集》第一卷,第69页。

长途,时时念辉煌之旧有,放其新者日新,而其古亦不死。①

其中的"悲凉之语""嘲讽之辞"以及"腾笑",是否也有意识到史密斯的存在的可能呢?而史密斯在上述引文里,作为具体表现提到的孔门之徒在"古圣贤"书里寻找施政之凭据,并探寻古代数学、近世科学之本源的话,在《科学史教篇》(1907)中也有相应的表述:

> 昔英人设水道于天笁,其国人恶而拒之,有谓水道本创自天笁古贤,久而术失,白人不过窃取而更新之者,水道始大行。旧国笃古之余,每不惜自欺如是。震旦死抱国粹之士,作此说者最多,一若今之学术艺文,皆我数千载前所已具。②

其次,史密斯紧接着上面那段话,还进一步谈到了"尊古卑今"的精神特征形成的原因以及其导致的"视改革如蛇蝎之习惯":

> [译文]古文学为支那国民之模型,造就其政府组织。此组织及自身之性质,姑且不论,其具有永存之性质,则可明之于既往之经验。抑个人或国民者,以自保为第一紧要之项。如是,若一种政体由延续数千百年之事实可证明其适于自保之时,人民则恰如尊重古典一般而尊重此种政体,实乃当然之事。攻究支那历史之人,若得以确知支那政府成为今日者之阅历,并说明之,当会获得有趣之发现。若能发现此阅历,则可明确支那何以不像他国多有革命内乱[言指颠覆路易十六政府,建设共和政府,驱逐压制之詹姆斯二世(James Ⅱ),迎来自由之威廉阿姆及玛利(William and Mary)]之所以也。是乃吾人所坚信不疑者。曾有一人筑石壁,宽六英尺,高不过四英尺。或人奇而问之,答曰,为他日倒时高于现今。此事虽不过一笑柄,然而支那政府组织亦与之相像。盖支那政府犹如立方体,决无颠覆之事,即使有颠覆,亦不过立于他面之上,其外观内质皆一如既往。支那人由此反复经验确信,政府即使几回颠覆,其组

---

① 《鲁迅全集》第一卷,第67页。
② 《鲁迅全集》第一卷,第26页。

织上不会产生任何变动,恰如猫从任何高处坠下亦不会有所颠沛相同。夫既有此确信,亦便产生以创立此组织之古圣人事业为伟业,视改革如蛇蝎之习惯。以至于以古为优而贵古,以今为劣而贱今。

若明理如上,则可理会支那人之所以拘泥于既往。支那人与罗马人相同,将风俗道德混同,以为二者根基精神同一。人若侵犯支那之习惯,支那人将会感到最神圣之土地被侵犯。支那人不问是非得失,竭力保护其习惯,皆其习惯使然,亦如母熊由天性保护子熊一般。①

笔者认为,这里提到的"视改革如蛇蝎"及保护习惯的天性,致使改革难以进行的问题,也构成了留学的当时和以后鲁迅看待国民性的一种出发点或模式。

洎夫今兹,大势复变,殊异之思,诐诡之物,渐渐入中国,志士多危心,亦相率赴欧墨,欲采掇其文化,而纳之宗邦。凡所浴颢气则新绝,凡所遇思潮则新绝,顾环流其营卫者,则亦然炎黄之血也。②

后来,鲁迅在集入《坟》《热风》《华盖集》《华盖集续篇》《而已集》当中的许多文章里,对"国粹"及国民性中的保守主义的攻击,实际上都处在上述视点的延长线上。如他在《娜拉走后怎样》里就说:

可惜中国太难改变了,即使搬动一张桌子,改装一个火炉,几乎也要流血;而且即使有了血,也未必一定能搬动,能改装。不是很大的鞭子打在背上,中国自己是不肯动弹的。我想这鞭子总要来,好坏是别一问题,然而总要打到的。但是从那里来,怎么地来,我也是不能确切地知道。③

这里包含的强烈的改革意志是自不待言的。但对改革艰难的慨叹,则和留学时代是没什么两样的。

---

① アーサー・エチ・スミス:《支那人氣質》,涩江保译,第148—150页。
② 鲁迅:《集外集拾遗补编·破恶声论》,1908年,见《鲁迅全集》第八卷,第26页。
③ 《鲁迅全集》第一卷,第171页。

(六) 辛亥革命与"辫子"的问题

另外,史密斯在上述第二段话里,分析"尊古卑今"这一保守主义精神形成的原因时谈到的"支那政府犹如立方体,决无颠覆之事,即使有颠覆,亦不过立于他面上,其外观内质皆一如既往"的看法,也可能与鲁迅透视辛亥革命的角度有关。当然这并不排除鲁迅自身痛苦的经历所发挥的作用,而只是提示鲁迅看待辛亥革命后的政府,和史密斯看待颠覆一次之后的政府,同样存在着一个来自民众的角度。

> 未庄的人心日见其安静了。据传来的消息,知道革命党虽然进了城,倒还没有什么大异样,知县老爷还是原官,不过改称了什么,而且举人老爷也做了什么——这些名目,未庄人都说不明白——官,带兵的也还是先前的老把总。①

由于鲁迅自己对民俗和现实的了解,所以这场政府更迭戏也就写得很生动,但史密斯所言"支那人由此反复经验确信,政府即使几回颠覆,其组织上不会产生任何变动"的看法也是原原本本地体现出来的。至于《范爱农》里对绍兴建立的"军政府"以及后来的王都督衙门的描写②,则是有更多的鲁迅自己的体验了吧。

说到辛亥革命,自然就会使人想到"辫子"问题。事实上,这场革命给阿Q生活的未庄带来的唯一惶惑就是辫子。众所周知,鲁迅不仅用辫子验证革命,如《头发的故事》和《风波》里描写的,而且也是他谈国民的保守性的关键词(key word)之一,据说,阿Q的"Q"字,就是一颗头拖着一条辫子;前面提到,阿Q和小D的战斗,突出的就是互相"拔"辫子,因此说,"辫子"在鲁迅那里是中国国民性的象征也未为不可。

鲁迅在1925年2月作的《忽然想到(四)》里说:

> 难道所谓国民性者,真是这样地难于改变的么?倘如此,将来的命

---

① 鲁迅:《呐喊·阿Q正传》,1921年,见《鲁迅全集》第一卷,第542页。
② 参见鲁迅:《朝花夕拾·范爱农》,1926年,见《鲁迅全集》第二卷,第324—327页。

运使大略可想了,也还是一句烂熟的话:古已有之。①

在经过了约一个月之后写的《通信》里,就以辫子的例子回答了上面的问题。

> 历史通知过我们,清兵入关,禁缠足,要垂辫,前一事只用文告,到现在还是放不掉,后一事用了别的法,到现在还在拖下来。②

而在涩江保译本十四章"保守主义"当中,也以辫子为例表述了同样的看法:

> [译文]习惯未必不朽,在或种境遇下,当可改变者也。欲说明此理,则以清朝灭明后,一改普通人民理发之风事例为最善。此制度将屈从之意在于万目之前,昭然若揭,支那人固不屑奉之,其大半以死相抗拒。然而满清政府深信,创业之才之上,须有守成之才,欲使支那国民服从,舍此新制度而别无良策,故奖励垂豚尾以为效忠朝廷之证,遂为今日之状。今日支那人概以豚尾为无上装饰而夸耀之,新制度发布之当时,曾用于遮豚尾之头巾,荡然失迹,只广东福建之地方住民,依然用之,以示敌意。③

这就是说,"拔"住"辫子"来看国民性,或许是借鉴了史密斯也未可知。

(七)"灵魂"的枯萎与"三教同源"

作为传教士,史密斯多处谈到了中国人的"灵魂"问题和宗教。如在涩江保译为"愚蒙"并注明"直译语:智力的浑浊"(intellectual turbidity)的第十章里,史密斯提到中国人如井底之蛙,生活视野狭窄之后,这样论述了中国人的"灵魂"问题:

---

① 鲁迅:《华盖集·忽然想到(四)》,1925年,见《鲁迅全集》第三卷,第18页。
② 鲁迅:《华盖集·通讯》,1925年,见《鲁迅全集》第三卷,第26页。
③ アーサー・エチ・スミス:《支那人气质》,涩江保译,第150—151页。

[译文]彼等纷纷俗气之处,恰如西洋人之所谓"实际家",其旨趣和只为胃囊、钱袋而生活之人们无异。此类人乃真正之实际家。何以作此言?因耳目非能有所见闻,无一得以理会,亦不能随之而有概念也。依彼之所见,人生乃事实(若详而言之,乃最为不快之事实)之连续也。而关于事实以外之事,彼乃无神论者兼多神教信者兼不可思议论者也。彼往往匍匐于未知者之下,供未知者以食物,以满足依赖之天性。然而,此天性亦非自然之显现,乃周围之风习所诱而显现者也。彼只养成人生有形之元素,而完全木养成心理上、精神上之元素。今若欲唤醒此类人于长夜之眠,则注入新生活之外而别无他途。当是之时,可使其领悟既往之昔发自族长口中之高尚真理,即"人有灵魂"。①

鲁迅在留学时期就认为中国本是"尚物质而疾天才"②的社会,他的为研究者们所熟悉的"掊物质而张灵明"③的主张,实际上可看成是在史密斯上面指出的中国缺乏"灵魂"即"精神"的基础上进一步提出的。

在"五四"前后的许多文章里,鲁迅更是批判国民性中只有"物质理想"的问题。如《热风·五十九"圣武"》指出:中国人的"最高理想","只是纯粹兽性方面的欲望的满足——威福、子女、玉帛"和希望自己死后变成"神仙",并在最后警唤道:"曙光在头上,不抬起头,便永远只能看见物质的闪光。"又如,在《忽然想到(二)》里,由印书纸面的"不留余地"而"忽然想到"了精神的"小",并且由"失去余裕心"和抱了不留余地心当中,对民族的命运感到忧虑,这实际上还是史密斯所谈的"无灵魂"或"灵魂"枯萎的问题。此外,还应顺便提到,鲁迅在同一篇文章内接下来所谈的"器具之轻薄草率(世间误以为灵便),建筑之偷工减料,办事之敷衍一时,不要'好看'不想'持久'"④等具体问题,在第六章"不讲究精确"和第七章"不讲究方便"里都有着许多具体事例。

而正是在这样的"灵魂"被"物质"淹没灵魂不再觉醒和独立的国民的普

---

① アーサー・エチ・スミス:《支那人氣質》,渋江保译,第112页。
② 鲁迅:《坟·文化偏至论》,1908年,见《鲁迅全集》第一卷,第58页。
③ 鲁迅:《坟·文化偏至论》,1908年,见《鲁迅全集》第一卷,第47页。
④ 鲁迅:《华盖集·忽然想到(二)》,1925年,见《鲁迅全集》第三卷,第15—16页。

遍精神状态下,鲁迅在《祝福》中让祥林嫂这个无智无识的女人,终于在临死前发出了"一个人死了之后,究竟有没有灵魂"①的大疑问。而这一疑问,正是史密斯在上文最后部分的主张。

另外,在涩江保译本的正文或注释里,"三教"或"三教同源"这个词多处出现,其中第二十六章还是专门探讨中国的宗教问题的,涩江保将这一章译为"多神教、万有教、无神论"(Polytheism Pantheism, Atheism),从中可以看出史密斯(甚至也包括涩江保)对和中国人的精神相关的宗教的看法。此外作为重要的补充,还应参照涩江保以"注"的方式插入第二十五章之后的"黑格尔关于支那的意见"里对中国宗教所做的结论,即中国不存在心灵意义的宗教,信教皆出于帝王的权威和个人的物质考虑。② 如果落实在具体问题上,那么还可以进一步发现涩江保译本与鲁迅看待中国宗教的一致性来。

例如,涩江保译本第151页在谈到中国人对待外来思想先是排斥——一旦变为习惯又死抱不放的特点时,以"佛教"为例来说明:

> [译文]佛教进入支那之当时,反对者颇多[韩退之论佛骨表之类,其一例也],百般排斥,致使侵入一方,百费苦心。而一经植根固本,其铭于人心之深,恰如道教一般,坚不可拔也。

鲁迅在《补白》(1925)中的一段话不妨用于对照。鲁迅是在谈到"谁说中国人不善于改变呢?每一新的事物进来,起初虽然排斥,但看到有些可靠,就会自然改变。不过并非将自己变得合于新事物,乃是将新事物变得合于自己而已"之后提到佛教的例子的:

> 佛教初来时便大被排斥,一到理学先生谈禅,和尚做诗的时候,"三教同源"的机运就成熟了。听说现在悟善社里的神主已经有了五块:孔子,老子,释迦牟尼,耶稣基督,谟哈默德。③

---

① 参见鲁迅:《彷徨·祝福》,1924年,见《鲁迅全集》第二卷,第7页。
② 参见本篇相关部分。
③ 《鲁迅全集》第三卷,第109—110页。

此外，鲁迅还有很多谈中国宗教的文字，其中最著名的也许要算收在《准风月谈》当中的《吃教》(1933)一篇了吧。所谓"教"或信仰，也是他透视国民性弱点的一个重要角度。

（八）"智力的混浊"与语言

上面谈到了涩江保译本的第十章"愚蒙——智力的混浊"，可知史密斯是将此作为问题的，而且他将"智力的混浊"同中国语言机制联系起来看，不能不说是一个发现。

> ［译文］支那教育，所及范周甚窄，聊受不完整教育之人或全无教育之人，于支那语之组织上，则表现为最为严重之智力混浊，当表记为法律家之所谓"事实前之从犯"（Accessory before fact）。①

此外，书中许多地方都就"语言"来做文章。如第五章"不讲究时间"里提到的关于时间概念的不精确的问题；第六章"不讲究精确"里提到的关于距离、重量、身高等概念的不精确问题；第七章"误解之才"里提到的语言暧昧的问题；第八章"暗示之才"里提到的言辞与实际不一致以及姓名含混的问题；到了第二十五章，则更是把语言与"缺乏信实"联系在一起了。

史密斯关于语言和"智力的混浊"的关系的看法，就语言本身而言，可分为两种情况：一种是语言概念本身不清，另一种是有意以语言歪曲或掩盖事实。前一种情况的直接根源是"智力的混浊"，换句话说，是"智力的混浊"之外显；后一种情况则来自欺瞒的心理，即"缺乏信实"的表现。

鲁迅也正是从这两个方面入手，来认识并且实践他所面对的"改造国民性"问题的。第一，鲁迅在精确中国语言，特别是精确词语的含义上做了很多工作。中国语言的缺欠，不独为史密斯所描述，也由"五四文学革命"所证实。当时革命的一项重要内容，就是语言的艰难改革。刘半农仅仅创造了"她"和"牠"两个字，就被鲁迅后来评为打得"的确是'大仗'"。② 因此，鲁迅直到死都

---

① アーサー・エチ・スミス：《支那人氣質》，涩江保译，第101—102页。
② 鲁迅：《且介亭杂文・忆刘半农君》，1934年，见《鲁迅全集》第六卷，第73页。

是抓住语言不放的,用他的话说,就叫作"咬文嚼字"①。可以说现实主义者鲁迅的"实",在很大程度上就体现在他总是不断地检证"语言"背后的实际内容。

第二,鲁迅并非为语言而语言,他是在史密斯所指出的"智力的混浊"这一与语言衔接的精神深层来看待语言问题的。他把文章(语言)的糊涂,归结为作者"自己本是糊涂的"②。因此,可以反过来说,他总是通过一句话或一个词的具体的语言现象来捕捉国民性中的"智力的混浊"进而是"瞒和骗"的心理的。如在《咬嚼之余》提出的依照习惯的"'常想'就是束缚"③的论断,《咬嚼未始"乏味"》提出的"'习见'和'是'毫无关系"④的论断,都最带有鲜明的鲁迅特征,即不是按照习惯来使用语言,而是按照事实来把握语言。这种情况,可以在《咬文嚼字》的一段话里明显看到:

> 在北京常见各样好地名:辟才胡同,乃兹府,丞相胡同,协资庙,高义伯胡同,贵人关。但探起底细来,据说原是劈柴胡同,奶子府,绳匠胡同,蝎子庙,狗尾巴胡同,鬼门关。字面虽然改了,涵义还依旧。这很使我失望;否则,我将鼓吹改奴隶二字为"弩理",或是"努礼",大家可以永远放心打盹儿,不必再愁什么了。⑤

至于鲁迅在几乎所有的论战中使用的揪住对方的言辞,一攻到底的战法,则是人们都熟悉的了。

第三,从史密斯提出的"语言"问题而引申和强化的另一个攻击面,是中国的"古书"。鲁迅把"古书"视为最大的欺骗,认为造成中国的昏乱思想。在这个意义上,他的命题是"人生识字胡涂始"⑥,因此让青年"要少——或者竟

---

① 参见收入《华盖集》中的《咬文嚼字(一至二)》《咬文嚼字(三)》,收入《集外集》中的《咬嚼之余》和《咬嚼未始"乏味"》。
② 鲁迅:《且介亭杂文二集·人生识字胡涂始》,1935年,见《鲁迅全集》第六卷,第306页。
③ 鲁迅:《集外集·咬嚼之余》,1925年,见《鲁迅全集》第七卷,第61页。
④ 鲁迅:《集外集·咬嚼未始"乏味"》,1925年,见《鲁迅全集》第七卷,第72页。
⑤ 鲁迅:《华盖集·咬文嚼字》,1925年,见《鲁迅全集》第三卷,第10页。
⑥ 参见鲁迅:《且介亭杂文二集·人生识字胡涂始》,1935年,见《鲁迅全集》第六卷。

不——看中国书"①。这其中虽然包含着很丰富的伴随着鲁迅自己经验的独到见解,不过,也很难说将"古书"作为改造国民性内容的一项是鲁迅独特的问题视角。因为在涩江保的译本中,除了史密斯引用的一些典籍外,还有作为注释出现的大量的黑格尔关于中国学问——典籍的看法,如果把这些因素也考虑在内,那么问题可能比较复杂,还有待做进一步的探讨。

接下来不妨再通过"乞丐"和"仆人"这两种意象,来更深入地讨论一下鲁迅与涩江保译"史密斯"的关联。

(九)"乞丐"之意象

"乞丐"之意象在鲁迅笔下时隐时现。《孔乙己》(1919)里说孔乙己"将要讨饭了",或者说他像"讨饭一样的人"。②《祝福》(1924)里祥林嫂的末路是去当乞丐,这使得遇到祥林嫂的"我不能安住",因为"她分明已经纯乎是一个乞丐了"。③《肥皂》(1924)里也借四铭的嘴讲到了一个令他"咯支咯支"浮想联翩的讨饭的"孝女"。④ 只就这几点而言,"乞丐"或"讨饭的"处在生活的最底层无疑。

不过,倘若"乞丐"能够构成一种形容,那么,在鲁迅笔下也有另一番情形,例如在《故事新编》(1936)的几篇作品中"乞丐"便被用来描写人物。《铸剑》(1926)里"黑色人"的出场是小宦官向大王禀报:

> 那是一个黑瘦的,乞丐似的男子。穿一身青衣,背着一个圆圆的青包裹;嘴里唱着胡诌的歌。人问他。他说善于玩把戏,空前绝后,举世无双,人们从来就没有看见过;一见之后,便即解烦释闷,天下太平。⑤

接下来就是大王为解闷把他"传进来"的情形:

---

① 鲁迅:《华盖集·青年必读书》,1925 年,见《鲁迅全集》第三卷,第 12 页。
② 《鲁迅全集》第一卷,第 458、459 页。
③ 《鲁迅全集》第二卷,第 6 页。重点号为笔者所加,以下若不做特殊说明,均与此相同。
④ 参见《鲁迅全集》第二卷,第 51—52 页。
⑤ 《鲁迅全集》第二卷,第 443 页。

"国民性"话语的建构

话声未绝,四个武士便跟着那小宦官疾趋而出。上自王后,下至弄臣,个个喜形于色。他们都愿意这把戏玩得解愁释闷,天下太平;即使玩不成,这回也有了那乞丐似的黑瘦男子来受祸,他们只要能挨到传了进来的时候就好了。①

《理水》(1935)里"禹"带着他那群部下回到"水利局"时是这样的情形:

局外面也起了一阵喧嚷。一群乞丐似的大汉,面目黧黑,衣服破旧,竟冲破了断绝交通的界线,闯到局里来了。

……

他举手向两旁一指。白须发的,花须发的,小白脸的,胖而流着油汗的,胖而不流油汗的官员们,跟着他的指头看过去,只见一排黑瘦的乞丐似的东西,不动,不言,不笑,像铁铸的一样。②

而在《非攻》(1935)里,墨子也正是以"一个老牌的乞丐"的样子,走进楚国的:

楚国的郢城可是不比宋国:街道宽阔,房屋也整齐,大店铺里陈列着许多好东西,雪白的麻布,通红的辣椒,斑斓的鹿皮,肥大的莲子。走路的人,虽然身体比北方短小些,却都活泼精悍,衣服也很干净,墨子在这里一比,旧衣破裳,布包着两只脚,真好像一个老牌的乞丐了。③

在以上《故事新编》的几篇作品中所看到的例子,都是以"乞丐似的"或者"像……乞丐"的形式出现的,就是说他们都并不是真正的"乞丐"而只是一种形容。或许可以说,借助"乞丐"来刻画上述"黑色形象"的坚忍不拔,也是鲁迅的一种美学吧。至于在杂文里的一些关于"乞丐"的提法,诸如说中国"将

---

① 《鲁迅全集》第二卷,第443页。
② 《鲁迅全集》第二卷,第394—398页。
③ 《鲁迅全集》第二卷,第472页。

来是乞丐国"①,"乞丐杀敌"②,"小瘪三"与"乞丐"之辨③等,都是带有贬义的概念了,好在用例不多,文章也就不必再引了。总之,不论从褒义还是从贬义来讲,"乞丐"在鲁迅那里构成一种表达强烈意象的修辞手段是不成问题的。

(十) "乞丐"这一意象的背后

那么,为什么"乞丐"这一意象会成为鲁迅的一种修辞手段呢?或许比较方便的解释是,可能与鲁迅对自己曾经被看作"乞食者"的记忆有关。众所周知,鲁迅在《呐喊·自序》(1922)提到了他的家庭"从小康人家而坠入困顿"④的经历,三年以后,他又在为俄译本《阿Q正传》写的《著者自叙传略》(1925)里重谈这段经历;后者写得比前者要简略,但却补充了一个前者没有提到的细节,即"到我十三岁时,我家忽而遭了一场很大的变故,几乎什么也没有了;我寄住在一个亲戚家,有时还被称为乞食者"⑤。

值得注意的是,这里作为"乞丐"的"乞食者",不再是对他人的描写,而是自己人生记录里的一个点;在很简短的叙述中出现"乞食者"这一意象,不能不说它给鲁迅留下的记忆很深。历来的研究者也都并不轻易放过,都要拿来谈一下。例如,许寿裳是这样来阐释的:

> 所谓亲戚家是指他的外家,试看他当十一二岁时,《社戏》中所描写的:跟着母亲到外家,和小朋友们一起游玩,和大自然亲近接触,有时掘蚯蚓来钓虾,坐白篷船看社戏,是何等自在,曾几何时,而竟被指为"乞食者";这对比是何等尖锐!(《鲁迅的避难生活》,《我所认识的鲁迅》,1952年)⑥

---

① 鲁迅:《华盖集续编·学界的三魂》,1926年,见《鲁迅全集》第三卷,第224页。
② 鲁迅:《二心集·新的"女将"》,1931年,见《鲁迅全集》第四卷,第344页。
③ 鲁迅:《350125 致增田涉》,见《鲁迅全集》第十三卷,第616页。
④ 鲁迅:《呐喊·自序》,1923年,见《鲁迅全集》第一卷,第437页。
⑤ 鲁迅:《集外集·俄文译本〈阿Q正传〉序及著者自叙传略》,1925年,见《鲁迅全集》第七卷,第85页。
⑥ 许寿裳:《我所认识的鲁迅》,见鲁迅博物馆、鲁迅研究室、《鲁迅研究月刊》选编:《鲁迅回忆录(专著上)》,北京出版社1999年版,第526页。

这个阐释重在凸现"对比",在后来的鲁迅传记当中,凡涉及的也都不出这个范围,但也几乎都是"点到为止"。周作人曾两次提到这件事,可见他也是作为问题的。

但在《鲁迅的故家》(1957)里说:

  被人家当乞食看待,或是前期的事,在这后期中多少要好一点,但是关于这事我全无所知,所以也不能确说。(《娱园》)①

在《知堂回想录》(1966)里也说:

  总而言之,我们在皇甫庄的避难生活,是颇畅快的;但这或者只是我个人的感觉,因为我在那时候是有点麻木的。鲁迅在回忆这时便很有不愉快的印象,记得他说有人背地里说我们是要饭的,大概便是这时候的事情,但详情如何不得而知,或者是表兄们所说的闲话也难说吧。(《六 避难》)②

不论是"全无所知"还是"不得而知",周作人都是在说他不知道这件事,而尤其是后者,又强调了他"个人的感觉"与鲁迅的不同。不妨说,周作人在某种意义上对"乞食者"说是持否定意见的。在后来的鲁迅传记里,当把"乞食"作为一种经历来阐释时,都不大引周作人的看法,也正好从另一个侧面说明周作人对此的记忆是一种相反的意见。

笔者以为,"家道中落"的变故所直接导致的寄人篱下的遭遇,可能会给鲁迅带来某种精神伤害,但因此就把他作品里的"乞丐"意象直接同"乞食者"这一概念联系在一起,也就未免太简单了。因为鲁迅之所谓的"乞食",还并不是像孔乙己、祥林嫂以及讨饭的"孝女"那样,作为一个生活无着的社会底层人,真的去当乞丐——能在避难期间影写出一大本《荡寇志》的插图,后来

---

① 周遐寿:《鲁迅的故家》,见鲁迅博物馆、鲁迅研究室、《鲁迅研究月刊》选编:《鲁迅回忆录(专著中)》,第936页。
② 周作人:《知堂回想录》,香港三育图书有限公司1980年版,第16页。

又以二百文卖给了一个有钱的同窗①,这本身就说明他当时并没真的要过饭——而应该是看作后来对从前经历的一种追述,这种追述使他从追述的这一时刻起,把自己摆在了被侮辱与被损害的乞丐阶层,并由此而获得了一个使自己成为这一阶层代言人的契机。这就是《俄文译本〈阿Q正传〉序及著者自叙传略》想要说的话。

然而,以"乞食"来表述自己过去的经历,与其说出于接近劳苦大众的阶级意识(就像成仿吾所说,"开步走,向那龌龊的工农大众"②),倒不如说是来自鲁迅的一种伦理观,体现着鲁迅对"求乞与施与"关系的思考。求施相对,求乞的另一面便是施与,在"乞丐"这一意象的背后,实际潜藏着对施与者的强烈意识。笔者以为,正是由于有对施与者的强烈意识,才使鲁迅作品中的"乞丐"意象获得了有机的统一,或者可以说,鲁迅是把"施与"作为问题的,而被施与的乞丐的一面,则不过是用来叙述前者的一个角度。

(十一) 拒绝"布施"的"乞丐"

鲁迅不相信求乞,也不相信"求乞者"会得到什么。

> 我想着我将用什么方法求乞:发声,用怎样声调? 装哑,用怎样手势?……
> 我将得不到布施,得不到布施心;我将得到自居于布施之上者的烦腻,疑心,憎恶。我将用无所为和沉默求乞……我至少将得到虚无。

这"虚无"便是什么都没有;但他更不相信"布施"和"布施者",甚至也包括可能会去布施的自己。

> 一个孩子向我求乞,也穿着夹衣,也不见得悲戚,而拦着磕头,追着

---

① 此事参见鲁迅《朝花夕拾·从百草园到三味书屋》(《鲁迅全集》第二卷,第282页)和周遐寿《鲁迅的故家》《第一分百草园·三四〈荡寇志〉的绣像》(鲁迅博物馆、鲁迅研究室、《鲁迅研究月刊》选编:《鲁迅回忆录(专著中)》,第935页)。
② 成仿吾:《从文学革命到革命文学》,《创造月刊》1928年2月。原话为:"克服自己的小资产阶级的根性,把你的背对向那将被'奥伏赫变'的阶级,开步走,向那龌龊的工农大众。"

哀呼。

  我厌恶他的声调,态度。我憎恶他并不悲哀,近于儿戏;我烦厌他这追着哀呼。

  我走路。另外有几个人各自走路。微风起来,四面都是灰土。

  一个孩子向我求乞,也穿着夹衣,也不见得悲戚,但是哑的,摊开手,装着手势。

  我就憎恶他这手势。而且,他或者并不哑,这不过是一种求乞的法子。

  我不布施,我无布施心,我但居布施者之上,给与烦腻,疑心,憎恶。①

文章的题目虽然叫作《求乞者》,但内容却是一篇拒绝"布施"的宣言。可以说,从"乞丐"的角度来拒绝"布施",是鲁迅的一贯态度。

"过客"拒绝"布施",当小姑娘递给他一块布,让他裹伤时,他为拒绝布施而竟能说出咒诅的话来:

  客——是的。但是我不能。我怕我会这样:倘使我得到了谁的布施,我就要像兀鹰看见死尸一样,在四近徘徊,祝愿她的灭亡,给我亲自看见;或者咒诅她以外的一切全都灭亡,连我自己,因为我就应该得到咒诅。②

而且,从五四时代起,这种不以为"布施"会解决问题,亦不去指望"布施"的倾向就已经表露得很明显了。

  我们从旧的外来思想说罢,六朝的确有许多焚身的和尚,唐朝也有过砍下臂膊布施无赖的和尚;从新的说罢,自然也有过几个人的。然而与中国历史,仍不相干。③

---

① 鲁迅:《野草·求乞者》,1924年,见《鲁迅全集》第二卷,第171页。
② 鲁迅:《野草·过客》,1925年,见《鲁迅全集》第二卷,第197页。
③ 鲁迅:《热风·五十九"圣武"》,1919年,见《鲁迅全集》第一卷,第372页。

> 人道是要各人竭力挣来，培植，保养的，不是别人布施，捐助的。①

而且，即使在被认为有了"阶级意识"之后，这种态度也没改变。

> 倘写下层人物（我以为他们是不会"在现时代大潮流冲击圈外"的）罢，所谓客观其实是楼上的冷眼，所谓同情也不过空虚的布施，于无产者并无补助。而且后来也很难言。②

而当"布施"变为一种老爷态度时，对"布施"反弹也就激烈起来了。例如，当多次领工薪而不可得时，便有了对"发薪"的记述。

> 否则？否则怎样，他却没有说。但这是"洞若观火"的，否则，就不给。只要有银钱在手里经过，即使并非檀越（即施主——笔者注）的布施，人是也总爱逞逞威风的，要不然，他们也许要觉到自己的无聊，渺小。明明有物品去抵押，当铺却用这样的势利脸和高柜台；明明用银元去换铜元，钱摊却帖着"收买现洋"的纸条，隐然以"买主"自命。钱票当然应该可以到负责的地方去换现钱，而有时却规定了极短的时间，还要领签，排班，等候，受气；军警督压着，手里还有国粹的皮鞭。③

然而，拒绝"布施"，其关键问题还并不是"布施"的实效性以及"布施"背后的老爷态度，而是布施者的动机——或者说，是看待布施的人所认为构成问题的那种动机（在这个意义上，上面引述的《过客》当中给"过客"布片的"小姑娘"的动机是不在此列的。下文将对此予以讨论）。当向施与这种人类古老的行为发问：为什么要施与时，其所涉及的就是一个近代的伦理观问题，人格的问题，也就是国民性的问题。因为动机即伦理，即人格，有什么样的动机，反映出来的便是什么样的伦理和人格，其集合体就是国民性。鲁迅对"布施"动机的纠缠不放，抓住的正是国民性的一个大问题。

---

① 鲁迅：《热风·六十一 不满》，1919年，见《鲁迅全集》第一卷，第375页。
② 鲁迅：《二心集·关于小说题材的通信》，1932年，见《鲁迅全集》第四卷，第377页。
③ 鲁迅：《华盖集续编·记"发薪"》，1926年，见《鲁迅全集》第三卷，第368页。

(十二)"施恩图报"与"非布施的布施"

"施恩图报"虽有时也为侠义之士所不齿,但在现实当中却不能不说是一种普遍的伦理原则;更有甚者,竟以恩惠为手段,来控制和打压被施与者。如果说一般的"施恩图报"就像银行里的存款一样,其目的在于获得利息,那么以施舍为控制他人的手段,其目的就在于奴役。鲁迅在施与和被施与的伦理关系当中,找到的正是国民品格当中"奴性"的生成机制。因此,打破奴性的前提之一,便是拒绝旨在奴役他人的布施和不将奴役施与他人,不论是物质的还是精神的。当然,鲁迅所看重的还主要是施与对人的精神上的奴役。请看以下这段引文:

> 先前,我总以为做债主的人是一定要有钱的,近来才知道无须。在"新时代"里,有一种精神的资本家。
>
> 你倘说中国像沙漠罢,这资本家便乘机而至了,自称是喷泉。你说社会冷酷罢,他便自说是热;你说周围黑暗罢,他便自说是太阳。
>
> 阿!世界上冠冕堂皇的招牌,都被拿去了。岂但拿去而已哉。他还润泽,温暖,照临了你。因为他是喷泉,热,太阳呵!
>
> 这是一宗恩典。不但此也哩。你如有一点产业,那是他赏赐你的。为什么呢?因为倘若他一提倡共产,你的产业便要充公了,但他没有提倡,所以你能有现在的产业。那自然是他赏赐你的。
>
> 你如有一个爱人,也是他赏赐你的。为什么呢?因为他是天才而且革命家,许多女性都渴仰到五体投地。他只要说一声"来!"便都飞奔过去了,你的当然也在内。但他不说"来!"所以你得有现在的爱人。那自然也是他赏赐你的。
>
> 这又是一宗恩典。还不但此也哩!他到你那里来的时候,还每回带来一担同情!一百回就是一百担——你如果不知道,那就因为你没有精神的眼睛——经过一年,利上加利,就是二三百担……
>
> 阿阿!这又是一宗大恩典。于是乎是算账了。不得了,这么雄厚的资本,还不够买一个灵魂么?但革命家是客气的,无非要你报答一点,供其使用——其实也不算使用,不过是"帮忙"而已。

> 倘不如命地"帮忙",当然,罪大恶极了。先将忘恩负义之罪,布告于天下。而且不但此也,还有许多罪恶,写在账簿上哩,一旦发布,你便要"身败名裂"了。想不"身败名裂"么,只有一条路,就是赶快来"帮忙"以赎罪。然而我不幸竟看见了"新时代的新青年"的身边藏着这许多账簿,而他们自己对于"身败名裂"又怀着这样天大的恐慌。
>
> 于是乎又得新"世故":关上门,塞好酒瓶,捏紧皮夹。这倒于我很保存了一些润泽,光和热——我是只看见物质的。①

这话虽然是冲着高长虹说的,但也正表明他看透了这种精神放债——奴役的把戏。而且这把戏自古就有。

> 我们的乏的古人想了几千年,得到一个制驭别人的巧法:可压服的将他压服,否则将他抬高。而抬高也就是一种压服的手段,常常微微示意说,你应该这样,倘不,我要将你摔下来了。求人尊敬的可怜虫于是默默地坐着……②

于是,他"先奉还"了被"无端"送过来的"尊敬"③,接着"奉还'文士'的称号"④,然后又"奉还'曾经研究过他国文学'的荣名"⑤,最后是奉还了他自己也"料不到究竟是怎样"的各种称呼:

> 终于是"学者",或"教授"乎?还是"学匪"或"学棍"呢?"官僚"乎,还是"刀笔吏"呢?"思想界之权威"乎,抑"思想界先驱者"乎,抑又"世故的老人"乎?"艺术家"?"战士"?抑又是见客不怕麻烦的特别"亚拉籍夫"乎?乎?乎?乎?乎?⑥

---

① 鲁迅:《而已集·新时代的放债法》,1927年,见《鲁迅全集》第三卷,第520—521页。
② 鲁迅:《华盖集·我的"籍"和"系"》,1925年,见《鲁迅全集》第三卷,第89页。
③ 鲁迅:《华盖集·我的"籍"和"系"》,1925年,见《鲁迅全集》第三卷,第89页。
④ 鲁迅:《华盖集续编·不是信》,1926年,见《鲁迅全集》第三卷,第240页。
⑤ 鲁迅:《华盖集续编·无花的蔷薇》,1926年,见《鲁迅全集》第三卷,第274页。
⑥ 鲁迅:《华盖集续编·〈阿Q正传〉的成因》,1926年,见《鲁迅全集》第三卷,第398页。

当把这些名目都拒绝了之后,要以施放这些名目来当精神债主的人,债也就放不成了。套用一句话,便正是"士不为名,奈何以名囚之"罢。

拒绝了一切在现实的伦理关系中所生成的美名的人,当他去施与,即要去助人时,也就与任何名声以及物质回报彻底无缘了。这种伦理观和人格的极致,就是《铸剑》(1926)中帮助少年"眉间尺"复仇的"黑色人"。当第一次复仇未成,并且从黑色人那里得知因为有人告密,大王下令捕拿自己,复仇已经无望时,眉间尺和黑色人展开了一场对话:

> 眉间尺不觉伤心起来。
> "唉唉,母亲的叹息是无怪的。"他低声说。
> "但她只知道一半。她不知道我要给你报仇。"
> "你么?你肯给我报仇么,义士?"
> "阿,你不要用这称呼来冤枉我。"
> "那么,你同情于我们孤儿寡妇?……"
> "唉,孩子,你再不要提这些受了污辱的名称。"他严冷地说,"仗义,同情,那些东西,先前曾经干净过,现在却都成了放鬼债的资本。我的心里全没有你所谓的那些。我只不过要给你报仇!"①

"眉间尺"是淳朴的常人之心,想到的是"仗义""同情",于是称"黑色人"为"义士",但黑色人的心里却全没有他"所谓的那些",只不过是要替他报仇。于是,这种施与便超出了通常所谓"布施"的界限,而具有了超越现实伦理的性质(因此常人就很难理解了),由于不再伴随有名声或任何回报,所以也不妨叫"非布施的布施"吧。施与不再令受施者感到负担,扩大一点说,具有不使受施者为奴的性质。

由"黑色人"还可以联想到其他几个施与而无所报的英雄:只是为了造人的"女娲"(《补天》,1922年);为拯救人类曾经射落过九个太阳,最后为自己却射不下一个月亮的"羿"(《奔月》,1926年);只身前往楚国帮助宋国退敌,却又在返回宋国时被"募捐救国队"抢走了唯一包裹的"墨子"(《非攻》,1935年);

---

① 鲁迅:《故事新编·铸剑》,1927年,见《鲁迅全集》第二卷,第440页。

治水回朝，被朝廷下令要做百姓学习榜样——不学的话，"立刻就算是犯了罪"——的禹（《理水》，1935 年）；进而还可以远溯到《摩罗诗力说》（《坟》，1907 年）里援助希腊独立而又被放逐的英国诗人拜伦。这些人物的共通特征，便是他们身上都有一条只去施与而又与回报无缘的伦理原则，因此把他们放在现实伦理观中来评价，其结局就都是又凄惨又可笑。

正像开头所说，这些具有如此施与伦理原则的人物，都是用"乞丐"来形容的，但很显然，他们和以乞讨为生的乞丐截然相反，都是一无所求而且拒绝"布施"的"乞丐"，或者说如有所求，其所求者亦是施与而已；哪怕真的到了需要救助的程度，其表现也只能是上文提到的"过客"执意拒绝小女孩送他的布片。"过客"并不怀疑女孩的纯真无邪，而只是对一旦接受了"布施"的自己充满怀疑，担心自己会因这爱温暖而被束缚在爱的窠臼里。关于这一处理，诚如鲁迅所说：

> 《过客》的意思不过如来信所说那样，即是虽然明知前路是坟而偏要走，就是反抗绝望，因为我以为绝望而反抗者难，比因希望而战斗者更勇猛，更悲壮。但这种反抗，每容易蹉跌在"爱"——感激也在内——里，所以那过客得了小女孩的一片奇布的布施也几乎不能前进了。①

因此，作为"乞丐"的反抗，就不仅是对各种"布施"的拒绝（包括善意和恶意的），更重要的是对自己在不意之中想要接受"布施"的欲望的抵抗，和作为"布施"的结果而产生的包括"感激"在内的所谓"人情"的抵抗。

到此为止，"乞丐"和"布施"构成了有机的统一，一无所求的"求乞"和一无所施的"布施"，两者所具有的伦理原则都体现着前所未有的，从而是超越现实伦理的境界，这种伦理境界与制造奴性的施与和被施伦理秩序截然相反，展示着"人各有己"②，即人的独立的精神图景。

这里不妨对以上所述做一个归纳。在鲁迅文本当中存在着"乞丐"＝"乞食者"和"布施"这一组相关的意象，他借助"求乞"与"布施"的关系洞悉了一种精神结构，即制造奴性的依附伦理和心态，因此，与其说他把"乞丐"与"布

---

① 鲁迅：《250411　致赵其文》，见《鲁迅全集》第十一卷，第 477—478 页。
② 鲁迅：《集外集拾遗·破恶声论》，1908 年，见《鲁迅全集》第八卷，第 26、27 页。

"国民性"话语的建构

施"这两种角色作为问题,倒不如说他把承担这两种角色的人格主体作为问题,他在诘问着人的施与动机,并由此而寻求改良的途径——而从这种情形当中可以使人看到与《支那人气质》在认识结构上的联系。

(十三) 呈现在《支那人气质》中的关于"乞丐"的强烈印象

毫无疑问,鲁迅在这一问题上,精神独创性也非常明显,但这并不排除《支那人气质》所能提供的认知意象和模式的参照。

首先,《支那人气质》鲜明地保留并传递了"乞丐"给观察者所留下的强烈印象。"乞丐"是贫困的产物,而"穷困潦倒作为同国较为显著的事实,其对人民相互关系上的影响如何,不论是眼力多么鲁钝的观察者,也都不能不看破"①。因此,一个"乞丐"就构成了一个观察点,所有的"乞丐"加在一起,就是全书中的一道重要风景线。

例如,在讲述"将舒适与方便置之度外"时有"乞丐"出现:

> [译文]扇子是支那人看作舒适所必需的为数不多的物品之一。扇子用之于夏日的纳凉取快。如劳动社会,夏日有不少人半裸或全裸着身体,不停扇着扇子,出入于酒店。哪怕是乞丐,也往往手里拿着只破扇子。②

在讲述"坚忍不拔"时也有"乞丐"出现:

> [译文]支那人有这一所长,就像麋鹿的长于奔跑,鹞鹰的长于锐眼。不仅通常的支那人有这一所长,就是卷曲在别人屋檐下的最下等的乞丐,也有这一所长。乞丐决非受欢迎的稀客,然而却毫不介意遭受薄待,经常走家串户,而且每有走动,便总能获得一点微薄的报偿,即能得到一枚铜钱。③

---

① アーサー・エチ・スミス:《支那人氣質》,渋江保译,第二十一章"同情の欠乏",第264页。
② アーサー・エチ・スミス:《支那人氣質》,渋江保译,第十五章"安楽、便利を度外視すること",第160页。
③ アーサー・エチ・スミス:《支那人氣質》,渋江保译,第十七章"堅忍不拔",第202页。

在讲述"仁惠"时也就更有"乞丐"出现。因为就理论上而言,"乞丐"永远是"仁惠"的对象:

> [译文]支那人向群集在各处的乞丐施惠,如上所述。这种施惠带有保险的性质。正如去过支那的人所知道的那样,在都会之地,乞丐辐辏为群,团结一致,乞米要钱,其势力强盛得令人恐惧。偶有怒其不法而与之争者,亦因乞丐本无所失,又无家可顾,而其锋不可挡。商家若遇到人多势众,结伙而来讨要的乞丐,拒不出血,便会倏忽间蒙受无赖之徒的袭击。①

> [译文]有一个宣教师[外国人]曾居住在支那内地,二三个支那绅士有求而来,曰:有一个要饭的瞎子,看着可怜,愿请足下能使之复明。宣教师接受请求,诊察乞丐,内障眼也。对症施以疗救,不久便使其重见光明。然而,几个绅士又来求宣教师道,要饭的过去因眼瞎受人可怜而得以过活,如今治好眼病却丢了活路,愿请足下收下来做看门,使其有条活路。是乃足下之义务也。此事岂非令人吃惊也乎?②

而在谈到"互相猜疑"时,"乞丐"也被当作一种社会阶层的坐标提到,即"贿赂在这个国家,乃上至天子下至乞丐均能相通的普遍习惯"③是也。

而还应当提到的是,涩江保从《日清战争实记》中引用来做注释的一段,其中也讲到了北京城中的"乞丐",虽不是史密斯原文所有的内容,但在内容上不仅和史密斯着笔的"乞丐"构成了统一的布局,也强化了"乞丐"在书中的色彩。

> [译文]市民概汲汲于利己主义,毫无为自他之公共尽心尽力的观念。市中虽然到处都有身居金光灿烂之楼宇,买卖兴隆,富甲一方的人,

---

① アーサー・エチ・スミス:《支那人氣質》,渋江保译,第二十章"仁惠",第260页。
② アーサー・エチ・スミス:《支那人氣質》,渋江保译,第二十章"仁惠",第257页。
③ アーサー・エチ・スミス:《支那人氣質》,渋江保译,第二十五章"信實の欠乏",第387—388页。

然而也只是将自家楼宇装点得堂皇,至于店前的街道,哪怕只半步之遥,也决不肯去修理,虽臭秽泥浆,近在咫尺,惟茫然观望而已,自然徒增其不洁。而无数乞丐之徒,衣衫褴褛,身带异臭,栖卧于金屋店前,画楼楷下,虽苦恼呻吟之丑态不掩,而亦不敢轰之而去也。[以上诸项,引自《日清战争实记》]①

可以说"乞丐"这道风景,在《支那人气质》中令人过目难忘。

(十四)"乞兒(kitsuji)""乞食(kojiki)"与"乞食者"

其次,从上面的引文中可以看出,在日语原文中,涩江保是用"乞兒(kitsuji)"这个汉字词汇来翻译 beggar,即"乞丐"的,在日语当中,这个词虽然和"乞人(kitsujin)""乞食(kotsujiki、kisshoku、kojiki)"这两个汉字词意思一样②,但是作为汉字词汇的用例,"乞兒"和"乞人"都只是当时对汉文词汇的一种沿袭用法③,而到现在则几乎没有了这两个词汇的用例④,因此,涩江保在翻译时使用"乞兒"这个词,不妨看作是那时的用词习惯。而日语通常用来表示"乞丐"的词是"乞食",正如上面所标示的那样,这个词有三个发音,在口语中一般取第三种念法,读做"kojiki"。

"乞食"这个词,很容易令人想起鲁迅在表述自己的避难经历时所使用的"乞食者"一词。日语的"乞食(kojiki)",如果拿到现代汉语里来读,就是一个

---

① アーサー・エチ・スミス:《支那人氣質》,涩江保译,第二十四章"互相の猜疑",第 343 页。
② 藤堂明宝、松本昭、竹田晃编:《漢字源(JIS 漢字版)》,学习研究社 1993 年版。
③ 查手头有的《日本国语大辞典》(第二版)第四卷(日本国语大辞典第二版编集委员会、小学馆国语辞典编集部编集 2001 年版),其关于"乞兒"和"乞人"的词条如下:
きつーじ【乞児】〔名〕こじき。ものもらい。乞丐(きっがい)。＊江戸繁昌記(1832－36)二・葬礼「賓皆飯を袖にして出で挙て之をも乞児に投ず」＊西洋事情(1866－70)〈福沢諭吉〉外・一「小児と云ひ大人と云ひ乞児と云ひ富豪と云ふも其生命の貴きは同一なり」＊暴夜物語(1875)〈永峰秀樹訳〉漁夫の伝「我身死しなば三人の子児等は如何にせん、餓ゑてや死なん、乞児とやならんと」＊列子―黄帝「路遇乞児馬医弗敢辱也」
きつーじん【乞人】〔名〕乞食。ものもらい。乞丐(きっがい)。乞児(きつーじ)。＊語孟字義(1705)上・道「雖行道之乞人。亦皆有之」＊島根のすきみ―天保一一年(1840)10 月朔日「人の懐中を仰ぎて不時の間に合候はば乞人流の武士なるべし」＊孟子―告子・上「蹴爾而与之、乞人不屑也」
④ 新村出编:《広辞苑(第五版)》,岩波书店 1999 年版;2002 年版。其中没有出现"乞兒"的用例。

动宾词组,表示要饭的行为,在日语里虽也表示行为,但通常却做名词用,和汉语说的"乞丐"一样,表示要饭的人,因此,要在汉语里直用"乞食(kojiki)"这个词,也就非得加上一个"者"不可,也就是说,日语的"乞食(kojiki)"和汉语的"乞食者"是不同语言中的意思完全相同的两个名词。前面已经说过,周作人否认了对"乞食"的事实有所记忆,由此也不妨推测,鲁迅用"乞食者"(在鲁迅文本中,这个词只有一次用例)这个词来追述自己的"经历",很可能与他熟练掌握的日语有很大关系,就像他在习读日语时从这个词当中可能获得某种意象或暗示一样,用"乞食者"来追述的只能是一种朦胧的过去,与其说其所表达的是经历中的"事实",还不如说是经历中的某种"情感";而不论记忆是来自哪个方面,"乞食者"这个词都更能凸现记忆中的"寄人篱下"和"无家可归"的情结。由此,笔者也想到,就像他在同一个时期写的《铸剑》(1926)这篇小说里所出现的"宴之敖"①一样,1925年的《著者自叙传略》里谈到的"乞食者",是不是也包含着与兄弟失和有关的某种心绪呢?当然,这些都只能归于推测,而这里所要指出的是,《支那人气质》里的某段记述与鲁迅家世经历的惊人重合以及记述用语上的近似。

正如在上面引用的史密斯之所言,"穷困潦倒作为同国较为显著的事实,其对人民关系上的影响如何,不论是眼力多么鲁钝的观察者,也都不能不看破"。贫困是他描述中国人的精神气质时所不能回避的问题,他写道:

[译文]凡是到支那来的外国人,不论何处,只要与支那人发生干系,便会马上看破彼等之囊中羞涩。因为无论吩咐支那人做什么事,支那人都会即刻要求金钱以充作饮食费用。即便只此一事,亦可知彼等囊中萧

---

① 许广平在谈到这个名称时说:

宴之敖三字很奇特,查先生年谱,民国八年——一九一九——载:"八月买公用库八道湾成,十一月修缮之事略备,与二弟作人俱移入。"民国十二年,"八月迁居砖塔胡同六十一号,十二月买阜成门内西三条胡同二十一号屋"。可见他是把八道湾屋买来修缮好,同他的兄弟移入,后来才"迁居"了的,这是大家所知的事实。究竟为什么"迁居"的呢?先生说:"宴从宀(家),从日,从女;敖从出,从放(《说文》作敫,游也,从出从放);我是被家里的日本女人逐出的。"

见《略谈鲁迅先生的笔名》,上海《申报·自由谈》,1948年10月19日,后集入1951年《欣慰的纪念》,此处引自鲁迅博物馆、鲁迅研究室、《鲁迅研究月刊》选编:《鲁迅回忆录(专著上)》,第327页。

然。即便是那些相当有福之人民,若突然有急需用钱之时,哪怕金额微乎其微,筹措亦并非容易。因此,在支那若有人遭逢如此处境,即赶上诉讼或葬礼,急于用钱而要求助于人时,便"有如饥者之求食"。苟非富豪之家,若不借助于他人,此类事很难了却。①

将这一段与鲁迅的经历相对照,不是又提供了一个具体的实例吗?当鲁迅在读到这一段时,他所面对的不就是一段被讲述的自己的家庭遭遇吗?由此而促成鲁迅对自己的家世、身世产生回想,联想,混合,并生成新的记忆也会是很自然的吧。

(十五)"布施"与"仁惠"——在问题构架上的一致

如果说以上两点,作为一种意象的提供,与鲁迅的"乞食"="乞丐"产生了某种衔接,那么,在《支那人气质》中对这种意象的深化,则是这里要谈的第三点,即通过对施与方面的剖析来实现的;或者也可以说,"乞食"="乞丐"是史密斯剖析中国人的"布施"精神的一个观察点——而这也正和前面已经分析过鲁迅的问题构架完全一致:"鲁迅是把'施与'作为问题的,而被施与的乞丐的一面,则不过是用来叙述前者的一个角度。"从下面也将会看到,在《支那人气质》中,谈"乞丐"问题不过是走向与乞丐相对的另一面的途径。"施与"是笔者使用的一个中性词,它在鲁迅那里的用语是"布施",而在《支那人气质》中则叫作"仁惠"。涩江保把 benevolence 一词译做"仁惠",其外延当然要比"布施"大,但当把"布施"作为"仁惠"的主要内容时,两者便几乎可以互换了。

史密斯把中国人的"仁惠"作为问题,并为此专设第二十章来讨论。书中开宗明义,首先讲"仁"是怎么回事:

> [译文]支那人将"仁"这个字置于其所谓五常[仁义礼智信]之首。据彼国之文字,"仁"从"人",从"二",二人之意也。今按其字义,仁来自

---

① アーサー・エチ・スミス:《支那人氣質》,渋江保译,第二十一章"同情の欠乏",第263—264 页。

二人相对之意。①

对此,涩江保也再次发挥他的本领,予以充分注释②,这里不再多说。史密斯所要讨论的是中国是否存在"仁惠"这一问题,他不同意否定说,以为"甚谬"③。他不仅相信"仁惠之教,亦并非不能感化支那人民之心,且夫支那人有强于恶,亦强于善之天性,一旦意用于'德行',便会有充分的余裕来实行仁惠"④。而且也举出许多具体的例子来说明"仁惠"的存在,如"设立病院,避癞病院以及养老院";"每逢凶年饥岁",发冬衣放肉汤,"赈济灾民"⑤;而此外还列举出数种"积善"行为:"(第一)给穷得买不起棺材的人买棺材;(第二)敛聚散乱在荒野上的骸骨,另行埋葬;(第三)收集字纸或印刷物烧掉,以防其污损;(第四)购买活鱼活鸟之类放生等是也。"⑥

可以说,史密斯对这些"仁惠"行为是并不否定的。但他否定了这些"仁惠"行为的有效性。他在列举了许多关于"善行"例子之后指出,"只要这些积善事业在支那的慈善中还占据着最高的位置,真正的厚意,便终究无法抬头。因为这些事业,对于施者来说劳心费神,对于受者来说又几乎无所裨益"⑦。而对发生大饥馑或黄河泛滥时政府的救援,和民间的所谓施放"腊八粥",亦以同样的态度看待,以为是治标不治本,并不解决实际问题。⑧ 由此也能令人想起前面引用过的鲁迅的"所谓同情也不过空虚的布施,于无产者并无补助。而且后来也很难言"话来。

"仁惠"行为的有效性的否定,实际是出于对"施惠"者的动机的极大怀疑。在史密斯看来,动机不纯有多种表现。

第一,"凶年饥岁"的施舍,是"不得已而为之"。"因为数量众多的贫民,

---

① アーサー・エチ・スミス:《支那人氣質》,渋江保译,第二十章"仁惠",第250页。
② アーサー・エチ・スミス:《支那人氣質》第250页,渋江保注释曰:
　　[注]所谓"仁",在支那有数种含意,其含意之一,为众善行之总称,为爱之意。即对亲爱亲则为孝,对君爱君则为忠,总称之为仁也。
③ アーサー・エチ・スミス:《支那人氣質》,渋江保译,第250页。
④ アーサー・エチ・スミス:《支那人氣質》,渋江保译,第250—251页。
⑤ アーサー・エチ・スミス:《支那人氣質》,渋江保译,第251页。
⑥ アーサー・エチ・スミス:《支那人氣質》,渋江保译,第254—255页。
⑦ アーサー・エチ・スミス:《支那人氣質》,渋江保译,第256页。
⑧ 参见アーサー・エチ・スミス:《支那人氣質》,渋江保译,第257—260页。

若所到之处均遭到拒绝,则怨恨至极,必尝试抵抗。故,因惧怕这种抵抗,才对彼等表示同情。"① 第二,"行善"是出于一种"自利"的动机:

> [译文]在支那,有很多书以劝"德"为主眼。其中有一种教,劝人追怀既往的恶行用以自责,追怀既往的善行用以自赏。其所做善事、恶事相抵之人,因为是刚好处在地狱与极乐的交界之处,所以其后便由积累善事或积累恶事而有进一步堕入地狱,还是往生于极乐之别。其书恰可称为支那式的"拉德曼萨斯"(rhadamanthus)之书。……即支那人凤信地狱、极乐之说,因为是为能走向极乐而行善,所以支那多数人民之慈善,毕竟由自利之心而起者也。②

[笔者按]关于"'拉德曼萨斯'(Rhadamanthus)之书",有涩江保注释曰:

> [译文](注)拉德曼萨斯,希腊神话人物。丘比特(Jupiter)[希腊诸神之长,天之主宰]与欧罗巴(Europe)[美丽的女神,为丘比特所爱恋,并受丘比特之诱惑而与其结为配偶。据说,欧罗巴即取该女神之名而命名]所生之子也。生于克里特岛(Crete)[希腊之一岛],三十岁时许,为父母所遗弃,流落西克拉达斯(Cyclades)诸岛之一,君临于斯。而御其民,专以正义为旨,以布公平之政。因此直至死后,希腊人仍称其德,并且说彼现居地狱,担当地狱里的裁判官,逼迫死者,使其昭供生前之罪状,并依其罪状如何而断罪。本文中支那式的"拉德曼萨斯"云云,即此意也。拉德曼萨斯不仅君临西克拉达斯诸岛,亦君临亚细亚希腊之各都市。[参看羽化生译《格罗特希腊史》]③

又注释曰:

> (注)支那古谚语称,有阴德者,必有阳报。左、国、史、汉以下之诸

---

① アーサー・エチ・スミス:《支那人氣質》,渋江保译,第252页。
② アーサー・エチ・スミス:《支那人氣質》,渋江保译,第252页。
③ アーサー・エチ・スミス:《支那人氣質》,渋江保译,第253页。

史,屡屡载其实例。又,周易云,积善之家有余庆。是等即拉德曼萨斯主义之一证也。①

由此可以知道,史密斯所提到的善恶报应、地狱极乐之说与西方的"拉德曼萨斯"之关系,经涩江保的注释获得了充分的解释。笔者以为鲁迅后来写的"无常"之类②,也是这一解释的一种延长。

第三,除了自己感动自己之外,没有任何实际意义,是虚伪的"表面文章"。这以"腊八粥"最有代表性。

[译文]施放"腊八粥"之法,其精神亦与前者相同,因为是所谓"造佛不入魂",所以吾人通过此法可以察知,在支那所实行的仁惠,都是最大的表面文章。今聊叙述之。

作为支那的一种风俗,每年十二月八日,苟有施舍仁惠之意,便是施舍仁惠的最好时机,人皆熬粥,凡十二时之间,有来请粥者皆予少许令其食,名之曰"腊八粥"。支那人把这种方法称为"行德",以为是积善的一种手段。然而,若丰年有余粮,即使极贫之民,其平日所食亦比"腊八粥"要好,所以并无人来乞讨此等粗食。故放粥行善,就好像告朔之饩羊,几乎派不上任何用场。但施与者却并不想要废除,而且也不想去改善粥的质量,依然争先恐后,乐此不疲,当日过后,若无人再来乞食,便投之破瓦罐中,权充做猪食而已。而施与者却以大张旗鼓的行善而洋洋自夸,并以仁德之人而自认,自赞自颂良心之深广。这是五谷丰登年景下的事情。如果情况相反,赶上凶年不作,多有人苦于饥饿,更需有彼之慈善来裨补万一时,慈善家却以谷价高抬为借口,中止"腊八粥",公言说,发放不起。呜呼,何为慈善焉?③

第四,"支那人向群集在各处的乞丐施惠","带有保险的性质"。就像上面在"十三"里已经引用过的那样。

---

① アーサー・エチ・スミス:《支那人氣質》,渋江保译,第253—254页。
② 参见鲁迅:《朝花夕拾·无常》,《鲁迅全集》第二卷。
③ アーサー・エチ・スミス:《支那人氣質》,渋江保译,第258—260页。

以上四点,是通过涩江保译本所看到的史密斯对"仁惠"动机不纯的剖析,他由此认为中国的"所谓'仁'字,其根本并不是发自内心,而是写在心外";在中国还"并不存在能够使人在必要的时候去行使真正仁惠的心态"。其结论是"此种心态,并不能只靠社会人心在文化上的进步之一事所可以获得,而是要信奉基督教,然后才可以获得"。①

由此可见,在"仁惠"的问题上,史密斯所提供的思路,与前面所分析的鲁迅在"布施"问题上的思路是完全一致的,他们都对"仁惠"或"布施"的动机表示怀疑,将前者看作"并不是发自内心,而是写在心外",将后者则看作"皮面的笑容"和"眶外的眼泪"②,这种对动机的怀疑,即对人格的怀疑,怀疑的是人格当中的缺乏"诚"。结论也是共通的,即改造这种人格和造就这种人格的文化——鲁迅叫作"改造国民性"。

当然,他们的区别也很明显,史密斯的方法是要人们"信奉基督教",而鲁迅则是旨在摆脱依附关系的人格独立。至于从并不出于真正的同情,也就是并不诚实的布施动机的背后,来进一步思考奴性伦理的生成机制并且寻求否定途径这些内容,则是鲁迅在史密斯的基础上所进一步深入思考和阐发出来的问题了。或许可以叫作创造性的解读也未可知。

(十六) 关于史密斯的写作方法

史密斯是怎样表现中国人气质的?他所发现和把握的"气质"又是由哪些人来承担的?——换句话说,就是扮演史密斯所要表现的中国人"气质"的主要角色都是哪些人?这种情况在涩江保日译本《支那人气质》当中又是怎样呈现出来的?它和鲁迅文本具体有怎样的关联?这些问题是本文所要解决的问题。

在涩江保译本中,史密斯谈到了他把握中国人气质的方法:

> [译文]在与支那人交往的现阶段,有三种方法可资吾辈了解支那的社会生活状况。(第一)研究其小说,(第二)研究其小曲,(第三)研究其戏剧是也。这三种方法都各有其价值当然毋庸置疑,但是,(第四)还有

---

① アーサー・エチ・スミス:《支那人氣質》,渋江保译,第262页。
② 鲁迅:《野草·过客》,1925年,见《鲁迅全集》第二卷,第196页。

一种把上述三种方法合在一起也比不了的有更具价值的方法,即研究支那的家庭是也——这是过去研究支那以及支那人事情的人们未能探得到的本源。盖欲作某一地方的风土记,与其去观察那个地方的都会,毋宁去视察那个地方的村落更好。人民的气质亦然。外国人要想详细了解支那人的内面生活(internal life),即使在都会之地住上十年,也不如在乡村耗费一年的岁月了解到的多。(第五)在家庭研究之次,应该把村落看作支那人社会生活的单位。因此,予以村落为根据地来写作本书。自不待言,予非以传道者的眼光来写作,而是尽可能以一个公平的观察者,即以只是报告自己所目击的观察者的眼光来写作,故不记怎样的气质因基督教而产生了怎样的变化,同时也不讲述在支那人当中有传播基督教的必要。然而,在认为支那人的性行当中存在着重大缺点时,也不能不把通过怎样的方法来克服那些缺点作为一个大的问题来看待。①

在上面所谈到的把握中国人气质的五种方法中,前三种方法,即"(第一)研究其小说,(第二)研究其小曲,(第三)研究其戏剧"——虽被肯定为"都各有其价值",但几乎并没为史密斯所采用,有学者认为是史密斯所采用的方法②,误矣。因为史密斯认为"还有一种把上述三种方法合在一起也比不了的有更具价值的方法,即研究支那的家庭"和"村落"的方法。而史密斯书中实际采用的正是后两种方法。采取直接研究家庭和村落的方法,不仅意味着对既往研究中所忽略了的"本源"的揭示,也意味着对从文字到文字(譬如研究小说戏剧之类)的学究式的研究方法的摒弃,同时也更意味着对关于"支那人"的既成观念的摒弃。这是一种需要实际身处乡村社会,从事长期调查研究的方法,并非每个观察者都轻易做得到。在这个意义上可以说,史密斯在写作此书时的拥有的在中国农村社会生活22年的经历,也即他所要采取的方法本身。他要描写的对象,也即他经历的一部分。因此至少仅就事实而言,他如上自言"予以村落为根据地来写作本书"也就并非虚言了。

史密斯只能写他看到、听到或直接体验到的东西。这不仅是由他的经历所决定的,也是由他的态度所决定的。"予非以传道者的眼光来写作,而是尽

---

① アーサー・エチ・スミス:《緒言》,《支那人氣質》,渋江保译,第8—9页。
② 参见张梦阳:《译后评析》,见史密斯:《中国人气质》,张梦阳、王丽娟译,1995年,第256页。

可能以一个公平的观察者,即以只是报告自己所目击的观察者的眼光来写作,故不记怎样的气质因基督教而产生了怎样的变化,同时也不讲述在支那人当中有传播基督教的必要。"笔者以为,史密斯的这种态度是一个真正在中国乡村社会生活过的诚实的生活者的态度;只有是一个诚实的生活者,才能是一个公平的观察者。总体来讲,史密斯不可能超脱当时西方作为常识的价值尺度来看待他所身处的中国乡村社会,但是如果把他硬塞在笼统的所谓深受"19世纪欧洲国民性理论的深刻影响"的"特定立场"[①],从中寻找他对中国人的"轻蔑",进而指出"这种轻蔑显然反映了他对中国人的种族歧视"[②],最后竟至于断言"事实上,他的动词可以轻易翻译成帝国主义行动:伸入即侵入,净化即征服,登上宝座即夺取政权"[③],却未免有失公平,也并不符合史密斯著作——这里是指涩江保的日译本——的实际。倘若能去仔细阅读,那么也就至少不会得出《支那人气质》是某种既成观念(不论是哪种观念,如国民性、殖民主义等)的产物这样一个结论来。

有研究者读了关于"东方主义"的书,就用这一"观念"来套解史密斯。"斯密思笔下的中国,是不是爱德华·赛义德(Edward Said)所批评的那种东方主义所构筑出的神话?的确,斯密斯的著作与赛义德讨论的情形极为类似。"[④]这样,史密斯也就不仅不可能是一个公平的观察者,而且连一个基督教传教士也做不成,而只能是一个以侵略扩张为己任的老牌殖民主义者。那么,剩下的问题就是去追究包括鲁迅在内的中国近代启蒙主义者是如何跟在这个殖民主义者的后面上当,并且产生恶劣影响了。其实,这恰恰是对史密斯的一种观念化的解释,这种解释把"史密斯"化作一个可以任意解释的抽象符号,并且在仔细研读之前就已经将其规定为不是基于实际中的具体观察,而是基于"观念"的产物了。

[①] 刘禾:《跨语际实践——文学、民族文化与被译介的现代性(中国,1900—1937)》,宋伟杰等译,第83页。
[②] 刘禾:《跨语际实践——文学、民族文化与被译介的现代性(中国,1900—1937)》,宋伟杰等译,第84页。
[③] 刘禾:《跨语际实践——文学、民族文化与被译介的现代性(中国,1900—1937)》,宋伟杰等译,第85页。
[④] 刘禾:《跨语际实践——文学、民族文化与被译介的现代性(中国,1900—1937)》,宋伟杰等译,第87页。

(十七) 来自社会底层:涩江保日译本中扮演"气质"的角色

《支那人气质》全书除了涩江保作"小引"和原著《绪言》外,还有正文27章,其中,从第一章到第二十六章,从26个侧面描写了"支那人气质",但是这26个被视为"范畴"的侧面,与其说是所谓"主题先行"的预设的概念,倒不如是长期观察的归纳。史密斯在描写"气质"时,除了使用典籍、报纸和相关著书外,所更看重并且着重描写的则是"气质"的承载体——现实社会中的"支那人"。可以说,上到皇帝大臣高官,下至市井乞丐,加上士农工商,家庭内外,男女老幼,几乎无所不包。在这26章当中所出现的中国人,除了笼统的"支那人"这种一般性用法外,都是有着具体身份并且扮演着具体社会角色的人。在所有扮演"气质"角色的人们当中,来自乡村社会的底层的人们占了很大一部分,他们构成了史密斯眼中的中国乡村社会的风景。这一点,恰恰是和史密斯常年生活在乡村社会,又把观察重点置于那里的家庭和个人相一致的。那么,在乡村社会底层,扮演"气质"的角色都是哪些人呢?

具体而言,就是那些农夫、苦力和各种职业的工匠、手艺人,如木匠、泥瓦匠、窑工、铜铁匠、桶匠、印刷木版师、磨盘匠、舂米人、弹棉人、理发师、屠夫等,还有各种生意人,如卖菜的、卖包子的、卖秤的,最后是挑夫、脚夫、车夫、舟子、驭者、园丁、洗衣夫以及男女仆人和厨子,外加上述各色人等随时都有可能充当的乡村的"患者"……。在26章当中,这些"人物"至少在21章中均有登场,几乎贯穿全书;他们现身说法,充做说明种种"气质"的材料。详细情况,请参见下一节。

而在以上所列的"气质"角色当中,出现最多的有四类。一为"从仆"类,二为"行脚"类,三为"临时短工"类,四为"患者"类。

先看"从仆"类的情况。涩江保日译本中"从仆"[從僕,音 jyuboku][1]一词,一般指广义的仆人,有时也写作"仆"[僕,音 boku][2]或"从者"[從者,音 jyushia][3];属于这一类的词还有"包依"[ボーイ,即英语 boy 的音读][4]——

---

[1] "從僕"一词见于《支那人氣質》第一、七、九、十、十二、十五、十八章。
[2] "僕"一词见于《支那人氣質》的第六章。
[3] "從者"一词见于《支那人氣質》第二十五章。
[4] "ボーイ"(包依)一词见于《支那人氣質》第八、九、二十三章。

因日译本没意译而只以片假名表音,所以本文姑取"包依"这两个同音汉字来代替。关于这个词,后面将做进一步的讨论——和用来表示"女仆"的"侍婢"[音 jihi]、"婢女"[音 hijyo]、"婢仆"[婢僕,音 hiboku]①以及厨子[庖人,音 houjin,或庖丁,音 houtyou]②。前后合计,"从仆"类角色共在全书的 12 章当中出现过,其具体分布状况为第一、六、七、八、九、十、十二、十五、十八、二十三、二十四、二十五章。

其次是"行脚"类。所谓"行脚"类,在涩江保日译本当中具体是指"挑夫"[擔夫,音 tanfu]③、驭者[馭者,音 gyoshia]④、船夫[舟子,音 shiusi、funako 或 funabito]⑤、脚夫[音 kyakufu]⑥、车夫[車夫,音 shiafu]⑦,前后合计,"行脚"类角色共在全书的 11 章当中出现过,其具体分布状况为第一、二、七、九、十二、十三、十四、十六、十八、十九、二十五章。

第三类为"临时短工"类,在日译本里有各种各样的名称,如"木匠"[大工,音 daiku]⑧、园丁[園丁,音 entei]⑨、临时短工(亦称"苦力")["日傭人足(クーリー)",音 hiyatoijinsoku]⑩、工人[勞働者,音 rodoushia]⑪、砖窑头[瓦師長,音 kawarashityou]⑫、洗衣男["浣衣夫(せんたくおとこ)",音 sentakuotoko]⑬、工匠[職人,音 shikunin]⑭、包工头[工事受負人,音 koujiukeoinin]⑮、信差[送達夫,音 soudatsufu]⑯等,前后合计,"临时短工"类角色共在全书的 5 章当中出现过,其具体分布状况为第五、七、九、十三、十

---

① "侍婢"一词见于《支那人氣質》第一章,"婢女"和"婢僕"见于第二十五章。
② "庖人"一词见于《支那人氣質》第六、九章,"庖丁"见于第十章。
③ "擔夫"一词见于《支那人氣質》第一、二、七、十二、十四、十八章。
④ "馭者"一词见于《支那人氣質》第七、九、十六、二十五章。
⑤ "舟子"一词见于《支那人氣質》第七、十八、二十五章。
⑥ "脚夫"一词见于《支那人氣質》第九、十三、十九章。
⑦ "車夫"一词见于《支那人氣質》第十八章。
⑧ "大工"一词见于《支那人氣質》第五、七、十三章。
⑨ "園丁"一词见于《支那人氣質》第九章。
⑩ "日傭人足(クーリー)"一词见于《支那人氣質》第九章。
⑪ "勞働者"一词见于《支那人氣質》第七章。
⑫ "瓦師長"一词见于《支那人氣質》第十四章。
⑬ "浣衣夫(せんたくおとこ)"一词见于《支那人氣質》第九章。
⑭ "職人"一词见于《支那人氣質》第五章。
⑮ "工事受負人"一词见于《支那人氣質》第五章。
⑯ "送達夫"一词见于《支那人氣質》第五章。

四章。

此外,还有一个分类需要提及,即属第四类的"患者"类。虽然从表面上看它与上述三种分类属于不同的社会角色,但其构成分子却是来自上述三种分类乃至更为广泛的乡村社会的人群,因此作为描述"气质"的角色,其与上述三类仍有着相通乃至同等重要的意义,不妨看作前三种分类的暗伏的延伸角色。"患者"[音 kanjia]共在全书的 8 章当中出现过,其具体分布状况为第九、十、十一、十五、十六、二十、二十一、二十二章。

以上前三类角色,即"从仆"类、"行脚"类和"临时短工"类的分布状况合加,在 26 章中,前后共涉及 18 章内容,占了全书的大半——倘若把与这三种角色有着密切关联的"患者"类也包括进来,那么所涉及的内容范围则多达 22 章。此外,译者涩江保通过"夹注"——如"支那仆人[前面亦屡屡出现,西洋人在支那所使役之仆人,皆支那人]"①;"患者[支那人]"②和"眉批"——如"车夫之例"③——对这些"气质"角色所做的提示也不在少数。也就是说,从一本书所提供的信息来看,上述这些人物具有强烈的存在感,并已在客观上处在了代表中国国民气质的位置上。

然而,正像每个敏锐的读者都会注意到的那样,尽管上述三类(如以上所述,第四类"患者"为暗伏的延伸角色)"人物"(character)都是为介绍中国人的气质而登场的,但标识他们的名称,却并不是气质或性格的概念,而是职业名称的分类。这一点很重要。因为恰好是职业才使他们得以成为扮演"气质"的角色而凸现在《支那人气质》里。在史密斯的时代,最有可能接触外国人的普通的中国老百姓,只能是那些为外国人的生活提供服务的从事某些特定职业的人。这些职业便是上面提到的"从仆"、"包依"(boy)、"女佣"、"厨子"、"挑夫"、"脚夫"、"驭者"、"船夫"、"短工"、"园丁"以及各种工匠等等。

这些职业者和外国人的关系是被雇佣与雇佣的关系。史密斯对这种关系的表述是,"在支那人眼里看来,外国人最为重要的职务似在于支付金钱",而为外国人做事,"也就不过是'干活儿挣钱'(Do work, get money)",也就等

---

① アーサー・エチ・スミス:《支那人氣質》,涩江保译,第 221 页,夹注。
② アーサー・エチ・スミス:《支那人氣質》,涩江保译,第 93 页。
③ アーサー・エチ・スミス:《支那人氣質》,涩江保译,第 93 页,眉批。

同于"为吃饭'"。① 至于"支付金钱"与"干活儿挣钱"="吃饭"这两者之间的关系在当时的条件下是否平等,却并不是史密斯所要讨论的问题,就像当时包括史密斯的母国在内的外国与中国的关系是否平等并不在史密斯所要讨论的范围一样。不过尽管如此,还是可以从史密斯所讲述的基本事实当中明确一点,那就是在两者的交往过程当中,"观察"这一行为不可能是双方的相互行为而只能是一方行为,"观察者"不可能是窘迫得"要是外国人不给事做,就不能早日有米下锅"②的后者而只能是从容的前者。因此,中国的这些职业者与外国人的关系,除了被雇佣与雇佣的关系之外,也是被观察与观察的关系。上述的这些职业者们,就是这样走进了史密斯这个外国观察者的眼中。换句话说,通过某种职业者来观察中国人的特性这一动机和视角,首先不可能产生在中国人自身的主体之内,而只能产生在对被雇佣者拥有支配权的外国观察者的主体之中。

就史密斯而言,他并没忽视这一必然的、日常性的,却又为其他西方人所忽视的接触中国人的机会,而是敏锐地将其开辟为一个最现实和最直接的观察中国人的视角。

(十八)观察中国人的视角及其观察的展开

当然,在上述职业者与外国人打交道的机会也并不是平均的,有的接触要多一些,有的接触要少一些,据史密斯介绍说,"在被外国人所使役的支那人中,有'包依'(boy),承担主家所有杂事,并伺候食膳;有'管家'(steward),总理事物,除自己之外,不许任何人欺瞒主家;有'买办'(comprador),甚有势力,掌管购买物品以及招募佣工。以上三者,为吾西洋人所使役,只要吾人在支那滞留一天,便一天不可不使役者也"③。这里提到的是外国人在中国所必使唤的三种人,即"包依""管家"和"买办",从广义上讲,他们也都可归属到上面划分的"从仆"类当中。正像前面所说,在涩江保日译本中,"从仆"一般是作为一个表示各种"仆人"的概念来使用的。史密斯对"从仆"="仆人"这一

---

① アーサー・エチ・スミス:《支那人氣質》,渋江保译,第七章"誤解の才",第68—69页。
② アーサー・エチ・スミス:《支那人氣質》,渋江保译,第七章"誤解の才",第69页。
③ アーサー・エチ・スミス:《支那人氣质》,渋江保译,第二十三章"相互の責任、并に法律を遵奉すること",第329页。

角色在他观察中国人气质时所处的位置做了如下"定位":

> [译文]吾人由从仆那里开始知道支那人。并不是从仆有心向吾人介绍支那人的气质,吾人亦不会因从仆的介绍而感到满足。然而,在关于支那人的气质方面,从仆实在是吾人最早的教师,吾人从从仆身上所习得之学科,实乃欲忘而不可能者也。随着日后吾人对支那人了解得日益广泛,可以确认吾人当初在很小的范围内与仆人朝夕相处,从而在不知不觉之间所获得的判断之正确。因为在某种意义上,一个支那人即支那人全体之撮要也。①

就是说,"从仆"是史密斯了解中国人气质的最早的老师。虽然这一发现在当初是偶然的,但一经发现之后便成为他自觉的有意识的观察对象,并将他们当作中国国民性的代表,"即支那人全体之撮要"来看待。"从仆"——史密斯的一个观察视角由此而确立。

"从仆"包括男女仆人、厨子、管家乃至买办,虽然都是距包括史密斯在内的外国人最近的一些人,但在史密斯的书里却并没被描绘为特殊的另类,而只是作为一个取之方便的观察视角来对待的,因此,这个观察视角一旦确立,便触"类"旁通,其他诸如"行脚"类、"临时短工"类以及"患者"类便都可以进入由这个视角所延伸开去的视线里来。在这个意义上可以说,上述三类职业者再加上由前三者随时都有可能充当的"患者",共同构成了史密斯通过"从仆"这一视角所要去经常观察的社会群体。那么,在这一社会群体中,史密斯看到了怎样的"气质"呢?现将相关各章所论的"气质"主题与用例整理如下:

第一章 體面　　可直译为"面子"或"体面"。该章举了挑夫、女佣和仆人[擔夫、侍婢、從僕]为保全面子而不认账的例子。参见第13—14页。

第二章 節儉　　可直译为"节俭"。该章引述了两例挑夫[擔夫]为了省钱不吃不喝而又长途负重的例子。参见第20—21页。

第三章 力行　　可直译为"力行",或者译为"勤劳"。该章讲到了各行各业,如铜铁匠、印刷木版师、磨盘匠、舂米人、弹棉人和卖菜人[廣東銅匠、福

---

① アーサー・エチ・スミス:《支那人氣质》,渋江保译,第九章"柔軟的強硬",第89页。

州の錫箔匠、寧波の木版師、上海の賃春、北部の清綿者、蹈磨者、賣菜夫〕早做晚息的例子。参见第33页。

　　第五章　時間に頓着なきこと　　可直译为"不讲究时间"。举了木匠、包工头和信差〔大工、職人、工事受負人、送達夫〕的例子。参见第47—49页。

　　第六章　不正確に頓着なきこと　　可直译为"不讲究精确"。举了包子商贩、农夫、乡下人和卖秤人〔肉麺賣人、農夫、僕、田舍漢、提秤師〕的例子。参见第59页。

　　第七章　誤解の才　　可直译为"误解之才",或者译为"误解的才能"。该章举了木匠、买办、船夫、馭者(2例)、工人、厨子、仆人〔大工、買辨、舟子、馭者、労働者、庖人、從僕〕的例子。参见第69—75页

　　第八章　暗示の才　　可直译为"暗示之才"。该章举了"包依"和厨子〔ボーイ、庖丁〕的例子。参见第78—79页。

　　第九章　柔軟的強硬　　可直译为"柔软的强硬",或者译为"柔中带刚"。该章对仆人、厨子、包依、患者〔從僕、庖人、ボーイ、患者〕举例尤多,并且言及苦力、洗衣男、园丁、脚夫、馭者〔日傭人足(クーリー)、浣衣夫(せんたくおとこ)、園丁、脚夫、馭者〕等。参见第89—97页。

　　第十章　愚蒙〔直訳語、智力的混濁〕　　可直译为"智力混沌"。该章举了仆人、厨子和患者〔從僕、庖丁、患者〕的例子。参见第108—109页。

　　第十一章　無神経　　可直译为"无神经",或者译为"麻木不仁"。该章举了做工者睡眠和患者(2例)做外科手术以及死前〔労働社會、患者〕的例子。参见128—121页。

　　第十二章　外人を軽蔑すること　　可直译为"蔑视外国人"。该章举了挑夫和仆人〔擔夫、從僕〕的例子。参见136页。

　　第十三章　公共心の缺乏　　可直译为"缺乏公共心"。该章举了农夫(参见第137页)、屠夫、理发师、食物商人、木匠、桶匠(参见第139页)、脚夫、苦力(参见第144—145页)〔農夫、屠兒、理髮師、烹賣商、食物商、大工、桶匠、脚夫、日傭人足〕的例子。

　　第十四章　保守主義　　可直译为"保守主义"。该章分别举了挑夫、窑头〔擔夫、瓦師長〕的例子。分别参见第146、155页。

　　第十五章　安楽、利便を度外視すること　　可直译为"不重视舒适与方

便"。该章举了患者拒绝使用钢丝床和仆人［從僕］买不到合适的斧头的例子。分别参见第 169、179 页。

　　第十六章　活力の強壮　可直译为"生命力旺盛"。该章举了两个"患者"——一个驭者和一个捡炮弹的天津人——的例子。分别参见第 195、196—198 页。

　　第十八章　澹然自逸　可直译为"澹然自逸"。该章提到了仆人、挑夫、船夫、车夫等［從僕、擔夫、舟子、車夫、挽舟夫］这方面的例子。参见第 221—223 页。

　　第二十一章　同情の欠乏　可直译为"缺乏同情"。以许多患者的例子讲述了对身体不具者的歧视和对于幼少儿疾病的熟视无睹［身體不具の者、精神不具の者、天然痘］。分别参见第 265—267、279—280 页。

　　第二十二章　社会的颶風　可直译为"社会飓风"。通过一个居住在山东山间的患者"生气"的事例讲述了"气"为百病之源。参见第 298—299 页。

　　第二十三章　互相乃責任、併法律を遵奉すること　可直译为"相互负责及遵奉法律"。举了一个"买办长"因"包依"［ボーイ］的差错而引咎辞职的例子。参见第 329—330 页。

　　第二十四章　互相の猜疑　可直译为"互相猜疑"。分别举了女佣人和男女仆人［婢女、婢僕］的例子。分别参见第 348、349—350 页。

　　第二十五章　信實の欠乏　可直译为"缺乏信实"。分别举了仆人［從者］和驭者、船夫［馭者、舟子］的例子。分别参见第 382—383、385 页。

　　从上面这些"气质"主题和用例来看，除了第二章"节俭"、第三章"勤劳"、第十六章"生命力旺盛"和第十八章"淡然自逸"外，就性格（气质）而言，其余 17 章都属于史密斯所认为的"支那人的性行当中"存在的"重大缺点"（见本论开头引文）。——好话说得少，坏话说得多，这也许就是史密斯的备受非难之处；又由于缺点通过"从仆"这一视角多采自无学无识的乡村社会底层人群，就使得现在的读者和学者觉得格外不公平，以为史密斯充满了"种族歧视"的偏见，而由"从仆"（广义的）身上看到的东西也并不能代表中国人的"气质"。以下这段话，或许很能代表现今中国的一部分人对史密斯的看法。

　　在当时，中国乡绅对传教士公开敌视，于是传教士和中国人之间发生的最紧密关系只有主仆关系,因此在讲述事例时,斯密思从他自己或他人与中国劳动阶级之间的不快经验取材,是丝毫不足为奇的。这种外国人与当地仆人之间的阶级差异总是被利用来建立"中国国民性"的理论,而与此同时,理论背后的主仆关系却被掩盖和忽视。①

这段话有三层意思,(一) 史密斯在"讲述事例时","从他自己或他人与中国劳动阶级之间的不快经验取材"是片面的;(二) 由于当时"中国乡绅对传教士公开敌视",就使得史密斯这样的人没有机会接触到能够代表中国"水平"的"绅士"阶层;(三) "国民性"理论掩盖了主仆关系背后的"阶级差异"。

关于第一点,即史密斯讲述的事例是否"片面"的问题,正如本文的调查所呈现的那样,来自乡村社会底层的人们的确构成了"支那人气质"的某种基本呈现体,扮演着"气质"的一翼,但并不意味着"支那人气质"只是由"中国劳动阶级"来扮演,其他阶层并不参与。例如,在第三章说"勤劳"里,在讲到那些早做晚息的铜铁匠、印刷木版师、磨盘匠、舂米人、弹棉人和卖菜人等之前,史密斯就先拿皇帝做例:"当欧洲各国的宫廷还包藏在蒙尔菲雅斯(Morpheus)(梦之神)[希腊神代纪里经常给人送梦的神]里的时刻[白川夜舟之意],支那皇帝就已经开始了早朝。"②据笔者调查统计,日译本全书提到"皇帝"的段落不下27段;另外,有30个以上的段落提到了"大臣""高官"和一般"官吏";有20个以上的段落涉及"学者社会",并有11个段落讲到了相当于书生的"学生";而且,哪怕是直接谈绅士(乡绅),也有5个段落之多。结论是这些代表"上流社会"的人们,其总数要超过"中国劳动阶级",因此取材片面之说并不成立。

关于第二点,由以上调查可知,因当时"中国乡绅对传教士公开敌视",而使史密斯没有机会接触到"绅士"之言当然也不成立;如果把书中的"学者""学生"和"绅士"都当作广义的"绅士"看,那么其登场状况是相当可观的。不过,话又说回来了,即使全书大半或者全部写的都是中国有教养的绅士社会,其表现的"气质"或"国民性"就会是真实的吗?就会给中国争回"面子"来吗?

---

① 刘禾:《跨语际实践——文学、民族文化与被译介的现代性(中国,1900—1937)》,宋伟杰等译,第83页。
② アーサー・エチ・スミス:《支那人氣質》,渋江保译,第33页。

关于第三点，的确是个问题，即"国民性与阶级性"的问题。但这是个老问题。在20世纪70年代末到80年代初，关于这个问题中国的思想理论界和现代文学研究界曾展开过大规模的讨论。① 尽管此处借助的是诸如"赛义德"的新的批评模式，但似乎并没为这个问题带来新意，也就是新的发现。其原因在于，以既成的理论所期待的"结论"代替了对史密斯著作的仔细研读。事实上，正像前面所指出的那样，史密斯所关注的并不是雇佣与被雇佣的关系，也不是这种关系背后的是否平等的问题——这一问题是后来才被提出的——而是在当时的这一"自然"关系的基础上有意识地寻找到了一种观察与被观察的关系，并且由此而确立了一个可以通观一群人的视角，即"从仆"＝"仆人"的视角。笔者以为，通过仆人而面向社会底层的视角，正是史密斯的独特贡献所在；而且通过和其他诸如"皇帝""大臣""官吏""学者""绅士"等视角的相互映衬，也恰好证明了仆人这一视角在观察和概括"气质"方面的有效性。

本文在开头曾有言，史密斯不可能超脱当时西方作为常识的价值尺度来看待他所身处的中国乡村社会，不论他当时的价值尺度在后来被赞美或批评为怎样的"立场"和"主义"，都无法改变甚至取代他当时作为一个观察者所采取的诚实的态度，即不受传教士立场的干扰，而"以只是报告自己所目击的观察者的眼光来写作"。笔者以为，这也许就是史密斯的批评比起后来对史密斯的批评来更容易让人接受的原因所在。"至于攻击中国弱点，则至今为止，大概以斯密司之《中国人气质》为蓝本，此书在四十年前，他们已有译本，亦较日本人所作者为佳，似尚值得译给中国人一看（虽然错误亦多）"②；"我至今还在希望有人翻出斯密斯的《支那人气质》来。看了这些，而自省，分析，明白那几点说的对，变革，挣扎，自做工夫，却不求别人的原谅和称赞，来证明究竟怎样的是中国人"③。——从鲁迅的认可中，不难感受到史密斯的描写所传递的分量。

---

① 参见鲍晶编：《鲁迅"国民性思想"讨论集》，天津人民出版社1982年版。
② 鲁迅：《331027 致陶亢德》，见《鲁迅全集》第十二卷，第468页。
③ 鲁迅：《且介亭杂文末编·"立此存照"（三）》，1936年，见《鲁迅全集》第六卷，第649页。

(十九) 从"包依"到"西崽"——观察视角的借用

就鲁迅通过涩江保的日译本所构成的与史密斯的关系而言,有三点值得注意。

第一,前面说过,通过某种职业来观察中国人的特性这一动机和视角,首先不可能产生在中国人自身的主体之内,而只能产生在对被雇佣者拥有支配权的外国观察者的主体之中。因此,"从仆"这一视角首先是属于史密斯的。鲁迅自觉运用这个视角来反观中国的国民性,应该看作是对史密斯的借用。笔者认为,可以用"包依"和"西崽"这两个词来概括这种借用关系。

在涩江保日译本的"从仆"类中,有"包依"[ボーイ]一词。"包依"即英文boy,在近年出现的几个直接由英文过来的中译本当中,有的译为"男僮"①,有的译为"男仆"②,有的译为"管家"和"仆人"③等,这个词在涩江保译本中也并没像"从仆"或"从者"那样用汉字来表示,而是用日文片假名标记为"ボーイ"。笔者对涩江保采取直译的方式,用"包依"这两个汉字来音译这个词。这样做是想说明,涩江保也并没找到一个适当的汉字词汇来翻译这个"从仆"当中的 boy。于是,史密斯关于 boy 的意见以及涩江保的注释便呈现了以下这种情况:

> [译文]兹所举之例,乃吾人最早接触的一个支那人,即"包依"(boy)[外国人在支那所用"包依"一词,侍从长之意也,与年龄长幼无关]之例也。"包依"本是支那人之一标本,由此推察一般支那人。④(划底线的部分为涩江保所做夹注)

由此可知,就其所处的被观察位置以及重要程度来讲,"包依"与前述作为"支那人全体之撮要"的"从仆"同义,处在能够代表所有"从仆"的位置上。

---

① 参见史密斯:《中国人气质》,张梦阳、王丽娟译,第43页。
② 参见史密斯:《中国人的性格》,乐爱国、张华玉译,学苑出版社1998年版,第54、61页;明恩溥(史密斯):《中国人的素质》(第二版),秦悦译,学林出版社2001年版,第57、65页。
③ 参见明恩溥(史密斯):《中国人的特性》,匡雁鹏译,光明日报出版社1998年版,第57、65页。
④ アーサー・エチ・スミス:《支那人气质》,涩江保译,第八章"暗示の才",第78—79页。

在鲁迅文本中,与"从仆"或"包依"相对应的一个词,叫作"西崽"。从"包依"到"西崽",是鲁迅与史密斯之间的一种衔接。这中间虽然发生了观察主体的改变,而且,由于观察主体的改变,观察点和被观察对象的色彩也有相应的改变,但对象本身却并没发生变化。"西崽"是从中国人的角度对史密斯所观察的"从仆"或"包依"的另一种称呼,正像《鲁迅全集》里所注释那样,西崽是"旧时对西洋人雇用的中国男仆的蔑称"①。就是说,对象还是一个,只是"蔑称"而已。鲁迅在临去世前,亦就"西崽"回答过增田涉的提问:

> 西崽这名词是有的。
> 西＝西洋人的略称,崽＝仔＝小孩＝boy。
> 因此西崽＝西洋人使唤的 boy(专指中国人)。②

从中可以知道鲁迅文本里"西崽"和涩江保译本里"包依"乃至"从仆"都是同一个概念。不仅如此,鲁迅也用"西崽"做文章,来讲某一类中国人。讲其中著名的所谓"西崽相",就是这一视点下的产物。

> ……上海住着许多洋人,因此有着许多西崽,因此也给了我许多相见的机会;不但相见,我还得了和他们中的几位谈天的光荣。不错,他们懂洋话,所懂的大抵是"英文","英文",然而这是他们的吃饭家伙,专用于服事洋东家的,他们决不将洋辫子拖进中国话里来,自然更没有捣乱中国文法的意思,有时也用几个音译字,如"那摩温","土司"之类,但这也是向来用惯的话,并非标新立异,来表示自己的摩登的。他们倒是国粹家,一有余闲,拉皮胡,唱《探母》;上工穿制服,下工换华装,间或请假出游,有钱的就是缎鞋绸衫子。不过要戴草帽,眼镜也不用玳瑁边的老样式,倘用华洋的"门户之见"看起来,这两样却不免是缺点。
> 又倘使我要另找职业,能说英文,我可真的肯去做西崽的,因为我以为用工作换钱,西崽和华仆在人格上也并无高下,正如用劳力在外资工厂或华资工厂换得工资,或用学费在外国大学或中国大学取得资格,都

---

① 鲁迅:《三闲集·现今的新文学的概观》,1929 年,见《鲁迅全集》第四卷,第 140 页,注释 2。
② 鲁迅:《361014 致增田涉》,见《鲁迅全集》第十四卷,第 402 页。

"国民性"话语的建构

没有卑贱和清高之分一样。西崽之可厌不在他的职业,而在他的"西崽相"。这里之所谓"相",非说相貌,乃是"诚于中而形于外"的,包括着"形式"和"内容"而言。这"相",是觉得洋人势力,高于群华人,自己懂洋话,近洋人,所以也高于群华人;但自己又系出黄帝,有古文明,深通华情,胜洋鬼子,所以也胜于势力高于群华人的洋人,因此也更胜于还在洋人之下的群华人。租界上的中国巡捕,也常常有这一种"相"。

倚徙华洋之间,往来主奴之界,这就是现在洋场上的"西崽相"。但又并不是骑墙,因为他是流动的,较为"圆通自在",所以也自得其乐,除非你扫了他的兴头。①

上面这段话虽然有着和林语堂论争的背景,但完全可以作为国民精神中的一种"相"来单独看待。这种"相"显然是来自对既往的记述和现实生活中的种种"从仆"或"包依"或"西崽"的概括和提升。

(二十)"奴性",才是为史密斯所忽视的中国人的最大性格特征

其次,鲁迅在很多篇文章中都谈到了"西崽"②,但正如上文所说,重点不放在"西崽"的职业,而是放在"西崽相"上,并且集中发觉一种性格特征,即"倚徙华洋之间,往来主奴之界"的"奴性"特征。笔者以为,这是鲁迅与史密斯相通当中的最大的不同。

史密斯之所重在于"华洋之间",在于通过各种"从仆"和"包依"的例子来描述中国人气质的各个方面与西方人的不同,而也正像前面所指出的那样,至于在"被雇佣与雇佣"和"被观察与观察"的关系当中,两者的地位是否平等,却并不是史密斯所要讨论的问题,因此,由这种"主奴"之差当中所生成的一种必然性格,即"奴性"也就自然被忽略了。相比之下,鲁迅的着眼点并不在"华洋之间",因为对他来说"华洋之间"所发生的"用工作换钱"是一种并不

---

① 鲁迅:《且介亭杂文二集·"题未定"草(一至三)》,1935年,见《鲁迅全集》第六卷,第366—367页。
② 例如,除了上面提到的《"题未定"草》之外,还有收在全集第四卷里的《三闲集·现今的新文学概观》,收在第五卷里的《伪自由书·"以夷制夷"》《准风月谈·揩油》《花边文学·倒提》,以及收在全集第六卷里的《且介亭杂文·隔膜》《且介亭杂文·阿金》。

稀奇的既成事实,他所看重是这"华洋之间""用工作换钱"的既成事实背后的"主奴之界",而正是在这一"界"当中,他找到了"奴性"这一为史密斯所忽略的中国人的最大性格特征。

这是反观民族自身的一种结果,更是一种"要研究西崽,只能用自己做标本"的民族反省的结果。因此这一"西崽"也就必然要超越职业而被提升为一种"西崽相"。"西崽相"是鲁迅由"西崽"这一个别职业当中发掘出来的具有普遍意义的性格概念。这意味着从"包依"到"西崽",不仅仅是一个观察视角的借用,而且也是一种深刻的认识发掘和进一步的创造。试想一下,还有哪一种认识比得上"奴性"更能揭示"从仆""包依""西崽"这一视角下的所谓"阶级差异"的内涵呢?怎么能用鲁迅当年对主仆关系的深刻揭示,来指责"中国国民性""理论背后的主仆关系却被掩盖和忽视"呢?

(二十一) 关于"阿金"的创造

第三点是鲁迅通过涩江保日译本与史密斯在材料上的相互关联。众所周知,鲁迅在"西崽"们所构成的环境中写出了一个人物叫作"阿金"。《阿金》作于1935年12月21日,据《且介亭杂文·附记》(1935)说,当初"是写给《漫画生活》的;然而不但不准登载,听说还送到南京中央宣传会里去了"①。后发表在1936年2月20日上海《海燕》月刊第2期上。鲁迅称《阿金》是篇"漫谈"②,但在笔者看来,说《阿金》是篇作品倒更合适。竹内实先生曾著长文来谈这篇称作漫谈的"作品"的含量。③ "阿金"是个人物,是个"毒妇"式人物,作者"愿阿金也不能算是中国女性的标本"。④ 这个人物也出现在同一时期创作的收在《故事新编》的《采薇》(1935.12)里,叫作"阿金姐",由于话说得"太刻薄",一句话竟就让伯夷叔齐丧了命。当然这是后话。

如果说"西崽相"是一种形象概括,那么"阿金"就是"从仆""包依"和"西崽"在特定环境里的具体展开。"阿金"的位置从洋人家的"后门"可以看到。

---

① 《鲁迅全集》第六卷,第221页。
② 《鲁迅全集》第六卷,第221页。
③ 参见竹内实:《阿金考》,见佐佐木基一、竹内实编:《日本と中国》,劲草书房1968年版,第150—183页。
④ 参见《且介亭杂文·阿金》,见《鲁迅全集》第六卷,第209页。

近几时我最讨厌阿金。她是一个女仆,上海叫娘姨,外国人叫阿妈,她的主人也正是外国人。

她有许多女朋友,天一晚,就陆续到她窗下来,"阿金,阿金!"的大声的叫,这样的一直到半夜。她又好像颇有几个姘头;她曾在后门口宣布她的主张:弗轧姘头,到上海来做啥呢?……不过这和我不相干。不幸的是她的主人家的后门,斜对着我的前门,所以"阿金,阿金!"的叫起来,我总受些影响,有时是文章做不下去了,有时竟会在稿子上写一个"金"字。

……但在阿金,却似乎毫不受什么影响,因为她仍然嘻嘻哈哈。……这时我很感激阿金的大度,但同时又讨厌了她的大声会议,嘻嘻哈哈了。自有阿金以来,四围的空气也变得扰动了,她就有这么大的力量。这种扰动,我的警告是毫无效验的,她们连看也不对我看一看。有一回,邻近的洋人说了几句洋话,她们也不理;但那洋人就奔出来了,用脚向各人乱踢,她们这才逃散,会议也收了场。这踢的效力,大约保存了五六夜。

此后是照常的嚷嚷;而且扰动又廓张了开去,阿金和马路对面一家烟纸店里的老女人开始奋斗了,还有男人相帮。

……

但是,过了几天,阿金就不再看见了,我猜想是被她自己的主人所回复。补了她的缺的是一个胖胖的,脸上很有些福相和雅气的娘姨,已经二十多天,还很安静,只叫了卖唱的两个穷人唱过一回"奇葛隆冬强"的《十八摸》之类,那是她用"自食其力"的余闲,享点清福,谁也没有话说的。只可惜那时又招集了一群男男女女,连阿金的爱人也在内,保不定什么时候又会发生巷战。但我却也叨光听到了男嗓子的上低音(barytone)的歌声,觉得很自然,比绞死猫儿似的《毛毛雨》要好得天差地远。

以上是从《阿金》这篇作品中剪切出的若干段落,从中至少可以知道"阿金"的身份以及她所处的是一个怎样的环境。"她是一个女仆,上海叫娘姨,外国人叫阿妈,她的主人也正是外国人",这一点自然无须再多说。其次是她的女朋友多,姘头也多,经常"阿金,阿金!"的来找;然后是"大声会议,嘻嘻哈哈",经常吵闹嚷嚷,即使被主人骂了打了,其效力也只能保存五六夜,此后还是一如既往;接下来是和周围的打架经常不断;最后"阿金"被主人辞退了,"补了她的缺的"那个"又招集了一群男男女女,连阿金的爱人也在内,保不定什么时候又会发生巷战"。

作者只因和"阿金"的主人是邻居,只因"她的主人家的后门,斜对着我的前门"这层关系而"不幸"受到干扰而已,如果设身处地的替"阿金"的主人想一想,那情形将会是怎样呢?但这已经超越了《阿金》这篇作品的描写角度,所以作品本身回答不了。要想回答这个问题,也就必须换个角度才能做到,即把观察者从外国人的邻居变为外国人自己。而涩江保译本中史密斯恰好提供了这样一个角度,可以由此看到展现在那里的情形。

[译文]在受雇于支那异人馆的各种从仆当中,掌握一家之和平者,非厨子莫数。当厨子刚雇到这家来时,夫人会向他讲述希望他做什么和不希望他做什么,厨子则始终以一种与生俱来(不可谓后天习得)的诚心诚意[外观上],洗耳恭听。例如,夫人对他说:"从前的那个厨子有个坏毛病,他总是把没发好的面包坯放进烤炉里,这是我把他辞退的一个原因。"新厨子会笑着说:"仆难免多有过失,却决不会顽固至此,老天在上,岂敢有强使奶奶大动肝火之理?"夫人后吩咐说:"把狗、闲汉、烟草这三样带进庖厨,是我最不能忍受的。"厨子答道:"仆素性非常讨厌狗,也不吸烟,又是他乡之人,在府内只有一二个朋友,而又没有一个是闲汉。"遂被这家雇用了。但没隔数日便露了底细,彼之在面包的做法上恰和前任厨子相"仲伯"(brother);朋友出入庖厨无数,而且携犬而至者亦为数不少;厨房里吞云吐雾,烟草气味不断。把厨子叫来问是怎么回事,回答说:"仆承认面包确实没发起来,但绝不是面揉得不好;是有朋友到厨房来,这事没错,但并不是仆的朋友,而真的是短工[今受雇在这家干活]的同党。但决无携犬而入之事,而且他们都已经回去了,一个人也没留下。盖不会再来。但明日可能再来也未可知。我等从仆,没有一个人吸烟,若有烟气,肯定是隔壁那一家的从仆所为,彼等皆非常好烟之辈,想必烟从墙那边飘至而来。仆真的是遵守家法,但却不能使别人都来遵守。"①

---

① アーサー・エチ・スミス:《支那人氣質》,渋江保译,第九章"柔軟的强硬",第90—91页。

这是史密斯为叙述一种"特别的气质",即"柔弱的强硬"(flexible inflexibility)所举的一个例子。"厨子"在涩江保译本中译作"庖人",但亦和"包依"一样,是"从仆"之一并无问题。"厨子"在不听主人话,对主人"面从后背"①以及召集闲汉在主人家"扎堆儿"这一点上,与《阿金》里的描写完全一致;而且在补缺的后任一如既往,与前任一样,丝毫没有改善这一点上,也与《阿金》里的处理方式完全一致。由此看来,说鲁迅在创作《阿金》时借鉴了史密斯的材料和处理方式,也并不是过于勉强的罢。

关于"阿金"问题,笔者在上述研究的基础上,继续就《阿金》这篇作品展开深入探讨,完成了《鲁迅怎样"看"到的"阿金"?——兼谈鲁迅与〈支那人气质〉关系的一项考察》②一文,因篇幅所限,兹只呈该文"结论"部分如下:

> 在《阿金》的创作问题上,鲁迅与《支那人气质》一书的关系还并不只是以上所见素材和素材处理方式的借用。笔者曾经指出:"从仆"(從僕)与"包依"(ボーイ,即 boy)作为表示"仆人"的概念,在涩江保的日译本《支那人气质》中,体现着史密斯所确立的观察中国人"气质"的一个视点,在史密斯看来,"从仆"或"包依"是"支那人全体之撮要",是"是支那人之一标本,由此推察一般支那人";这一"职业"视点亦为鲁迅所借鉴并用以自觉反观中国的国民性,其对应关键词是"西崽"(boy),所不同的是鲁迅将"西崽"这一职业普遍化为一种"西崽相",凸现其处于"主奴之界"的奴性特征。笔者以为,"阿金"这一人物创作基本处在自史密斯的"从仆""包依"到鲁迅自身的"西崽""西崽相"这一发想的延长线上,或者再扩大一点说,与鲁迅借助史密斯对国民性的思考有关。——如此说来,即使在《阿金》这一篇上,鲁迅与《支那人气质》也存在着某种"认知结构"上的对应关系。③

---

① 涩江保语。在日译本第 89 页注释道:"柔软的强硬,殆与支那人之所谓'面从后背'同义也。"
② 《鲁迅怎样"看"到的"阿金"?——兼谈鲁迅与〈支那人气质〉关系的一项考察》,北京鲁迅博物馆编:《鲁迅研究月刊》2007 年第 7 期。日文版:《鲁迅はどのように〈阿金〉を"見た"のか?》,汲古书院《吉田富夫先生退休記念中国学論集》,2008 年 3 月。繁体字版集入《鲁迅精神史探源:"进化"与"国民"》,台北秀威资讯科技有限公司 2019 年版。
③ 参见本部分(十六)至(二十)。

尽管如此，笔者还是不能同意孟超在《谈"阿金"像——鲁迅作品研究外篇》(1941)一文中的观点，虽然这是研究"阿金"的最早的一篇论文，而且也非常敏锐地捕捉到了"阿金"身上"西崽相"的一面，并开了拿她与"阿Q"相提并论的先河①。理由是把"阿金"抽象为一个政治符号，放弃了对"阿金"形象本身的分析。"阿金"是一个女人，是一个形象，当作者把她作为中国女人的"标本"（"愿阿金也不能算是中国女性的标本"）来考虑时，恐怕未必会那么干瘪和机械的吧。

正如人们业已指出的那样，《阿Q正传》里的"吴妈"、《故乡》里的"杨二嫂"、《父亲的病》里的"衍太太"等人物也未必不能跟"阿金"放在一块儿考虑。倘若再扩大一点，把"阿金"放在鲁迅的女性观的整体中来考察，那么"阿金"又处在怎样的位置呢？以笔者之管见，在鲁迅以《娘儿们也不行》(1933)来应酬林语堂的"让娘儿们干一下吧！"②之前，就已经以同样的思路在谈"以妾妇之道治天下"的男人社会里女人的"行"与"不行"了，如"密斯托枪"③和"以脚报国"④的主角就都是女人，这回再造一个搅得四邻不安的"阿金"出场在这一思路里也毫不奇怪——鲁迅当然不希望中国的女人都是这样，但在中国文化里能割去"阿金"的性格要素吗？这也许就是"阿金"的底蕴和不朽的力量所在，她会让每个时代的人都能找到自己所认为的"阿金"，因此关于"阿金"形象争论，恐怕还要伴随着《阿金》的读书史持续下去。但在此需对本文做出结论了。

第一，《阿金》是一篇创作，"阿金"和"我"都是架空的，因此"我"的"看"不能等同于鲁迅的看，前者只是鲁迅的叙述手段。

第二，场景设置和人物设计皆有眼前事物和亲身经历为依凭，却又在悬想中构筑了一个非常真实的由"娘姨"们占领着的喧嚣的市井世界。

第三，在作品的所有要素都已齐备的前提下，令鲁迅终生不忘的《支那人气质》中的关于"厨子"的段落和"从仆"的观察视点，为鲁迅眼前和

---

① 原载《野草》第3卷第2期，1941年10月15日，此据中国社会科学院文学研究所鲁迅研究室编：《1913—1983鲁迅研究学术论著资料汇编》第三卷所收文本。
② 鲁迅：《集外集拾遗补编·娘儿们也不行》，1933年，见《鲁迅全集》第八卷。
③ 鲁迅：《二心集·新的"女将"》，1931年，见《鲁迅全集》第四卷，第344页。
④ 鲁迅：《二心集·以脚报国》，1931年，见《鲁迅全集》第四卷，第335—337页。另，同集《宣传与做戏》亦提及"以脚报国"事。

经历中的那些素材提供了有效的组织模式,使之能够最终形成作品。反过来说,这篇作品渗透着鲁迅始终保持的在"国民性"问题上的强烈观照意识。这一点也为鲁迅与《支那人气质》的关联性提供一个不可动摇的实例。

第四,《阿金》虽不足三千字,却熔铸着鲁迅自留学以来人生阅历的许多要素,或者说这篇作品是在他漫长而丰富的人生阅历的支撑下成就的,这种情形或许和做《阿Q正传》时的"阿Q的影像,在我心目中似乎确已有了好几年"①的酝酿过程很相像。借用丸山升先生在论述"作为问题的1930年代"时所强调的那种之于"路线"的"个体差异"②,那么这篇看似轻松的作品便可能更具"鲁迅"文学的特征或其可能性,只是它们的很大一部分并没被包含在以往的解释当中。

拙文发表后,引起关注和讨论,也有一些不同意见,主要体现在不认同《阿金》这篇作品与《支那人气质》、进而是鲁迅与涩江保译"史密斯"的关联。但这些反对的意见并不出自调查所得来的证据而只是既往观点的惯性表达。笔者在此反省的是,若早些把上述这些关于涩江保译"史密斯"的研究结果公布出来,或许会减少许多误会也未可知。现在可以明确,《阿金》作为创作,同样来自作者精神史当中的深厚积淀。

七、"国民性"问题的本质是"人"的灵魂问题

以上所做的《支那人气质》与鲁迅的文本比较,还仅仅是一个粗线条的初步探讨,其中的问题划分也不一定恰当,即使在已经划分的问题当中,也没能做进一步的展开,而且从内容上看,也并非一个全面系统的比较,不仅涩江保文本中许多章内容没有涉及,而且其中包括的已知问题点,如"科举问题"(第三章)、"生命力问题"(第十六、十七章)、"读书人问题"(第十八章)、"仁义道

---

① 鲁迅:《华盖集续篇·〈阿Q正传〉的成因》,1926年,见《鲁迅全集》第三卷,第396页。
② 参见丸山升:《作为问题的1930年代——从"左联"研究、鲁迅研究的角度谈起》,见丸山升:《鲁迅·革命·历史——丸山升现代中国文学论集》,王俊文译,北京大学出版社2005年版。

德的问题"(第二十章)、"缺乏同情和互相猜疑的问题"(第二十一、二十四章)以及鲁迅、许寿裳国民性讨论中提到的"爱和诚"的问题(前者散见于许多章中,后者多集中在第二十五章)等,这次都没能展开文本比较。另外,由于篇幅所限,关于1903年作新社译自涩江保日译本的汉译本《支那人之气质》的讨论这次未能纳入进来,笔者计划另行撰文予以深入讨论。尤其是芳贺矢一的《国民性十论》一书,在涉及"国民性"问题方面,刚好处在和《支那人气质》相对照的位置,并且同样深深介入周氏兄弟国民性话语的建构和创作实践活动当中,但此次亦因纸幅的限度而不能纳入,具体内容请参照笔者《芳贺矢一〈国民性十论〉与周氏兄弟》[①]一文。这里还是集中以《支那人气质》作为一个典型案例,来做本篇的小结。

即使从上述并不充分的比较中也可以看出,《支那人气质》对鲁迅构成了比较全面的多层次的影响。史密斯所探讨的许多中国国民性的问题,后来构成了鲁迅改造国民性思想的具体内容,如本文具体涉及的"面子"与"做戏"的问题、向后看的历史观的问题、"辫子"的问题、"灵魂"的问题、所谓"三教同源"问题、"智力的混浊"与"语言"的问题等,不仅显示了鲁迅与史密斯相一致的透视国民性问题的角度,而且《支那人气质》文中的许多具体事例,也为鲁迅进一步发掘和概括国民性弱点提供了具有现实性的材料。如与《父亲的病》和阿Q的形象塑造有关的,均可归入此类。

其次,从时间上看,《支那人气质》对鲁迅构成的影响是长期的。在鲁迅留学时代所写的《科学史教篇》《文化偏至论》和《摩罗诗力说》当中,已经多少可以看出观点上与史密斯的一致来,如史密斯关于中国历史上革命结构的描述与鲁迅的革命"心像",中国人尚物质疾天才的问题、尊古卑今的问题,而且还有涩江保译本中出现的黑格尔关于历史的看法与鲁迅的进化史观相一致的问题等,都不妨能使人推断鲁迅在留学的某一时期就已经阅读并且参考史密斯了(以笔者之管见,当在有了一定的日语阅读能力之后,不过最迟可推测为在上述三篇论文写作之前或同时)。虽然鲁迅文本中四次提到《支那人气

[①] 李冬木:《导读:芳贺矢一〈国民性十论〉与周氏兄弟》,见芳贺矢一:《国民性十论》,李冬木、房雪霏译注,三联书店(香港)有限公司2018年版。简体字版为李冬木:《导读:芳贺矢一〈国民性十论〉与周氏兄弟》,见芳贺矢一:《国民性十论》,李冬木、房雪霏译注,生活·读书·新知三联书店2020年版。

质》是在1925年之后到逝世前,但他和这本书构成密切关系,则主要集中在"文明批评时期",即从"五四"前后到"革命文学论争"之前,具体地说,史密斯的影响不仅出现在《热风》《坟》《华盖集》《华盖集续编》《而已集》当中,也出现在《呐喊》《彷徨》和《朝花夕拾》当中。当然,这只是就"集中"而言,并不排除20世纪30年代末到1936年鲁迅逝世前的所谓"后期"。笔者以为,鲁迅晚年对国民性的批判,主要是此前批判的进一步深化。鲁迅对国民性问题做了大量、独特、持续、深入的探讨是自不待言的,如本文提到的"语言"问题可作为代表。

如果说以上两点可概括为《支那人气质》作用于鲁迅的特点,即"观察模式的借鉴"和"经常性问题提醒"的话,那么接下来的第三点,则可看作《支那人气质》对鲁迅的意义。《支那人气质》通过作者长期观察所得的大量事例,对中国人性格、气质或精神所做的多侧面、多层次的探讨,实际是为鲁迅展现了一个相对完整的,具有现实意义的国民性的真实图景,使鲁迅能够根据自己的经验,从中具体了解到中国的"国民性"究竟是什么这样一个问题。因为未必中国人就一定了解自己的国民性。鲁迅在写完《阿Q正传》很久以后还说"我们究竟还是未经改革的古国的人民,所以也还是各不相遇,所以连自己的手也几乎不懂自己的足。我虽然竭力想摸索人们的灵魂,但时时总自憾有些隔膜"[1]。这话不是正好说明了中国人认识自己的难度吗?因此,笔者以为,鲁迅刚留学不久,和许寿裳在弘文学院所做的关于国民性问题的讨论,在很大程度上可能是处于抽象的概念阶段的。所谓"理想的人性"也好,中国民族缺乏"爱和诚"也好,所谓"病根"也好,如果没有具体的参照材料和自己的经验做支撑,恐怕是很难成为长久的问题意识的。许寿裳在回忆里只提供了讨论的概念而没涉及具体问题[2],也正说明了这一点。

因此,在这个意义上可以说,《支那人气质》这本书,沟通的正是本来很"隔膜"的鲁迅与"国民"。鲁迅虽然伴随着自己许多沉痛的经验,从这本书中获得了大量的实践对象上的参照资料,但他主张译给中国人看的目的,恐怕还正在于希望"手"和"足"的沟通,即让中国人通过这本书认识并且正视自己

---

[1] 鲁迅:《集外集·俄文译本〈阿Q正传〉序及作者自序传略》,1925年,见《鲁迅全集》第七卷,第84页。
[2] 参见本文第二部分。

的弱点,从而能够走向一条自我反省和自我更新之路。

在鲁迅那里,国民性问题的本质是人的问题,是人的精神建构问题,是作为"人各有己"①个人能否从旧有的价值体系当中独立出来从而获得确立的问题。其指向在于"立人"②。"人立后而凡事举"③,"则国人之自觉至,个性张,沙聚之邦,由是转为人国"④。在此意义上,"立人"便是"立国"的前提,因为他所追求的是人之国。这一点从他留学时代起直到最后都没有改变,也是鲁迅作为一个"国民性"言说者的最大特点。几乎与鲁迅的留学时代相重合,梁启超应该是 20 世纪初"国民性"问题的最有影响力的言说者。其作为"中国之新民"通过《新民丛报》所诉诸的"新民说",自 1902 年至 1907 年震撼并风靡中国知识界,最大限度地呈现了梁启超的"国民性"主张。但梁启超所要确立的"新民",却并不是精神获得独立的个人,而是"国家主义"或"国民国家"框架下的"新民",是国家有机体说当中的作为"国"之细胞之"民"。⑤ 这与鲁迅以"摩罗诗人"为指向的人格独立的"立人"目标处在完全不同的维度。当然,与梁启超当时的应者云集相比,作为留学生周树人的"立人"主张几乎没有获得任何反响。然而,作为一种执念,"立人"的指向却贯穿于后来的鲁迅"国民性"话语乃至整个"鲁迅"当中。

作为"人国"之前提的"人",不再是国家有机体当中的一分子,也不是所谓的"齿轮和螺丝钉",而是一种变革的"主体"。在此意义上,笔者赞同伊藤虎丸先生的观点,即,鲁迅之所以把"被压迫的民众作为批判的对象",就是因为他把后者视为"变革历史的主体",他要解决的是主体方面的问题⑥;他执着于最为落后的阿 Q 身上的"国民性",而不是"以优秀的民族传统去对抗西

---

① 鲁迅:《集外集拾遗补编·破恶声论》,1908 年,见《鲁迅全集》第八卷,第 26、27 页。
② 鲁迅:《坟·文化偏至论》,1918 年,见《鲁迅全集》第一卷,第 58 页。
③ 鲁迅:《坟·文化偏至论》,1918 年,见《鲁迅全集》第一卷,第 58 页。
④ 鲁迅:《坟·文化偏至论》,1918 年,见《鲁迅全集》第一卷,第 57 页。
⑤ 关于梁启超的"新民说"与"国家主义"之关系问题,请参阅狭间直树《〈新民说〉略伦》一文,该文收在以下二书内——狭间直树编:《梁启超·明治日本·西方:日本京都大学人文科学研究所共同研究报告》,社会科学文献出版社 2012 年版;清华大学国学研究院主编、狭间直树主讲:《东亚近代文明史上的梁启超》,张勇评议、高莹莹译,上海人民出版社 2016 年版。
⑥ 参见伊藤虎丸:《鲁迅与日本人——亚洲的近代与"个"的思想》,李冬木译,河北教育出版社 2000 年版,第 114—115 页。

方"①。或许这种选择会伴随着相当程度的艰难,但是否也是一种出色的方法论?话说白了,能把史密斯记录的中国人,能把阿Q那样的人确立为"人",不正是一条真正的救亡乃至振兴之路吗?"……所以此后最要紧的是改革国民性,否则,无论是专制,是共和,是什么什么,招牌虽换,货色照旧,全不行的。"这是鲁迅"国民性"话语的逻辑关系所在。因此,阿Q死前才终于感受到有什么东西"已经在那里咬他的灵魂"②,祥林嫂临死前也终于把一个大疑问投给"我",投给世间:"究竟有没有魂灵的?"倘若活着的人接过这感觉,这疑问,有了"手"与"足"的沟通,那么他们的死便获得了所谓"置之死地而后生"的意义。

"国民性"问题,在终极的意义上,乃是人的灵魂问题。

---

① 伊藤虎丸:《鲁迅与日本人——亚洲的近代与"个"的思想》,李冬木译,第179页。
② 鲁迅:《呐喊·阿Q正传》,1921年,见《鲁迅全集》第一卷,第552页。

比较

语词概念研究中的古典追溯有何意义?
——以《四库全书》电子版为例*

陈力卫**

研究语词或概念的形成时,必不可少的手续之一是追溯其古典用法,随着大规模数据库的不断建成,这项工作愈发显出其意义和价值,不仅为我们厘清一些语言事实提供了确凿的证据,也使我们得以正本清源、辨别真伪。同样,处于汉字文化圈内的日本,自古以来的汉文使用也会出现一些独自的成分,或称"和习(臭)""和制",其判断的标准也可从数据库中找到依据。但也出现了一些问题,如在研究近代概念形成时,特别是用于"科学""幸福"等与近代日语的概念相关联的词时,利用中文古典数据库,动辄引经据典,俨然一副"我们祖上早就有了"的心态,生吞活剥地将近代概念拉扯到中文古典的语境中去,试图建构起一种语言及思想资源的上游优势,满足某种民族主义自尊心。这里,我们以《四库全书》为例,看看利用其研究日语中的汉语词究

---

* 本文在写作过程中,参考了永田知之于 2016 年第 11 回京都大学人文科学研究所 TOKYO 汉籍 SEMINAR "目録学に親しむ・漢籍をしる手引き"上所发表《目録学の総决算—〈四库全书〉をめぐって》内容的摘要,特此感谢。本文原以《〈四库全书〉などの全文データから明らかになること——漢語の出典確認の可能性をめぐって——》为题发表在明治书院出版的《日本语学》2016 年 9 月号上,此次改写为中文时,听取了诸位朋友的意见,做了部分修订和增补。
** 陈力卫,日本成城大学经济学部教授。

竟能说明哪些问题，又存在哪些陷阱？

一、《四库全书》及其电子版

《四库全书》是清朝第六代皇帝乾隆帝(1735—1796年在位)时代编制的一大丛书。先从中国全土征集到已出版的图书(不含同时代的)，再从中选出3457种，尚有不收定本，只录提要的书籍6766种，两者合计10 223种。从1773年到1782年花费10年功夫完成了这套约达8万卷的世界规模的宏大丛书。

自古书籍分为经史子集四部，"经部"为首，收有四书五经等儒教经典；"史部"除收正史外也收法制、地理、政治等书籍；"子部"则收集儒家及老庄等诸子书籍和天文、医学、宗教等书；最后的"集部"以诗文为主。清朝有四个书库分类纳之，故名"四库"。

《四库全书》原抄本有七部，分别收藏在北京故宫文渊阁、圆明园文源阁、沈阳清故宫文溯阁、承德避暑山庄文津阁、扬州文汇阁、镇江文宗阁、杭州文澜阁。北方的四部实质上为皇上专用，当时文人所能利用的只有南方的三部。但几经战乱，南方的三部几近烧毁，文澜阁的残卷也只是后来修复的。北方的四部中，英法联军攻占北京时烧掉了圆明园文源阁的所藏，现在仅剩下文渊阁、文溯阁、文津阁的三部还保留着完整的形态。

这七部中，文渊阁《四库全书》完成得最早，至今保存完整。上海商务印书馆自1934年开始影印之，直到1986年台湾商务印书馆将之全部影印完毕，以《景印文渊阁四库全书》刊行于世。这项出版事业当然对学术界贡献极大，但也存在许多问题：数量庞大、价格高昂、难以保管、检索不便等等。这些因素实际上也影响了《四库全书》的收藏和流通，以致它只能被有限地利用。

随着IT技术的发展，自1996年开始，文渊阁《四库全书》开始被制作为电子版，到1999年便公开了约8亿字的高质量全文数据库"文渊阁《四库全书》电子版"①。这一数据库使得便利阅览古籍和对大规模文字资料的高速检

---

① 关于电子版，可参见千田大介：《多漢字処理、中国語処理の基礎/オンラインコーパス/〈四庫全書〉と〈四部叢書〉》，《日本語学》2003年4月临时增刊号"コーパス言語学"；李长庆：《中国における〈四库全书〉のデジタル化および古典籍の整理と利用について》，《情報メディア研究》第4卷第1号。

索成为可能,为语词研究提供了极大的便利。

然而,早就有人指出,《四库全书》的问题首先在于对其原典的篡改和删订。亦即对清朝统治不利的书籍不予收录,即便收录,也常加删改,故要慎重使用。我们在考虑用之建构语词史时,也会有一种危险,即经过删改的该书或该处是否能作为反映其原来时代的资料来用,弄得不好会将时代背景搞错。到了电子版时代,又有多处误写和图表文字的脱落,文本本身的问题已经引起很多人的注意。①

因此,日本学者千田就曾举电子版在应用时的问题说,"首先其设计上的问题是检索结果仅表示出书名一览,需再次点击后才能读到该处原文。而且无法一览所有用例,加上检索条件的自由设定度太低,故仅可用于语词和典故的检索,难以用于汉字或语句的统计性分析"。他顺便也提醒人们注意"在将检索结果利用于学术研究时,少不了要去确认更好的版本和有一定评价的铅字本"②。

二、如何用《四库全书》来从事日本汉语词的研究?

(一) 有关"和臭"的研究利用

尽管我们知道这一资料本身有不少缺点,但其规模和数量以及收录的时代范围仍是很吸引人的,哪怕是"仅限于语词和典故的检索",《四库全书》电子版对研究日本的汉语词来说也无疑是一绝好的资料。

众所周知,自5世纪以来日本使用汉字汉文已有漫长的历史。事实上,我们光从《四库全书》收纳日人太宰春台《古文孝经孔氏传》、山井鼎《七经孟子考文补遗》就能说明这一点。伴随着这种长期使用,日本的汉文当然也会发生一些日本独有的变化,再考虑到日本纯粹的和文里也会渗入一些汉文表达,那么通过《四库全书》数据库来确认出典不仅可以看出其吸收汉文的阶段

---

① 参见李裕民:《论〈四库全书〉文渊阁本的缺陷——以宋代文献为中心》,《安徽师范大学学报》(人文社会科学版)2013年第3期。
② 千田大介:《多漢字処理、中国語処理の基礎/オンラインコーパス/〈四库全书〉と〈四部叢書〉》,《日本語学》2003年4月临时增刊号"コーパス言語学"。

性,也可成为一个标准,用以辨别是否为日语中的独自表达,即识别所谓"和臭汉语、和制汉语"的问题。

我们首先注意到台湾地区青年学者赖衍宏对早年毕业于日本京都大学的四位学者在20世纪60年代所做的"和习(臭)研究"的重新审视。① 他以小岛宪之《上代日本文学与中国文学——以出典论为中心的比较文学的考察》(1962—1965)为主,另加上入矢义高的书评(1965)中提到的4个词,还有神田喜一郎的论著(1965—1966)中涉及的3个词,最后再加上吉川幸次郎《漱石诗注》(1967)中论及的5个词,用《四库全书》电子版将这些词重新检索调查一遍,发现至今被认为是带有"和臭"的语词,如"往尘""垂毛""愁请""富荣""乘吹""何耐""言离""暑风""帽头""空边"等都是早已在汉籍中出现过的,其用法和表达相同,很难说是日本语境下产生的"和臭"。而且如下所述,他特别强调了《四库全书》电子版这一"古老而新颖"的资料的利用价值:

吉川基于敦煌文献的发现和利用,说过这么一句话:"哪怕是单词也好,有些原来轻率地断为'和臭',亦即日本人的用法,实际上那些词或许在纯粹的中文里早已存在。"当然敦煌资料的确重要。但更值得聆听的是范子烨论文《古籍电子化与中国古代文史研究——以文渊阁〈四库全书〉电子版原文及全文检索版为中心》②所举的以下两点意见:

(1) 做国学研究,学术上的突破往往依赖于新材料的发现。只要看看敦煌文书和近年新的考古发现便足以证明之。

(2) 但是,新材料分为两种。一种是过去从来没被发现,突然冒出来的。还有一种是已经有的,但尚未被我们所通晓熟知的。……既然谁都无法通读《四库》的话,那么其中必含有人迹未到的死角。在这些死角处,藏有许多古老而新颖的材料。

---

① 赖衍宏:《一九六〇年代"和习研究"追考:コーパスに基づく再検討》,《日本研究》第51集,2015年3月。
② 范子烨:《古籍电子化与中国古代文史研究——以文渊阁〈四库全书〉电子版原文及全文检索版为中心》,《东南大学学报》(哲学社会科学版)2004年第2期。

照这样看,吉川是从第(1)点来设想重审"和臭"的可能性的。而笔者(赖)更主张在第(2)点上下功夫,挖掘《四库全书》这一宝藏。现代我们除了有值得信赖的词汇索引外,更是进入了英特网时代,有很多能够活用的语料库。利用这一机能,应该在某种程度上对所谓"和臭"问题做一了断。

这也是说,从时代上看,自日本上代(7世纪以来)到近世(19世纪中叶以前)的这段时间里,日本汉文以及日本和文中出现的汉字表达及语词,仅就其出典与中文的关系问题,我们可以重新确认的资料范围就变得宽泛得多。过去历来是只靠学者自身的读书量来判断该表达是否为"和臭",而现在则通过大规模的数据库检索便可更为准确、迅速地得到结果。比如,按照上述赖氏所做的方法的确可以更新我们对一些语词的看法;但同样,反过来也能证明像"恋绪""所心""烧亡"等这类一直被认为是带有和臭的词,并不显现在《四库全书》里。也就是说并不能否定"和臭"词的存在这一事实。

(二) 用例出典的确认和发现

笔者曾写过一篇文章考证"棗龜"一词在日文里的用法①,该词多出现在被称为近世儒学之祖的藤原惺窝及其弟子林罗山和其子鹅峰等活跃的江户初期(17世纪)的文人书简中,当时应该是作为"早归"的同音词来使用的,比如:

*手東並紅橘如数恵来。厚志不耐謝。先日来訪。対レ客而棗龜。遺恨有レ余。他後期来臨之次。不宣。(藤原惺窝文集续卷之三、「答二聊占一」)

*昨脯電項往テ訪二ヒ留守ヲ、見テ両孫ヲ而棗龜。以テ安ニス我カ意ヲ。(林羅山文集卷第十一、「與二ア男怼一二」)

我以为这种表达应该是日本人独特的忌讳意识在起作用,即避讳"早归"

---

① 参见陈力卫:《和製漢語の形成とその展開》,汲古书院2001年版。

("归"有"归天"即"死"的意思)这一字面义,而改用字面意思更好的"枣龟"(常言道:枣千年,龟万年)①。而且,这一词的意思我们只能在 18 世纪初日本出版的辞书中得以确认。比如:享保二年(1717)《书言字考节用集》第 9 册(言辞八上)里有:

* 枣龟ハヤクカヘル　早皈也　出 児警篇

同样,享保五年(1720)井泽长秀的《授幼难字训》"ハ"部里也有:

* 枣龟ハヤクカヘル　児警篇　枣龟ハ早ク帰ルナリ

这两本辞典几乎是同一时代的,都表明其意思为"ハヤクカヘル(早点回去)",而且两本辞书标注的该词出典也都列举的是《儿警篇》这本书,笔者后来一直在寻找这本书,可查遍汉籍最终还是未果,这究竟是一本什么样的书呢?

于是,我们拿《四库全书》电子版来检索一下"枣龟",总共才出现 4 例:

* 《宋名臣言行录》(1172)前集卷 7
* 《自警编》(1234)卷 7
* 《山堂肆考》(1595)卷 71
* 《武编》(1618)后集卷 2

从时代上看,横跨 12 世纪到 17 世纪,但实际上这些都是同一话题的重复收录,也就是说 4 例都是同一内容。其中的《自警编》的编法分为 8 类:"学问、操修、齐家、接物、出处、事君、政事、拾遗",都是将启迪人生的故事作为具体的人物谭来加以传颂,为当时的"人气"读本。"枣龟"一词出现在"事君类"的以下文中:

---

① 比如同样的例子,将"二荒"改为"日光"也是缘于此。

*将军乃草遗野利书,书辞大抵如世间,问起居之仪,惟以数句隐辞,如尝有私约而劝其速行之意,书于尺素。……并以画龟一幅,枣一部为信牌遗野利。嵩受教至野利所居,致将军命,出枣龟投之,野利知见侮,笑曰:吾素奇种将军,今何儿女子见识?

其内容讲的是汉族的将军派自己的心腹深入敌营,给敌方头目野利示以信牌,上书"枣""龟"二字,带有暗号性质,意为"早些归来"。可此举照敌方统领来看,则表明野利有内奸之嫌,故遭处决。此段故事赞扬汉族将军使用计略便让敌方内部相互猜疑,发生误会,以达到不战而除其强敌的目的。

这样看来,日文所用的"棗龜"并不是出自日本自己的材料《儿警篇》,极有可能是出自这一字相差的、宋赵善璙所撰的《自警编》。当然,我们可以在日本找到日本足利学校遗迹图书馆贵重书集成所收的"自警编八卷 赵善璙编 明嘉靖刊",也可以看到宫内厅和早稻田大学收藏的朝鲜版,均附有正德十四年(1519)的跋。

日本还流传着该书的和刻本,管见之下,较早的有1802年尚文堂冈村庄助出版的,但阅其跋乃知是出自同一朝鲜版的和刻本,并没有日本人自己的序跋。

不过,因为同样的故事也登载在《宋朱晦庵先生名臣言行录》上,这可是有名的朱熹所编,且早在1667年日本就有风月状左卫门的和刻本了。

由此,我们知道"棗龜"的故事在江户初期的儒学家之间或许是广为人知的,而且,从上述汉籍传播的斗智斗勇的故事中抽出这一关键词"棗龜",不仅将之用于当时书简,还收入辞书并加以释义,再从上引井泽长秀《授幼难字训》的编辑目的来看,"棗龜"作为一般启蒙语词被收入,意味着流通的范围可能更广些。

我们再看中文方面,用"枣"表示"早"是广为人知的,所谓婚礼上要备"枣""花生"都是意味着"早生子"的意思。但以"棗龜"一词暗喻"早点回去"之意,虽然当时已经用于这一故事中,但似乎只是停留在一种语言游戏(类似猜字谜)之上,没有再上升到文字表达的阶段,亦即作为一个独立的语词并未流传开来。至少我们的汉语词典里是不收的。

当然,在考虑与日本的关系时,只是在《四库全书》找到用例尚不足以说明问题。其用例出处的书籍是否进到日本也是必须要确认的事项。前面提到,《四库全书》只抄录了几部,其完整资料并未直接传到日本,所以有必要确认同一资料的不同版本是否在日本有所收藏。藤原佐世撰《日本国见在书目录》(891)反映了9世纪平安时代为止从中国进到日本的书籍,大庭修《江户时代唐船持渡书的研究》(1967)和《关西大学东西学术研究所资料集刊(七):舶载书目》(1972)等反映了江户时代日本进口中文书的情况。而且这种资料传播的渠道并不限于从中国的直接进口,像前面提到的《自警编》那样,还有许多朝鲜版在日本流通,所以亦不能忘记文化传播中朝鲜半岛所起的中转作用。

三、用《四库全书》来诊断是否为和制汉语

(一) 字面一致的陷阱

所谓和制汉语,即在日本语境下产生的、中文里不曾使用的汉字语词。最典型的和制汉语的形成,就是从日语训读转为日语音读,也就是原本是日语,为了对应其意思加上了汉字,然后再把汉字按其音读来重新发音。如:"おほね→大根(だいこん)""かへりごと→返事(へんじ)""ではる→出張(しゅっちょう)""ものさはがし→物騒(ぶっそう)"等,箭头之后的形态和读音都属于狭义的和制汉语。由于该词当初就不是按中文构词法形成的,当然应该不会出现在中文里,可是,实际检索一下《四库全书》电子版,居然各自出现的次数为:"大根"(480),"返事"(49),"出張"(614),"物騒"(11)。

但我们将这些例子一一确认后会发现,大多数只是字面上的连续①。电子版《四库全书》的文字处理是用图像认识的,文章也是未标点的白文,所以仅看用例出现数丝毫不能说明问题。判断其用例的真伪不光要从语法上、意义上加以斟酌,还要考验读解汉文的能力。因此,从形态上来无法直接跟中

---

① 比如,"火事(かじ)"一词过去认为是由日文"ひのこと"对应汉字后音读的结果,但早有日本学者浅野的研究指出应该是出自中文的汉语词,见浅野敏彦:《国語史のなかの漢語》,和泉书院1997年版。事实上,《四库全书》里也有下面这样的例句:"以火为义,故因命之以掌火事,凡邦之大事,共坟烛庭。"

文出典联系起来。所谓语词的认定,我们一般要考虑到以下三点:

  甲 是词还是句?

  乙 句读标点的位置

  丙 作为构词法是否成熟

  比如,我们检索一下日语"引率"这个词,《四库全书》会出现29条。但这些"引率"并不都是同一意思,如:

  ＊孔子所引率前世人如老彭伯夷之类。(《左传事纬》前集卷1)
  ＊亦以一曲导引率因事随时定。(《御制律吕正义》后编)

  这两个例子中"引"为动词,"率"为副词表"大都,概为"之义修饰后面的句子,所以中间应该加上句读,不是一词。然而,下面三例又有所不同:

  ＊(龙文光)代陈士奇巡抚四川,闻命,与总兵官刘佳引率兵参干,由顺庆驰赴之。(《明史》卷263)
  ＊遣梁州刺史王正引率众出子午谷以为声援。(《陕西通志》)
  ＊东宫官分立于左右,礼直官引率更令请再拜皇太子,再拜讫,礼直官引率更令前导皇太子昇自西阶。(《政和五礼新仪》卷180)

  前两例中"刘佳引"和"王正引"均为人名,最后一例相反,"引"为动词,"率更令"则为官名,"引"和"率"之间是要加句读的。即三例全部都是与人名、官名有关。检索出来的"引率"例子没有一个能作为一词使用,所以,"ひきいる→引率(いんそつ)"可以看作是按照和制汉语的生成模式造出来的,与中文无关。这么说是不是所有经过这类变化的都是和制汉语呢? 其实也未必,我们拿至今被认为是同一方式成词的"おしはかる→推量(すいりょう)"和"めんじてゆるす→免許(めんきょ)"来看,至少《四库全书》里有以下例子出现:

  ＊冬日夏夜长短不同,是以推量比次日辰之早晏也。(《仪礼要义》卷47)

＊重逢春色入东州,小试统清流,看坐啸江淮,风连台阁,名动金瓯。经纶半生心事,细推量,合在百花头。此日清香画戟,不应谈笑封候。(《秋涧集》卷75)

＊张益,绛州人。弟增,殴人死,益悯弟无子,为代其罪,竟得免许。(《山西通志》卷145)

也就是说,"推量""免许"实际上早就用在中文里了,后者一直到近代还用在《英华字典》①里,如何解释这一现象呢?那应该是将顺序倒过来才对。即先有中文,然后再译成日文,自8世纪《万叶集》起,就有诸如"青雲→あおくも""白雪→しらゆき"的译例,传统上也有按汉字字面将其译做日文的所谓"据字造语法",由此,"推量"可译成日语"おしはかる","免许"可分解为"めんじてゆるす"。比如后者在中世法制资料里就有:

＊免許トハ八,将軍ヨリ御免アリ,許ルヽ事也。(所谓免许就是说从将军处得到豁免被许可之意,《池边本御成败式目注》)②

这等于是在解释"免许"这一词的意思,为此日语中用到了"御免"和"許ル"两个词,即翻译式解释后的结果为"めんじてゆるす",等于是日语里的造词法在起作用,而不是先有日文解释再对译为汉字的。

(二) 同音词的通假替换

汉语词进入日语后,经过中古的平安时代和中世的镰仓时代开始发生形态上的变化。比如,因同音而导致汉字书写变化多是发生在这一时期,这种新的表述形态更为接近其字面意思。那么,我们需要验证这种新的形态究竟是在日文语境下诞生的和制汉语呢,还是单纯地援用了中文的汉语词?前者如"蚊虻→文盲""拒障→故障""比兴→卑怯"的变化,→箭头前的形态都是中文古典已有的词,而→箭头后的形态都是在日语语境下演变出来的和制汉

---

① 麦都思:《英华字典》,1847—1848年可见其例:"CHARTER a bill of rights 免许之书票"。
② 此例引自出云朝子:《キリシタン資料における'免許'の用法をめぐって》,《青山学院女子短期大学紀要》第44号,1990年。

语，在《四库全书》里当然难以找到后者的确凿用例。但是，像下面这些例子，比如由假名"じゃうだん"变过来的"冗谈"和"究竟→屈强""土圭→時計"这类所谓→箭头后的形态实际上也能在《四库全书》里找出其相应的用法。如：

* "木几冗谈"一卷 明彭汝让撰，是编乃札记，轻言儇佻殊甚，盖屠隆一派也。（四库全书总目）
* 道人何为者，寒暑一破衫，发白具老态，口讷稀冗谈。（《后村集》卷6，辰山道人）
* 屈强于此，师古曰屈音其勿反，屈强谓不柔服也。（《前汉书》卷43）
* 屈强 陆贾传 倔强 崛彊 屈彊（《古音骈字续编》卷3）
* 时计 冬夏二至，但逢甲子便为上元，置二至以来积日减一，以十二乘之，加本日所求之时，是为积时。（《易学象数论》卷6）

这里的"冗谈"写得很清楚是"轻言儇佻"；"屈强"也是"谓不柔服也"；"时计"也是计算时刻之意，至少作为一个词都可以独立使用。而且"冗谈"和"屈强"与今天的日语意思相差不远。只是"时计"与当今的日语不同，不是指具体的钟表类，而是表示时刻的计算法。这样看来，由同音引起的汉字替换，既有对应意思变化而追求新形态的"和制汉语"，也有顺便援用既存的中文词。特别是后者我们不能排除由于发音的类似而导致其形态混淆的可能性。

（三）是否成为一词？

在验证一个词是否为和制汉语时，首先有必要搞清楚该词在中文里到底算不算一个词，是否还处在句子或短语的层次。比如，"成果"一词在《四库全书》里出现212例，其中下面两例显示它并未成一词，尚处在句子的阶段：

* 林黄中曰：秋冬之交，木成果矣。（《厚斋易学》卷47）
* 以偈答曰：我不恐畏死，志愿求解脱。所求不成果，是故我啼泣。人身极难得，出家亦复然。（《法苑珠林》卷56）

到了近代马礼逊《英华字典》(1822)里,形式上是单独抽出的词的形式,但意义上还是停留在植物上结果之意,没有普及到一般的好的结果之意上。

* PREDESTINED fates of a person are called by the Mahomedans 先天真种子, true seeds planted before birth: what these were may be known, 眼前一一发根芽, by the roots and buds daily evolved before one's eyes. The practice of virtue is the 加培养 culture of the seed; and the result in a future state is the 成果 formation of the fruit

也就是说,现代意义上的"科学成果"之类的词义是在日本衍生后注入这一形式上的,比如在《哲学字汇》(1881)它就是作为 product 的译词来用的,后再引申为"好结果"之意。

再举"情热"一词,日语里一直是视为一词的,在《四库全书》里出现了 65 次:

* 朱子曰是天之性情如此,火性情热,水性情寒。(《西山读书记》卷 38)
* 妇人情热者不能宽解,多被七气所伤。(《普济方》卷 320)
* 清如参危露,冷若太古雪,举瓢斟酌之,一洗五情热。(《珊瑚网》卷 9,"寒月泉")

像上述这些例子,都还停留在主谓结构上,几乎都是"性情＋热""五情＋热",可以说还没有形成一词。

但我们知道,《四库全书》所收的资料主要是 18 世纪以前的文言文,像那些对日本近世文学影响深远的《西游记》《水浒传》《三国志演义》等以俗语为主体的白话小说及元曲等口语资料几乎没有收录在《四库全书》里,因而我们如果拿《四库全书》来确认江户以后的唐话口语资料是牛头不对马嘴的。也就是说,不能因为《四库全书》里没有,就断定这个词,特别是其口语说法不用于中国。这个时候应该用其他数据库来加以检索。那么就会发现"情热"一词在元曲或白话小说等口语体作品中经常出现:

* 粗豪的今古皆绝,您这些富产业,更怕我顾恋情热。(《元刊杂剧参十种》,"闺怨佳人拜月亭杂剧 第三折")

* 调得情热,背了胡生眼后,两人已自搭上了。(《初刻拍案惊奇》)

* 两下坐谈,愈觉情热。(《醒世恒言》)

* 再说那邢权在朱十老家,与兰花情热;见朱十老病废在床,全无顾忌。(《今古奇观》,"卖油郎独占花魁")

* 彼此情热,俱不必细说。(《金瓶梅》)

本来在文言文体里很难成为一词的中文主谓结构,到了口语里面竟然变成一种相对稳定的构词结构。但是这里面还有一点不容忽视的问题,即日本方面如何来读白话的,他们的读法在形式上决定了是否成词的问题。换句话说,在中文里看上去难以成词的结构,在日语里却只依据其形态来判断其是否为一词。比如白话小说流入日本,作为读者的日本人根据自己当时的汉文理解能力来判断其是否为一词。上面举的"卖油郎独占花魁"里的"情热",在当时的翻译里并未被视为一词,只是译作主谓结构的"情深ク":

* 那(カノ)邢権、朱十老ガ家ニ在テ蘭花ト情深クナリ、朱十老力病デ床(10オ)ニアルモカマハズ、憚ル事ナシ。

拙稿曾指出过在中文里难以成词的结构,反倒在日本只要将之音读,便可使之被视为一词。亦即中日之间对词的认定标准不同,相比之下日语里词的认定基准要松缓得多。① 这一点本来是可以通过日本翻印的所谓和刻本的加点情况得以证实的,而白话小说往往不同于以往汉籍的加点,所以研究其在日本是如何被翻译解读的意义正在于此。

中文后来多用"热情"是清末以后的现象,应该是受日文"情热"的影响后,按中文音韵习惯改变其语序的。

---

① 陈力卫:《語構成から見る和製漢語の特質》,见东京大学国语研究室创设百周年纪念国语研究论集编集委员会编:《東京大学国語研究室創設百周年記念国語研究論集》,汲古书院1998年版。后收录于陈力卫:《和製漢語の形成とその展開》,汲古书院2001年版。

（四）近代概念的诞生与中文的出典关系

我们已经说过，《四库全书》只收录了18世纪以前的书籍，而且没有收录那些白话小说等口语体的俗文学，所以在对日语中的近代汉语词的考察中，要想利用《四库全书》来确认其出典的话，往往会出现一些问题，不注意这一点就容易被引入歧途。

比如，中日双方都使用同样的词，我们首先需要确认它们之间是否有影响关系，如果两者之间的出典的时代差越大，其影响关系也就越容易做出判断，否则只好借助数据库来靠具体使用时间和量的多少来追究两者的关系。我们先试着检索一下具体的例子。

日本的兰学（研究荷兰的学问）医药著作《七新药》(1862)里使用过"蛋白质"一词：

＊土質、金質及び蛋白質と相結合して以て其功を発す（与土质、金质及蛋白质相结合以发其功）

而罗存德《英华字典》(1866—1869)里也有英汉对译的例子：

＊Protein　蛋白质

于是，两者谁影响谁就成了我们关心的问题。那么为了看看汉籍里是否有更早的用例，便来检索一下《四库全书》，结果居然为零。

同样的例子，"结晶"一词出现在日本兰学的化学研究书《舍密开宗》(1837—1847)里：

＊冷れば復凝て端整の晶を結ぶ，之を物の結晶する諭例とす（冷却后复凝结为端整晶体，将之谕为物质结晶之例）

而上面举的同一《英华字典》里也有这一对译：

* to form crystals　结晶

那么,要想确认两者的影响关系,检索一下《四库全书》,结果只出现了一例,且是与"结晶"毫无意义关联的纯粹字面上的组合。这样仅从时间差来看,中文出现的要晚于日本,一般就会认为是日语影响了中文。但如何影响,通过什么媒介来影响都是我们要搞清楚以后才能回答的问题,至少《四库全书》没法解答这一点。

《四库全书》里虽然也收录了一些西学方面的书籍,但多偏重天文、地理、数学方面,从整体量上看还是太少,从时代上看也只能限于耶稣会士方面的著作,所以要想确认其他领域的出典本身是有其局限性的。

也就是说,在研究近代汉语词时,需要从词的形态上、意义上的一体性来做真伪判断。比如,"内容""简单"这两个词,如果光是追求其"形态"的话,那么一检索《四库全书》就会出现不少例子,如"简单令"等,可它们是否为我们今天使用的这一意思的由来,很难做出判断。

再者,我们知道有很多新词、新概念在近代由日本传到中国。对此,国人早在20世纪初就一再主张这些新词本来是出自中国的,所以要拼命从古典里找出其出典。这种心态由来已久,时不时就要冒出来。比如,典型的例子就是"科学"一词,你如果真去查《四库全书》,那可不得了,竟然出现了84例,所以很多人包括学者相信它是源自中国的,还有不少人写过文章来论证。

但是,在田野村的一篇论文中,他将所有中文古典里出现的"科学"例子根据其他版本和别的刊本逐一校合,做了详尽的考察和分析,得出的结论是:除了有个别作"科举之学"讲的可能性外,绝大多数实际上是将"科举"错写或错认为"科学"了("擧"和"學"的确字形相近)。[①] 比如,《四库全书》里出现的下述"科学"例子无一不是"科举"的误认:

* 岁内积至八分者为及格,与出身不及分者仍坐堂肄业,一如科学之制。(《名臣经济录》卷26)

* 正嘉之间,文体日偷。杨慎极论其弊,曰太祖始制科学诏举子,经

---

① 田野村忠温:《"科学"の語史―漸次的・段階的変貌と普及の様相》,《大阪大学大学院文学研究科紀要》第56卷,2016年。

义无过三百字,不得浮词异说。(《钦定续通典》卷22)

＊尚书侍郎掌礼乐仪章,郊庙祭祀,朝贡会同,宾客宴享,学校科学之政。(《礼部志稿》卷8)

关键是连最权威的《汉语大词典》"科学"条下的例句也是"科举"的误写：

＊自科学之兴,世之为士者往往困于一日之程文,甚至于老死而或不遇。(《送叔祖主筠州高安簿序》)

近来仍有学者依此例句,强调说："这里的'科学'便是'分科举人之学'的简称。故'科学'本为中国固有的汉字古典词,谓分科之学、分科举人之学,由此来证明日本的'科学'实际上是承此意而发展起来并对译 science 的。"① 皮之不存,毛将焉附？既然此处本为"科举",何谈形态之同呢？

实际上,文本很重要,在"科学"这一形态本身在中文语境里是否存在都需要重新审视的情况下,轻易依据不可靠的文本下结论,更容易引起误导。这也正是我们前面提到过的《四库全书》本身的本子所存在的问题。

同样的例子也见于"幸福"一词,《四库全书》中这二字的组合颇多,但从构词上看,属动宾结构,与日语的并列结构不同。如何可因字形相同就断定为"幸福"的源头呢？② 这就跟"怪我"一样,中日之间形态相同,结构迥异,来由及意义完全风马牛不相及。

四、从"十年一词"到"一年一词"

从《四库全书》电子版的完成到现在已经过去十多年了,利用电子版的研究成果应该也发表了不少,可事实并非如此。令人感到意外的是,这方面的论文数量十分有限,尤其是在日本。除了前面提到的赖氏对"和臭"的再考外,还有朱京伟的几篇文章,用《四库全书》来检测日文中的某些表述是否为

---

① 冯天瑜、聂长顺：《"科学"从古典义到现代义的演绎》,《武汉大学学报》(哲学社会科学版) 2019年第4期。
② 孙文：《论"幸福"非"日本造的汉语"词》,《外文研究》第3卷第2期,2015年6月。

中文固有的语词或搭配等等。① 这两位都是以中文为母语的学者,当然具备文言文的断句能力。或许正因为此,最终是否成词的判断多依赖于个人的汉文读解能力,才导致现在日语学界利用人数不多的结果。其实不光是日本人,中国人也如此,可能对这种不加标点的文本已经有不少意见了,发行《文渊阁四库全书电子版》的公司最近在网上开始提供《十三经注疏》《史记》《庄子注》《东坡全集》等八十种断句标点本的免费下载,并宣称继续努力增加其他典籍的电子版标点本。

中国国内数据库的建设正以惊人的速度和规模发展,除了《四库全书》《四库丛刊》外,"中国基本古籍库"亦收录了自先秦到民国(自公元前11世纪到公元20世纪初)的历代典籍1万种,计17万卷,总字数达18亿字,为《四库全书》两倍多的内容量,成为现今世界最大规模的中文电子数据库,同时也是中国有史以来最大的历代典籍"合集"。

日本也好,中国也好,各研究机关数据库的规模在不断扩大,所辖的时代幅度也更广泛。当然这也引起人们的另一种担心,过于依赖这些电子资料,使不通过阅读和理解原本而直接写论文反倒成了目前出现的倾向,甚至到了需要编辑一本按内容分类编排的数据库索引的地步。

古人有十年磨一剑之说,其实在日本做语词史研究也常说"十年一词",亦即花十年功夫才能将一个词搞透。其含义之深,令吾辈常常感叹自己一生究竟能搞清楚多少词。但伴随着科技的进步,最近网上又公开了许多资料和各种数据库,使得研究环境有了极大的改善,至少就语词史的建构来说,可以说时间上能够缩短到"一年一词"了。如果作者对这些工具和技能掌握得更为熟练的话,或许还可以再缩短一些时间。从这一意义上看,在语词史研究的基本资料都已经齐备的当今,我们期待这一领域的研究出现飞跃性的进展,以往那些仅凭作者个人努力所做出的研究成果或被刷新、改写,重新建构新的语词史的任务将会落在年轻一代的身上。

---

① 参见朱京伟:《〈太陽コーパス〉における漢文系複合辞の使われ方》,《近代語コーパス設計のための文献言語研究　成果報告書》(国立国語研究所共同研究報告 12－3),2012 年;《〈时务报〉(1896—98)中的日语借词——文本分析与二字词部分》,《日语学习与研究》2012年第 3 号;《在華宣教師の洋学資料に見える四字語—蘭学資料の四字漢語との対照を兼ねて—》,《国立国語研究所論集》第 6 集,2013 年。

皮埃尔·拉鲁斯的"大词典"
——共和国的字母表*

Pascal Ory 著

赵倩 译**

一、引言

媒介活动处于文化社会的中心。继新闻和学校之后的第三大领地——普及化,直到现在都被研究者忽视,而前两者却在其中发挥作用,没有什么比看到这一点更令人遗憾的了。然而,在19世纪的最后30多年,共和文化牢固地扎根在法兰西社会中;另外,按照民主思想和普选的必然性,也许普及化这一领地才是共和行动最为顽强、最有成效的地方。如果不能如同阅读政治文本般专注地重读埃米尔·利特雷(Émile Littré)的《法兰西语言词典》(1863—1872)(*Dictionnaire de la langue française*)或者另一时期由马塞兰·贝特洛(Marcelin Berthelot)赞助的《大百科全书》(1885—1902)(*La Grande Encyclopédie*),我们就无法书写"共和精神"的历史。

这里,我们只关注那本独一无二的《十九世纪万有大词典》(1817—1875)

---

* 原文标题为 Le "Grand Dictionnaire" de Pierre Larousse : Alphabet de la République。
** 作者帕斯卡尔·欧瑞(Pascal Ory),凡尔赛大学教授、当代社会文化史中心主任。译者赵倩,南京大学外国语学院法语系博士研究生。

(*Grand Dictionnaire universel du XIXe siècle*)。不知疲倦的皮埃尔·拉鲁斯(Pierre Larousse)领导并承担了1863年至1876年期间绝大部分的编纂工作①。1863年，他们开始对同时期的《利特雷词典》(*Littré*)第一分册首次认购，1876年出版了第524册，同时也是最后一册，两年之后开始第一次《补编》(*Supplément*)，之后进行汇总（第二次是1890年）。正如我们所见，这本关于词语所有含义的鸿篇巨制（总计2700页，每页4栏；4.83亿条释义）经历了1870—1871年的动荡。此外它的组织者也已经力竭，似乎从1872年年初他的身体就开始抱恙。大约从第六卷和字母D开始，我们可以将这一著作定位为词典。

拉鲁斯本人的个性和他所追求的目标与时势②并没有太大冲突，而这一点至关重要。作为共和国40年代时期的小学教师，拉鲁斯从1849年开始投身教辅教材出版行业，致力于教育事业，服务于自由思想与民主③。当他编写《新法兰西语言词典》(*Nouveau Dictionnaire de Langue française*)时，另一部使他家喻户晓④的词典——出于技术必然与谨慎，那时的他仍有所顾虑：数年后我们发现了皇后⑤频繁使用的样册……——鸿篇巨制的《大词典》(*Le Grand Dictionnaire*)，作为19世纪的百科全书，相反地，它被赋予了最纯粹的

---

① 由于缺少可以明确主编以及合作者所承担的实际工作量的材料（1865年的前言提到了27位合作者，但还有其他人参与），这里我们将"皮埃尔·拉鲁斯"这一主体视为共同执笔人，并认为所有证据可以证实他的作者资格，或他对所有文章在具体的思想内容上进行的细致的重阅工作。

② 这一研究以多项基础工作为支撑。首先是拉鲁斯研究先驱，安德烈·雷蒂夫(André Rétif)：《共和党人皮埃尔·拉鲁斯》(*Pierre Larousse, républicain*)，《共和党人》(*L'Esprit républicain*)，奥尔良研讨会，1970年4月、5月，巴黎Klincksieck出版社1972年版，第273—278页；见《皮埃尔·拉鲁斯和他的著作》(*Pierre Larousse et son œuvre*)，巴黎拉鲁斯1974年版；以及吉尔贝·杰·莫兰(Gilbert J. Maurin)，《大词典中的对第二帝国的批评[……]》(*La Critique du second Empire dans le Grand Dictionnaire [...]*)，巴黎，1975年；最后是艾芙琳·弗朗克(Évlyne Franc)《大词典中的民族记忆[……]》(*La Mémoire nationale dans le Grand Dictionnaire [...]*)，巴黎政治学院硕士二年级论文，1980年。

③ 发表在1864年7月2日的《名流》(*L'illustration*)中的一封信；由雷蒂夫(Rétif)引用，参见《皮埃尔·拉鲁斯和他的著作》，第173页。

④ 第一版：1856年。五十年中售出五百万册。拉鲁斯在其中首创"粉色内页"。克洛德·奥杰(Claude Augé)在1905年在此基础上重设，取名为《小拉鲁斯插图词典》(*Le Petit Larousse illustré*)。

⑤ 此处应是指欧仁妮·德·蒙蒂霍(Eugénie de Montijo)，拿破仑三世的妻子，法国人的皇后——译者注。

意识形态含义。这正是维克多·雨果同意立刻为拉鲁斯提供赞助作为"防火道"时所理解到的,他在信中评论它是"时代的敌意"中的词典式文学。拉鲁斯的合作者优先从"精英"阶层挑选,从路易·里阿尔(Louis Liard)到阿尔弗雷德·纳盖(Alfred Naquet),再到路易·孔布(Louis Combes)——伟大的甘必大主义写手,法国大革命期间大部分词条都出自他手。1865 年的序言尽管有所克制,但仍表明了主编无法在生前与蒲鲁东(Proudhon)——"19 世纪最果敢、最深刻的思想家"合作注释"上帝"(Dieu)和"财产"(Propriété)这两个词条的遗憾。我们都熟悉词条"波拿巴"(Bonaparte)中不逊的开头(卷二,第 920—946 页;1867 年)①:"最伟大、最荣耀、历史上最闪亮的姓氏,但不包括法兰西共和国将军拿破仑的姓氏——它于 1769 年 8 月 15 日生于阿雅克修(科西嘉岛),而在共和历(唯一且不可分割的法兰西共和历)八年雾月十八日(1799 年 11 月 9 日)死于巴黎附近的圣克卢城堡(Château Saint-Cloud)。"历史想让"拿破仑"(Napoléon)这一词条出现在 1873 年 12 月:其中含意或可猜到。

像这样的情况不多,但也给充满大师语言的外在形式赋予了一种可塑性,从词条本身的长度②开始,有别于作者在其中采用的论战性语调。贝勒或狄德罗③为了绕过审查所尝试的词典学手段:注释、有倾向性的引用、意外的离题④……所有重要的词条都通过丰富的书目和图片附录得到延伸⑤,甚至还有更加生动的评语。说明的主体部分中,随处可见的价值判断,以自然通俗的口吻(逸事、俏皮话和秘闻),和类似弱化了的雨果式或是基内(Quinet)式的抒情方式表达出来。在重大事件上,拟人法便派上用场,例如长达 8 栏的长篇大论"好人雅克眼里的英国"[Angleterre(L')jugée par Jacques Bonhomme](卷一,第 374—376 页;1866 年),这一词条是当时对英国这个国

---

① 已根据雷蒂夫的书(同上文)确定了这些文章出版的时间,以及 17 篇由《生命与语言》(Vie et Langage)期刊收录的"拉鲁斯相关"的文章的时间。编撰时间基本都未知。
② 例如:词条"耶稣"(Jésus)(卷九,第 966—968 页;1875 年)加上附录 11 栏;而词条"耶稣会会士"(Jésuite)(卷九,第 958—965 页)则有 30 栏。
③ "狄德罗"(Diderot)(卷六,第 764—775 页;1870 年):"最强大的天才,最鲜明的个性,体育健将,哲学家,思想家,批评家,18 世纪体格最结实的艺术家……在丹东之后,或与之并列。"加上附录计 18.5 栏,是伏尔泰的两倍。
④ 例如:词条"竞赛"(Concours)(卷二,第 856—861 页;1869 年)中遍布对体制狡黠的影射。
⑤ "亨利四世"(Henri IV)(卷九,第 185—186 页;1875 年):传记有 3 栏而附录有 7 栏。

家,较为审慎的一段注解。作者喜欢现身说法,带领读者身临其境,例如,在词条"气泡(粉色)"[Bouillon(Rose)](卷二,第1085页;1867年)的开头,"无名的、未知的、被历史学家看轻的名词,历史学家忙于领会、了解所有事件,将对细节和片段的考量留给回忆录,留给编年史",又突然停顿发问,留下"说吧,说吧,《大词典》,你要在这里向我们展示什么样的风格呢?恐怕读者真的要说你蘸着米什莱(Michelet)先生或是米什莱夫人的笔墨在书写吧!——当然咯,读者,我不为自己解释什么;这是抒情,是狂热,是轻快;不过这里和女人有关"等这样的表达。①

　　说到这种程度,我们就要思考《大词典》是否有足够的代表性。它的个性化确实引来一些批评,包括左派②,而且很显然,皮埃尔·拉鲁斯的继承者们在(19世纪)70年代初期③之后就明显弱化了他的理念。不过,把这些尝试和之后的举动看作公平公正的范例可能有些幼稚④,而且我们也要充分领会和他们同时代的人并不止步于在这部材料丰富的著作上取得成功。拉鲁斯一下子作为"科学与真理的有力普及者"位列共和国先贤祠,同时媲美斯普勒(Spuller),在自己的家乡也竖起了一座雕像。从出现时期和时机来看,《大词典》可谓共和国在世纪末推广普及的典范:既是学校课本、日常阅读书籍、获奖图书,也是教育大众的文学……

---

① 我们同样引用了词条"借款"(Emprunt)(卷七,第482页;1870年)中所说,"今天是1870年3月15日,突尼斯的借款降低至170法郎。这么说的意思是'暴跌得太厉害了!'",或者用一种不同的语调——词条"达米昂"(Damiens)文末的语调,来描述这种痛苦:"糟透了!糟透了!"(卷六,第47页;1870年)。
② 这就是词条"百科全书"(Encyclopédie)中对《大百科全书》的评论,尤其是对其中根本的敏感性:"这部书之所以是一种大型辑录是由于它逸闻性的特征以及它为新闻工作者在撰写更受欢迎的专栏文章时所提供的便利。这也是一部有趣的字典,但是缺乏有条理的规划,文章比例不佳,批判精神几乎完全缺席,使得从业人员的对它的使用有些冒险。"(原文如此)
③ 和词条"弗卢朗"(Flourens)(卷八,第508—510页;1872年)的宽容(弗卢朗是拉鲁斯的一位朋友),及卷九中词条"雨果"(Hugo)(1875)中对巴黎公社相当严苛的评论相比,尤其是和《附录》中词条"巴黎公社"(Commune)相比。
④ 有点讽刺的转折是,爱弥尔·莫罗(Émile Moreau,1841—1919),1900年左右的出版社领导之一,加入了法兰西运动,他的儿子是这一组织的创办者之一。

二、句法(Syntaxe)

被置于历史运动中心的《大词典》乐于扮演它在记忆之场中的角色。也就是说,皮埃尔·拉鲁斯如此喜爱历史,以至于对他而言如果怀疑历史学家,就好比狂热且神秘主义的信徒会怀疑教士一样。他执拗的头脑,带着实证主义色彩,令他这般总结:"16世纪是诗性的,17世纪是古典的,18世纪是哲学的,19世纪则是历史的。"("法兰西文学"[Littérature Française],卷八,第711—715页;1872年)。当这位自由的思想者观察到,可以这么说,"今天,历史变成了一种全球性的宗教",这并非一种贬低,而是为了预言"它注定成为现代文明的中心,一如中世纪的神学"("历史"[Histoire],卷九,第300—303页;1873年)。然而,从17世纪的意义上看,这一卓然的情形使得它更接近哲学,而非博学。"气泡"(粉色)的开篇给出的论据,在他给贝特霍尔德·泽勒德的《亨利四世和玛丽·德·美第奇》(Henni V et Marie de Médicis)写的尖酸书评中得到了证实——这时拉鲁斯已经去世。(《补编》第947页;1878年):"泽勒先生落入了我们今天众所周知的弊端。现在他似乎承认了我们只能根据'未经出版的材料'进行写作。所有被印刷过的材料都不能作数。"

这本和《历史杂志》(Revue Historique)(1876)初期的期刊同一时代的著作,主要由那些——用我们今天的话来说——可能会被我称为"政论作者"的人编写,这类人是记者、散文作家和活动分子的结合,在以后的时代里仍然有这样的人,但却失去了这样的称号。更进一步说,这一出版赋予了历史类似"王后和良心调解者"这样的概念(词条"历史")。"小学教师"(Instituteur)(卷九,第725—726页;1873年)这一篇迅速地废除了作为历史-战争、君主"臣民"的历史,转变成"我们需要认识的是人的历史,是人民的历史",这么做只是为了得出作为替代的伦理是必要的这样的结论。传统的矛盾,在这一代备受《历史杂志》指摘,在"新的历史"来临之前,它向后者无休无止地展示出自身的无知。

这里,老实说,这一信条对一切都有了答案,因为这关于进步,是对历史主义的哲学论证。《大词典》是时代力量下产生的对于进步主义的简论,这个时代同样催生了米什莱的名作和卡米耶（Camille）的父亲欧仁·佩列坦（Eugène Pelletan）的著作《信仰的公开信奉》(*Profession de foi*)。同样地，当我们阅读作者信奉"无限的可完善性"所作的"中世纪"（Moyen Âge）（卷十一，第 657—658 页；1873 年）和重要条目"进步"（Progrès）（卷十三，第 224—226 页；1875 年）时，我们被要求去理解这些宗教式比喻的字面意思，这些前提自圆其说："对于进步准则的信仰是我们时代的真正的信仰。正因如此信仰才无人怀疑。"

这样的公设显然作为每一个概论的论据，从动物学到形而上学。它论证了过去几个世纪的严厉性和未来时代的乐观主义，考虑到了社会的等级制度：确实存在"野蛮"（Sauvage）（卷十四，第 275—276 页；1875 年）和"文明"（Civilisation）（卷四，第 366—370 页；1869 年）。根据"野蛮人和儿童的观念、语言、习惯和性格之间的类比"；前者尚处于童年期，后者正是"智识开化、民风温和、艺术繁荣、工业发达的民族的状态"。从这个角度看，"优越的人种学者"戈宾诺（Gobineau）的理论有权得到优待，相较于基佐（Guizot）、傅立叶（Fourier）尤其是亨利·伯克尔（Henry Burckle），英国文化主义哲学历史学家等人的理论。它们等同于"雅利安"（Aryas）（卷一，第 736—737 页；1866 年），是对"阿里乌斯教派家族或白种人中的最高贵的分支之一的统称"。

也就是说，《大词典》提出它自身信条的确定是通过"科学的方法"（"中世纪"）且不满足于"宗教与神秘的灵感"，或佩列坦的"启发式风格"（"19 世纪的公开申明[profession de foi du XIXᵉ siècle]，卷十三，第 219 页；1875 年）。尤其做好了全力以赴解决"颓废（主义）"（Décadence）（卷六，第 206—207 页；1870 年）这一微妙问题的准备，事实上，它只是通过退让来解决在演进的细节中所存在的一定程度的不持续性。类似中世纪这样"明显的退步"，退一步看，变成了萌生"科学与自由"的"潜伏期"。正是前几个字眼引出了谜题的关键：颓废在历史中存在，但仅仅存在于精神错乱的民众之中["颓废（主义）"]。这种自由主义的唯意志论，倘若不是以民众教育为信仰的整部拉鲁斯的另一种指称，那就近乎赘述了。如果人性如同人类个体一般进步，那它总有一天会衰退，直至灭绝，据此最终的回答对应了最终的争论。1878 年对"进步"词条的补充从这一角度给出了一种独特的声音——它的存在本身就难以证实。在这一结尾中，否定、推翻那些趋势的假设不再被排除在理论之外，即便这一假设被置于进步主义工作的名义之下,而《大词典》在某种程度上提出了最好的例证。

三、方言(Idiome)

在两次世界大战之间的第三共和国的最后一个矛盾在于:如何协调全局进步,尤其是统一运动和守护国民价值之间的关系?因为政治上的激进主义,使得拉鲁斯,例如在殖民运动中("殖民"[Colonisation],"殖民者"[Colonisateur],卷四,第646—653页,1868年,但是指拿破仑三世的统治之下),展现出一幅消极的形象,在他的工作日期方面,拉鲁斯是敢于在人类历史趋势性的统一上走得最远的那些人之一。词条"征服"(Conquête)(卷四,第960页;1868年)同样赞扬了这一事实,其在民主批评之下充满了对征服者及其被赋予的崇拜的无情揭露。渐进、进步的人种融合显而易见,从"更开化"的人种面前"土著"人种的消失这一点就能首先看出这一信号("黑色人种"[race nègre]这种措辞也在消失)。"人类的倾向不仅仅在于构成理想的家庭"("进步"),我们的词典学家已经开始担心单一的语言无法建立这种由铁路和哲学协调而成的人性("语言"[Langage],卷十,第144—145页;1873年)。这位联邦主义者,蒲鲁东的追随者,即使他对此感到后悔,也不相信国家实体的消失,但经验科学让他看到混血的进步之处:"也许本世纪初在欧洲进行着的持续性人种融合使得我们躲过了毁灭的成因。"("民族"[Nation],卷十一,第854—855页)对于一名1870年甚至1871年的进步主义者而言,对融合将会成为的样子意见一致就是全部;对于《大词典》,最关键的是绝对的法式灵感,而这也正是他致力于通过词典学所揭示的。既指"法国人"(Français)也指法语的词条(卷八,第708—711页;1972年)证实了民族语形成迟缓的猜想,简单地说,就是和人体一样,其中也存在着成长的时间长度和机体的寿命之间的比例。或许,互文手法除了能在阐释词义的引文中实现它的职能外别无他用。四个人中有三位会殷勤地以"运动的优雅和精神的趣味从不会背弃法国女人"(德赛格[De Ségur])这样的话开始,再接着说两句依据它们的含义而非形式挑选出来的晦涩的当代语言:"法国人民始终是上帝改变大地面貌的工具"(布丹[Boutain]),还有"法国天才不喜欢云彩,只有身处狂热中才能起到积极作用"（阿里斯蒂德·杜蒙[Aristide Dumont]）。至于保留在语言中的引用，显然是里瓦罗尔（Rivarol）的那句"所有不清晰的都不是法语"①。

皮埃尔·拉鲁斯丰富而冲动的精神便是这样的，在此前提之下的霸权潜力在人们所期待的重要时刻充分发展起来。"高卢"（Galois）（卷八，第1081—1084页；1872年）这样开篇，"在我们这个时代，它以普适的民族特性和绝佳而多样的民族天分在各民族中脱颖而出"；这样结尾，"我们可以确定，没有那么像高卢人的民族，就不会有更具天赋的人种定居在一座更美的国度"。"法兰西"（France）（卷八，第719—743页；1872年）的开场白宣扬得不能更清楚了："法兰西（旧称'高卢'[Gallia]）。西欧国家，它得天独厚的平缓地势，它的历史，它的文学，它的艺术和工业在文明国家中位列前茅。"构成这一文化融合框架的奥秘在"中世纪"这篇抒情性的词条中被提及："一个民族诞生了。罗曼人的集权，高卢人的大胆想法，法兰克人对独立性不可遏制的情感，包罗万象的法兰西自身便是一个文明。"

这么看来，法国人在划分天才的国籍上运用的智慧就没什么令人吃惊的了："卢梭（让·雅克），对18世纪的法国和欧洲其他国家产生最深远影响的哲学家之一，1712年生于日内瓦，1778年7月3日在巴黎附近的埃尔芒翁维尔镇去世。尽管出生在瑞士，但他完全属于法兰西。"②对应地，民族历史上的恶人，运用某些遁词，就应该属于外国血统："玛丽-安托瓦内特"当然就是奥地利人，就好比明显和她比较类似的欧仁妮③（卷十，第1190—1193页）是西班牙人一样，不过推测"拿破仑三世"的生父是荷兰人或者引用米什莱评价"路易十四""从出身方面和他母亲那一脉来看，他是个纯种的德国人"就有些恶趣味了。"拿破仑"（卷十一，第804—814页；1874年）本身就有权"以血统和思想作为一名外国人"，更甚是"一名血统不确定的外国人"，一种东方专制主义者："他的统治远非法国大革命的延续，尽管辉煌一时，这种政治关联之

---

① 将所有国家的字典里为了举证人民所用的引文放在一起进行比较会是一件有意思的事情。我们很乐意指出同时代词典《利特雷》中选用引文的出发点是一样的。
② 它使得那些最优秀的爱国者法语化："卡诺"（卷三，第426—428页；1867年）的名字"源于古老的高卢方言[……]"，并且对这个家族，对他们的传统习惯和亲切的问候都很有影响。
③ 此处应是指欧仁妮·德·蒙蒂霍（Eugénie de Montijo），拿破仑三世的妻子，法国人的皇后——译者注。

下的仇视行为,事实上是对拜占庭式的恺撒政体的纯粹模仿。"我们还会看到一些类似明智的《大词典》中词条"巴赞"(Bazaine)表露的那些老套的思想,这个词条里,卡米尔·佩列坦使得东方成为"几乎不了解法国"的怪物。

爱国主义,在词条"布汶"(Bouvines)(卷二,第1166—1167页;1867年)中一下子就激发出来,从1871年开始,在这种"民族性的曙光"相对主义时代中,尚未在前言得出所有结论显得更加强烈。《大词典》呈现出来的是较为原始的版本,在1865年的版本里,"德国"还是一种地理性质的表达,"俄国"令人反感但遥远,不管怎么看美国都令人同情且同样遥远,只有"英国"扮演着宿敌的角色骄傲地出现,但某种程度也被赋予了典型的贵族偏见,它的未来一片渺茫。将伦敦和巴黎放在一起进行对比只是为了了解文明的天平会向哪一侧倾斜。

集中主义思想、共和进步主义,正如拉鲁斯逐步将法国置于文化的汇合处,其实是毫不迟疑地使得首都成为"世界的中心"("巴黎",卷十二,第226—281页;1875年)。首都毋庸置疑的文化辐射能力可以提高法国的世界影响力则是主要考虑的理由:在这一同名词条中,描绘"巴黎在现代文明中的角色"的这一章,赞词满溢,不少于13栏。共和主义阶层对这座启蒙城市的崇拜,毫无疑问是在那几年面对可能对它去"首都化"的议会力量时最为耀眼。因此词条"巴黎"占据56页,是词条"法兰西"的两倍多。

我们犯了一个严重的时代错误,认为一个如此根深蒂固的信仰是出于法国空间中一种对小众文化独特的侵略性。这种优越感就够了。我们还发现,例如,"巴斯克人在很长一段时间里抵制现代思想"("巴斯克"[Basque],卷二,第317页;1867年),但这并不令人忧心,因为"在19世纪,【他们】仍然属于简朴的自然状态和文明状态之间的阶层"。抵制凯尔特人的布列塔尼人同样在对民族历史的浪漫主义构想的同情中获益,正如高卢人与接二连三的侵略者之间的斗争,布列塔尼文学也被埃萨尔·德拉维勒马尔盖(Hersart de La Villemarqué)赋予了浪漫的色彩。直到词条"朱安党叛乱"(Chouannerie)(卷四,第199—200页;1869年)才稍显稳重,一如"无知失智的农民"脱离常轨的时刻。将战争的荣耀赋予对手无伤大雅,因为历史的意义仍旧会制裁他们。

这灵巧的语言实实在在地存在着,在这些用来解释众多外省的词条中,和波帝王朝或 1789 年再无瓜葛:"布列塔尼语和诺曼底语仍然与加斯科语和朗格多克语迥异,旧省的名字仍见于日常用语中;但国家是*唯一*"("外省"[Province],卷十三,第 329 页;1875 年)。既普遍又现代的民主性,对自有国民议会以来任何独立的向往宣告了无效①。

四、词汇(Vocabulaire)

拉鲁斯作为创立者别具一格,既是词典编纂家又是神话编写者,致力于以两大对立的君主主义式的阐释对法国历史成像进行系统化的再阅读。他的有关出身的观点不加讨论地并用了基佐和蒂埃里的思想。这使他拉起吹捧高卢文明的大旗("高卢"(Gaule),卷七,第 1079—1080 页;1872 年),在这一词条中,他排除了蛮族的部分,不类被视为晦涩难懂的"日耳曼"(Germanie)(卷八,第 1220—1222 页;1872 年),也在严格的蒂埃里视角下,将"高卢-罗马"(Gallo-Romian)(卷八,第 968 页;1872 年)限制为墨洛温王朝时代的一次飞越。相同的知识谱系引出对*贵族*无声的指责,可以说自此之后,*贵族*"几被消灭,而作为其结果的可恨的不平等亦是如此"(卷十一,第 1036—1039 页;1874 年)②。

拉鲁斯的创新性更清晰地表现在让伟人走下神坛的意愿,和他们有关的记忆可以被旧王朝的保有者所利用。最出名的人物被保持着距离进行观看:"路易十四"忧国忧民,但他的宗教执念驱使他去海外进行了一次灾难性的远征;如果"路易十四"(卷十,第 701—702 页;1873 年)"发挥了些许作用,那也是他不自知";"亨利四世……是一位*伟大的国王*而不是一位*好国王*。"专制主义的英雄被斥责。在"弗朗索瓦一世"(卷八,第 772—773 页;1872 年)中,"艺术捍卫者"的积极形象被一种启蒙哲学家群体战胜君主个人的视角质疑:"人们对他致以复兴文学的荣耀,想将伟大的文艺复兴归于他的统治;但其他人也断言称,宗教改革在这次已经在意大利风靡很长时间的复兴中起到了最

---

① 词条"犹太人"(Juif)(卷九,第 1083—1088 页;1873 年)也是同样的逻辑,"我们时代坚持在文学中谋求一席之地的犹太人,应该理解也几乎人人理解应该放弃这种不完善的、过时的、落后的手段",也就是指希伯来语。
② 文章间的相互联系性强化了这种失效。《利特雷》中对同一个词的解释则助以一臂之力。

大的作用。"最后的几位路易有权被粗暴对待：不靠谱的"路易十三"出现在《三个火枪手》的字里行间，荒淫的"路易十五"以隐晦的逸闻为托词，懦弱的"路易十六"对敌人而言聪明过了头。而伟大的另一位则是"路易十四"（卷十，第 705—708 页；1875 年），他的形象同样也占据了大部分的"法兰西"词条。内容突显出他"极度自命不凡"，以及暴君传记中常用模式下（例如，天主教教化文学以及 1870 年以来拿破仑三世的命运）作为活人同样也是名人的原罪的灾难性后果。在良好的道德心理状态下，"路易十四"在孔德式的书写下成为一种典型。被"唯一且其他所有情感中最可鄙的情感：自私"控制，他使专制主义人格化，"而他成了最完全，有时也最荒诞的范例"。

面对这一系列的专制者，《大词典》知道运用米什莱"人民"的多种化身。它继承了"公社"中有产者的崇拜，在其中花了大段篇幅（卷四，第 739—749 页；1869 年）。更彻底一点，这位图西的勃艮第人，谦卑者之子，歌颂长久以来遭到鄙视的"扎克雷"①（Jacquerie）（卷九，第 871 页；1873 年）。当然，怀疑传统形象的拉鲁斯也是塑造聚集在同一民主主义目的论下典型人物的第一人。19 世纪审判并宣告"艾蒂安·马赛尔"[Marcel（Étienne）]（卷十，第 1134—1135 页；1873 年）无罪，"他超越了自己的时代，想从 17 世纪开始在法国建立议会机构"。在"科尔贝尔"（Colbert）（卷四，第 574—576 页；1869 年）之前，"民主意见"评委会"记得他喜欢弱者和地位低微者，以全能粉饰，他渴望的改革和 70 年的革命所能给我们的一样深刻"。"改革"显然是历史的口令。他独树一帜地论证像"苏利"（Sully）这样的名人的存在，或是"米歇尔·德·洛必达"[L'Hospital（Michel de）]（卷十，第 458—459 页；1873 年），名下记着"显然为 18 世纪的伟大改革作准备的改革"。

大革命自身提出了更多的问题。诚然所有的情况都不比"采矿工人"（Carrier）更令人绝望（"这一词条是《大词典》中最难的，可能也是最微妙的，当然也是最费力的一条，在其中我们了解到的是最诚恳的观点，尽管比较超前"，卷三，第 451—452 页；1868 年），其中承认了好几种可减轻罪行的情况。不过，即使"法国大革命"简单粗暴地意图革命延续"至现下的历史"，然而具体情况的复杂性导致了时代的选择，由此可见，对丹东（Danton）的崇拜并非

---

① 当时贵族给农民起的蔑称——译者注。

始于奥拉尔(Aulard),无疑是借助奥古斯特·孔德(Auguste Comte),60 年代以来在"进步"的观点达到了顶峰:"丹东(乔治-雅克),传统的介绍,生于……,死于……,在我们眼前的是法国大革命中最伟大的人物之一。"(卷六,第 92—95 页;1870 年)"罗伯斯皮尔"承担了冲突的代价。以及对于这一说明,确切地说是一种冷静地列举的介绍,其中的批评是否缺席,而专注于评价朗弗雷(Lanfrey,1858)的《论法国大革命》[*Révolution française (Essai sur la)*]或广受欢迎的厄内斯特·哈梅尔(Ernest Hamel,1865—1867)的传记。我们都听过记者阿德里安·埃布拉尔(Adrien Hébrard)在睿智的《时报》上以"爱国主义的魔鬼"(démon du patriotisme)(卷十,第 1121—1123 页;1873 年)之名拯救"马拉"的范式,也在圣鞠斯特(Saint-Just)身上辨认出"独一无二的灵魂"("论法国大革命")。就如同任意一个德尼斯、罗伯斯庇尔是并依然是僭主。在这一点上,拉鲁斯自由主义的逻辑无懈可击。

对于怀疑拉鲁斯计划的严密性及其野心的人,"圣女贞德"中有意的处理手法便是有力证明(其实这也正是《大词典》去贵族化的书写),词条篇幅很长(包括附录一共 35 栏,卷六,第 106—111 页;1870 年),旨在将女主人公置于人的维度("圣女贞德"的伟大首先是在历史范畴,而历史只会注重人的真实)的同时,运用独特的词典学手法,代之以具有深刻的反教权意图的绝对爱国主义式的阐释。这一手段起源于"波拿巴/拿破仑"这一词条,在于连续两次处理女主人公的传记,第一次是叙事的语调,第二次是一种理性的调查研究,打破在当时还不算古老的基督教圣徒传记写法。理性主义者称赞年轻女子是强于谋算的天才,"深思熟虑之下采用了有效的方式使之成为自身时代的信仰";而第二种传记存在的目的在于"搜集所有相关事实,这些事实可以说明这位年轻的农家女所扮演的角色完全是民族的,以及这位在未来世界中传唱的伟大人物完全或干脆是传奇对于历史的盗窃"。

不过,《大词典》中那些圣贤化的人物并不能归于同样富有智慧的灵魂的集合。拉鲁斯是一名新信徒,始终保持着战斗状态,这也正是日复一日的对抗波拿巴主义或"道德秩序"(l'Ordre moral)的斗争,这也归根结底地解释了关于维钦托利(Vercingétorix)(卷十五,第 894—895 页;1876 年)词条的相对冷淡,其中"拿破仑三世"的恢复仍是新近之事,或"亨利四世"词条中破除神秘化完全被反转,以此来反对正统派所做的尝试。无论哪种情况,时间会允许第三共和国毫无风险地确保这一遗产。从这个角度看,毫无疑问,某位遭到波拿巴主义痛击的拉维斯先生,和图西修车匠的儿子一样,拥有差不多的学识,也书写出对于一个已经成立的共和国而言已然足够的历史百科。他还在政治权力上成为民族伟大创立者的典范,拉维斯在政治上还是国家伟大的创立者,而拉鲁斯几乎将一生都献给了国家内部的对抗,投身于国家中间阶级的第三等级之中,只能算接近拉维斯。

皮埃尔·拉鲁斯别无选择只能对抗,不能放弃。这便不全是偶然,如果这位一生对语言的集中性充满热爱的统一领导的语言学家,在词条"土话"(Patois)(卷十二,第 399—403 页;1875 年)和词条"方言"(Dialecte)(卷六,第 704 页;1870 年)中承认了用高深的语言表达"语言真实的、基本的、自然的生命"的作用:它的意识形态、它的文化就是方言。他名下的遗著创造的财富也同样归功于其他方言类的著作,这些著作由他发起,并由他极为保守的继承者管理,没有那么讽刺,不类《大词典》那样的发声的、燃烧的物体,对所有人都不会有什么损害,不过,这部书还是在 30 多年里,成了许多新闻工作者和各方政治人物的主要信息来源。①

老实说,活着的时候在自己的阶层中被推崇,尽管政治评论不受约束,对雨果而言,不也是如此吗? 这里也一样,作品吞噬了作者。如果说,集体性事业完成,遭两次七一年②折损的斗士在有生之年逐渐被遗忘,铸就了从拉鲁斯到《拉鲁斯》的神话,那么拉鲁斯便只能在万人接力的教育事业上获得的成功言明自身。那么,皮埃尔·拉鲁斯是否为自己解决了英雄和人民的之间的矛盾,答案在作品中是开放的:这位普及化的拥护者化作了"工具书"的同义词。

---

① 由此,继续分析《大词典》的后续出版可能颇为有趣:第二次《补编》(1890),《新拉鲁斯插图词典》(1958—1975)以及《大百科全书》(1971—1978)。
② 1871 年开始,拉鲁斯身体抱恙;1971 年之后,60 卷本的《大百科全书》开始出版——译者注。

晚清中国对日本明治佛教的认识

——近代中国佛教形成的又一途径

陈继东[*]

晚清时期的中国知识人[①]对同一时期日本明治佛教的认识,在思想史上具有什么样的意义,并对晚清中国的思想和佛教产生了什么样的影响,本文的主题便是探究这一问题。近代中日交流尽管在19世纪60年代初期就发生了,然而政府和民间的正式交往则始于1873年《中日修好条规》的签订。在此后将近40年的关系中,以1895年甲午战争(日清战争)为界线,呈现出了前期与后期之分别。晚清、明治前期,就政府和民间的关系来看,日方在人与物的流动方面,居于积极主动的地位。不仅在建交之前就于上海设置了领事馆,而且除了外交官员,商人、军人、文人乃至佛僧也都纷纷前往中国,在中国境内积极开展各类活动,乃至建寺传教。相形之下,清朝政府直到1877年才在东京建立了公使馆,人际往来大多局限于长崎、横滨等贸易港口。就知识人而言,除了外交官之外,中国只有少数文人赴日,如王韬,与日本汉学家们诗文唱和,很少关心日本的佛教。而甲午一战,使得中日关系逆转,中国学习日本风潮渐盛。戊戌变法之后,大量晚清知识人涌向日本,而日本也乘机扩

---

[*] 陈继东,日本青山学院大学国际政治经济学系教授。
[①] 本文中的知识人是指具有古今教养,从事知识传授或生产的人,是对以往知识分子、士人、读书人、文化人等说法的代称。

大在中国的权益和影响力,人物往来频繁,规模也日趋增大,中日交流呈现互动交融之状。而中国有关日本佛教的观察和认识也逐渐增多。

在晚清-明治前期,中国对日本佛教认识问题的相关研究,主要围绕日本来华传教的净土真宗(大谷派)僧人的记述,以及杨文会与南条文雄的交流而展开。笔者对小栗栖香顶(1831—1905)在华期间的日记、书信、著述的发掘和对杨文会与南条文雄的书信的调查和整理,基本上理清了这一时期中日佛教交流的基本事实。而后期的研究,则以葛兆光为代表。他指出"晚清知识人之所以把关注的目光投向日本明治佛教,是基于明治维新的成功和强大的原因在于佛教"这一认识,从而以为佛教是兴国安邦的思想资源。对于晚清知识人的这一日本明治佛教认识,葛兆光做出了以下有名的论断。

> 试图将自己的国家拯救于水火之中的想法,使不少士人对日本的迅速强大产生了艳美之心,这种艳美之心则使不少士人对日本佛教也有了爱屋及乌的好感,于是不免误读了日本明治维新时代的思想史。……于是,他们透过强大起来的日本看日本的佛教,错以为日本的佛教促成了一个崭新的日本,那么中国像日本一样提倡佛教也可以塑造出一个强大的中国来。①

简言之,晚清知识人对日本明治佛教的认识是一个误读,是对明治维新历史和思想史的误读。反言之,这一可称为"误读论"的解读,暗示了明治佛教与明治维新乃至日本近代化的成功和强大无关,至少没有直接关系。

几乎在同一时期,末木文美士撰写了《日本的近代为何需要佛教》一文,认为日本的近代具有多重性,即包含了前近代和后近代,就是说明治时期的西方化的近代与江户时代就已开始的独自的近代方向相混合,加之又引进了后近代主义,为后来出现的"近代的超克"论做了思想准备。他做了如下说明。

> 日本的近代呈现了复杂的情形。于是前近代、近代与后近代并存,

---

① 葛兆光:《西潮又东风:晚清民初思想、宗教与学术十论》,上海古籍出版社 2006 年版,第 51—52 页。

在讲近代化的时候，同时要认识到前近代的残存，而且还要讲后近代，思想正是担负此三重性而展开运作。因此，有的时候本来应是后近代的东西，而讲成近代。譬如，表示近代终结的尼采，在日本其超人思想之强力的自我主张，反而在推进个体形成上发挥了作用。另一方面，后近代往往转而向前近代传统的回归。而且，后现代同时与反西方相结合，非西方亦即表示向日本或东方的回归。如高山樗牛在其短暂的生涯里，令人晕眩地动摇于国家主义、尼采主义、日莲主义之间，便是这一日本近代状况的象征。①

在末木文美士看来，日本近代思想的一个重要课题是个体的确立，在个体形成过程的背后却隐含着对"超越个体的东西"的朴素信赖，作为与个体形成对抗的原理而被自觉地提倡。这一超越个体的东西，尽管与前近代的想法相汇合，却不被看作是前近代的，而作为超越近代个体之后近代的东西被自觉地重构。与此同时，其中也投射了反西方主义和民族主义。因此，针对近代＝个体之确立＝西方化这一等式，后近代＝前近代＝超越个体的东西＝日本（东方）这一等式也就被构筑起来了。那么，这种"超越个体的东西"，如果用国家主义或天皇主义来表述的话，则太过于露骨、具体和政治化，因此，这就需要有一种既能实现个体形成这一近代课题，同时又能提供"超越个体的东西"的理论。这一理论，既非神道，亦非儒教，而是佛教。因为前者不仅理论上很脆弱，而且无法超越政治上的天皇崇拜。后者则与前近代的封建等级观念有密切的关联。而佛教则既是传统的、前近代的思想，又能承受近代的批判，具有可塑性、再解释的可能性。"近代佛教正是作为能够承担日本近代思想所赋予的三个课题：既是前近代的、传统的，又是近代的，同时又是后近代的这种三重性而出现的。"②

如上所述，可以看出末木文美士的明治佛教在近代思想史上的意义的理解与葛兆光的叙述截然相反。葛兆光的主张可理解为明治佛教不是近代化的推动者，而是近代化的产物或结果，末木文美士则认为明治佛教在近代化

---

① 末木文美士：《近代日本と仏教　近代日本の思想・再考Ⅱ》，Transview 出版社 2004 年版，第 6 页。
② 末木文美士：《近代日本と仏教　近代日本の思想・再考Ⅱ》，第 12 页。

过程中扮演了重要角色,是由明治时期近代化的复杂性(多重性)所造成的。两者的主要分歧在于对近代课题的理解,末木着眼于个体形成的近代性,葛则偏重于兴国安邦的近代化①。因此,晚清知识人是否误读了明治佛教,仍有商榷的余地。

笔者所进行的近代中国佛教的研究,在关注佛教于近代中国思想中所具有的历史作用的同时,尤为重视与近代日本佛教的交流。与日本佛教的接触乃至日本佛教在中国的传教,是近代中国佛教史不可或缺的一部分,其本身就构成了近代中国佛教史重要的一部分,对其形成发展产生了深远影响。晚清中国知识人以及佛教人士对于近代日本佛教的认识,不仅有助于了解日本佛教的实际状态,也可发现其不同于中国佛教的特征,凸显出中国佛教所抱持的内在问题,从中看出不同于明治佛教的另一种近代佛教形成的途径。

本文并非网罗整个晚清时期的资料来讨论这一问题,而是将通过中国佛僧本然(1830?—?)、居士许灵虚(1830—1895)和杨文会(1837—1911)、驻日外交官黄遵宪(1848—1905)、思想家章炳麟(1868—1936)等与日本僧人或日本社会有深入交流和体会的人物对明治佛教的认识,探讨晚清中国是如何认识日本明治佛教的,其认识又是如何体现了同时代的中国佛教的内在问题,并对之后的中国佛教的展开所产生的影响。本文将表明这些人物的明治佛教认识,有的至今尚未被讨论过,有的尽管得到关注,然而他们对日本明治佛教认识中所具有的批判性受到了轻视。这将为重新讨论晚清知识人是否误读了明治佛教提供另一个线索。

一、对异质性的明治佛教的批判

数百年间,中断往来的中日佛教在明治时期的头几年便重新开始了。但是,对于重逢的中日佛教,中日佛教者都开始认识到双方的差异超出了他们的想象,简直是完全不同的宗教。在早期的接触之中,中国佛教者就从戒律和教义两个方面,对明治佛教展开了批判。

---

① 本文所用的近代化指的是以近代西方为目标的运动,而近代性则既包含了这种近代化,又具有克服和超越这一近代化的内涵,用末木文美士的说法即蕴含了前近代、近代和后近代的问题。

(一) 对明治佛教戒律废弛的批判

净土真宗僧人小栗栖香顶既是重新恢复了长期中断的中日佛教交流的先驱,又是将千余年到中国求法巡礼的中日佛教交流方式进行根本变革的人物。1873年7月至1874年7月,在上海短暂停留后,前往北京,并在那里生活近一年的小栗栖与北京佛教界开展了广泛的交流。通过访寺院、拜高僧,小栗栖用笔谈的方式各陈所见,努力把握中国佛教的现状。在这过程中,小栗栖所显示的丰富深厚的佛学知识,以及有关佛教所处的世界大势之锐利见识,令中国佛教徒刮目相看,与此同时,又对他作为僧人的资格表示怀疑。因为,在北京生活期间,他饮酒吃肉的姿态,无法为中国僧人所理解和接受。这些情况都可从小栗栖留下的大量笔谈、日记、书信和著作中看出,从而了解到当时中国僧人对日本佛教的认识。这一时期,反映中国僧人对日本佛教认识的资料几乎不存在,只得利用小栗栖的记录。

龙泉寺副住持本然是关照小栗栖北京生活稍稍年长的僧人,也是小栗栖在北京遇到的最具学识而令他甚为敬重的学僧。两人曾对戒律问题做了意味深长的笔谈。当本然询问日本僧人受戒的情况时,小栗栖则答道,日本僧人有受三归依戒的,也有受五戒、八戒乃至具足戒的,还有不受戒的,并直率承认在日本能严守戒律者很少,除了少数高僧大德之外,僧皆饮酒。闻此,本然进而追问,有无破戒与女性有染之僧,对此破戒僧的制裁是由官宪(政府)施行,还是由僧官来处置。小栗栖答道直至明治七年(1867)前为止,僧人的性行为是受到全面禁止的,其后朝廷公然许可这一行为。就是说,明治五年(1872)4月,明治政府颁布了天皇的敕令,即"僧侣肉食妻带蓄发可随意"(僧侣肉食妻带蓄髪胜手たるべき件)的布告,政府不再如江户时期那样对佛教内部事务即戒律之有无进行干预,而交由僧人自行决定,并要求僧人皆建立姓氏,以俗名登记户籍。这对当时的佛教界产生了巨大冲击,尽管有像真言宗高僧释云照所推进的振兴戒律的运动,而食肉、蓄妻逐渐为日本佛教各宗所接受和实行。自镰仓时期以来,唯有净土真宗持有的食肉、蓄妻的僧制,至此推行到整个日本佛教,可以说是日本佛教的真宗化。有趣的是本然并没有立即对此政策进行驳斥和否定,而是对发布此项政策的天皇的意图作了推测。本然想象,日本的皇帝深知色欲之戒最难,即使严禁之,也难免偷偷为之,所以不如纵之,令其饱餐其味,直至深受伤害,而幡然悔悟,得以彻底改过,使其自行发誓,不再破戒犯女。对于本然的善意解释,小栗栖虽以为大有道理,但他指出在末法时代,严守具足戒是至难之事,故无严守必要。他还说以往政府对于触犯此戒律的僧尼,进行抓捕,并流放边地,这使得僧人数量减少,而近年不再实行此禁令,僧尼的减少也得到了控制,而且还出现了公然纳妇、蓄发而改归神道的僧人,朝廷对此也不加追究,此事之然否不便断言。对此,本然则明确显示了反对的姿态。本然认为,依据佛教戒律,比丘若不能制御自己的性欲,不守清规的话,则应在佛前以及众僧之前,宣告舍戒还俗,待此习性薄弱之后,可再次出家受戒。而以出家之身却不守此戒,则为破根本波罗夷罪,犹如普通人犯下了断头之罪,决不可容忍。①

主张不守戒律甚而不要戒律的佛教绝非是中国僧人对佛教的认识和批判,迫使小栗栖自始至终不得不为之辩解,彻底地去说明这一转变的正当性。1874年4月,他在北京撰写了《北京护法论》,便亲手交给了本然,希望本然能理解和赞成他对中国佛教改革的十三条方策,并期待本然能与北京僧界相商,响应他的改革呼唤。在此书中,为了打消中国佛教者对戒律问题的疑问,小栗栖借其东本愿寺派年轻的新法主之口,再次为戒律不要的正当性做了辩明。

问:僧侣而啖肉畜妻,可乎?
答:天皇不许之,则不可行之。天皇听本宗之肉妻,祖师许本宗之肉妻,何不可之有?

问:肉与妻,佛之所禁,若开之,则佛法落地。
答:汝知其一,不知其二也。抑法有三时,病有万差。正象二时,三学可修。末法浊恶,不可行之也。以不可行之法,强于不能行之人,是迫鸡入水。佛之设法,不如是之残刻。应其病,与之药,可谓良医。适化无方,何守株之有。方今持律之人,阳标贤善,阴奸妇女。渔酒肉,坐绸缎,畜钱谷,吸烟草,岂是持戒。朝廷以持律律之,则天下至于无遗僧。
且汝思之,天皇立后,而不能成佛,僧不娶而成佛乎?天皇御肉,不

---

① 陈继东:《1873年における日本僧の北京日記—小栗栖香頂の"北京説話"(Ⅰ)—》,東京学芸大学国際教育センター国際教育研究室编:《国際教育研究》第20号,2000年,第15页。

能成佛,僧断肉,而成佛乎?普天率土,谁非王臣?谁不衣食于天恩?然而忍见天皇啖肉畜妻而堕狱乎?天下之人,谁有不啖肉畜妻乎?天下之民,啖肉畜妻而堕狱,僧独不啖肉畜妻,而成佛乎?陷天下于狱,而僧独坐视旁观乎?

问:啖肉畜妻而成佛,出何经典?
答:大经第十八愿是也。曰,十方众生,称我名号,下至十声一声,若不生者,不取正觉。十方众生者,囊括宇内,不漏之谓也。至心念佛,皆尽可得往生也。法照曰,不简多闻持净戒,不简破戒罪根深,但使回心多念佛,能令瓦砾变成金。以是知之,往生之因,但在念佛,不在戒之有无也。
上来陈现如上人二谛相依法话毕。

不肖考之、方今之护法、在力学实行、而不在戒之有无也。支那僧往々啖肉畜妻、喇嘛亦然。是末代之情态、无奈之何。唯制其游惰、竭力布教耳。若谓啖肉畜妻不可成佛、则奈我皇上何。

这里所主张的戒律不要的理由,首先是得到了天皇的许可,显示了佛教服从世俗王权是当然的认识。其次,在经典依据上,他举出了《无量寿经》四十八愿中的第十八愿(在净土真宗称之为王愿,即"设我得佛,十方众生至心信乐,欲生我国,乃至十念,若不生者,不取正觉。唯除五逆诽谤正法"),就是说所有众生只要"至心信乐,欲生净土",专称佛名,不论其行善造恶,持戒与否,皆可往生净土。这样的理解在中国佛教史上是从未有过的,让当时的中国佛教者难以接受。相反,在彼此的论争之中,对于中国佛教者而言,遵守戒律正是显示了中国佛教正统性的证据。

1876年8月,净土真宗东本愿寺派在上海创立上海别院,开始了在中国的传教。在其揭幕典礼上,小栗栖将其用汉文撰写的《真宗教旨》发给了前来祝贺的数百名中国僧俗,并用掌握的北京官话讲说了真宗的教义。但是,20年后,清末佛教的代表杨文会居士,撰写了《评〈真宗教旨〉》一文,逐一批判其内容,其中对真宗的戒律不要论,进行了痛切批判。《真宗教旨》共有十一章,即第一号七祖、第二号传灯、第三号判教、第四号三时、第五号四法、第六号三愿、第七号隐显、第八号本愿名号、第九号他力信心、第十号俗谛和第十一号诸式。其第二号"传灯"中,介绍了净土真宗开祖亲鸾的娶妻的经纬,明确说明亲鸾的婚姻是以其师法然(日本净土宗开祖)的许可和中介而促成的,而且还讲了其后至现在亲鸾子孙繁荣的状况。对此,杨文会居士承认亲鸾的他力信心可谓最为简捷,然而,此法适宜于在家二众,而完全不适合于出家二众。因为,"出家五众自有清规,若一概劝之,则住世僧宝断矣。末法万年仪表,不可废也"。可以说,杨文会不仅断然否定了真宗的食肉、蓄妻的实践形态,也拒绝了真宗化的明治佛教。

(二) 对违背经典的净土真宗的批判

杨文会与小栗栖香顶之间,自1899年至1902年,围绕《真宗教旨》展开了一场大争论①,这是中日佛教交流史上从未有过的现象。这场争论最初由杨文会挑起,由于双方互不相让,看不到达成共识的妥协点,杨文会觉得再如此争论已无意义,自己致信对方终止了这场旷日之久的论争。这里没有详细介绍的余裕,只举出其中的一节,可看出杨文会批判的要点。

> 贵宗所别于通途者,摘其大纲,一曰取一愿非诸愿。贵宗以第十八愿为宗本,判十九愿为非佛本意,则佛有违心之语。故取一愿令人专修可也,贬诸愿谓非佛意不可也。二曰专他力而尽废自己力,考经中佛说云云,平心论之,虽以他力为所信,仍以自力为能信也。三曰贬经中所说三辈九品之相为不足贵,而另立一往生之相,驾于九品之上,云往生即成佛,是修行者生品反低,而不修者生品反高也。四曰判圣道为此土成佛之教。夫圣道为十方三世成佛之教,极乐世界亦在其内,所胜者无退缘,常与诸上人同会一处耳。然在净土得忍以后,度生愿切者,必回入娑婆,或往他方世界行大悲利生,净土菩萨若阙大悲,弥陀亦应诃斥也。②

---

① 杨文会对净土真宗教义之批判,在伦敦与南条文雄相识不久就有显示。在1882年给南条的信中,就指出真宗专提他力信心,与基督教外同而内异,这虽有助于"导欧美而归诸净土",但是,"抑更有请者,提倡宗旨,似不必全遮圣道",婉转表示不认可真宗将净土与圣道(净土之外的教义)对立的判教。参见《与日本南条文雄书二》,见周继旨校点:《杨仁山全集》,黄山书社2000年版,第478页。
② 《阐教篇》,见周继旨校点:《杨仁山全集》,第528—529页。

总之，在杨文会看来，净土真宗的教义，几乎没有经典上的根据，而且也与在中国展开的净土思想传统相异。法然将净土门和圣道门、念佛与观佛相对立，而其弟子亲鸾则将他力与自力、信心与发菩提心相峻别，所体现的是选择取舍的思考方法，而杨文会则依据华严教学的圆融性思维，认为净土与圣道、他力与自力、念佛与观佛、信心与菩提心等等，皆非对立排斥之关系，而是相辅相成、彼此必要的关系，用杨文会自己的话来说犹如两轮双翼，彼此相通，不可缺失。从这场争论中，也可看出中日净土思想传统的根本相异。

二、对明治佛教学的吸收与评价

杨文会与南条文雄的交流，对近代中国佛教而言具有重大的历史意义。因为，近代佛教学可以说在相当程度上，是通过南条文雄传到中国的，促成了近代中国佛教变革的新气象。

南条留学英国牛津，在马克斯·穆勒的指导下，学会了梵文，直接研究佛教经典的原典，而且掌握了文献学和历史学的研究方法，英译了《无量寿经》《阿弥陀经》《金刚经》等许多大乘梵文原典，对于持续影响日本佛教千年以上的汉译也持有批判态度。正是在其学业日趋成熟的时期，作为清朝驻英外交官的杨文会于1881年6月，在伦敦与南条相会，热心讨论欧洲的佛教研究状况，互相讲述所信，还涉及了学术的方法。南条虽比杨文会年轻不少，而杨文会对于掌握了最新知识的南条怀有敬意，经过数次往来，两人之间结下了深厚的友情。之后，两人的书信交换，一直持续到杨文会去世。1911年11月，南条与其他明治佛教的著名学者、僧人以及革命家章炳麟在东京共同为去世不久的杨文会办了追悼会，并讲述了他与杨文会的交流。仅此一事，就显示了两人友情之深厚。

杨文会与南条的交流，首先值得关注的是近代佛教学的有效性和中国散失已久的佛教典籍重返故土。

这里，仅举一例来说明。中国佛教者由于欠缺梵文知识，对于佛教经典产生了不少误解。南条文雄看到这些后，要修正中国佛教者的理解。杨文会将自己爱读的两本书赠送给了南条，即唐代法藏的《大乘起信论疏》和清代彭绍升(1740—1796)的《净土三经论》,杨文会受此二人很大的影响。南条在读了彭绍升的书后,给杨文会寄去了批评意见。彭绍升与杨文会同样以华严教学为理论基础,以净土为信仰的归趋,对于《无量寿经》的五种译本进行校正,要制定一种新的标准本。众所周知,《无量寿经》是中国净土教的几本经典之一,古来有众多的注释。宋代王日休居士排除北魏时期康僧铠的译本,参照其他四种译本,凡是有益于净土信仰的、文句简洁优美的,悉为采用,进行折中,制定出了名为《大阿弥陀经》的文本,试图以此为标准本。但是,明代的云栖袾宏则指出王日休的定本不仅颠倒了经文顺序,而且任意删改经文内容,产生了诸多错谬。因此,袾宏不采用王日休的定本,而刊行魏译,加以流通。彭绍升恰恰是按照袾宏的意见,以魏译为底本,对经文进行了增删。南条文雄指出,彭际清在方法论上,一边否定王日休的做法,一边又重蹈王日休的旧辙。因为,译文的是非,非得原本进行比较考证,否则无法做出正确的判定。"此弟等之所以汲汲于得其原本也",所幸的是梵文写本《无量寿经》之梵本在英国有三种,在法国有两种,皆已入手,正在着手进行校订。杨文会对于南条文雄的批评,殊为佩服:"非深研梵本者,不能道。彭氏当日见五译之不同,故有此作。今幸足下求得原本,他日较订妥当,华梵并书,弟愿刊之。"显而易见,此中对南条表示了很深的敬意。①

从南条的思考中,可以看出近代学术的方法论。即在广泛收集文献的基础上,驾驭语言知识,进行比较实证的研究,进而重视历史的考察。这也是继承了其师穆勒的主张。在介绍南条文雄的文章中,穆勒一面称赞南条所取得的业绩,一面说"我坚信他的回国,将会促使日本众多的僧院、寺院、大学等梵语学的复兴,会使得梵本经典校订出版的出现,而且,还将会进一步地展开批判的、真正的佛教的历史研究",对南条文雄寄予了很高的期待。不仅如此,穆勒在给南条的书信中,反复表述了佛教的历史研究与其他宗教的历史研究以及比较宗教研究的重要性。其所说的历史研究,指的是不论是梵文或汉译的文本,还是佛教的教义,都探明其形成发展的过程和轨迹。这两种方法及文献学和历史学的方法,贯彻于南条文雄的整个研究。这种近代佛教学逐渐在日本得到确立,南条文雄是最为重要的先驱者。同时,近代中国的佛教研

---

① 《与日本南条文雄书二》,见周继旨校点:《杨仁山全集》,第 474—477 页。

究,经由南条文雄,接触和吸收了近代佛教学。

进而,通过南条文雄,在中国散失了数百年的佛教典籍也返输到中国。1890年以后,杨文会辞去一切政务,专注经营南京金陵刻经处出版事业,先后给南条寄去了至少四种佛典求书目录,请他在日本代为搜购。于是,南条文雄集合西本愿寺僧赤松连城、活字缩刷《大藏经》的出版者岛田蕃根、东海玄虎等人,有志于此,经过长年的努力,将大约三百种数千册佛教典籍送往了南京的杨文会处。其中有宋代就散失了的法藏《大乘起信论义记》、窥基的《成唯识论述记》、善导的《观无量寿经疏》等自唐代以来形成中国佛教基本性格的重要典籍,接连不断地返输中国,推进了近代中国佛教的复兴。杨文会在给南条文雄的书简中可以看出这一情形的大观。

> 比年以来承代购经籍,千有余册。上自梁隋以至唐宋并贵国著述,罗列满架,诚千载一时也。非阁下及东海君大力经营,何能会集法宝如此之宏广耶。
>
> 前明刻书本,藏经正藏之外,有续藏三千余卷,其板毁于兵燹矣。此次弟等募刻藏经,拟将贵国传来之本,择其精要,刊入续藏,以为永远流传之计。区区鄙怀,未知能否如愿,全杖护法天龙神力默佑也。①

南条文雄不仅与杨文会有长久深入的交往,也与其他中国学者积极交流。与苏州号称"大菩萨"的著名居士许灵虚(字息庵)的交往便是一例。19世纪80年代早期,许灵虚得到岛田蕃根的活字版缩刷《大藏经》,极为重视,因不满其有所缺失,燃起了重新编纂和刊行与之匹敌的《大藏经》的愿望。他通过在华真宗传教僧人得知南条文雄的工作,便给南条写信,请求其将在西方刊行的印度佛教原典翻译为汉语,而且还给在伦敦的杨文会去信,希望他参与此事,代为收集梵文佛典,以及寻找译者。许灵虚的未来构想则是梵文以及巴利文经典皆应刊入新编《大藏经》中,但因翻译尚难,从现实编辑计划来说,请南条文雄这样既通汉文又懂梵文的人,先用汉文写解题,附于《大藏经》中。实际上在1887年,南条文雄自印度的国际会议返回日本时,借于上

---

① 《与日本南条文雄书十九》(1892.12.1),周继旨校点:《杨仁山全集》,第499页。

海停留期间,特意前往苏州拜访许灵虚,不巧许灵虚外出,与其门人沈善登得以笔谈,回国后,还寄去其所求佛典。许灵虚等人的计划尽管因种种缘故,最终没能实现,新的《大藏经》之编辑与刊行这一构想,无疑受到了明治佛教的刺激和启发,之后杨文会也提出了《大藏经》编纂的新构想,无疑成为推进近代中国佛教发展的极为重要的动力。

三、对日本佛教的社会性质的批判:以黄遵宪为例

尽管中日佛教的交流有千余年的历史,却几乎看不到出自中国佛教者之手撰写的有关日本佛教的书籍。小栗栖香顶在其《北京护法论》中,针对中国僧人读者,首次对日本佛教十四宗做了较为完整的介绍,可是,当时的中国佛教者,对其内容并没有显示出应有的关心与好奇。然而,清朝驻日外交官黄遵宪,自1877年来到东京,花费近十年的心血,于1887年写成了《日本国志》这部巨著。其中就有关于日本佛教的历史和现状的"佛教"一节。① 这是关于日本风俗习惯的"礼俗志"中的一节,置于"神道"之后。这篇日本"礼俗志"中的"佛教",恐怕是中国人首次撰写的日本佛教史,不过,其所显示的是信奉儒教的中国官僚文人的佛教观和对日本佛教的社会作用的分析与批判。

黄遵宪的"佛教"叙述②,始自日本钦明十三年(552年)十月,佛教自朝鲜半岛的百济国传入了日本,渐次建佛寺,立佛塔,出现了男女出家者,开始了日本佛教的历史。关于宗派,先有华严宗、三论宗、法相宗、律宗、俱舍宗、成实宗,然后有天台宗和真言宗,禅宗也是从中国传来的。但是,到了镰仓时

---

① 黄遵宪:《日本国志》卷37,第11—16页。又见王宝平主编:《日本国志 晚清东游日记汇编》,上海古籍出版社2001年版,第389—391页。
② 黄遵宪在撰写此篇"佛教"时,主要依据了村濑之熙(1744—1819)所著《秋苑日涉》卷1中讲述日本佛教历史的"五民"一节(参见和田万吉、幸田露伴监修、漆山天童校刊:《日本随笔全集》第一卷,国民图书株式会社1927年版,第399—411页),以及青山延光(1807—1871)所著《国史纪事本末》卷26"僧徒之乱"(参见神道大系编纂会编、真壁俊信校注:《续神道大系 论说编 青山延光 国史纪事本末(二)》,神道大系编纂会1997年版,第96—115页)。两书皆为汉文,其著者皆为江户时代儒者,尤其青山延光是神儒一致、神道国教化以及排斥佛教的主要学者。参见日中交流史研究会:《〈日本国志〉礼俗志"仏教"訳注》(上、下),《四天王寺国际佛教大学纪要》第43号,2006年,第21—42页;第44号,2007年,第13—29页。

代,日本出现了独自的宗派,即以源空法然、亲鸾和日莲为开祖的净土宗、净土真宗以及日莲宗。黄遵宪认为日本佛教有两个特征。一个是最澄和空海将佛教与日本本土的神道进行融合,使得佛教日本化;一个是法然、亲鸾、日莲等产生于日本本土的宗派,则将佛教完全世俗化。对于亲鸾的世俗化佛教,黄遵宪讽刺地说,由于其主张蓄妻、饮食酒肉,使得日本之民一半成为僧人。黄遵宪指出,日本国之所以成为佛教之国,终究是因为法然、亲鸾、日莲提倡的念佛或唱题(唱诵南无妙法莲华经题目),其教说卑近,民众易懂,便于实行,所以信者众多,以至于将日本国化为佛国。同时,其结果也带来种种弊端。因为,这种世俗化的教说,不守戒律,多为贪图衣食者,到了中世以后,度牒制度也消失了,所以往往有不少下贱之民贪图三毒,践踏四恩,却公然自称佛门者。黄遵宪对这种于国家无益,堕落的佛教进行了严厉的批判:"所谓释氏之糟糠,法王之社鼠,内戒所不容,国典所共弃也。"①

亲鸾那样的佛教,不仅使得佛教堕落,而且也危害国家的政治和经济。寺院、佛像的营造甚至有花费了国家一半税金的情况,全国之民中,僧人超过半数,其大多蓄妻,口吃家畜之肉,聚群行盗,密造货币,搅乱社会秩序,有的甚至竟然闯入天皇家抢夺财物。黄遵宪认为这种舍其戒律佛教,会成为乱国的势力。正因为有此认识,他赞同明治维新排佛毁释的政策。他认为,明治维新以降,佛教较为衰退,僧徒的土地财产大多为政府所没收,而政府为此下令允许僧侣食肉、蓄妻。

如上所述,黄遵宪认为日本佛教对于国家没有起到什么作用,反而给国家造成许多危害。这与其说是客观地看待日本佛教的历史作用,毋宁说是站在儒教的立场,来否定佛教。特别是亲鸾佛教,在他看来是难以容忍的存在,是使人堕落的邪教。但是,黄遵宪又认为,佛教在日本的成功,要归功于空海、最澄、亲鸾和日莲等优秀人物。因为,他们将佛教适应于日本的国情,不仅使得神佛一体化,而且,正因为洞察到了人的弱点,创造出了最为卑近、简明而且易行的教说,令民众信徒满足于食肉、蓄妻的现世利益,所以日本才成为佛教之国。进而,黄遵宪明确指出,日本之所以会造成这样的结果,是因为与中国不同,日本本来就没有周公、孔子这样的圣人教化,也没有唐代韩昌黎

---

① 《日本国志》卷37,第13页;又见王宝平主编:《日本国志 晚清东游日记汇编》,第390页,上段。

这样排佛的理论家。

依据上述认识和立场,黄遵宪对中日佛教进行了比较。

> 日本之于道,既无周公孔子倡明之于前,又无昌黎力辟之于后,彼僧徒者,鼓其说以煽动群伦,其化日本为佛国亦无足怪也。宋人之辟佛也精,昌黎之辟佛也粗,然僧徒不畏宋人而恨昌黎,则以昌黎焚其庐,火其书之说行,而佛教自绝也。中国之说佛也精,日本之说佛也粗,然中国佛教不如日本之盛,则以亲鸾不离俗、不出家之说行而人人得以自便也。①

在黄遵宪看来,就教说而言,日本佛教粗杂,而中国佛教精密,可是,教义上精密的中国佛教在本国不能盛行的原因却是没能产生亲鸾这样的非僧非俗的佛教。这一认识却毫无掩饰地承认了在中国,儒教是如何压制佛教的历史事实。

四、章炳麟的明治佛教批判

章炳麟对明治佛教的认识很少为人关注,几乎看不到有具体的研究。实际上,章炳麟不仅与明治佛教界有广泛的交流,积极吸收和发挥明治佛教研究的成果②,而且对明治佛教的现状一直保持冷峻的批判态度,看不到其"艳羡误读"明治佛教的姿态。

因从事反清革命活动,章炳麟多次流亡日本。戊戌变法失败后,章炳麟便逃往台湾。1899年年初,在给友人汪康年的信中,他讲述了对日本净土真宗的印象,认为"真宗贵信"而近基督教,而且,真宗门徒尊崇阿弥陀佛,却不尊奉释迦牟尼,大为可怪,暗示了真宗并非佛教正统的批判。③

同年6月,章炳麟又从台湾赴神户,游访京都等地,写下了《游西京记》。

---

① 《日本国志》卷37,第15页,又见王宝平主编:《日本国志 晚清东游日记汇编》,第391页,上段。
② 章炳麟对明治佛教的吸收,可参阅小林武:《章炳麟と姉崎正治—〈訄書〉より〈齐物論釈〉にいたる思想の関係》,《东方学》第107号,2004年;东方学会、陈继东:《章炳麟与〈大乘起信论〉真伪之辩》,见龚隽、陈继东:《作为知识的近代中国佛学史论:在东亚视域内的知识史论述》,商务印书馆2019年版。
③ 《与汪康年》,1899年,见马勇编:《章太炎书信集》,河北人民出版2003年版。

其中,对京都寺院收藏了众多古代中国的图书绘画以及其他文物,甚为感慨。而且,他还特地拜访了为明治维新献身的清水寺方丈月照之墓,以示敬意。尽管如此,在这篇游记中,章炳麟不忘指出日本沙门多蓄妻妾而求食人间,与卑贱的商人无异,显示了自己对其难以苟同的批判立场。①

1906年7月,从监牢获释的章炳麟在东京神田的欢迎会上发表了著名演说,提出了救国两大道路的主张,即一是用宗教发起信心,增进国民的道德,一是用国粹激励民族(种姓),增进爱国热肠。就宗教而言,他认为孔教(儒家)追逐名利,而基督教则否定人的独立自主性,与科学和哲学不相符合,无益于中国的变革。只有佛教才是最适合革命的思想。因为佛教的理论可让有知识的人信服,其戒律可让一般民众信服。但是,佛教中的净土教、密教,追求个人现在的康乐和子孙的福泽,与迷信相结合,烧纸拜忏,在人格上卑鄙,没有勇猛无畏的气概。尽管没有直接举出日本净土真宗之名,实际上也将真宗归为净土信仰一类了。② 这一点,他在同年撰写的《人无我论》一文中则有更明确的阐述。他指出孔子遗言,已无力挽回民德之衰退,理学也不足以经世,而矫正时弊,不可缺少宗教,可是,基督教崇拜天神,近乎卑鄙,归依净土则非大丈夫之于志。至于是否要仿效日本佛教以求变革之方,章炳麟则对此断然拒绝,认为纳妇肉食、戒行既亡的明治佛教不足为规范。③

可以说,放弃自主性的他力净土信仰以及娶妻食肉的戒行颓废,是章炳麟对明治佛教批判的主要论点。

清朝政府的庙产兴学政策,使得江南的一些寺庙归附日本净土真宗,以寻求保护。针对这一动向,1907年,章炳麟与在日僧人苏曼殊共同撰写了《儆告十方佛弟子启》一文,一面敦促政府停止迫害佛教,一面呼吁佛教界必须自主进行改革,反对投靠日本佛教的行为。为此,在该文中,章炳麟对日本佛教再次进行了严厉的批判。④ 其中,明确表达了对于明治佛教的两种认识。其一,日本佛教徒肉食妻带,戒律废弛,即使在日本也为人轻蔑,所以不仅不足以为中国佛教徒所归信,而且也难以与之兼容共处。其二,中国佛教古来的

---

① 沈延国等点校:《章太炎全集》(四),上海人民出版社1985年版,第143页。
② 章炳麟:《演说录(东京留学生欢迎会演辞)》,《民报》第6号,1906年。
③ 沈延国等点校:《章太炎全集》(四),第429页。
④ 马勇编:《章太炎书信集》,第169—172页。

经教研究以及在戒律守持方面要远远优越于日本佛教,这一点也为日本佛教所认可。但是,章炳麟同时也指出中国佛教徒不务勇猛精进,弘扬正法,反而去攀缘显贵,寻求日本佛教的保护,是何其错误的行为。

1912年,因辛亥革命的成功,由日本回国的章炳麟在繁忙的政治事务之外,还积极参与了僧人黄宗仰在上海出版《频伽大藏经》的活动。他在给黄宗仰的信中,重申了对日本佛教的批判。其中说到自己在日本居住5年,多次与其僧人交游,认为在佛学理论探讨方面,要胜于中国,而在持戒习禅的践行上远远不及故乡。① 因此,章炳麟流亡日本5年期间,尽管与明治佛教界有过广泛而密切的交往,对其学说也多有吸收,可是对日本佛教的世俗化形态,他始终不能认可。从上述的资料中可看出,章炳麟始终将勇猛精进、习禅持戒,看作是佛教的道德依据和体现,而这种不畏牺牲、自律的品格,恰恰是章炳麟所主张的革命道德的重要来源。

五、结论

以上,通过佛教者(僧人和在家居士)、信奉儒教的官僚文人、具有革命志向的思想家三种类型的代表人物,整理和考察了晚清知识人对日本明治佛教的理解和态度。晚清佛教者,从戒律和教学两个方面,认识到了明治时期的日本佛教存在着完全不同于中国的佛教传统的内涵,并重新认识到重视戒律与融合的教学理论正是中国佛教的传统特征,并意欲进行新的发展。杨文会在批判净土真宗违背了佛教经典的同时,将历史上出现的所有的佛教教学都视为导向觉悟的途径,提出了重视平等性和融合性的独自的判教理论。他将之命名为"马鸣宗"。可以说,这是晚清佛教最为重要的思想成果,既是在承继了中国佛教传统之上,做出了进一步发展的新的教学理论,又是对日本明治佛教(主要是净土真宗)的回应。

官僚文人则从儒教的立场,认为佛教对于政治、经济乃至社会秩序和道德教化都是有害的存在,黄遵宪明确地持有这一认识。对于黄遵宪而言,中国佛教也好,日本佛教也罢,本质上没有什么不同,都是应该否定的存在。然

---

① 马勇编:《章太炎书信集》,第88页。

而,日本佛教之所以比中国佛教兴盛,其理由则在于日本没有像孔子这样的圣人教化,也没能出现像韩愈这样的佛教批判者。换言之,中国正因为其文明程度高于日本,像佛教这种对于国家社会毫无益处的存在,才不致发展为很大的势力。黄遵宪基于这样的认识,对于明治政府的佛教弹压给予了理解和肯定。

思想家章炳麟,严厉批判了戒律不要的明治佛教。这是因为明治佛教的食肉、蓄妻,与他以佛教理论为基础所提倡的革命道德不能相容,有损于其所追求的依据自律与自主的人格,为他者不惜自我牺牲,而勇猛无畏的革命精神。不过,他和杨文会一样,对于明治时代所确立的近代佛教学甚为称赞,并积极地进行吸收发挥,成为其思想形成的资粮。

由上可知,不论在晚清—明治前期还是后期,中国对于明治佛教的认识都有批判与吸收两个方面,尤其是杨文会和章炳麟一直保持批判与吸收的立场,很难看到他们对明治佛教有倾倒艳羡、模仿追随的想法。他们对佛教在晚清变革中的历史作用,是基于对整个近代世界历史发展的观察来思考的。杨文会认为通商与传教这两个要素促成了近代世界的变化,可是,晚清中国对通商虽有着广泛的共识,而对于宗教的作用却缺乏应有的理解。[1] 因此,就杨文会而言,他弘扬佛教,并非因为对明治佛教有艳羡之情。章炳麟对于佛教在晚清历史变革中所具有的思想意义,也不是来自对明治佛教的仿效,而是基于宗教与国粹是两条救国大道的思考。他们对自身佛教传统的矜持与反省,对日本明治佛教的吸收与批判,与其说误读,毋宁说恰恰显示了选择性和主体性。

然而,晚清知识人有关日本佛教认识的言说,对于明治时期日本佛教如何适应时代的变化,在明治日本社会所扮演的角色及其贡献,以及作为对个人进行救度的新学说,并没有给予具体的分析和论述。这是因为,作为学问对象的日本佛教研究,在这一时期的中国尚未成立。而打破这一状况,显示了新的变化,则要等到其后的民国时代了。

---

[1]《支那佛教振兴策二》,见周继旨校点:《杨仁山全集》,第 332—333 页。

礼仪之争的伏线
——多明我会士黎玉范《圣教孝亲解》新考*

闵心蕙**

明末清初,天主教内部就中国信徒的祭祀行为、"天主""上帝"的译名问题产生分歧,礼仪之争(Chinese Rites Controversy)一触即发,这场论争涉及中西异质文化的冲突、清廷与教皇的关系、葡西两国的远东角力,个中原委,着实复杂,影响绵亘逾百年。①

一、被遗忘的声音

礼仪之争的相关史料浩繁,研究多如牛毛,但既有成果大多参考耶稣会档案。② 随着其他来源的档案资料陆续被发现,学界对礼仪之争的认识角度

---

* 原文刊载于《澳门理工学报》2019年第2期,本次登载有所修订。
** 闵心蕙,东南大学人文学院讲师。
① 下文出现的基督教,若无特殊说明,指广义上的基督宗教。
② 如罗光:《教廷与中国使节史》,光启出版社1961年版;George Dunne, *Generation of Giants, the Story of the Jesuits in China in the Last Decades of the Ming Dynasty*, London: Kessinger Publishing, 1962;中文版参见邓恩:《一代巨人:明末耶稣会士在中国的故事》,余三乐、石蓉译,社会科学文献出版社2014年版;George Minamiki, *The Chinese Rites Controversy, from its Beginning to Modern Times*, Chicago: Loyola University Press, 1985;

可以更为多元。① 如黄一农曾指出中国奉教人士的声音常被忽略,他将明清之际徘徊于儒耶之间的第一代天主教徒喻为"两头蛇"。梅欧金(Eugenio Menegon)利用欧洲的修会档案,探讨明末以来闽东地区天主教的本土化问题;张先清搜集福安地区的宗族资料,试图还原17—19世纪乡村教会的历史叙事。② 此外,受制于材料和修会立场,以往学界对"礼仪之争"中托钵修会的声音也关注不足③,他们在译名和礼仪问题上与耶稣会分歧颇大④。新近发现的黎玉范《圣教孝亲解》与他的一封书信,使我们能一窥礼仪之争中多明我会的立场。

D. E. Mungello, ed., *The Chinese Rites Controversy: Its History and Meaning*, Sankt Augustin & Nettetal: Monumenta Serica & Steyler Verlag, Monograph Series XXXIII, 1994;李天纲:《中国礼仪之争:历史、文献和意义》,上海古籍出版社1998年版;Nicolas Standaert, *Chinese Voices in Rites Controversy: Travelling Books, Community Networks, Intercultural Arguments*, Roma: Institutum Historicum Societatis Iesu, 2012。相关研究不能一一赘述。

① 前有 Donald F. St. Sure, trans., Ray R. Noll, ed., *100 Roman Documents Concerning the Chinese Rites Controversy (1645 - 1941)*, San Francisco: Ricci Institute for Chinese-Western Cultural History, 1992;中译本见苏尔、诺尔编:《中国礼仪之争西文文献一百篇(1645—1941)》,沈保义等译,上海古籍出版社2001年版;近有 Kilian Stumpf, *The Acta Pekinensia or Historical Records of the Maillard de Tournon Legation*, Paul Rule, Claudia von Collani, eds., Rome-Macan: IHSI-MRI, 2015,该书原是德国耶稣会士纪里安(Kilian Stumpf)以拉丁文写就的康熙年间罗马教宗特使铎罗(De Tournon)使华记;宋黎明:《"译名暨礼仪之争"的重要一页——1700年春福州教徒与颜珰主教冲突新探》,《文化杂志》(澳门)总第100期,2017年。

② 参见黄一农:《两头蛇:明末清初的第一代天主教徒》,上海古籍出版社2006年版;Eugenio Menegon, *Ancestors, Virgins, & Friars: Christianity as a Local Religion in Late Imperial China*, Cambridge: Harvard University Press, 2009;张先清:《官府、宗族与天主教:17—19世纪福安乡村教会的历史叙事》,中华书局2009年版。

③ 近年来的研究,参见张铠:《西班牙的汉学研究》(1552—2016),中国社会科学出版社2017年版;Fidel Villarroel, "The Chinese Rites Controversy: The Dominican Viewpoint," *Philippiniana Sacra*, Vol. 28, No. 82, 1993, pp. 5 - 61.

④ 耶稣会于1540年正式成立,是当时罗马教廷对抗宗教改革的主要力量之一,明清之际,耶稣会曾是在华影响力最大的天主教团体。而托钵修会诞生于13世纪,也称乞食修会,托钵僧团,强调神贫,重视献身传道,以多明我会、方济各会、奥斯丁会为主。托钵修会早期的研究(以多明我会为主),参见 Benno Biermann, *Die Anfängen der neuern Dominkanermission in China*, Vechta: Albertus Verlag, 1927;José María González, *Historia de las Misiones Dominicanas de China*, Vol. 1 (1632 - 1700), Vol. 2 (1700 - 1800), Madrid: Juan Bravo, 1962, 1964, 1967;James Cummins, ed., *The Travels and Controversies of Friar Domingo Navarrete, 1618 - 1686*, Cambridge: Published for the Hakluyt Society at the University Press, 1962.

黎玉范(Juan Bautista de Morales,1597—1664)是西班牙多明我会(Ordo Praedicatorum, O. P.,也称道明会)传教士,1633 年前后进入中国内地传教。他曾亲赴罗马,就祭祀等中国礼仪问题上陈教宗,批驳耶稣会。① 作为明清之际中西礼仪之争的重要当事人,黎玉范留下的文字材料几近阙如,目前已知的是,梵蒂冈图书馆藏有黎玉范所撰《圣教孝亲解》的一个抄本。② 除此之外,笔者有幸见到了《圣教孝亲解》的另外两种抄本,均藏于罗马国家档案馆,它们同为珍贵的汉籍原典,为耶稣会文献之外记载礼仪之争的另类声音。③ 本文将依据欧洲所藏《圣教孝亲解》三个抄本的原文,结合黎玉范的生平经历,尤其是他写于 1645 年的一封书信,考证抄本的成书时代,并在中西异质文化的背景下,重新审视多明我会与耶稣会的"孝亲"观念。

二、黎玉范的一封书信

1633 年前后,黎玉范离开菲律宾甲米地(Cavite)前往中国福建传教,他从当地信徒口中得知,天主教仍然参与地方的祭祖仪式,而耶稣会对此不置可否。1638 年福建教案爆发,黎玉范和苏芳积(Francisco Diaz)被官府逐至澳门。他公开反对在华耶稣会士对中国礼仪问题的立场,遂于 1640 年启程前往罗马,三年后得以面见教宗乌尔班八世,阐述中国礼仪问题。此后,教宗英诺森十世命传信部颁布了著名的 1645 年部令,严禁中国信徒祭祖、敬孔、拜城隍,多明我会的申诉得到了教廷的认可与支持。④ 1649 年,黎玉范回到阔别 11 年之久的中国,他带来的部令在中国引发巨大争议。两年后,耶稣会士

---

① 黎玉范的生平可参考 L. Carrington Goodrich and Chaoying Fang, eds., *Dictionary of Ming Biography, 1368 - 1644*, Vol. II, New York: Columbia University Press, 1976, pp. 1073 - 1076;富路特、房兆楹等:《明代名人传》第四册,时代华文书局 2015 年版,第 1456—1461 页;张铠:《中国与西班牙关系史》,大象出版社 2003 年版,第 229—245 页(2013 年增订版,第 268—291 页)。黎玉范与中西礼仪之争的回顾,参见张先清:《多明我会士黎玉范与中国礼仪之争》,《世界宗教研究》2008 年第 3 期。
② 参见杨慧玲:《梵蒂冈图书馆藏明清中西文化交流史重要文献——对梵蒂冈图书馆藏稿抄本 Borg. cin. 503 的初步研究》,《史学史研究》2016 年第 2 期。
③ 感谢宋黎明教授惠赐档案。截至目前,欧洲所藏《圣教孝亲解》的三个版本分别为:梵蒂冈图书馆藏本(Borgia. cin. 503, ff. 177 - 184)、罗马国家档案馆藏本(ms. Cinese, ff. 119 - 128)和罗马国家档案馆藏本(ms. Cinese, ff. 129 - 142)。
④ 罗马教廷于 1622 年设立传信部,收回原先传教会的诸多特权,直接掌控所有传教工作。

卫匡国(Martino Martini)前往罗马向传信部解释并陈情,1656年教廷重新颁布了一份对耶稣会有利的谕令。虽然教廷最终实质上允许传教士以灵活的方式应对中国礼仪问题,但这种朝令夕改加剧了各修会在华的纷争。1661年,多明我会在浙江兰溪召开会议,详细讨论中国礼仪问题,他们仍然决定贯彻1645年部令的精神,严禁中国信徒敬天及参与祭祖、敬孔、拜城隍等活动。兰溪会议后,黎玉范身体每况愈下,1664年在福宁病逝。

1635—1636年黎玉范等人在闽东地区展开调查,第一次将耶稣会与托钵修会在远东地区的矛盾公开化。此次调查始于中元节前后福安穆阳(洋)村缪氏的一场祭祖仪式,缪氏族人中的部分士绅已皈信天主,但他们仍然参与到在教会眼中属于异教徒的祭祖活动中:六位德高望重的文人教徒引领了整个宗族的祭祖仪式,分别司职主祭、辅祭和礼生,其余教徒则和族人一起,站在祠堂中央,秩序井然地做礼拜。站在祠堂门口的黎玉范和利安当(Antonio Caballero de Santa Maria)亲眼看见了这一场景,认为缪氏信徒有违教义且事关"迷信",要求他们即刻悔改。①

谈到"迷信",不得不提起利安当初至福建时,曾问起相公(助手)王达陡(Thaddaeus Wang)②"祭"为何意,王氏热心地解释"祭"就是中国人的祭祖仪式,相当于基督徒的感恩祭,这令托钵修会对耶稣会的在华传教策略产生怀疑。与王达陡不同,福建奉教乡绅郭邦雍则严守天主教斋戒仪式,视中国祭祖祭孔为异端迷信,直言"人间追远祭祀为虚文,惟天主为真实"③,这也是早期教会内部有别于耶稣会的另一种声音④。

托钵修会有关中国礼仪问题的调查结果最后汇总成了一份长达数百页的报告,因其事关修会的传教利益与各国的保教纷争,始终未有定论,最终马尼拉主教决定将中国礼仪问题提交给教宗裁定。1639年6月3日,黎玉范给

---

① 参见张先清:《多明我会士黎玉范与中国礼仪之争》,《世界宗教研究》2008年第3期。
② 王达陡,也作王达窦,1628年由艾儒略(Giulio Aleni)领洗入教。
③ 参见施邦曜:《福建巡海道告示》,徐昌治:《圣朝破邪集》,见郑安德编:《明末清初耶稣会思想文献汇编》第5卷第57册,北京大学出版社2003年版。
④ 郭邦雍教名若雅敬(Joaquín),出身贡生,1627年由艾儒略领洗,长期担任福建地方传教员,1637年因福建教案被捕,后与黎玉范、苏芳积逃往澳门,郭本人也从耶稣会转入多明我会。参见黄一农:《两头蛇:明末清初的第一代天主教徒》,第390—391页。

时任耶稣会视察员李玛诺(Manoel Dias)写信①,将托钵修会和耶稣会间的矛盾概括为12条,并请求调解②:

第一,中国的耶稣会神父没有要求基督徒们恪守戒律,诸如守斋、主日和节日望弥撒、进行告解与每年领圣体,甚至在主受难日也不忌肉食,诸如此类不一而足。

第二,上述神父在为女性施洗礼时,没有在口耳处抹盐和唾液,也未在胸口和头部行涂油礼。

第三,拒不承认基督徒放高利贷的事实,且放贷利率高于中国律法允许的百分之二十。③

第四,作为基督徒的神父,却为异教徒的节日庆典和偶像崇拜活动提供资金,因为如果不这么做,就会引发异教徒的暴动和骚乱。

第五,神父们纵容中国官员每月两次前往城隍庙,对偶像焚香磕头,这是无可辩白的。

第六,允许官员和士人祭祀孔子,哪怕他们是基督徒。

第七,基督徒可以享用异教徒给予的祭品,他们对这些偶像毕恭毕敬,尤其是最大的偶像——孔子,他们认为参与这些可得福。

第八,神父们同意基督徒在家中、墓园、寺庙等场所,与异教徒一同对逝去的先辈表达敬意,并提供面包、鱼肉、酒水、水果、米饭、鲜花、蜡烛等祭品,但同时有三个条件:第一,不得烧纸;第二,不能相信死者的灵魂不灭;第三,不允许向死者寻求帮助。

---

① 是年3月,多明我会省长克莱门特(Carlos Clemente)致函李玛诺,调解双方的分歧,此信由黎玉范转交,黎本人也借机陈述自己的看法。
② 感谢刘天元惠赐译稿,以及宋黎明教授和 Stefan Christ 对译文的帮助。此信藏于法国巴黎国家图书馆,Copia de una carta del Padre Fr. Juan Bautista de Morales para el Padre Manoel Dias, Visitador sobre las cosas da China, Bibliothèque Nationale de Paris, Fonds Espagnol, mss. 409, microfilm 13.193, fols. 56-56b,检索自:http://gallica.bnf.fr/ark:/12148/btv1b100337025/f58.image.r=MORALES,%20Juan%20Bautista。笔者在西班牙庞贝法布拉大学数据库见到了 Anna Busquets 的转写本(https://www.upf.edu/asia/projectes/che/s17/morales.htm)。其中有几处转写错误,下详。
③ Venta 转写有误,应为 beinta(同 veinta),整个词组的意思是百分之二十。

第九,(中国的)葬礼是这样子的:(人们)要进行三到四次跪拜,给已故者上香,在死者家前摆一张桌子,上面陈设死者的画像和一个 1 tercia(笔者注:tercia 为计量单位)长的牌子,牌位上写着"此乃死者灵魂所在之处"。不仅信徒们去参加这样的葬礼,而且耶稣会的神父们也会着白色丝绸(黎玉范注:这是中国的丧服)到异教徒家中,做出上述举动。

第十,耶稣会的神父允许信徒在他们的家里摆放祭台,供奉死者的牌位,祭器包括香炉、花瓶和烛台,按照中国人的说法,死者的灵魂就在牌位处。同时,神父还允许一并供奉祖先牌位与耶稣及其他圣像。

第十一,中国的士人和其他人等,不止一次询问耶稣会神父一些很重要的问题,他们思索:孔子是不是会下地狱?一妻多妾是不是正当的?就像尧和舜这两位古代国王一样。其他的圣徒也有这样类似的问题。神父们的回应模棱两可,因为他们很清楚地知道,中国人对这些问题感到十分困扰,(准确的)答复会站在他们的老师、圣人和国法的对立面,而这恰恰会对神父们继续传播福音造成阻碍。

第十二,当中国信徒前来忏悔时,神父们应当清楚地知道,宽恕他们的罪行,并不意味着他们的所作所为能被允许;也不意味着两害取其轻,允许以一个较小的恶避免一个更大的恶;这也不意味着,由于他们的铁石心肠①,如果没有神父在场而宽恕他们时,这种情况(祭祖祭孔)就会发生并且被允许,但现在他们已经被宽恕了,这是好事;或者,至少他们现在正在做的(忏悔)是必需的,否则他们不会得到宽恕。

黎玉范在书信中直陈托钵修会对中国礼仪问题的质疑,可简要概括为以下三点:第一,如何行天主教的日常礼仪,如弥撒、圣洗、告解、傅油等;第二,如何调解天主教与中国传统习俗间的矛盾,如祭祖、祭孔、拜城隍、纳妾;第三,天主教在中国的放贷问题。然而,托钵修会是否收到了耶稣会士的答复,

---

① 转写本中,eorum 误作 corum,"ad duritiam cordis eorum"的意思为"由于铁石心肠",常见于《圣经》经文中。此处可能指"信徒不知道如何更好地分辨"。

学界众说纷纭。① 但可以肯定的是,黎玉范于 1640 年 5 月启程前往罗马,他在书信中提出的 12 条问题,奠定了此后礼仪之争的基本内容,托钵修会和耶稣会之间的矛盾也从远东扩及欧洲。

三、成书年代与版本考证

《圣教孝亲解》一文围绕天主教的"孝亲"观念展开,由黎玉范口述。已有学者展示了梵蒂冈图书馆所藏《圣教孝亲解》的全文,并对文本做了细致的爬梳与转写。② 然而,结合罗马国家档案馆新近发现的两份珍贵抄本,《圣教孝亲解》的文本内容及其文献价值仍然值得进一步挖掘,笔者梳理了三个抄本的基本信息,见表 1:

表 1 《圣教孝亲解》各抄本比对

	罗马长本	梵蒂冈本	罗马短本
馆藏地点	罗马国家档案馆(ASR)	梵蒂冈图书馆(BAV)	罗马国家档案馆(ASR)
装帧	纸本,线装	纸本,线装	纸本,线装
尺寸	高 23.4 cm,宽 12.3 cm	高 16.4 cm,宽 12.5 cm	高 18.6 cm,宽 12 cm
纸张	黄色竹纸	黄色竹纸	黄色竹纸
页码	ff. 129 – 142	ff. 177 – 184	ff. 119 – 128
文理	官话,文理晓畅	官话,文理晓畅	官话,文理通顺,有几处用词讹误③
其他信息	封面正中有 7 行拉丁文,字迹难辨,另有附页,记载"铎德黎玉范回到罗马事"	正文第一页及第二页起始两行有西班牙译文,文末附有"铎德黎玉范回到罗马事"	文末附有"铎德黎玉范回到罗马事"

---

① 邓恩认为,李玛诺收到信后,声称要转给时任耶稣会副会省长傅汛济(Francisco Furtado),但傅汛济又将此信转给远在山西传教的高一志(Alfonso Vagnoni),高的回信直到 6 个月后才收到,彼时,黎玉范已启程前往罗马(参见 Dunne, *Generation of Giants*, p. 298)。而 Fidel Villarroel 指出,李玛诺于同年(1639)去世,他是否遵从了和黎玉范的约定把信带到,已经无从知晓。(参见 Fidel Villarroel, p. 32)但傅汛济确实在 1640 年对黎玉范的 12 条问题作了答复,详见 Franc. Furtado, *Informatio Antiquissima De Praxi Missionariorum Sinensium Societatis Jesu Circa Ritus Sinenses*, Paris, 1700,由此可修正前辈学者的一些看法。
② 参见杨慧玲:《梵蒂冈图书馆藏明清中西文化交流史重要文献——对梵蒂冈图书馆藏稿抄本 Borg. cin. 503 的初步研究》,《史学史研究》2016 年第 2 期。
③ 仅举一例,短本将"中夜一思、清心难昧"误作"清夜一思、中心难昧"。

三个抄本的内容各有详略。罗马长本细分为《圣教孝亲解》《拯民略说》《代疑篇》和《中华礼》,其中《拯民略说》和《代疑篇》均为耶稣会文献,上接《圣教孝亲解》,探讨天主教的祭祖与孝亲问题,《拯民略说》是明末浙江天主教徒朱宗元所撰《拯世略说》第十九节"祀先当循正道","民""世"一字之差,许是抄本有讹;《代疑篇》出自杨廷筠,摘录《孝亲与娶妾辨》一节;《中华礼》作者不详,内容与《礼记·王制》篇所载古代天子诸侯祭祀之礼相关,由传统的王官祭祀推演到天主教祭礼。而梵蒂冈本与罗马短本均只收录了《圣教孝亲解》一文,未见其他和孝亲祭祖有密切关系的文献。[①]

有关黎玉范《圣教孝亲解》的成书年代,中译本《明代名人传》给出了如下论述:1661年4月20日,多明我会就教区教务问题出台了相关规定,提交罗马教廷裁决。为了帮助皈依者更好地了解有关规定,黎玉范还编写了一部中文小册子《圣教孝亲解》来专门阐释天主教的"孝义"。[②] 这无疑将《圣教孝亲解》的成书时代置于1661年兰溪会议后。[③] 但对观英文原本,可知中译本对《圣教孝亲解》的年代判断属于无中生有。[④]

黎玉范书信以及《圣教孝亲解》三个抄本的发现,将有助于学界重新判定其成文年代。首先,三个抄本的内容相似,始于孝亲,详于祭祖,结尾处用第三方口吻记录了黎玉范面见教宗、陈述中国礼仪问题的情况,以及教廷颁布谕令等事,约二百字。如罗马长本另附一页,单独叙述:

[①] 杨慧玲对梵蒂冈本《圣教孝亲解》的卷宗情况做过具体介绍:第一部分是《汉西词典》,词典正文前有7页汉字注音和西班牙语对照的天主教经文,接着是326页的词典正文;第二部分是16页黎玉范的《圣教孝亲解》抄本,按中国人的书写习惯自上而下,自右向左;第三部分是33页的《拜客问答》,汉字右侧有注音和西班牙语对译;第四部分有摘自《礼记》二十二卷关于神位与祭祀的段落纸条;第五部分是1页红色中国纸刻板页"噙毒石用法"。经杨文考证,《汉西词典》的编写时间为17世纪下半叶,此时黎玉范业已离世,而《拜客问答》则是耶稣会士学习汉语的经典文献,这两个文本与《圣教孝亲解》关系不大,应是后期汇纂成册。参见杨慧玲:《梵蒂冈图书馆藏明清中西文化交流史重要文献——对梵蒂冈图书馆藏稿抄本Borg. cin. 503的初步研究》,《史学史研究》2016年第2期。
[②] 参见富路特、房兆楹等:《明代名人传》第四册,第1460页。
[③] 参见张先清:《多明我会士黎玉范与中国礼仪之争》,《世界宗教研究》2008年第3期。
[④] 英文本从未明确指出兰溪会议期间黎玉范所撰基督教孝亲观念的册子就是《圣教孝亲解》,文末谈到黎玉范所著《圣教孝亲解》时,并未给出成书时代。参见 L. Carrington Goodrich and Chaoying Fang, eds., *Dictionary of Ming Biography, 1368-1644*, Vol. II, 1976, p. 1076。

铎德黎玉范回到罗马京都,颛求教皇颁定大明教中该行什么礼规,上疏云云。教皇吴依巴诺,先命诸先生中极高明博学者,聚论黎某疏事,至几阅月始定,嗣而教皇意诺增爵即位,随颁定云:"大明教中人,不该祭祖先,不该祭孔子,更不该祭城隍;讲道时节,该传吾主耶稣降生救世受难诸情,该立耶稣苦像于主台;教中人家,不该设祖牌,不该放利钱;凡妇女初领圣洗时,铎德该代搽圣油,并与尝圣盐,其临终又该代搽圣油;凡教中男女,该遵守主日,并大瞻礼日与夫大小斋也。"①

文中的"教皇吴依巴诺"和"教皇意诺增爵",分指乌尔班八世和英诺森十世,这也和礼仪之争西文文献的内容相吻合。其次,仔细爬梳《圣教孝亲解》末段英诺森十世颁布的谕令,不难发现它与上文黎玉范书信所呈12条质疑高度相似,部分内容甚至能一一对应:②

"不该祭祖先"——第八条

"不该祭孔子"——第六条、第七条

"更不该祭城隍"——第五条

"讲道时节,该传吾主耶稣降生救世受难诸情,该立耶稣苦像于主台"——第十条

"教中人家,不该设祖牌,不该放利钱"——第三条、第十条

"凡妇女初领圣洗时,铎德该代擦圣油,并与尝圣盐,其临终又该代敷以圣油"——第二条

"凡教中男女该遵守主日,并大瞻礼日与夫大小斋也"——第一条

内容上的高度相似,表明二者的成书年代可能相去不远,想必黎玉范前往罗马面陈教宗时所提的问题便与这12条密切相关,而1645年传信部的部

---

① 传教士黎玉范述:《圣教孝亲解》,梵蒂冈图书馆,Borgia. Cin. 503。
② 1645年传信部的解释最为详细,共15条,对天主教在中国的仪式和中国礼仪问题做了诸多细节性规定。中译本参见苏尔、诺尔编:《中国礼仪之争西文文献一百篇(1645—1941)》,第1—8页;英译本参见 Donald F. St. Sure trans., Ray R. Noll, ed., *100 Roman Documents Concerning the Chinese Rites Controversy* (1645-1941), pp. 2-5。感谢吴小新教授惠赐英译本。

令,也印证了这一观点。① 1649年,黎玉范带着部令回到中国,严禁教民敬天及参与祭祖、敬孔、拜城隍等活动。从黎玉范书信、《圣教孝亲解》末段"铎德黎玉范回到罗马事"和传信部1645年部令这三个文献,可以初步推断《圣教孝亲解》的成书年代为1645年之后,即黎玉范面陈教宗后。

那么,黎玉范是回国途中写就此文,还是1649年回国后完成的? 笔者更倾向于后者,因为《圣教孝亲解》是由黎玉范口述,中国文人润色成书。虽然有学者指出,黎玉范在马尼拉生活了8年之久,负责向侨居此处的闽南华裔传教,因而学会了闽南语;同时他也掌握了官话的基本语法和词汇,耶稣会士Arturo Gouvea称赞黎玉范的官话是他见过的传教士中最好的。② 即便如此,黎玉范的汉语水平仍有待考证,没有中国文人的帮助,他很难凭借一己之力完成此文的写作、润色与誊抄工作。梅欧金的《祖先、贞女与修士》一书考证了梵蒂冈图书馆所藏《圣教孝亲解》的成书年代可能为17世纪50年代;而柯兰霓(Claudia von Collani)也认为《圣教孝亲解》成书于1649年。③ 因此,黎玉范书信和新抄本的发现将有助于确认《圣教孝亲解》的成书年代约为1649—1650年,即黎玉范回到中国后,授意当地文人,润色成书。

---

① 参见苏尔、诺尔编:《中国礼仪之争西文文献一百篇(1645—1941)》,第1—8页;英译本参见 Donald F. St. Sure, trans., Ray R. Noll, ed., *100 Roman Documents Concerning the Chinese Rites Controversy (1645-1941)*, pp. 2-5。

② 此处征引原文,Fr. Arturo Gouvea 很有可能是何大化(António de Gouvea),其晚年常在福州传教。参见 José María González, *Historia de las Misiones Dominicanas de China*, Vol. 1, pp. 381-383; Fidel Villarroel, "The Chinese Rites Controversy: The Dominican Viewpoint," *Philippiniana Sacra*, Vol. 28, No. 82, 1993, pp. 23-24;张先清:《多明我会士黎玉范与中国礼仪之争》,《世界宗教研究》2008年第3期;杨慧玲指出很有可能是 Joachin Kuo(笔者注:实为 Joaquín Kuo,即郭邦雍)教授黎玉范汉语,参见杨慧玲:《梵蒂冈图书馆藏明清中西文化交流史重要文献——对梵蒂冈图书馆藏稿抄本 Borg. cin. 503 的初步研究》,《史学史研究》2016年第2期。

③ 梅欧金对《圣教孝亲解》成书时代的判断,参考了 Francesco Saverio Filippucci (*De Sinensium ritibus politicis acta*, Paris: Apud Nicolaum Pepie, 1700, p. 116)的观点,后者指出《圣教孝亲解》一文似乎在1649年黎玉范从罗马返回中国后被曝光,他在新教徒中披露了教廷的答复和宗座法令的中译本,参见 Eugenio Menegon, *Ancestors, Virgins, & Friars: Christianity as a Local Religion in Late Imperial China*, pp. 111-112, 276-277。柯兰霓的判断,参见 Claudia von Collani, *Biography of Juan Bautista Morales OP*, *China Missionary*. (http://encyclopedia.stochastikon.com)此外,中文基督教文献资料库(CCT)亦指出《圣教孝亲解》的成书时代大约为1649或1650s,并非1659年(http://heron-net.be/pa_cct/index.php/Detail/objects/1754)。

过往学界普遍认为黎玉范《圣教孝亲解》仅有梵蒂冈本一个抄本的说法，已显得不再可靠，相信随着更多有关多明我会的原始档案陆续地进入研究者们的视野，《圣教孝亲解》这一文本的成书时代及三个抄本的成书先后问题，有望在将来得到更加确切的结论。

四、"孝亲"观念的格义

中国"孝"的观念源远流长，儒家对孝亲观念的重视表现在以下几个方面：一是对个体生命观念的理解。二是家庭伦理的情感需要，如子女对父母所尽的义务，是为了报答父母的生养之恩。三是在家庭之上，孝还表现为一种政治道德规范，每个人都要恪守君臣、父子、长幼之道，对父母的孝顺与对君王的忠诚往往是一体两面的；古代社会以君父为核心，孝亲观念被进一步抬高，甚至神化，行孝常常与敬天、祭祖、鬼神、福禄信仰相联系。因此，《孝经》直言："夫孝，天之经也，地之义也，民之行也。"①

明清鼎革之际，中西异质文化相碰撞，产生了许多对旧有观念的格义，"孝"是其中一例。对比黎玉范《圣教孝亲解》和其他耶稣会文献，可知双方在阐释中国传统语境中的"孝亲"观念与天主教教义中的"敬爱父母"时，采用了不同的解释路径。

严格意义上，基督教教义中没有"孝亲"观念，中国人认为身体发肤受之父母，基督徒的一切则是由主所赐，只有先爱耶稣，才能爱父母。爱父母自身没有独立性，《圣经》将其视为"主"的意志，如十诫中第四诫"孝敬父母"并没有儒家"孝"的味道。和合本《圣经》虽然译作"当孝敬父母，使你的日子在耶和华你神所赐你的地上得以长久"（出埃及记 20:12），但察其英文本，"孝敬"一词的原文为"honour"，直译为"敬爱"，是荣耀主的意思。② 若向前追溯到马士曼（Joshua Marshman）所译《旧约全书》（1822），十诫中的"爱父母"译为"敬

---

① 阮元：《十三经注疏·孝经注疏》，中华书局1980年版，第2549页。
② 原文为"Honour thy father and thy mother: that thy days may be long upon the land which the LORD thy God giveth thee"（KJV, Exodus 20:12）; "Give honour to your father and to your mother, so that your life may be long in the land which the Lord your God is giving you"（BBE, Exodus 20:12）。

汝父母,致得久存于汝神耶贺华赐汝之地"。① 可见,从"敬爱父母"到"孝敬父母",一字之差,实为基督教教义在中国语境中被赋予了儒家的孝亲色彩。

《圣教孝亲解》的正文共分三段,第一段讲述天主教中孝敬父母的重要性;第二段篇幅最长,阐述天主教严禁祭祖的诸多理由;第三段结语强调祭祀天主实为正道。"天主圣教,孝敬父母,第一要也。宇宙孝礼,万难拟天主教中孝礼"②,黎玉范开门见山,指出天主教孝敬父母之礼为第一要务,十诫除前三条与崇敬天主相关,便首推"孝敬父母"。随后,他着眼于天主教孝礼的"内"与"外":"双亲在日,为人子者,天主欲其爱敬之,听从其命,衣食其身,代任其劳,顾恤其病,式扶其衰;忻庆其喜,宽慰其忧,左右前后,不敢睨,不敢侮,不敢詈,不敢憾,不狠应对,不敢愿其速逝,不敢以贵哲骄其愚贱。此真孝敬之实也"③,天主教令信徒爱敬父母,具体表现为父母在世时,子女膝下承欢,这是孝敬父母的意义所在。仔细体察文本,黎玉范以"孝敬父母"置换了"爱敬父母"的概念,黎玉范对"孝"的逻辑置换体现出基督教教义和中国传统孝亲观念间的矛盾,他在《圣教孝亲解》中试图掩盖其中的不协调。

再来看耶稣会士对"孝"的理解,利玛窦《天主实义》中有一段颇为经典的论述:

> 吾今为子定孝之说。欲定孝之说,先定父子之说。凡人在宇内有三父:一谓天主,二谓国君,三谓家君也。逆三父之旨者,为不孝子矣。天下有道,三父之旨无相悖,盖下父者,命己子奉事上父者也,而为子者顺乎一,即兼孝三焉。天下无道,三父之令相反,则下父不顺其上父,而私子以奉己,弗顾其上;其为之子者,听其上命,虽犯其下者,不害其为孝也,若从下者逆其上者,固大为不孝者也。④

利玛窦对"孝"的阐释同样建立在西方基督教的传统上,他扩展了"忠孝"

---

① 《旧约·出埃及记》(20:12),马士曼(Joshua Marshman):《旧约全书》,印度塞兰坡 1822 年版,台湾圣经公会藏。
② 传教士黎玉范述:《圣教孝亲解》,梵蒂冈图书馆,Borgia. Cin. 503。
③ 传教士黎玉范述:《圣教孝亲解》,梵蒂冈图书馆,Borgia. Cin. 503。
④ 利玛窦:《天主实义今注》,梅谦立注,商务印书馆 2014 年版,第 213 页。

的对象,在国君和家君之上,树立了一个无可超越的天主形象,乍看是把"信主"置于"忠君""孝父"之上,其实将以忠孝为体认的中国社会和以神俗为基础的西方社会杂糅,天主凌驾于万物之上,故而,敬天主为孝。① 耶稣会的这种传教策略反映出它和儒学传统之间的不协调,后人便把矛头指向利氏的"三父说"——"'国主于我相为君臣,家君于我相为父子,若比天主之公父乎?'以余观之,至尊者莫若君亲。今一事天主,遂以子比肩于父,臣比肩于君,则悖伦莫大焉",直斥利氏所言乱忠孝人伦。②

  黎玉范和利玛窦都将"孝"视为天主的要求,置换了"孝"(filiality)和"敬"(honour)的内涵。其中,黎玉范对未尝受洗之人的态度非常悲观,他并不认同中国本土的生命观念中认为祖灵有威能保佑后人的信仰,反对中国人事死如事生的祭祖方式,希望代以天主教的仪式,因而《圣教孝亲解》一文明确反对祭祀亡者与偶像崇拜;不相信鬼神的存在。"第所禁者,惟是祭献死人虚事",因为天主教教义中一切善恶祸福皆由至高的天主所定,信徒若违背了圣教十诫,则死后灵魂不能升入天堂,无论后人如何祭之拜之,皆为虚事。③

  利玛窦采用了另一种诠释方式,在君父的等级观念上置入天主,同时改变了孝的适用范围。孝在儒家伦理中本是私孝,是个体对父母的孝顺,对血缘祖先的崇拜;但利玛窦则将这种私孝扩展为一种普遍的孝——对天主的孝(中文更近似"敬")。这种阐释与中国传统孝的观念相互冲突,传统语境中的敬天、忠君、孝亲观念并存,各有适用的范围,即使是君,也不能反对臣民敬天祭祖,但利玛窦引入了基督教的平等思想,强调"公父"之下君臣父子皆平等,事实上打破了这种敬、忠、孝的并存:"国主于我相为君臣,家君于我相为父子,若使比乎天主之公父乎,世人虽君臣父子,平为兄弟耳焉,此伦不可不明矣",④后人尝以孟子讽杨墨无君无父来批驳利氏,言辞更为激烈。⑤

---

① 林中泽:《利玛窦的"大西三父说"与儒家的忠孝论——析亲子关系的中西歧义》,《学术研究》2002年第4期。
② 陈候光:《辨学刍言》,徐昌治:《圣朝破邪集》,见郑安德编:《明末清初耶稣会思想文献汇编》第5卷第57册,第163页。
③ 传教士黎玉范述:《圣教孝亲解》,梵蒂冈图书馆,Borgia. Cin. 503。
④ 利玛窦:《天主实义今注》,梅谦立注,第213页。
⑤ 又曰:'杨墨之道,无父无君是禽兽,而率兽食人。'……其言痛切,几于一字一泪。则以禽兽视天主教与从其教者,诚非刻,而可以佐天香辟邪之本心矣。"周之夔:《破邪集序》,徐昌治:《圣朝破邪集》,见郑安德编:《明末清初耶稣会思想文献汇编》第5卷第57册,第91页。

孝亲格义的背后，是两种不同的"天主"观，二人理解的"天主"，含义大不相同。利玛窦称"吾天主，乃古经书所称上帝也……"，又曰，"惟皇上帝，降衷于下民。若有恒性，克绥厥猷，惟后"①，他将西方的造物主等同于中国的"上帝"，援引中国经典，一一论证，赋予这些概念以新的含义。利玛窦的"天主"概念横跨中西，杂旧杂新，如此解释遭到了同会龙华民（Nicolòs Longobardo）和后人的诸多批评。黎玉范则称"……故《尚书》云'维皇降衷下民，厥有恒性，性即灵也'，《大学》释云'人之所得乎天，而虚灵不昧。'不昧讵非灵哉？肉身既属父母攸生，故人子该孝敬父母之身，不忘本也"。② 此处隐去"上帝"二字，可能因为1628年嘉定会议召开后，各会就译名问题达成暂时的妥协，保留"天主"译名，不再使用儒家经典中的"天"和"上帝"。黎玉范虽然清楚西方的"天主"和中国的"上帝""天"不能混为一谈，但他对"天"的解释同样存在断章取义的问题。黎玉范引用《尚书》和《大学》，是为了附会人的肉身源自父母，灵魂则来自天主，然而，黎玉范并未意识到两个文本所表达的"灵"的观念不同，且灵肉分离的思想实则晚出，他显然没有注意到文本使用语境的差异。

早期传教士对"天主"的认知事实上否定了祖先神灵之于每个人的优先性和个别性，只有当"天主"居于优先的地位并具有普遍的影响，方能解释为何敬天主为第一要务，如艾儒略直陈："天主也者，天地万有之真主也。造天、造地、造人、造神、造物，而主宰之，安养之。为我等一大父母。心身性命，非天主孰赋畀？天下国家，非天主孰安排？吾人所极当钦崇者也。"③

多明我会与耶稣会对中国典籍的引用，对儒家思想的理解存在较大分歧，由此可以解释双方在祭祖等问题上意见相左。黎玉范明确反对祭祖，"生不孝敬，死祭曷益？"他无法理解祭祀在中国传统社会中所扮演的关键性作用，认为它从根本上威胁到了天主存在的独一性和超自然性，将其视为一种宗教迷信。前述中国奉教乡绅郭邦雍原受洗于耶稣会，但在与多明我会接触后，认为中国传统礼俗属异端，祭祀为虚文，故改随多明我会。利玛窦则把西方的"天主"与中国的"上帝""天"同构，未尝明确反对祭祖、祭孔。《天主实

---

① 利玛窦：《天主实义今注》，梅谦立注，第101页。
② 传教士黎玉范述：《圣教孝亲解》，梵蒂冈图书馆，Borgia. Cin. 503。
③ 艾儒略：《三山论学》，见郑安德编：《明末清初耶稣会思想文献汇编》第1卷第7册，第329页。

义》引言中说"顾吾人钦若上尊,非特焚香祭祀"①,那么同时相信西方的"天主"与中国的"上帝""天",是否是一种危险的"合"?"因为本来想追随所有的宗教,但因为没有用心追随任何一个宗教,结果一无所有。……这样,一些人坦承他们的不信,另外一些人则不信而自以为信,大部分人遂处于无神论的深渊(nel profundo dell' atheismo)。"②明末反教之作《圣朝破邪集》则认为天主教以夷乱华,以邪说惑人,"最可异者,方具详问,有生员黄大成、郭邦雍忿忿不平,直赴本道为夷人护法,极口称人间追远祭祀为虚文,惟天主为真实,且以本道为古怪不近情者,此等情状似不普天下而入夷教不已者,二生更应行学道重处等缘由"③。

五、结语

黎玉范书信和《圣教孝亲解》抄本的发现,为我们补充了早期多明我会对中国礼仪问题的看法。仅通过考订其文本,即可知明末清初的多明我会传教士在如何对待中国信徒祭祖敬孔等问题上与耶稣会的立场颇有扞格,此间的异同值得从思想史等角度加以专门研究。在礼仪之争这一中西异质文化的冲突过程中,不仅有着中国反教与奉教人士的矛盾、多明我会和耶稣会的纷争,明清易代的历史背景也无疑大为加剧了事件的复杂性。黎玉范于1649年重返中土,本想将罗马教廷的好消息带给中国的多明我会,但同一年,清军即彻底攻陷福安,奉教乡绅郭邦雍殉明,等待传教士们的是一个全新的皇朝和政局。黎玉范们为之奔走著述的中国信徒祭祀问题才刚刚开启序幕。

---

① 利玛窦:《天主实义今注》,梅谦立注,第77页。
② 《利玛窦资料》第1卷第132页,转引自宋黎明:《神父的新装》,南京大学出版社2011年版,第280—281页。
③ 施邦曜:《福建巡海道告示》,徐昌治:《圣朝破邪集》,见郑安德编:《明末清初耶稣会思想文献汇编》第5卷第57册。

论衡

晚清时期"封建"与"自治"的思想勾连

祁梁*

一、前言

古汉语"封建"一词的本义,是指中国古代历史中的"封邦建国"制度。对于这一制度,历代学者多有讨论。到了晚清时期,冯桂芬(1809—1874)在《校邠庐抗议》的《易吏胥议》和《复乡职议》中引用了顾炎武的观点,认为应该恢复乡举里选制度,重用本地有能之士,废除回避制度。① 清末"地方自治"理论引入中国,许多地方自治的拥护者也纷纷塑造本土化的地方自治叙事,他们引用的经典来源,恰恰多为顾炎武和冯桂芬,从而完成了中国化的"封建-自治"思想勾连。

对于"封建""自治"概念与制度的研究,以下学者已做出卓越贡献。首先是黄东兰,曾对清末江苏川沙"自治风潮"做出了个案研究,以探寻清末地方

---

* 祁梁,郑州大学历史学院讲师,近现代河南与中国研究中心成员。
① 参见冯桂芬:《校邠庐抗议》,见沈云龙主编:《近代中国史料丛刊》正编第六十二辑,文海出版社1966年版,第33—41页。

自治制度的推行与地方社会的反应。① 她后来出版了《近代中国的地方自治与明治日本》，其中对于顾炎武的"乡官"论与"从小到大"的自治观念、20世纪初的地方自治论、留日学生对地方自治理论的接受与改造等方面进行了深入的探讨,在回顾顾炎武的"乡官"论时提到,顾的"寓封建之意于郡县之中"成为后来近代中国地方自治思想的渊源。② 在最近的论文中,她又从西方、日本、中国三个角度梳理了跨语境的"自治"概念,其中提到清末中国的"自治"也分为改良派的"乡官"自治补充官治之不足,和革命派的省"自治"、汉人"地方之分权自治"。③ 其次是冯天瑜的《"封建"考论》,这是有关"封建"概念梳理的皇皇巨著,全面梳理了中国秦汉至明清时期、日本与西欧的"封建"或 feudalism 含义,而且对于清末民初、"五四"时期、国民革命、社会史论战、马克思主义不同语境下的"封建"进行了翔实的考据,最终认为应以"宗法地主专制社会"取代"封建社会",以指称中国秦至清时期的社会形态。④ 最后是侯旭东的《中国古代专制说的知识考古》和《"制度"如何成为了"制度史"》,他从"专制"与"制度"角度考察了中国古代社会中的"专制"和近代外来的"自治"因素,认为受到近代以来"中国事事不如人"的自卑情结影响,中国知识分子不假思索地接受了西方思想家对传统中国的"专制"定性,最终以"专制"来简单概括中国近两千年的历史,而自治、立宪、共和等制度则成为解决中国专制问题的药方。⑤

可以看出,上述学者对于"封建""自治"的相关概念与制度进行了不同角度的分析与梳理。其中,黄东兰的研究明确了顾炎武"乡官"论与后来地方自治思想的关联,对于本文的研究视域形成而言启发最大。冯天瑜的研究侧重于"封建"概念的梳理和总结,深入探讨了用"封建社会"概念指涉古代中国是否合理的问题。侯旭东的研究指出了在概念和制度层面近代中国知识分子

---

① 参见黄东兰:《清末地方自治制度的推行与地方社会的反应——川沙"自治风潮"的个案研究》,《开放时代》2002年第3期。
② 黄东兰:《近代中国の地方自治と明治日本》,东京汲古书院2005年版,第三章"伝统中国の自治思想",第77—101页。
③ 参见黄东兰:《跨语境的"自治"概念——西方·日本·中国》,《江海学刊》2019年第1期。
④ 参见冯天瑜:《"封建"考论》,武汉大学出版社2007年版。
⑤ 参见侯旭东:《中国古代专制说的知识考古》,《近代史研究》2008年第4期;侯旭东:《"制度"如何成为了"制度史"》,《中国社会科学评价》2019年第1期。

所受到的外来影响,其所提及的"专制"与"自治""立宪"的对立侧重于后出的观念转变。不过,对于"封建"与"自治"之间的思想勾连,似仍有进一步探索的空间。"封建-自治"思想勾连过程如何？存在哪些误区？这种理论叙事产生了怎样的影响？本文将依据文献史料,对于相关问题试作梳理辨析。

二、《皇朝经世文编》与"封建"论的复出

"封建"常和"郡县"相对指称,作为两种统治帝国的行政模式而被讨论。由于儒家具有"上古为黄金时代"①的乌托邦理想,夏商周三代用"封建"治世而秦以后用"郡县"治世,就成了一个具有争议性的话题,在追溯上古圣人"封建井田"制度时历代学者不乏对于"封建"和"郡县"或此或彼做出自己的判断。唐代柳宗元(773—819)《封建论》提出封建非圣人意,乃形势所至不得不然,三代用封建而治,后世用郡县而治,两者都对而且不能置换。② 后来历代学者都试图总结"封建"和"郡县"各自的优劣,或认为封建制长于拱卫京畿、强化边防、严缉盗贼,或认为郡县制长于令行禁止、预防叛乱、大权御揽。这些都是从帝国治理的宏观视角来看"封建"和"郡县"的优劣,而清代学者顾炎武(1613—1682)则不然。顾炎武在九篇《郡县论》当中从地方基层治理的角度提出要"寓封建之意于郡县之制",用千里之内有能力的人举为县令,先行试任,如果地方治理良好,则准其长期担任,不限以三年之期,而且听从他卸任后的举荐。县令之上有太守,再上则有中央的巡查官员。顾炎武认为这种制度可以免除"官视民为路人,民视官如仇寇"的弊病,而且别省官员不通本地风土人情语言,只能依赖于胥吏,致使胥吏上下其手,地方深受墨吏蠹虫之害。如果实行他的建议,那么就能"以地方之人,用地方之财,因天下之私,成天下之公",良好解决庞大帝国的上下沟通和官民悬隔问题。顾炎武认为这种"乡官"制度在中国是有着悠久传统的,周代有乡遂之制,汉代地方有三老、游徼、啬夫,至隋代而罢州郡乡官,明代实行南北互选,清代严格实行官员回避本籍制度,这种制度中断的后果就是地方疲敝、墨吏贪渎、民不聊生。③

---

① 顾颉刚:《古史辨自序》(上),河北教育出版社2000年版,第18—118页。
② 参见柳宗元:《封建论》,见《柳宗元诗文选注》,上海古籍出版社1988年版,第11—25页。
③ 参见顾炎武:《郡县论》,见《顾亭林诗文集》,中华书局1983年版,第12—17页。

清代中后期以来《皇朝经世文编》及其续编再编书籍中,涉及"封建""郡县"问题的讨论,基本不脱窠臼,或宗柳,或宗顾。宗柳者基本从帝王家天下的角度考虑,认为分封同姓诸侯不如皇帝大权独揽,同姓诸侯王而谋叛者于历史上屡见不鲜,西汉七国之乱、西晋八王之乱、明代宸濠之叛,都是封建制不可倚靠的明证。汪缙(1725—1792)《准孟》认为封建制固为三代良法美意,为治世之器,孟子(前372—前289)所称道,但周代末年礼崩乐坏,封建不可复行,唯有舍三代之器,求三代之道而已。① 刘鸿翱(1778—1849)《封建论》提出行封建制必有大德之天子相符,德稍衰即乱;而郡县制则必天子大不德方乱,德稍衰亦可治。② 这种观点默认郡县制相对封建制的天然优越性,舍弃了孔孟之于封建、井田、学校的追求。孙鼎臣(1819—1859)《史议三》从儒家德势、义利、公私之辨的是非观论述封建郡县问题,认为舍弃德、义、公而空谈治天下之具为封建为郡县,是舍本逐末,关键在天子之德,而不在封建郡县制度。③ 崇论闳议,复前人"在德不在鼎"之意。

柳宗元和宗柳者的立论,都基于分封诸侯或者委任流官两者对于天下治理孰更优的问题;而顾炎武和宗顾者的立论出发点则不在于此,而是在郡县制的前提下如何利用封建因素改进基层治理,矫正郡县制的弊病。顾和宗顾者并不想回到封建制本身,他们对于封建不可复这一点并没有异议,他们试图对当时郡县制背景下外省三年一任的流官和本地贪墨横行的胥吏相结合的制度做出切实改良,这才是经世致用的本义。晚清经学大师俞樾(1821—1907)《封建郡县说》认为封建、郡县不可偏废,封建以郡县之法行之,郡县以封建之法行之,方可久长,内地郡县而边地封建,为最善之法。④ 刘沛(生卒年不详)《郡县论》从太平天国之乱看到了州县行政长官不掌兵的弊端,认为州

---

① 参见汪缙:《准孟下》,贺长龄辑:《皇朝经世文编》,见沈云龙主编:《近代中国史料丛刊》正编第七十四辑,文海出版社1966年版,第99—103页。
② 参见刘鸿翱:《封建论》,贺长龄辑:《皇朝经世文编》,见沈云龙主编:《近代中国史料丛刊》正编第七十四辑,第437—439页。
③ 参见孙鼎臣:《史议三》,盛康辑:《皇朝经世文编续编》,见沈云龙主编:《近代中国史料丛刊》正编第八十四辑,文海出版社1966年版,第885—887页。
④ 参见俞樾:《封建郡县说》,葛士濬辑:《皇朝经世文续编》,见沈云龙主编:《近代中国史料丛刊》正编第七十五辑,文海出版社1966年版,第379—380页。

县长官必兼任练兵"剿贼",方能安稳地方。① 佚名《论书吏舞弊》②和方俊颐(1815—?)《世吏世役说》③专注于揭示郡县制下书吏差役阶层的贪婪和无法节制,思有以替代之法。刘绍攽(生卒年不详)《秦置郡县论》可谓顾炎武《郡县论》的复刻版,提出应"仍郡县之制,师封建之意",县官"久于其任",其后论说几与顾炎武相同。④ 冯桂芬《复乡职议》也被选入《皇朝经世文续编》,此文较顾炎武更进一步,提出县官以下的治理问题应由新的"乡官"处理,这些乡官应从本地贤能绅士中选出,设正副乡董,凡民有争讼,得于乡董前申说辩白,而保甲制度下的地保甲长皆为贱役,没有权威且易滋生贪欲,不如废止,改行乡董制。⑤ 冯桂芬的论说成为清末民初绅士阶层倡议的"地方自治"说所引用的范本,也为"封建-自治"思想勾连的关键一环。

在宗柳者当中有一篇较为特殊的文章,为戴望(1837—1873)的《顾职方郡县论驳议》。这篇文章的特殊之处在于以顾炎武《郡县论》为嚆矢,指出其不可行之处。戴认为封建之意不可复寓于郡县之中,天下南粮北运、东财西调,已为不可逆之势,名曰"协济",如果各州县各自为政,天下事如何治理?县官如果久于其任,一旦其仗势欺人,奴役百姓,百姓又该向谁申诉?或曰太守,但如果县官贿赂太守,沆瀣一气,又当如何?县官如果治理得当,也只是增加俸禄,假如三年一增,那么国家岁入能给多少县官发俸禄呢?久于其任,势必结党营私,如果有一天其子弟犯罪,或流或杀,那么其家族定会据守谋叛。本县如有矿产,则县官必定霸占开采,与民争利。县官在本地培植势力,也定会与邻县县官交好结党,方便谋叛时一同举事,如此则天下危殆。戴以为顾炎武之论,近于顽固,井田废而封建不可复,郡县分而世官不可设。⑥ 戴

---

① 参见刘沛:《郡县论》,葛士濬辑:《皇朝经世文续编》,见沈云龙主编:《近代中国史料丛刊》正编第七十五辑,第380—381页。
② 佚名:《论书吏舞弊》,何良栋辑:《皇朝经世文四编》,见沈云龙主编:《近代中国史料丛刊》正编第七十七辑,文海出版社1966年版,第271页。
③ 方俊颐:《世吏世役说》,盛康辑:《皇朝经世文编续编》,见沈云龙主编:《近代中国史料丛刊》正编第八十四辑,第2909—2911页。
④ 参见刘绍攽:《秦置郡县论》,饶玉成辑:《皇朝经世文续编》,见来新夏主编:《清代经世文全编》第三十九册,学苑出版社2010年版,第267页。
⑤ 参见冯桂芬:《复乡职议》,葛士濬辑:《皇朝经世文续编》,见沈云龙主编:《近代中国史料丛刊》正编第七十五辑,第511—513页。
⑥ 参见戴望:《顾职方郡县论驳议》,盛康辑:《皇朝经世文编续编》,见沈云龙主编:《近代中国史料丛刊》正编第八十四辑,第2487—2491页。

望的议论,有合理之处,假如县官的权力不受监督,一旦失控必然祸及普通民众,而这一点在选举代议制度确立前,没有根本的解决办法。不过,其议论却反映出当时士人被权力震慑到神经末梢的道德自我审查。首先是盲目迷信定于一尊的权威,事事从治理天下的当权者角度考虑而不从地方基层的利益考虑,是一种假定自己有权力的幻觉。其次是对"党"和"私"弃若敝屣的道德观,在这些人头脑中应该"君子之交淡如水""慎独",人和人之间一旦形成小集团,那么就会偏离大公无私的利益而谋取小集团的利益,不存在集团和集团间的"公共利益",也不存在每个人各为其私而形成的"公共秩序"。戴望的文章反映出当时一些士人内心深层的权力观,这一点在后来"封建-自治"思想勾连者中也得到延续。

《皇朝经世文编》系列文本中有关"封建""郡县"的讨论基本没有脱离柳宗元或者顾炎武观点的范畴,宗柳者从皇朝天下的角度肯定郡县制维持稳定的意义,宗顾者则从地方社会的角度看到封建郡县相结合以改良制度的可能,其中冯桂芬设立乡董的观点更为清末民初"地方自治"论者所引用,成为"封建-自治"思想勾连的中间过渡。下文将继续分析该过程。

三、清末"封建"与"自治"的思想勾连

清末中国经历了"两千年未有之变局",作为中国传统学说的"封建"论和作为欧美新兴学说的"自治"论①如何被勾连起来,颇值得玩味。

1899年登载于《清议报》的《大同学校课卷》中收录了梁启超(1873—1929)和其学生之间有关"封建""郡县"问题的问答。② 问题是三代以前行封建,至秦变为郡县,问封建与郡县之制二者孰善。其两学生的对答截然相反,冯斯乐(生卒年不详)称封建是天子和诸侯都世袭,郡县则只是天子世袭,西方人认为没开化的国家是私治,开化之国是公治,变封建为郡县是削众私而

---

① 有关欧美"自治"学说输入日本和中国之案例分析,可以参见拙文:《都市自治著作翻译与集权式自治制度的互动——以门罗(W. B. Munro)的 The Government of European Cities 及其日、中译本为中心》,《东亚观念史集刊》总第8期,2015年。
② 参见梁启超等:《大同学校课卷(续)》,《清议报全编》(三),见沈云龙主编:《近代中国史料丛刊》三编第十五辑,文海出版社1989年版,学校课卷第十二,第3—9页。

存一私,非圣人意。冯懋龙(1882—1958)则称,封建之民只知有国君而不知有天子,国家之间干戈不休,是据乱之制,郡县则虽有揭竿而起者不过癣疥之疾,是升平之制,大一统则为太平之制,郡县制为善。梁启超的批语为,封建之世战争不休,不如郡县之和平,然而春秋封建之世学术昌明、思想自由,是因为列国竞争,合乎天演进化之道,封建与郡县各有其利,但封建还有一弊害则是等级森严,贵族凌铄平民。

另一问题为,泰西日本行封建制数千年而渐有变革,原因为何。冯懋龙称,封建制为势所必然,无论什么国家,土司之后必有封建。即如美国刚开始亦为十三州,十三州即十三国。欧洲日本也是如此,变封建为郡县则战争息而民事兴,国家可强,可见一统胜于封建。中国废封建制已经两千年,优于其他国家,但独夫民贼往往借大一统而钳制其民,这是中国之祸。梁启超批语为,孔子作春秋而明大一统、讥世卿二义,一君之说深入人心,故中国变封建为郡县甚早,泰西日本无孔子之教,所以进步甚迟。

在这两组师生问答中,梁启超对于中国长期郡县制和西方日本长期封建制的事实仍沾沾自喜,认为这是孔子之教的缘故,中国开化早于欧美日本。那么问题在于,为何中国后来衰落并且不如欧美日本了呢?梁启超在1899年《清议报》"本馆论说"的《论中国与欧洲国体异同》中回答了这个问题。[①] 他认为中国和欧洲国体有两点相同点,即皆有家族时代与酋长时代,皆有封建时代与贵族政治;同时中国和欧洲国体也有两点相异点,其一是欧洲自罗马后为列国而中国自两汉后永为一统,其二是欧洲有分国民阶级而中国无之。他在结论中称,欧洲长期列国并争而中国则长期一统,欧洲长期有阶级而中国没有,这都是中国优于欧洲之处,但文明此消彼长,所以利民者渐为害民。欧洲希腊罗马以来有民选代议政体,中国则没有,因为中国之民不求自伸其权,不见他人有权则不自思求取,这归根结底是闭关锁国以及无阶级而自安之故。欧洲因有封建贵族阶级而渐兴民选代议政体,又普及至下层之民,这是欧洲优于中国之处。可见进化之理在使中国由无阶级变为有阶级,方能突飞猛进。

梁启超虽然没有提到"封建"和"自治"之间的关系,但他认为封建制度和

---

① 参见梁启超:《论中国与欧洲国体异同》,《清议报全编》(一),见沈云龙主编:《近代中国史料丛刊》三编第十五辑,本馆论说一,第55—63页。

民选代议政体之间存在着因果联系，这是后来"封建"和"自治"思想相互勾连的一重要前提。至于他提到的"阶级"的意思，现在则普遍译为"等级"。1902年，康有为在《新民丛报》上以"明夷"为笔名连载了他的《公民自治篇》，是现存较早的将"封建"和"自治"联系在一起的重要文献。① 他重申了顾炎武《郡县论》中关于中国乡官传统的论点，认为周代至汉代皆有乡官制度。更为重要的是，他提出"夫地方自治，即古者之封建也"，古代乱世封建一人，有世袭和战争之患，当代升平封建众人，听民自治则可以谋公益。美国州郡自治相当于中国古代的公侯大国封建制，法英德日乡邑自治相当于中国古代的子男小国附庸制。他举出德国地方自治的例子，称德国用自治制度实现了小地而征巨税、养众才的成果，这就深得古代封建之意。中国广东各乡均有二三十万人口，也可以效法之而实现富国强民。具体办法则是从民众中遴选出公民，由公民群策群力，举警察、学校、赋税、法庭等事项，谋求自治。康有为的立论充分运用了儒家尊崇三代古制的心理，将欧美日本自治制度和中国古代封建制度结合在一起。这也是在效仿"孔子托古改制"的办法，借三代圣人之口而抒己之意，以期在当时读书人中间获得更广泛的响应。

与此同时，近代日本也建构起"封建-自治"的理论系谱，明治、大正年间的日本首相大隈重信（1838—1922）即为代表。他认为中国并不能像日本那样进行地方自治制度的改革，因为日本经历了长期的幕府封建制度时期，封建制度让人热爱家乡，精神振奋，勇于为本土利益奋斗；而中国长期实行郡县制度，精英之士异地为官，地方自治缺乏人才和必要的物力财力。②

1902年《游学译编》摘录了日本人对清国留学生的演讲，其中也提到了日本封建制度和自治制度之间的关系。③ 具体观点为，日本在东洋诸国中有格外特性，才能输入西洋文明制度，此格外特性即为日本与泰西历史共通之处——封建制度。封建制度下人人与守土责任、参政权力都有直接关系，所以一遇外侮则能团结一致，一举地方义务则能踊跃从公，财产生命有主权，举

---

① 参见明夷:《公民自治篇（续第六号）》，《新民丛报》第7号，1902年，第27—38页。
② 参见曾田三郎:《清末立憲改革と大隈重信の"封建"論——他国の政治改革をめぐる自国史認識》，见張翔、園田英弘编:《"封建"·"郡県"再考:東アジア社会体制論の深層》，京都思文阁2006年版。
③ 参见佚名:《应聘箴言（国民新闻）》，《游学译编》第3期，1902年，第59—63页。

动自由无推诿。欧洲的 chivalry（骑士制度）和日本的武士道都出现于封建时代，这两者都讲求国民慎操行、重廉耻，因此欧洲日本国民均能文明开化，国家兴旺发达。和上文提及的大隈重信一样，此处将封建和自治赋予因果性，是日本鼓吹其立国独特性并最终走向"近代的超克"（即1942年日本学界所提出的西洋东洋之精粹尽在日本）①的一种立论范式。与康有为托古改制的动机截然不同，两者虽然都提出封建制度和自治制度之间的因果关联，但康有为是为了证明自治制度合乎中国古代三代之道、圣人之意，可以推行，而两名日本人的演说则是为了突出日本的独特性：既然封建制度是自治制度之母，那么只有刚刚脱离封建制度的日本才有资格推行，而两千年前就废封建行郡县的中国则没有资格推行自治制度。

康有为、梁启超是清末鼓吹立宪的领袖，两人不约而同提出封建制度和自治制度之间的微妙关系。更有意思的是，作为两人政治见解的对立面，立足于鼓吹排满种族革命的章太炎（1869—1936），也在封建和自治关系的见解上和康梁出奇的一致，只不过他对自治制度的态度则极为排斥。从1907年到1908年，章太炎先后在《民报》上登载了《政闻社员大会破坏状》《与马良书》《代议然否论》三篇文章②，表达了他的核心观点"宪政为封建世卿之变相"，以及对于立宪和自治的拒斥态度。他称，革命并不只是为了排满，即使宋明王朝在世，他也要反对立宪而主张革命。因为立宪是封建世卿的变相，欧洲日本去封建之世未远，所以立宪开上下二议院十分容易，旧有的贵族摇身一变即为上议院议员，下议院议员和地方自治的议员均为地主豪右。封建制度下民众纤细均为其领主所知，领主可以按照固定额度加征赋税而不引起民众的激烈反抗，封建诸国混战而民众以战争为常，故崇尚武备不以兵役为苦。从封建到立宪的转变是避重就轻，自然较为容易。但中国废封建行郡县已久，按照某西方哲人的观点中国民众最为自由，因为没有封建领主的繁重赋役和肆意征派。中国如实行立宪和地方自治，将使民众更加痛苦，而且从已有的部分地方自治试验来看，反对苛捐杂税的自治风潮并不少见。他在

---

① 参见孙歌：《在零和一百之间（代译序）》，见竹内好：《近代的超克》，孙歌编，李冬木、赵京华、孙歌译，生活·读书·新知三联书店2005年版。
② 参见太炎：《政闻社员大会破坏状》，《民报》第17号，1907年；《与马良书》，《民报》第19号，1908年，第109—111页；《代议然否论》，《民报》第24号，1908年。

《代议然否论》中提出了自己的解决方案，要仿效美国的国会、大总统和最高法院三权分立制度，但改变为学官、大总统和司法官三权分立，用学官代替国会，如需制定法律则交给专业人士来操作，如此则没有代议制的弊病而效率更高。他似乎没有注意到，美国的国会参众两院并没有封建贵族的问题，这与"宪政为封建世卿之变相"相矛盾，而且他对于权力的约束机制并未考虑过。

综上所述，梁启超、康有为、明治时期部分日本政要和章太炎都出于各自的动机，提出了一个惊人一致的观点，封建和立宪、自治之间存在着因果联系，他们虽然对于这一因果联系的态度截然不同，但共同完成了清末"封建"和"自治"之间的思想勾连。那么这种思想勾连是否将历史的先后错认为因果关系而存在着误区呢？

四、"封建"与"自治"思想勾连的历史误区

梁启超、康有为、明治时期部分日本政要和章太炎所说的"封建制度"，在中国为与郡县制相对立的周代封邦建国制度，在欧洲则为 feudalism，在日本则为幕府与大名统治制度。由于立宪和自治制度是从欧美引入日本和中国的，因此，封建制度和立宪、自治之间是否存在因果联系这个命题，其根命题即为欧洲的 feudalism 是欧洲立宪和自治制度之母，前者和后者之间存在因果性。这个根命题究竟正确与否，可以略举欧洲政治史、社会史、制度史等领域的相关代表性研究来解答。

弗朗索瓦·基佐（Francois Guizot，1787—1874）在《欧洲文明史》中对于欧洲中世纪自治市镇的起源做出了深入研究。① 在书中他幻想以一个 11 世纪法国市民穿越到 18 世纪法国城市的视角，来叙述从 11 世纪到 18 世纪法国城市的变化。这位法国市民会发现国王的专制能力加强了，城市不再为市民大会所治理，而由法国国王所派的大臣治理，市民多了一个叫作"第三等级"的概念来形容自身。接着基佐开始回顾 11 世纪欧洲自治市镇的起源问题，他指出城市的兴起始于定居在乡村的封建主的需要，当采邑领主在饮食之外

---

① 参见弗朗索瓦·基佐：《欧洲文明史》，程洪逵、沅芷译，商务印书馆 2005 年版，第 130—148 页。

产生更多对于服饰、香料、工艺装饰品、奢侈品等产品的需求时,他需要到采邑之外的市镇上进行交换或者劫掠。而市民虽然可以在教堂的庇护下获得一时的安宁,但长期而言他们为了生产和商业的安全,而需要与封建领主达成一种相安无事的共识,这一共识也就是封建领主或者国王颁发给市镇的"特许状"。这种特许状以市民定期向封建领主缴纳货币或者商品贡赋为条件,换取市民的自治权。这种自治权开始只是对于贡赋数额的确定、对于商业平稳运行的确认、对于市民安全的保护,渐渐由于封建领主需求的扩张和市民针锋相对的斗争,而形成了城市自身的法庭、治安机构和市民大会,成为真正脱离于封建领主控制的自治。

亨利·皮雷纳(Henri Pirenne,1862—1935)在《中世纪的城市》中对自治城市史的研究做出了一些补充说明。[①] 他认为市民反抗封建领主的斗争始于11世纪的意大利北部,而国王在这个斗争过程中为了争取市民的支持,在市民和封建领主发生争执时往往站在市民一边,使局势更向君主专制一边倾斜。要成为市民意味着要在城市居住足够长的一段时期并缴纳定额的赋税,而市民身份则意味着摆脱了农奴身份或者其他封建人身依附关系,不再受领主的人身控制和剥削。德意志有一句谚语为"城市的空气使人自由"(Die Stadtluft macht frei)。市民受城市法的约束,城市法取消了个人的奴隶身份和土地的奴役状态,而且取消了阻碍工商业运行的领主权利和商品通行税,城市法是民法和刑法的结合,具有初步宪法的性质。城市作为一个独立的司法地区,拥有自己的审判权;而城市作为一个公社,则由市政会(Consilium or Curia)管理。

詹姆斯·汤普逊(James Thompson,1869—1942)在《中世纪经济社会史(300—1300)》中强调了城市自治的反封建性质。[②] 他指出新形成的城市资产阶级不再愿意服从封建主的权力,他们要求在封建统治内的而非在封建制度下的一个地位,他们并不完全排斥领主的权力,愿意继续负担服役和缴纳赋税,但对这些捐税的性质和程度应有严格的限制和确定性,由城市而非领主来课征赋税。城市应有它的行政官,它的团体印章,它的市政厅,它的钟塔。

---

① 参见亨利·皮雷纳:《中世纪的城市》,陈国梁译,商务印书馆2006年版,第84—146页。
② 参见詹姆斯·汤普逊:《中世纪经济社会史(300—1300年)》下册,耿淡如译,商务印书馆1997年版,第407—442页。

而封建主对城市运动渐渐变得容忍甚至促进其发展,因为封建主们发现在其领土内有一个商业中心对自己是有利的,建立城市是防止农奴逃亡到别处去的一种方法,农奴们在城市里可以做手工业者或者小贩以糊口。在新的货币经济代替老的自然经济的状况下,封建主在城市征集货币租税要比征集实物租税要容易得多。城市自治在封建制度内找不到先例,因为它在本质上是反封建的。

以上这些都是马克斯·韦伯之前或者同时代的研究,而对于西欧封建社会和自治制度的研究,集大成者是马克斯·韦伯和马克·布洛赫,尤其是马克斯·韦伯在《经济与社会》中所做的集中归纳和阐释。① 韦伯将西欧城市自治的起源区分为南部和北部两种形式。南部以意大利的罗马和佛罗伦萨为代表,封建领主多居住于城市之中,市民通过自愿盟誓形成共同体,和领主之间就特许权问题进行斗争,将不受欢迎的领主驱逐出城市并迎接其对立贵族进城,称其为"僭主"(tyrant),再由僭主任命专家治理城市,渐渐形成近代意义的职业官僚制度。北部以英国伦敦为代表,封建领主多居住于乡村的城堡,为了获取货币收入,而委任城市里以地租为生活来源的绅士为治理者,这些城市绅士被委任为"治安法官"(justices of the peace),形成了英美城市中免费但不专业的治安官治理制度。而无论南部的罗马、佛罗伦萨还是北部的伦敦,西欧城市自治都是脱离了封建制度中传统的封君封臣体系的支配,因而被韦伯称之为"非正当性的支配类型"。因此,欧洲城市自治并不是欧洲feudalism的产物,而是欧洲feudalism的例外。欧洲feudalism并非直接孕育了城市自治,而是在制度的母体之外异化出后者这一对立物,两者存在时间上的先后性,但并不存在直接的因果性。

那么,也许会有另外的设想,即欧洲feudalism和欧洲的乡村自治是否存在因果性。首先,欧洲"乡村自治"是否真正存在,仍然比较可疑。陈日华在《中古英格兰地方自治研究》中将中古英格兰的地方自治分为三种,即村庄共同体的自治因素、基于特许权的自治城市、中古"郡共同体"的形成和发展。② 其中村庄共同体和郡共同体都属于乡村自治的范畴,陈只是慎言村庄共同体中存在"自治因素",他看到了村庄共同体的三重身份的叠加,即村民是封建

---

① 参见马克斯·韦伯:《经济与社会》,林荣远译,商务印书馆1998年版,第687—718页。
② 参见陈日华:《中古英格兰地方自治研究》,南京大学出版社2011年版,第82—119页。

领主庄园中的劳动者,是教区当中的信仰者,是英国国王的臣民。显然村民的这三种身份都是受封建制度所支配的,并不能脱离于封建支配体系之外达到"自治",而且他认为村庄共同体中存在自治因素的根据是,村民可以担任村庄中的村警、庄园管家、庄头、教区陪审员等职位,这其实恰恰相反证明了村民受到封建制度的严格支配和控制。这有点类似中国传统社会中的保甲制度和乡约制度,一方面是政权在村民中间安插监视者使之相互监督,另一方面也可以是村民共同体的自我管理,孔飞力(Philip A. Kuhn)因而称之为"控制·自治"体系。① 因此,断言中古英格兰乡村共同体中存在着自治因素即为乡村自治,仍然有武断之嫌。而且,拥有普通法(Common Law)传统的英国乡村中村民和乡绅的活动空间还比较大,在拥有罗马法(Roman Law)传统的欧洲大陆乡村中封建制度的支配和控制要更加严格,存在乡村自治的可能性更低。

至于美国发达的"乡镇自治"传统,托克维尔(Alexis de Tocqueville,1805—1859)在《论美国的民主》当中倍加称赞②,但美国的乡镇自治体一开始就已脱离欧洲封建制度的支配体系,所以能充分依照乡镇民众的自我意愿进行行政分权,形成以治安长官、会计、警长等为代表的自治组织,并形成县法院对于乡镇行政官员的监督体系,体现司法权对于行政权的制约。这些都是欧洲所不具备的条件,因此欧洲 feudalism 和美国乡镇自治之间也不存在因果关系。

最后,如果说欧洲 feudalism 和欧洲地方自治制度之间不存在因果性,那么欧洲 feudalism 和欧洲宪法、宪政之间也许存在着因果性,其缘由在于欧洲国家宪法的来源被认为部分存在于英国古代的《大宪章》(The Great Charter)。但《大宪章》体现的是英国国王和封建领主之间对于军事权力和财政权力的分配,其特质在于寡头政治(Oligarchy),作为少数人统治体制的寡头政治虽然体现了一定的分权性,但距离近代意义上的宪法和宪政仍然

---

① 参见 Philip A. Kuhn, "Local Self-Government Under the Republic: Problems of Control, Autonomy and Mobilization," in Frederic Wakeman Jr. and Carolyn Grant, eds., *Conflict and Control in late Imperial China*, Berkeley: University of California Press, 1975, pp. 257 - 298。
② 参见 Alexis de Tocqueville, , *Democracy in America: Historical-Critical Edition of De la democratie en Amerique (4 volume set)*, Eduardo Nolla, ed., James T. Schleifer, tran., Indianapolis: Liberty Fund, c2010. Bilingual French-English ed., pp. 98 - 166。

较远。

综上所述,如果以城市自治为欧洲自治制度的正统来源,那么欧洲 feudalism 和欧洲立宪·自治制度之间的因果性并不能成立,前文提及的梁启超、康有为、明治时期部分日本政要和章太炎所共同完成的"封建"和"自治"思想勾连,其认识存在着一定的误区。当然,由于这里所涉及的相关领域研究主要是 20 世纪以后甚至当代的学者所完成,并不能苛责古人对于相关历史也进行第一手材料的分析解读研究。

五、余论:20 世纪 20 年代"封建"与"自治"的污名化

进入民国以后,经历了一系列的政治动荡,中国陷入了军阀分裂割据的形势。20 世纪 20 年代,各省军阀开始"联省自治"的宣传和号召,共产党人和孙中山则开始将斗争的锋芒指向"封建军阀",正是在此过程中,上文所言的"封建"和"自治"思想勾连的后果逐渐显现。

1922 年,蔡和森在中共机关报《向导周报》上发表《武力统一与联省自治——军阀专政与军阀割据》一文①,将"联省自治"定性为封建旧阶级的割据,奉劝胡适(1891—1962)丢掉议会斗争军阀的幻想,声称只有武力推翻封建军阀旧势力,统一全国,才是唯一的革命胜利之道。这里的"封建"是马克思主义线性史观"五种社会形态"中"封建社会"的含义,因为其落后于中国当时资产阶级民主革命的现状,而被污名化为"落后""反动"的意味,"封建"不再是传统儒家眼里三代圣王封邦建国的治世之道,而成为腐朽衰微的象征。1923 年,瞿秋白(1899—1935)在《向导周报》上发表《中国之地方政治与封建制度》一文②,认为中国各省军阀相当于古代的封建诸侯,其号称的"联省自治"是虚伪的、和平民政治相对立的、维持分裂的方法,并指出将来如果由军阀统一中国,不过是封建变为郡县的老文章,如果由平民运动统一中国,才是封建变为民治的大进步。这里的"封建"则回到了中国古代封邦建国式行政制度的意味,但被添加了"分裂"的色彩,和中国自古以来追求统一的价值观相对立。

---

① 参见和森:《武力统一与联省自治——军阀专政与军阀割据》,《向导周报》第 2 期,1922 年。
② 参见秋白:《中国之地方政治与封建制度》,《向导周报》第 23 期,1923 年。

"封建"与"自治"的污名化过程是同步进行的,"封建"一词变为"落后""反动""分裂"的象征,那么由"封建"军阀所倡导的"联省自治",也只是"落后""反动""分裂"的借口,"封建"的污名化导致"自治"也失去了其正当性,而成为统一和革命的障碍,这恐怕是清末"封建"与"自治"思想勾连者们所不曾意料的。晚年的孙中山经历了革命多年而未成的挫折,已经放弃对于民族、民权和民生学说的坚信,而试图建构另一套军政、训政和宪政的话语,不再多提"自治",而是追求"党治"。他和陈炯明之间围绕县自治问题进行争论,坚持将县代表的名额多分配给国民党党员,而陈炯明则主张由基层选举而定名额,这一争论最终发展成为他和陈炯明之间的决裂,并发生"陈炯明叛乱"事件。① 显然,历史的书写多由胜利一方进行,革命和统一的话语权在一方手里,另一方自然就被冠以"封建军阀"之名,其谋求"地方自治"的行为也自然是由于"封建割据"的动机。"封建"与"自治"思想勾连的后果显露无遗。

总之,"封建"在传统中国的含义为周初封邦建国式的行政制度,和秦代以后的郡县制相对立,成为历代学者争议的对象。唐代学者柳宗元认为封建非圣人意,乃势所必然,郡县亦为后世之势。清初学者顾炎武则主张寓封建之意于郡县之中,推行本地化的县令和郡守制度。晚清学者冯桂芬继承顾的论调提出乡董制度,成为清末地方自治论者的思想资源。清末梁启超、康有为、明治时期部分日本政要和章太炎等人,虽然出自不同的政治立场,而一致认为"封建"和立宪-自治之间存在着因果性,完成了"封建"和"自治"的思想勾连。然而,由于历史研究条件的限制,这种思想勾连行为实则将两者时间的先后错认为因果关系,"自治"并不是"封建"的产物,而是"封建"的例外。这种存在误区的思想勾连也影响到了后人对"封建"和"自治"之捆绑性的态度。20世纪20年代随着"封建"被污名化为"落后""反动""分裂"的象征,"自治"也失去了其合法性,而让位于"党治"。

---

① 参见费约翰:《唤醒中国:国民革命中的政治、文化与阶级》,李恭忠、李里峰译,刘平校,生活·读书·新知三联书店2004年版,第220—316页。

中华民族的现代时刻
——评黄兴涛《重塑中华：近代中国"中华民族"观念研究》

孙 江*

一、问题所在

有关民族的历史叙事，一枝两叶，有"本源说"和"建构说"之分，前者追寻民族的源与流，后者强调民族与现代国家相伴相生。其实，本源说中的"民族"概念并非一成不变，经历了不断的创新（invention）；建构说中的"民族"生成于特定的情境，其形式不断为后世所演示（enactment）。就此而言，费孝通关于中华民族多元一体的论述，堪称两种民族叙事的结合。"中华民族多元一体"是1988年费孝通在香港中文大学的演讲中首次提出的理论。对于中华民族的形成，费孝通认为："它的主流是由许许多多分散孤立存在的民族单位，经过接触、混杂、联结和融合，同时也有分裂和消亡，形成一个你来我去、我来你去，我中有你、你中有我，而又各具个性的多元统一体。"①"你来我去、我来你去"，是指不同族群在历史进程中的互动；"我中有你、你中有我"，是指

---

* 孙江，南京大学学衡研究院教授。
① 费孝通《中华民族的多元一体格局》，见费孝通等：《中华民族多元一体格局》，中央民族学院出版社1989年版，第1页。

互动所造就的"多元一体"的特质。

就在费孝通提出中华民族多元一体学说的前后,国外学界的民族叙事发生了转向。基于对民族自我同一性所带来的不可预期结果的省思,论者的关心由作为上位概念的民族(nation)转至包含于民族之内的作为下位概念的族群(ethnic groups)。20世纪90年代美国学界曾讨论何谓Chineseness,日本学界出现了"从周边看中国"的研究趋向。备受国内学界关注的"新清史",可以置于这一学术脉络中来把捉。所谓"新清史"是从"满洲性"(族群性)角度研究清代历史的方法,在美国除了"捍卫汉化"的何炳棣(Ping-ti Ho)与强调"族群性"的罗友枝(Evelyn S. Rawski)之间发生过争论外,这一研究波澜不惊,并没有产生多大影响。[①] 但是,当"新清史"漂洋过海传到中国后,却触发了中国学界持续至今的争论。2010年8月在中国人民大学清史研究所主办的"清代认同与国家政治"国际研讨会上,"新清史"的代表人物欧立德(Mark Elliot)对此表示十分不解,他甚至说,在何炳棣和拉斯基二者之间,自己的立场更倾向于何炳棣。另一个"新清史"的代表人物濮德培(Peter C. Perdue)则说,他的清史研究是20世纪80年代在北京留学期间跟中国老师学的。[②] 何以中美两国学界对"新清史"会出现如此不对称的理解?反求诸己,这与中国学者在"中华民族"问题上的研究取向有关。国内学者历来将中华民族视为自明的概念,对其"自在"一面更为关注,而对其"自觉"一面则较为轻视。

鉴于"民族"概念的复杂性,费孝通在上述演讲中,并没有对"一些根本概念作冗长的说明"。费孝通首先确认"民族"与"疆域""是两个不同的又有联系的概念",在此前提下,他从中国历史实际出发,将二者合二为一,认为中华民族的形成有如"雪球"之成型:

> 在相当早的时期,距今三千年前,在黄河中游出现了一个由若干民族集团汇集和逐步融合的核心,被称为华夏,像滚雪球一般地越滚越大,

---

[①] 参见刘凤云、刘文鹏编:《清朝的国家认同——"新清史"研究与争鸣》,中国人民大学出版社2010年版。
[②] 2010年8月9—11日在北京香山召开的"清代认同与国家政治"国际研讨会圆桌会议上,欧立德和濮培德先后如是说。此次会议主要论文收入刘凤云、董建中、刘文鹏主编:《清代认同与国家政治》,社会科学文献出版社2012年版。

把周围的异族吸收进入了这个核心。它在拥有黄河和长江中下游的东亚平原之后,被其他民族称为汉族。汉族继续不断吸收其他民族的成分而日益壮大,而且渗入其他民族的聚居区,构成起着凝聚和联系作用的网络,奠定了以这个疆域内许多民族联合成的不可分割的统一体的基础,成为一个自在的民族实体,经过民族自觉而称为中华民族。①

对于中华民族由自在进而达到自觉的过程,费孝通要言不烦地指出:"中华民族作为一个自觉的民族实体,是近百年来中国和西方列强对抗中出现的。"②

继费孝通之后,国内不少学者从民族学、历史学等角度展开有关"中华民族作为一个自觉的民族实体"的研究,并发表了众多成果。在这些研究成果中,论述翔实且多有创见者,当首推黄兴涛《重塑中华——近代中国"中华民族"观念研究》(以下简称《重塑中华》)。③ 黄兴涛自2001年10月在武汉召开的纪念辛亥革命90周年国际学术研讨会上宣读《"中华民族"观念萌生与形成的历史考察》一文以来,如一名探矿者,历时十六载,孜孜不倦地挖掘有关"中华民族"作为自觉存在的历史资料,其间的辛劳不难想见。也正因为如此,《重塑中华》在关于中国现代民族问题研究上拓展了一方崭新的天地,成为今后任何相关研究都必须参考的重要专著。

《重塑中华》一书副题为"近代中华民族'观念'研究"。"观念史"与"概念史"理念和方法完全不同,观念史研究的是不变的常数,概念史中的概念可由不同词语来表征。④ 然而,在中国学界,论者对二者一般不做区分,有些名为观念史的研究亦可视为概念史研究。在笔者看来,《重塑中华》展示的"中华民族"的观念史,就是一部凝聚了近代经验的概念史。"中华民族"这一类概念,就是德国概念史大家科塞雷克在《历史性基础概念:德国政治-社会语言

---

① 费孝通:《中华民族的多元一体格局》,第1—2页。
② 费孝通:《中华民族的多元一体格局》,第1页。
③ 参见黄兴涛:《重塑中华——近代中国"中华民族"观念研究》,北京师范大学出版社2017年版。
④ 德国学者科塞雷克(Reinhart Koselleck)认为观念史将观念视为"常数",即使一个观念可以表达不同的历史事像,但观念本身并没有发生实质变化。相反,概念史中的概念本身是变化的。Reinhart Koselleck, *The Practice of Conceptual History: Timing History, Spacing Concepts*, Stanford: Stanford University Press, 2002, p. 22.

历史辞典》所说的"历史性基础概念",它们既可以被视为构成历史运动的要素,也可以被视为历史运动的指标。关于"历史性基础概念",科塞雷克提出了四个衡量标准:民主化(Demokratisierung)、时间化(Verzeitlichung)、意识形态化(Ideologisierbarkeit)和政治化(Politisierung)。① 笔者根据自己多年来从事的中国近代概念研究,借鉴科塞雷克的"四化"标准,提出了研究中国历史性基础概念的四个现象学尺度:标准化(standardization)、通俗化/大众化(popularization)、政治化(politicization)和衍生化(derivatization)。② 按照这一尺度,"中华民族"概念是从"民族"概念衍生而来,原本是"民族"的下位概念,但在中国语境中是比一般意义上的民族概念更为关键的历史性基础概念。如果从概念史角度通观《重塑中华》的话,笔者认为该书恰好展示了"中华民族"概念的标准化、大众化和政治化的过程,为中国概念史研究提供了一本可资效法的范本。

二、标准化

所谓中国历史性基础概念的"标准化",是指那些构成概念的术语无论是"古已有之",还是舶自海外,都有一个不断被阐释和再阐释、逐渐走向标准化的过程。在《历史性基础概念:德国政治-社会语言历史辞典》第7卷,编者将Nation(民族)与Volk(人民)、Nationalismus(民族主义)、Masse(大众)等放在一起考察。科塞雷克在为该词条写的导言中指出,这一安排是出于相关概念在语义上和结构上具有共同点。这组概念虽然受到时代的影响,但与时代的变化并非同步,其中有些概念甚至长久地保持着原来的意义,有些则词语本身依旧,但意义今非昔比。③ 如"德意志"(Deutschland),"deutsch"(德国的、

---

① Reinhart Koselleck, Einleitung, in Otto Brunner, Werner Conze, Reinhart Koselleck (hrsg.), *Geschichtliche Grundbegriffe: historisches Lexikon zur politisch-sozialen Sprache in Deutschland (1972 -1997)*, Bd. 1, Stuttgart: Klett-Cotta, 1972, S. XII - XXVII.
② 孙江:《概念史研究的中国转向》,《学术月刊》2018年第10期。
③ Reinhart Koselleck, "Volk, Nation, Nationalismus, Masse: Einleitung," in Otto Brunner, Werner Conze, and Reinhart Koselleck, hrsg., *Geschichtliche Grundbegriffe: historisches Lexikon zur politisch-sozialen Sprache in Deutschland (1972 - 1997)*, Bd. 7, Stuttgart: Klett-Cotta, 1992, S. 142 - 151.

德语的、德国人的)在公元786年才出现;1080年第一次作为形容词,指人和地理,如德国人(deutsche leute)、德国土地(deutsche Landen)等;1220年,开始作为名词使用,有"Die Deutschen",指神圣罗马帝国的选帝侯;人们所熟知的作为集合单数名词的Deutschland是16世纪的发明,17世纪与"祖国"(patria/Vaterland)一词连用,从而有了"deutsches Vaterland";即便如此,"Deutschland"并不是历史性基础概念,只有在经过18世纪末法国大革命的洗礼之后,它才逐渐成为历史性基础概念。其时,德国的思想家、政治家们将"人民"(Volk)视为可以期待的未来概念(Erfahrungsstiftungsbegriff),从中创造了指称现代民族和国家的"Deutschland"。不消说,德国的历史经验不能简单地对应于中国的场域,但是,"Deutschland"语义的现代性转变提示我们,应该留意"中华民族"在成为自觉的实体的符号过程中所发生的语义变化。

  从构词角度看,"中华民族"由"中华"和"民族"两个部分构成,《重塑中华》第一章涉及作为自觉符号"中华民族"的诞生过程。作者指出,"中国"一语可以上推到远古,"中华"一语大约出现在魏晋时期,其后,"中华"的语义逐渐拥有了"中国"、中原文化和汉族、文明族群等内涵。① "中国""中华"不仅为中原的汉人所认同,也为北魏、辽、金、元、清等北方非汉族群所认同。缘此作者强调,中国现代国家是"旧邦新造","其中清王朝所发挥的重要作用,绝不应被史家忽略"。② 构成"中华民族"另一极的"民族"一语,虽然见诸中国古籍,但语义含混。作者分别从词源和语义两个方面考察了"民族"的现代履历。简言之,作为现代概念的"民族",最早见于传教士郭实猎(Karl Friedlich Gutzlaff)1834年出版的《救世主耶稣基督行论之要略传》一书。郭氏写道:"盖皇上帝符玺证据耶稣之教训为天之谕,言言实实,略无粉饰,故申谕中外诸民族悔罪,伏奉耶稣救世者之教也。"这段话所对应的是实在的或想象的血缘共同体,而非政治共同体,作为政治共同体的民族含义与来自日本的"和制汉语"不无关系。作者以1896年日本人古城贞吉刊载在《时务报》上的《土耳其论》一文为例,认为该文中的"民族"既是历史文化共同体,也是政治共同体。③ 按照笔者的理解,文中有"近今世纪间,倡自主之论,不胜枚举,而国民

---

① 参见黄兴涛:《重塑中华——近代中国"中华民族"观念研究》,第11页。
② 黄兴涛:《重塑中华——近代中国"中华民族"观念研究》,第50页。
③ 参见黄兴涛:《重塑中华——近代中国"中华民族"观念研究》,第53—55页。

亦欲助成之",这似乎说明"民族"作为政治共同体的含义是为另一个"和制汉语""国民"所表征的。可见,"中华民族"凝聚了历史与当下双重经验,对这一概念既要放在过去的历史经验——涉及中国、中华以及相对应的诸概念——中来理解,更要置于19世纪以降的历史脉络中来理解。这样,就很自然地触及"民族""种族""国民""少数民族(族群)"等现代概念丛。

按理,作为用来表征现代中国人的符号,"中华民族"并不是唯一的选项,比较而言,似乎"中国民族"更为合适。以中国的历史经验看,"中国"比"中华"更为常用。作者在《重塑中华》一书中指出,"中华民族"和"中国民族"的发明者其实均为梁启超,在梁启超那里,二者语义一致。1902年,梁启超首次使用"中华民族",其语义虽然还难以与汉人、华夏等以中原为本位的话语相区隔,但是在梁于1905年发表的《历史上中国民族之观察》一文中,"中华民族"一语被赋予了新的意义:"中华民族自始本非一族,实由多数民族混合而成。"显然,此时的梁启超已然注意到,中华民族中汉与非汉是相对的,中华民族具有"你中有我,我中有你"的混合性特征。稍后,杨度在1907年发表的《金铁主义》一文中进一步推演道:"中华之名词,不仅非一地域之国名,亦且非一血统之种名,乃一文化之族名。"杨度注意到,满人早已同化于中华民族之内。[1] 当然,同一时期也不乏排除非汉的论点,如章太炎在《中华民国解》(1907)一文中试图寻找汉文化的本真性,但其影响似乎并不如后来的思想史书写者们所想象得那么大。以往我们受线性的辛亥革命史观的影响,习惯于把近代中国的民族主义等同于排满汉主义,这似乎并不能反映革命派内部大多数人的思想,更无法涵盖中华民国诞生后涌动于思想界的与此相反的潮流。如孙中山在兴中会和同盟会的纲领中均张扬了排满民族主义,在卸任临时大总统前甚至还参谒了朱元璋的陵墓——明孝陵,但是,孙中山所主张的不是种族上的民族主义,而是政治上的以平等为基础的民族主义。正因为如此,他才会说:"北方既协,携手归来,虏廷震惧,莫知所为,奉兹大柄,还我国人,五大民族,一体无猜。"[2]

另外,从清初到清末,满人统治者及其知识人的族群融合诉求却是不争

---

[1] 参见黄兴涛:《重塑中华——近代中国"中华民族"观念研究》,第66—69页。
[2] 孙中山:《谒明太祖陵文》(1912.2.15),见中国社会科学院近代史研究所等编:《孙中山全集》第二卷,中华书局1982年版。

的事实。《重塑中华》关于满人的中国认同一节振聋发聩,有力地回击了"新清史"的片面主张;另一方面,还通过《申报》舆论中的族群融合诉求,展示了辛亥革命史观所遮掩的历史真相。可以说,正因为存在诸如满人的中国认同和汉人对满人的认同,"中华民族"的内涵从来都不是单一的,在经历了从帝国到共和的转变后,"中华民族"很自然地成为容纳整个中国疆域中居民的符号装置。

三、大众化

在《历史性基础概念》中,科塞雷克用"民主化"来描述伴随近代知识的普及,以往由特权等级垄断的知识如何越过等级界限而为一般大众所拥有。中国虽然没有如德国、日本的封建等级制度,但在新知识由特定的知识精英或机构生产后,也有一个逐渐为社会消费的通俗化或大众化过程。《重塑中国》使用了两个尺度来观察这一过程:政治的尺度和言论的尺度。

武昌起义爆发后,1911年12月在沙俄支持下,哲布尊丹巴等成立"大蒙古帝国",企图分裂国家。然而,在中华民国成立不久,就受到了东西蒙古地区王公的反对。他们发表声明:"汉蒙久为一家,我蒙同系中华民族。"作者认为,这应该是政治文告中第一次由少数民族代表人物做出的共同决议。① 正如前文所说,不能过度夸大排满民族主义,轻视清帝国内部业已存在的族群融合,更不能忽视民国肇建后知识精英基于"五族共和""六族共和"以及"民族化合"等理念而进行的努力。孙中山卸任临时大总统后,曾经回顾说:

> 我国去年之革命,是种族革命,亦是政治革命。何则?汉、满、蒙、回、藏五大族中,满族独占优胜之地位,握无上之权力,以压制其他四族。满洲为主人,而他四族皆奴隶,其种族不平等,达于极点。种族不平等,自然政治亦不能平等,是以有革命。要之,异族因政治不平等,其结果惟革命,同族间政治不平等,其结果亦惟革命。革命之功用,在使不平等归

―――――――
① 黄兴涛:《重塑中华——近代中国"中华民族"观念研究》,第110页。

于平等。①

就族群融合而言,从北京政府到南京国民政府的政权更替,并没有改变族群融合指向。

在民国成立后的20年间,"中华民族"这一概念逐渐由精英向民众、从政治向社会普及开来。精英的言论和政治的推进,在多大程度上促进了"中华民族"概念的大众化?作为知识从精英通向民众的直接渠道,不同时代的中小学历史教科书,为我们思考概念的"大众化"问题提供了重要的素材。日本学者曾言:"教科书塑造了日本人。"②同样,在清末废科举兴学堂,实行新式教育后,教科书也塑造了现代中国人。由清朝到民国,中国经历了从帝国迈向共和的巨变,中国人也从臣民变成了国民。1912年12月2日,《教育部公布中学校令施行规则》规定:"历史要旨在使知历史上重要事迹,明于民族之进化、社会之变迁、邦国之盛衰,尤宜注意于政体之沿革,与民国建立之本。"③历史教育要为民族、社会以及国家、政体服务,从教科书的关于民族修辞的变化无疑能够窥见"中华民族"意义。

《重塑中华》提及民国初年潘武《中华中学历史教科书》和傅运森《共和国教科书新历史》关于"中华民族"的表述,作者特别指出,"中华民族"并非单指汉人,还包括其他族群。④ 确实,傅运森在"编辑大意"中明确指出,"本书编辑之要旨,在使儿童知国家文化之悠久,民族之繁多,以养成尊重国粹,亲和各族之观念,植中华民国国民之基"(第二条);"民国肇建,合五大族为一家,故本书尤注重于国土之统一,种族之调和,而于五大族之豪杰,择其最有关系者,一律编入本书,以资儿童观感,务使此书为民国五大族共同适用之书"(第三条)。⑤ 作者还注意到,在抗日战争时期,教科书中"民族英雄"的范围有所

---

① 《在北京五族共和合进会与西北协进会的演说》(1912.9.3),见中国社会科学院近代史研究所等编:《孙中山全集》第二卷。
② 唐澤富太郎:《教科書の歴史——教科書と日本人の形成》,东京创文社1956年版,第1页。
③ 璩鑫圭、唐良炎编:《中国近代教育史资料汇编·学制演变》,上海人民出版社1991年版,第669页。
④ 参见黄兴涛:《重塑中华——近代中国"中华民族"观念研究》,第90—91页。
⑤ 傅运森:《新历史》(1),共和国教科书高等小学校用,商务印书馆1912年版。

扩大,成吉思汗进入了中华民族历史上的英雄之列。①

根据作者的提示,笔者检索了百余种民国时期历史教科书关于"中华民族""中国民族"的表述,由此得出一个初步的结论:撇开语义上的差异,直到1931年为止,尚难断定是"中华民族"还是"中国民族"在历史教科书中占优势。如赵玉森在《师范学校新教科书·历史》(1914)中写道:"中国民族,本自帕米尔高原,循昆仑山脉而东迤,经数千百年之递衍,因结而为四百余兆之伟大团体。"②似乎直到20世纪20年代,"中华民族"才开始增多起来。如吕思勉《新学制高等中学教科书·本国史》(1924)说:"这一期是我中华民族,从极浅演之群,进而至于建立一个大国的时代。"③李岳瑞原编、印水心增订《评注国史读本》(1926)写道:"通古斯,东胡之转音也。其族为蒙古利亚人种之一,秦汉之肃慎,晋之鲜卑,北朝之魏,宋之辽金,及清。皆属此族。至清末,始完全融入中土,变为中华民族之成分云。"④为什么在同一时期教科书里会出现"中华民族"与"中国民族"混用的情形?应该说,这与教育政策的制定者没有刻意追求统一有关。如1923年《初级中学历史课程纲要》使用"中华民族",而南京国民政府时期的《初级中学历史暂行课程标准》(1929)和《普通中学普通科本国史暂行课程标准》(1929)则使用"中国民族"。⑤ 然而,1932年以后,尽管有的教科书编者还使用"中国民族"字样⑥,出现在《高级中学历史课程标准》等课纲里的,几乎均为"中华民族"。就此似乎可以断定,"中华民族"与"中国民族"语义基本相同,前者成为中国人的普遍自称,当在九一八事变之后。在这个意义上,笔者更倾向于从概念史而不是观念史角度来诠释"中华民族",概念可用词语丛来表征,指称中国疆域内全体居民的既可以是"中华

---

① 参见黄兴涛:《重塑中华——近代中国"中华民族"观念研究》,第235页。
② 赵玉森:《师范学校新教科书·历史》(本科用),蒋维桥校,商务印书馆1914年版,第3页。
③ 吕思勉:《新学制高等中学教科书·本国史》,商务印书馆1924年2月初版,1927年1月四版,第1页。
④ 李岳瑞原编、印水心增订:《评注国史读本》(新学制中等学校适用),世界书局1926年1月初版,9月再版,第28页。另参阅第38页。
⑤ 参见课程教材研究所编:《20世纪中国中小学课程标准·教学大纲汇编:历史卷》,人民教育出版社2001年版,第14、21—24页。
⑥ 如使用"中国民族",参见王钟麒、宋云彬:《开明中学讲义·开明中国历史讲义》(下册),开明书店1934年11月初版,1937年3月再版,第358页。"中华民族"与"中国民族"并用的,参见周予同:《新标准初中教本·本国史》,开明书店1935年6月初版,8月再版。

民族",也可以是"中国民族",或者其他。历史教科书面向大众,教科书传播的知识是经过国家教育部审定的官方知识(official knowledge);教科书所张扬的精神也与官方意识形态并行不悖。因此,"中华民族"概念的大众化,自然也是与政治化同步展开的。

四、政治化

在科塞雷克所说的历史性基础概念中,"政治化"是指使用者按照自身的意图对概念加以运用,从而在概念所积淀的过去的经验之外,还内含着对未来的期待。作为中国近代历史性基础概念的"中华民族",并不完全是诠释历史的工具,它同时还承载着改变现状、面向未来的政治意义。唯其如此,政治化在国家面临存亡危机的时刻才会更加凸显出来。《重塑中华》第三章第二、三节和第四章,涉及的主要就是中华民族概念的政治化问题。

众所周知,作为继承清帝国版图的现代民族国家,中华民国在维持领土完整、行使主权和整合国民等"匀质化"诉求上,从一开始就遇到了安德森(Benedict Anderson)所说的民族国家"有限性"(limited)的掣肘。[①] 1931年日本发动的九一八事变导致的东北沦陷,使这种"有限性"更为凸现。1937年七七事变后大片国土的沦陷,反而激发了对民族国家"匀质化"的强烈诉求。不是吗?正是在"中华民族到了最危险的时刻","中华民族"成了凝聚国内各党派、各族群和各种社会力量的最大公约数。

在抗日战争时期,国民政府的西迁——现代民族国家的重心移动——使"边疆"急速中心化,面对西南、西北等"异域",国民政府和许多学者关心少数族群的状况,谋求缩小不同族群之间的差异,还努力如何动员少数民族进行全面抗战。《重塑中华》以两个案例说明,在全面抗战时期,少数民族知识精英对建立"中华民族"自觉意识的参与。1938年4月,蒙古族代表巴文峻、达密琳多尔济等,藏族代表贡觉仲尼、罗桑坚赞、阿汪坚赞、格桑泽仁、黄正清等和新疆代表尧乐博士、麦斯武德、艾沙等,组成"蒙藏回族慰劳抗战将士团",奔赴前线劳军。同时,他们还发布了一封以弘扬中华民族精神为宗旨的《告

---

① 参见 Benedict Anderson, *Imagined Community: Reflection on the Origin and Spread of Nationalism*, Revised Edition, London & New York: Verso, 2006, pp. 5-6。

全国同胞书》。同年6—7月间,爱国藏人青攘呼图克图等组织"康藏民众抗敌赴难宣传团""西康民众慰劳前线将士代表团",奔赴重庆和抗战前线慰劳抗日将士,还发表了鼓舞民族士气的《康藏民众代表慰劳前线将士书》。① 在这种态势下,曾经试图分离国家的新疆维吾尔人穆罕默德·伊敏放弃分离主义主张,离开阿富汗归附重庆国民政府。而促成此事的就是新疆代表艾沙。②

在抗战时期,围绕如何界定"中华民族",知识精英进行了艰苦的摸索。1939年1月,受傅斯年的激励,顾颉刚提出了"中华民族是一个"的命题,强调中华民族在政治上是单数集合体。而年轻的费孝通及其老师吴文藻则认为,过分强调单数集合,容易忽略不同族群之间的差异。③ 如本文开头所述,围绕"民族"有"本源说"和"建构说"两种不同的历史叙事,二者的意见不同实际上是由于所使用的历史学/民族学的尺度和政治学的尺度之不同所致。1988年费孝通提出的"中华民族多元一体"理论融会了这两种研究方法,其出发点可以追溯到近半个世纪前"中华民族是一个"的讨论。④ 抗战时期,国民政府立法院长孙科曾试图将"中华国族"一语写入宪法,注意:是"中华国族",而不是"中华民族"。在"中华民族""中国民族"之外,值得深思。黄兴涛认为,1931年后"中华国族"的用例逐渐增多。1936年在国民政府公布的"五五宪草"中,首次出现了"中华国族"字样。"中华国族"继袭了孙中山民族主义即国族主义的思想,因此,"中华国族"写入宪法,反映了孙科"个人的偏爱"。作者还进而指出,将"中华国族"写入"五五宪草",还吸收了陈长蘅等留美专家的意见:中华民国各民族均为中华国族之构成分子,一律平等。1940年3月30日,"中华国族"提案在国民参政会上遭到陶孟和、章士钊等人的反对,后者以为可用"中华民国"代替"中华国族"。对此,孙科不以为然,他认为:"国族之构成,以民族为单位;而国家之构成,则以个人为单位。"⑤ 在放弃传统中国以文

---

① 黄兴涛:《重塑中华——近代中国"中华民族"观念研究》,第187—189页。
② 参见孙江:《抗日战争时期穆罕默德·伊敏归附国民政府之经过》,《人文亚太》第1辑,南京大学出版社2018年版。
③ 相关讨论文章收入马戎主编:《"中华民族是一个"——围绕1939年这一议题的大讨论》,社会科学文献出版社2016年版。
④ 马戎:《如何认识"民族"和"中华民族"——回顾1939年关于"中华民族是一个"的讨论》,见马戎主编:《"中华民族是一个"——围绕1939年这一议题的大讨论》,第1—28页。
⑤ 黄兴涛:《重塑中华——近代中国"中华民族"观念研究》,第324页。

化/文明来区分族群之后,正在建设中的民族国家面临如何使传统与现代接轨之问题。"中华"可译作英文 Chinese,"民族"对应 Nation,而"国族"是 Nation-State,在笔者看来,"中华国族"(Chinese Nation-State)更能表征中国从传统到现代的国家和民族的经验。然而,"中华国族"非但没有写入宪法,反而还引发了各种不同意见。更有甚者,归附国民政府并成为国大代表的伊敏借机挑起政治争端,遭到历史学家黎东方的严厉批判。在抗日战争的炮火中,"中华民族"(Chinese Nation)伴随《义勇军进行曲》深入人心。随着中国共产主义革命的胜利,在中国共产党公文书中的"中华民族"一语,业已成为不可替代的现代符号。

五、结语

以上是笔者从概念史的角度对《重塑中华》一书所做的概观,从中可以看到,黄兴涛通过翔实的史料考辨,揭示了"中华民族"由"自在"而"自觉"的近代历程。作为描述中国疆域内所有居民的"标准化"符号,"中华民族"诞生于 1902 年,在创始人梁启超那里,"中华民族"还带有汉文化中心的烙印,当中华民国肇建后,这一印记很快脱落,"五族共和""六族共和"等隐喻昭示了"中华民族"已然成为承载中国国民的政治装置。在"中华民族"概念通过政府推动、知识精英的倡言和历史教科书的书写逐渐"大众化"的过程中,还存在"中国民族""中华国族"等表述,如果说"中华民族"语义的现代性转化发生在 1912 年以后的话,那么,在日本发动九一八事变后,从 1932 年起"中华民族"概念急速"大众化",成为获得全体中国人认可的最大公约数。"中华民族"是作为政治概念被创出的,其"大众化"的终点似乎也是"政治化"的归宿。

在笔者所设定的中国近代历史性基础概念里,"中华民族"概念属于"衍生化"特点,所谓"衍生化"是指原为从"民族""种族"等上位概念中衍生出来的下位概念,但在中国语境中后来居上,成为思考"民族""种族"等中国化的标准。一如前文所引科塞雷克的话,历史性基础概念可以成为观察历史进程的指标,以"中华民族"概念为指标反观中国近代历史中的民族、种族概念,我们能够从中得出怎样的结论呢?首先,民族、种族等术语尽管在中国古籍中都能找到词源,但作为现代概念毫无疑问都是舶来品,这些舶来概念成为中国历史性基础概念的过程就是不断注入近代经验的过程,套用一句老话是"中国化"。恰如关于民族概念的界定存在多种标准一样,即使人们能简单地将民族的构成分类为"本源说"或"建构说",没有一个现代民族国家的形成过程是可以被复制的,换言之,包括中国化的经验在内,每一个现代民族国家的实践都有助于深化关于民族概念的思考。

其次,从"中华民族"概念的政治化过程可知,民族概念即便可以从历史的经验和实在的生活世界中找到其所以然的理由,历史学方法与民族学(或曰人类学、社会学)方法的研究都带有目的论的价值预设特征,导出的结论不免向相对主义倾斜。回顾现代民族国家的经历,不管是否为"自在的"还是"自觉的",有关民族的诠释无一例外最终归之于政治判断。政治赋予了民族不可分割的自我同一性,如欲切割这种同一性必然导致政治上的对立和冲突。

2017年夏秋,《重塑中华》先后在香港和北京出版,笔者几乎在第一时间就拿到了繁简版著作,同年10月在南京大学召开的"边缘即中心:中国历史及其结构"学术研讨会上,还专门为该书举办了一场专题讨论,本文即是以这次研讨会的发言为底本撰写而成的。此番再次阅读《重塑中华》,可以断言,1902年、1912年和1932年是"中华民族"成为自觉实体的关键的现代时刻,而这一现代时刻直到《重塑中华》的出版,才第一次清晰地呈现在读者面前。

"中国概念史大辞典编纂暨概念研究学术研讨会"纪要

闵心蕙

10年前,中文学界致力于引介概念史的主张还是空谷足音,10年后,概念史研究风起云涌,俨然人文社会科学王冠上一颗耀眼的明珠。2019年10月23—24日,第五届"钟山论坛·亚太社会文化分论坛"在南京大学国际会议中心如期召开。南京大学学衡研究院作为会议主办方之一,邀请30余位来自中国大陆、中国香港、中国台湾、日本、韩国等地的知名学者和青年才俊共聚金陵,探讨东亚概念史的发展现状与未来规划。本次会议共分为5场,各位专家学者围绕"概念史研究在中国""近代政治与社会的基础概念""思想史·社会史·概念史""概念史研究的多重面相""概念史大辞典与丛书编纂"等主题展开讨论。

孙江:概念史如剥洋葱

南京大学学衡研究院院长孙江教授在开幕式上致辞,对各位参会学者致以衷心的感谢,他指出近年来概念史研究的热潮已有浮泛之嫌,一项标准的、规范的概念史大辞典编纂计划有必要提前展开,这部辞典将成为有志于东亚概念研究的青年学者们手边必不可少的工具书。德国《历史的基础概念》大辞典共计 8 卷，编纂出版历时 25 年(1972—1997)，在大辞典漫长的编纂过程背后，有很强的德意志政治思想的关怀。而南京大学学衡研究院自 2014 年正式成立以来，始终将概念史视作最重要的研究方向，在研究院李里峰、李恭忠两位教授的具体指引下，和概念史相关的学术出版与翻译事业正齐头并进，有序展开。

孙江教授将近代中国基础性概念的"四化"过程比喻为剥洋葱，概念既凝聚了过往经验，也是观察历史变迁的标志，其由外而内的剥落经历了从意识形态化向政治化、时间化、民主化的层层递进。孙教授的解读和科塞雷克在《历史的基础概念》大辞典中提倡的概念"四化"过程相逆，德国概念史采用的是一种"从猴到人"的研究方法，而中国语境下的概念史研究则试图"从人到猴"进行反向解剖，倘若把剥洋葱的四段论引入东亚世界，从外到内可分别对应于衍生化、政治化、大众化和标准化四个全新的阶段。台湾"中央研究院"黄克武教授认为剥洋葱的过程也可称之为"开箱取物"(unpack)，由此追索概念的历史来源。

概念史如剥洋葱，层层剥落间，涕泪交加，这从学术研究的维度揭示了从事概念史研究的困难。那么，研究者在面对具体的概念时，应从何入手呢？孙江教授在会上就如何描述概念举了一个例子，他说历史是夜空中突然闪现的萤火虫，通过萤火虫之光能感知时间和空间，当我们接近它的时候，丛林的声音和空气的触感变得愈发真切，即佛教所说的"色声香味触法"，只有了解历史是如何发生的，才有了后来一系列理性的思辨活动。倘若我们想要了解一个概念的发生，就不得不经历剥洋葱的痛苦过程。

方维规：概念史在南京

将概念史方法译介至中国，北京师范大学的方维规教授有首创之功，他在会上指出南京已然成为国内概念史研究首屈一指的重镇，大辞典的编纂有非常重要的意义，在确立编纂词条的共同标准之时，也应当给予每一位作者呈现概念独特性的个人空间。方维规教授和与会学者分享了自己从事概念史研究 20 余年的经验，他认为概念史和观念史在方法论上并没有高下之分，它们共同反对的是洛夫乔伊式的不变的观念单元，但这并非意味着所有的观念史研究都是恒定的,况且观念史和思想史在德语语境中其实对应于同一个语词(Ideengeschichte)。

南京大学学衡研究院李里峰教授认为澄清概念史和观念史的学术脉络是必要的,但两者之间泾渭分明或彼此轻慢大可不必,观念作为一个不变的常数仅仅体现在洛夫乔伊对观念单元的描述中,而剑桥学派所研究的观念同样也是变化着的。概念和观念之间是一种静态和动态的区分,概念通常以静态化的名词存在,而观念是一种动态的动名词变化。李里峰教授提交的会议论文是就方维规教授新著《概念的历史分量:近代中国思想的概念史研究》所撰写的一篇书评,他在文中指出方维规教授深谙德国概念史的神髓,本书可以在方法论上为初学者提供指南,读者也可以借此反思西方概念史在中国情境中的具体意义和限度。李里峰教授认为,大辞典的编纂当参考标准化的工具书体例,将每一个词条的来龙去脉梳理清楚,尽可能地压缩它在西方语境里生成和演变的篇幅(这一工作西方学界已积累了很多成果),转而呈现中国本土性视角下的古今之变。未来学衡研究院和概念史相关的出版计划可分为以下三个不同的层次:1. 词条(1万字左右,言简意赅);2. 长论文(3—5万字,词条基础之上的衍生);3. 丛书(7—15万字,就具体概念的深入挖掘和个性化书写)。

学衡研究院李恭忠教授谈到概念史研究的兴起和不同学科对关键词、观念、概念的讨论紧密相连,可与30年前兴起的社会史潮流相媲美,但社会史研究很快就泛化了,而概念史研究在中国也存在同样的趋势。因此,编纂一部规范的、具有示范效应的概念史大辞典不仅意义重大,并且刻不容缓。词条的写作应兼具整合性和原创性,每一个词条当具备基础性和标准化的定义。未来学衡研究院计划出版多卷本概念史大辞典,其遴选的基础性概念大致可分为以下三类:学科性概念、民族-国家概念、文明性概念。每个词条5000—15 000字不等。在尊重前人成果的基础上,展示自己的研究整合能力,为后来的研究者提供一个进入概念史领域的基础路径。

香港城市大学的林少阳教授在会上介绍了日本的畅销辞典《岩波哲学·思想事典》,这部事典的编纂委员会阵容强大,均为日本各个领域的专家,如广松涉、子安宣邦、三岛宪一、佐佐木力等,他建议学衡概念史大辞典的编纂可参考日本事典的体例,并成立审稿委员会,进行严格的学术把关。韩国翰林大学的宋寅在教授简要介绍了韩国概念史大辞典的编纂情况,他们的研究集中于19世纪中期至20世纪中期,横跨朝鲜王朝时代、"皇民化"时代、独立国家时代三个不同的历史时期,约一半的编者来自西方、中国和日本,一半为韩国本土学者。除了政治-社会基础性概念之外,韩国的概念史研究非常关注日常生活史的面相,诸如幸福、教养、文化、儿童等概念都被写入大辞典,这是极具韩国特色的研究。

解剖东亚现代性的秘密

台湾"中央研究院"黄克武教授认为大辞典编纂和概念史方法之间的关系需要厘清。在篇幅有限的情况下,把概念史的方法注入基础性词条的编纂中,展现词汇之外概念的发展历史是比较难的。当下学界出现了方法论的混同,词汇史、术语史、知识史、学科史、事件史、阅读史、话语史、概念史之间无法进行清晰的区隔。他认为应当回到德国概念史研究的初衷,现代性的语言方案背后有很强烈的政治哲学关怀,这和伽达默尔所提倡的"作为哲学的概念史"有关,概念史对如何解释过去提供了一个整体性的构想框架,也是了解现代性多元面相的一扇窗。

黄克武教授在23日上午第一分会场的发言中指出概念史的方法论有助于解剖东亚现代性的秘密,他就自己的研究议题"近代中国民族主义的核心概念及其对东亚世界的影响"发表见解,和民族主义相关的一系列概念群,如本部-边疆、汉族-非汉族、边政-边政学、少数民族-原住民等构成了黄教授研究的具体内容,他指出20世纪中国人对中华民族的想象和东亚世界内部的概念翻译、思想交涉密切相关,对于一些基础性概念的梳理,有助于理解近代中国到底是一元主义还是多元一体。

为期一天半的会议中,各位学者分组发言,他们的精彩报告或多或少都和东亚现代性的发现密切相关。23日上午第一个分会场的主题是"概念史研究在中国",由各位专家学者发表主旨演讲。复旦大学的陈建华教授认为概念史是跨语际和跨文化的研究,他以"革命""共和"为例强调关键词研究和文学研究的结合。日本爱知县立大学的黄东兰教授从词语的翻译流通、概念的竞逐和概念的制度化三个层面考察跨语境的"自治"概念。香港城市大学的林少阳教授从语言思想的视角梳理"修辞"概念的现代嬗变。台湾"中央研究院"胡适研究所所长潘光哲教授探讨"现代化"一词在20世纪30年代中国思想界的发展势态。复旦大学史地所张伟然教授就文学史和文学地理学界对"意象"概念的不同诠释发表见解。

下午第二场讨论围绕"近代政治与社会的基础概念"展开,来自中山大学的孙宏云教授考察了"政治"概念在中日两国历史传统及现实语境中内涵的差异和使用的异同。复旦大学的张仲民教授指出近代中国"卫生"一词的多义性,它不仅和日常生活联系紧密,也和政治意识形态的发展密切相关。韩国翰林大学的张世真教授从一本名为《青脉》的杂志入手,考察20世纪60年代韩国有关"青年"的统一话语。复旦大学孙青副教授谈到自己对"战史"的关注,尤其是甲午战争的即时历史叙事,她进一步指出"战争"和"甲午战争"是两个级别的概念,这也是概念史研究不可忽视的面相。南京大学助理研究员于京东博士从空间维度讨论近代中国"边界"概念对于塑造民族-国家的重要意义。

第三场报告的主题是"思想史·社会史·概念史",日本东京都立大学左古辉人教授第一个发言,他介绍了日本国内思想史和概念史研究的现状。武汉大学聂长顺教授探讨科学方法的新名词"归纳-演绎"在古今、中西语境里的变迁。韩国翰林大学宋寅在教授、李礼安教授分别就近代东亚的"青年"和"启蒙"概念展开讨论。来自中国社会科学院的彭春凌副研究员以"何为进步"为题,研究章太炎译介斯宾塞的主旨变焦及其投影。南京大学的博士生闵心蕙以梁启超的《新民说》为例,讨论"新民"概念在近代中国的生成。

第四场报告以"概念史研究的多重面相"为核心,北京师范大学出版社资深编辑谭徐锋发表题为《列宁纪念》的报告,介绍"列宁主义"概念在中国本土语境里的萌芽和发展;山东大学邱伟云副教授从数位人文的视角介绍近代"平等"概念的多重面相;武汉大学曹龙虎讲师简要介绍了"资本主义"从西方到中国的演变;南京师范大学讲师徐天娜阐述了"阶级"概念在近代中国的发展历程;南京大学博士生谭笑以先秦的"幸福"概念为例,探讨概念史方法对于早期中国研究的可行性。

各位专家学者在24日上午的圆桌论坛上围绕大辞典的编纂、概念史方法及实证研究各抒己见,并就学衡概念史大辞典的编纂与丛书的出版事宜达成初步共识,是次会议圆满落幕。

征稿启事

1. 《亚洲概念史研究》由南京大学学衡研究院主办。

2. 刊载与语言、翻译、概念、文本、学科、制度和现代性等主题有关的论文和评论。

3. 除特约稿件外,论文字数以不多于 30 000 字为宜,评论以不多于 20 000 字为宜。

4. 热忱欢迎海内外学者不吝赐稿。请将电子稿寄至 xuehengnju@163.com,或将打印稿寄至:南京市栖霞区仙林大道 163 号南京大学圣达楼学衡研究院收(邮编:210023)。

5. 文稿第一页请标示以下内容:文章标题、作者姓名、单位、电子邮箱、通讯地址。

6. 投寄本刊文章,凡采用他人成说,请务必加注说明,注释一律采用当页脚注,并注明作者、书名、出版信息及引用页码,参考文献另列于文末。

7. 本刊实行匿名评审制度。编辑部有权对来稿文字做技术性处理,文章中的学术观点不代表编辑部意见。

8. 投稿一个月之内未收到刊用通知,请自行处理。